纪检监察
核心词条释义

主　编／马怀德
副主编／施鹏鹏

法律出版社
LAW PRESS · CHINA
北京

图书在版编目(CIP)数据

纪检监察核心词条释义 / 马怀德主编. -- 北京 : 法律出版社, 2022(2022.12 重印)
ISBN 978-7-5197-6277-3

Ⅰ. ①纪… Ⅱ. ①马… Ⅲ. ①中国共产党－纪律检查－法规－学习参考资料②行政监察法－中国－学习参考资料 Ⅳ. ①D262.6②D922.114

中国版本图书馆 CIP 数据核字(2021)第 262857 号

纪检监察核心词条释义
JIJIAN JIANCHA HEXIN CITIAO SHIYI

马怀德 主编
施鹏鹏 副主编

策划编辑 李 群
责任编辑 李争春 董 昱
装帧设计 汪奇峰

出版发行 法律出版社
编辑统筹 法规出版分社
责任校对 王 丰 郭艳萍
责任印制 耿润瑜
经　　销 新华书店

开本 710 毫米×1000 毫米 1/16
印张 26.25 **字数** 368 千
版本 2022 年 3 月第 1 版
印次 2022 年 12 月第 2 次印刷
印刷 北京中科印刷有限公司

地址:北京市丰台区莲花池西里 7 号(100073)
网址:www.lawpress.com.cn
投稿邮箱:info@lawpress.com.cn
举报盗版邮箱:jbwq@lawpress.com.cn
销售电话:010-83938349
客服电话:010-83938350
咨询电话:010-63939796

书号:ISBN 978-7-5197-6277-3
定价:78.00 元
凡购买本社图书,如有印装错误,我社负责退换。电话:010-83938349

《纪检监察核心词条释义》
编辑委员会

前　言

2013年11月，习近平总书记在《关于〈中共中央关于全面深化改革若干重大问题的决定〉的说明》中强调，“反腐败问题一直是党内外议论较多的问题。目前的问题主要是，反腐败机构职能分散、形不成合力，有些案件难以坚决查办，腐败案件频发却责任追究不够”。自此，党积极探索构建集中统一、权威高效的监督体制，不断深化党的纪律检查体制改革和国家监察体制改革，逐渐形成对全体党员及所有行使公权力的公职人员监督全覆盖的纪检监察体系。2020年1月，习近平总书记在十九届中央纪委四次全会上的讲话中强调：“党的十八大以来，我们以前所未有的勇气和定力推进全面从严治党，极大增强党自我净化、自我完善、自我革新、自我提高能力，探索出一条长期执政条件下解决自身问题、跳出历史周期率的成功道路，构建起一套行之有效的权力监督制度和执纪执法体系。这条道路、这套制度必须长期坚持并不断巩固发展。”

在纪检监察体制改革进程中，纪检监察工作的规范化、法治化成为重要的改革目标。党的十九大以来，我们党坚持依法治国和依规治党的有机统一，不断加强纪检监察法规制度建设，一批重要的法律法规和党内法规密集制定或修改，如修改了《中国共产党章程》《中国共产党纪律处分条例》，制定了《中华人民共和国监察法》《中华人民共和国监察官法》《中华人民共和国监察法实施条例》《中国共产党纪律检查机关监督执纪工作规则》等。

随着党的纪律检查体制改革、国家监察体制改革和纪检监察机构改革的不断深入推进，纪检监察机关作为党和国家监督专责机关、执纪执法机关，在管党治党、治国理政中的地位日益重要，纪检监察工作的法治化及专业化程度亦日益强化，这对纪检监察理论及实务均提出了更高要求。为适应新形势的要求，中国政法大学积极探索研究纪检监察学一级学科设立的必要性和可行性，系统总结建党以来特别是新时代纪检监察工作的理论成果、制度成果、实践成果，努力形成纪检监察领域独特的知识体系和研究方法，为纪检监察工作高质量发展提供理论支撑。

《纪检监察核心词条释义》便是一项重要的学术尝试，旨在培养和强化广大纪检监察干部、理论研究者、院校学生的纪法意识、纪法思维、纪法素养，帮助其有效提升政治素养，尽快掌握纪检监察知识中的重点、难点。本书具有以下特点：

一是，坚持以习近平新时代中国特色社会主义思想为指导。中国特色社会主义制度是中国共产党领导人民在长期实践中形成的科学制度体系。党和国家监督体系是党在长期执政条件下实现自我净化、自我完善、自我革新、自我提高的重要制度保障。本书的编写认真贯彻习近平新时代中国特色社会主义思想和习近平法治思想，系统阐释党和国家监督体系的重要理念，如“惩前毖后、治病救人”原则、监督执纪“四种形态”、一体推进“三项改革”等，旨在从政治意识上提高读者对党纪、监察相关规定的理解。

二是，坚持以简明扼要、科学前瞻为原则。纪检监察体系是一个系统工程，其涉及全面深化改革、全面依法治国、全面从严治党的各个方面，内容繁多。本书主要以《中华人民共和国监察法》《中国共产党纪律处分条例》为重点研究对象，挑取重点条文中的重点概念以词条形式进行科学阐述，在词条中构建“知识点图解”，让读者一目了然，易于搭建科学的知识体系，加深记忆和理解。本书依据最新的党内法规、法律法规，引用最新的研究成果，并注意探讨前沿性问题，对存在争议的问题提出了前瞻性的建议。

三是，坚持理论与实践相结合的原则。纪检监察体系是党和国家探索出的一条具有中国特色的监督体系，具有很强的理论性和实践性。本书将理论和实践相联系，紧紧围绕实务工作、理论研究中出现的问题进行总结探讨，在词条中分别设置了“适用难点”和“典型案例”的内容，将实践过程中遇到的问题、发现的不足进行阐述并提出前瞻性的建议。

四是，坚持“易懂实用”原则。本书编写的基本定位是清晰简洁，易于理解。因此，本书尽量不出现晦涩难懂的术语，力求语言通俗易懂，并以“典型案例”的形式尽力贴近实务，增强其实用性。

本书的编写人员均来自中国政法大学和中国纪检监察学院长期从事纪检监察学研究的学者，对于党纪基本原理及监察法律制度均有较深的研究。但鉴于纪检监察制度仍在不断完善之中，本书或许还存在各种不足，期待获得读者的宝贵意见，以便在下一版中进行完善，使其更符合纪检监察工作的要求。

目录

CONTENTS

监察篇

党纪篇

监察篇

纪检监察核心词条释义

监察对象 | 职务违法 | 职务犯罪 | 监督检查、监察调查、监察处置 | 同步录音录像 | 留置 | 从宽处罚建议 | 非法监察证据排除 | 由监察机关为主调查 | 建立互相配合、互相制约的工作机制 | 初步核实 | 立案调查 | 通知和向社会公开发布 | 补充调查 | 复审、复核 | 对监察机关和监察人员的监督 | 监察赔偿 | 反腐败国际合作

监 察 对 象

知识点图解

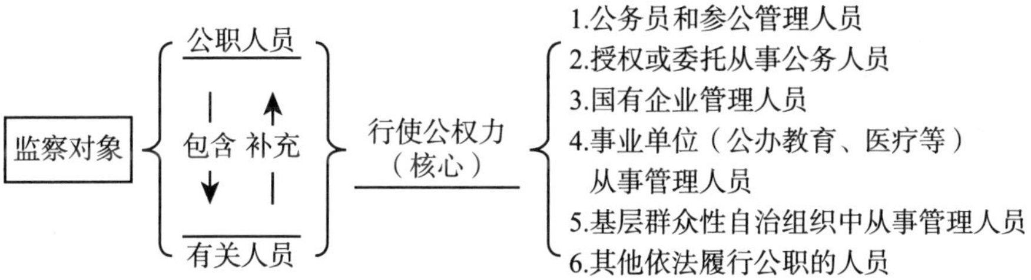

图 1　监察对象的范围

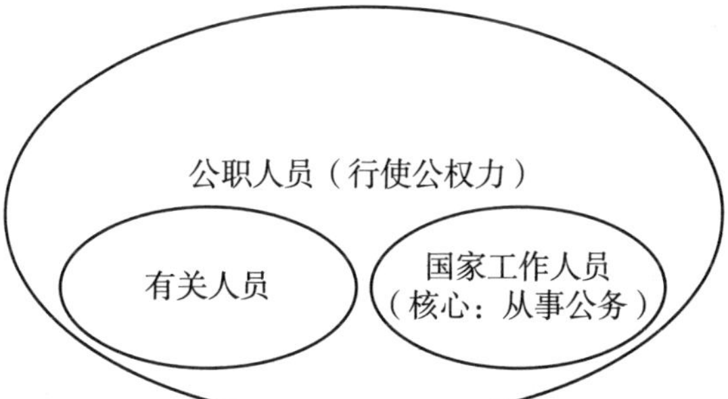

图 2　公职人员、有关人员及国家工作人员的关系

规范解读

根据《监察法实施条例》①的相关规定，以及参考官方发布的相关释义，可以确定《监察法》规定的六大类监察对象所包含的内容，具体如下：

一、公务员和参公管理人员

公务员和参公管理人员是监察对象中的关键和重点。根据《公务员法》的规定，公务员是指依法履行公职、纳入国家行政编制、由国家财政负担工资福利的工作人员；参公管理人员是指法律、法规授权的具有公共事务管理职能的事业单位中除工勤人员以外的工作人员，经批准参照《公务员法》进行管理的人员。

公务员和参公管理人员身份的确定，有一套严格的法定程序，只有经过有关机关审核、审批及备案等程序，登记、录用或者调任后，方可确定为公务员或参公管理人员。根据党的组织、国家机构的相关规定，可以将该类监察对象分为三大类：

1. 中国共产党机关公务员

中国共产党机关公务员包括：(1) 中央和地方各级党委、纪律检查委员会的领导人员；(2) 中央和地方各级党委工作部门、办事机构和派出机构的工作人员；(3) 中央和地方各级纪律检查委员会机关和派出机构的工作人员；(4) 街道、乡、镇党委机关的工作人员。

2. 国家机构公务员

(1) 人民代表大会及其常务委员会机关公务员。具体包括：各级人民代表大会专门委员会办事机构的工作人员；县级以上各级人民代表大会常务委员会的工作人员；乡、镇人民代表大会主席、副主席。

---

① 为便于阅读，书中的法律法规名称使用简称。

(2) 人民政府公务员。具体包括：各级人民政府的工作人员；县级以上各级人民政府派出机构的工作人员。

(3) 监察委员会公务员。具体包括：各级监察委员会的工作人员；各级监察委员会派出监察机构的工作人员派出的监察专员等。

需特别注意的是，该类监察对象与上述中国共产党的各级纪律检查机关及其派出机构的工作人员基本重合。

(4) 人民法院公务员。具体包括：最高人民法院和地方各级人民法院的法官、审判辅助人员、司法行政人员等。

(5) 人民检察院公务员。具体包括：最高人民检察院和地方各级人民检察院的检察官、检察辅助人员、司法行政人员等。

(6) 中国人民政治协商会议各级委员会机关公务员。具体包括：中国人民政治协商会议各级委员会机关的工作人员。

(7) 民主党派机关和工商业联合会机关公务员。具体包括：八个民主党派的各级委员会机关的工作人员、中华全国工商业联合会和地方各级工商联机关的工作人员。

其中八个民主党派具体包括：中国国民党革命委员会、中国民主同盟、中国民主建国会、中国民主促进会、中国农工民主党、中国致公党、九三学社、台湾民主自治同盟。

3. 参公管理人员

根据中共中央组织部2020年3月发布的《参照〈中华人民共和国公务员法〉管理的单位审批办法》第3条的规定，事业单位列入参照管理范围，应当同时具备两个条件：一是具有法律、法规授权的公共事务管理职能；二是使用事业编制，并由国家财政负担工资福利。比如，中国证券监督管理委员会就是参照公务员法管理的事业单位。该办法第13条规定，人民团体和群众团体机关参照公务员法管理的工作，按照中央有关规定执行。

根据中共中央组织部、人事部于2006年8月发布的《工会、共青团、妇联等人民团体和群众团体参照〈中华人民共和国公务员法〉管理的意见》

的规定，人民团体和群众团体中央机关中除工勤人员以外的机关工作人员为参公管理人员。该人民团体和群众团体具体包括：中华全国总工会、中国共产主义青年团中央委员会、中华全国妇女联合会、中国文学艺术界联合会、中国作家协会、中国科学技术协会、中华全国归国华侨联合会、中国法学会、中国人民对外友好协会、中华全国新闻工作者协会、中华全国台湾同胞联谊会、中国国际贸易促进委员会、中国残疾人联合会、中国红十字会总会、中国人民外交学会、中国宋庆龄基金会、黄埔军校同学会、欧美同学会、中国思想政治工作研究会、中华职业教育社、中国计划生育协会。需要特别注意的是，上述团体机关所属事业单位，原则上不列入参照管理范围。

二、法律、法规授权或者受国家机关依法委托管理公共事务的组织中从事公务的人员

该类人员主要是指在法律、法规授权或者受国家机关依法委托管理公共事务的组织中，除参公管理的人员外，对公共事务履行组织、领导、管理、监督等职责的人员，包括具有公共事务管理职能的行业协会等组织中从事公务的人员。

在我国，由于历史和国情等原因，各地方均设有如法定检验检测机构、检疫机构、疾控中心等数量众多的管理公共事务的组织，在该类组织工作的人员的数量甚至大于公务员的数量。因这些人员同样也行使公权力，且直接关系到人民群众的切身利益，为实现国家监察全覆盖，有必要将其纳入监察对象范围。

三、国有企业管理人员

从国家出资的情况看，该类监察对象具体包括以下三类：一是在国有独资、全资公司、企业中履行组织、领导、管理、监督等职责的人员；二是经党组织或者国家机关，国有独资、全资公司、企业，事业单位提名、推荐、任命、批准等，在国有控股、参股公司及其分支机构中履行组织、领导、管理、监督、经营等职责的人员；三是经国家出资企业中负有管理、监督国有资产职责的组织批准或者研究决定，代表其在国有控股、参股公司及其分支机构中从事组织、领导、管理、监督、经营工作的人员。

从具体职务职责来看，该类监察对象具体包括以下三类：一是国有独资企业、国有控股企业（含国有独资金融企业和国有控股金融企业）及其分支机构的领导班子成员，包括设董事会的企业中由国有股权代表出任的董事长、副董事长、董事，总经理、副总经理，党委书记、副书记、纪委书记，工会主席等；未设董事会的企业的总经理（总裁）、副总经理（副总裁），党委书记、副书记、纪委书记，工会主席等。二是对国有资产负有经营管理责任的国有企业中层和基层管理人员，包括部门经理、部门副经理、总监、副总监、车间负责人等；在管理、监督国有财产等重要岗位上工作的人员，包括会计、出纳人员等。三是国有企业所属事业单位领导人员，国有资本参股企业和金融机构中对国有资产负有经营管理责任的人员。

四、公办的教育、科研、文化、医疗卫生、体育等单位中从事管理的人员

该类公职人员是指国家为了社会公益目的，由国家机关举办或者其他组织利用国有资产举办的教育、科研、文化、医疗卫生、体育等企事业单位中，从事组织、领导、管理、监督等活动的人员。

从具体的职务职责来看，该类人员具体包括以下三类：一是该单位及其分支机构的基层以上管理人员以及管理岗六级以上职员。二是在管理、监督国有财产等重要岗位上工作的普通职员，包括会计、出纳人员，采购、基建部门人员等。三是临时从事与职权相联系的管理事务，如依法组建的评标委员会、竞争性谈判采购中谈判小组、询价采购中询价小组的组成人员。

五、基层群众性自治组织中从事管理的人员

根据《宪法》第111条的规定，基层群众性自治组织仅包括两个，即城市和农村按居民居住地区设立的居民委员会和村民委员会。居民委员会、

村民委员会的主任、副主任和委员由居民选举。居民委员会、村民委员会同基层政权的相互关系由法律规定。居民委员会、村民委员会设人民调解、治安保卫、公共卫生等委员会，办理本居住地区的公共事务和公益事业，调解民间纠纷，协助维护社会治安，并且向人民政府反映群众的意见、要求和提出建议。

该类公职人员是指基层群众性自治组织中从事管理的人员，具体包括以下三类：一是从事集体事务和公益事业管理的人员。二是从事集体资金、资产、资源管理的人员。三是协助人民政府从事行政管理工作的人员。

六、其他依法履行公职的人员

鉴于我国的国情，以及随着形势政策的不断变化，监察对象也可能出现变化，试图通过法条列举的形式囊括所有监察对象具有现实困难，为避免对监察对象列举不全的情况出现，法律设定了该兜底条款。

需要特别注意的是，根据《监察法》的规定，监察对象虽然不包括有关机关、单位、组织，但如果有关机关、单位、组织集体作出的决定违法或者实施违法行为，监察机关应当对负有责任的领导人员和直接责任人员中的公职人员依法追究法律责任。

适用难点

一、行使公权力、授权或受委托从事公务、从事管理和履行公职

《监察法》第 3 条对监察对象的认定采用了原则性或概括性的表述，即“行使公权力的公职人员”，第 15 条对监察对象采用列举式的表述，包括“受委托从事公务人员”“从事管理人员”“其他履行公职人员”。由于法律条文采用的表述不同，使学界和实务界对此有很大争议，直接影响监察对象认定范围。因此，要想科学认定监察对象，必须先厘清这四种表述的关

系和内涵。

1. 四种表述的内涵

关于“公权力”的定义，虽然目前还无统一表述，但普遍认为公权力可以分为国家公权力、社会公权力和国际公权力。国家公权力是全民让渡自身权力所形成的权力集合，在我国比较典型的行使国家公权力的人员为公务员；社会公权力是部分国民让渡自身权力所形成的国家以外的集体权利，在我国比较典型的体现社会公权力的是基层群众性自治组织，即村民委员会和居民委员会；国际公权力是国家主权的延伸，主要体现为各国协商成立的国际组织。

《宪法》规定，中华人民共和国的一切权力属于人民。公权力是国家权力或公共权力的总称，是法律、法规规定的特定主体基于维护公共利益的目的对公共事务管理行使的强制性支配力量。公权力具有强制性、单向性，是自上而下的，在双边关系上不具有平等性。

行使公权力是指代表国家机关、国有企事业单位、人民团体、基层自治组织等，管理与职权相联系的公共事务，以及监督、管理国有（集体）财产的职务活动①。

从事公务，简单地说就是管理公共事务，提供公共服务，承担公共责任。根据最高人民法院2003年发布的《全国法院审理经济犯罪案件工作座谈会纪要》的规定，刑法领域中的从事公务是指代表国家机关、国有公司、企业、事业单位、人民团体等履行组织、领导、监督、管理等职责。从事公务主要表现为与职权相联系的公共事务以及监督、管理国有财产的职务活动。如国家机关工作人员依法履行职责，国有公司的董事、经理、监事、会计、出纳人员等管理、监督国有财产等活动，属于从事公务。那些不具备职权内容的劳务活动、技术服务工作，如售货员、售票员等所从事的工作，一般不认为是公务。

---

① 中共中央纪律检查委员会中华人民共和国国家监察委员会法规室编写：《〈中华人民共和国监察法〉释义》，中国方正出版社2018年版，第105-114页。

从事管理，根据《监察法实施条例》的规定，无论是国有企业管理人员还是事业单位中从事管理人员中的“管理”具体是指在该单位履行“组织、领导、管理、监督”等职责的行为。

履行公职中的“公职”，按照词义，是指凡官吏、议员及其他依法令而从事公务的职务①，简单地说公职就是公共职务，是党政机关、国有企事业单位、人民团体等代表国家利益或公共利益的组织所提供的职位。从实践来看，履行公职的本质特征与从事公务的内涵一致，只是该类人员单从身份上来看比从事公务的人员更难以认定为监察对象。

2. 四种表述的关系

总体来看，行使公权力应当是认定监察对象的本质特征和监察对象的核心要素、应当遵循的基本原则。而从事公务、从事管理、履行公职是紧紧围绕行使公权力而展开的，应当看作行使公权力的细化，是认定监察对象的具体标准。

二、公职人员和行使公权力的公职人员

《监察法》使“公职人员”首次成为我国的法律术语，一经出现就成为学界和实务界的讨论热点。无论如何，首先要清晰地认识到适用《监察法》规定的公职人员是有前提条件的，即必须“行使公权力”。言外之意，即公职人员本身涵盖的范围更加广泛，不是所有公职人员都是行使公权力的，而非行使公权力的公职人员不是《监察法》的适用对象。

根据《联合国反腐败公约》第 2 条的规定，公职人员主要指三类人：(1) 经任命或选举而在缔约国中担任立法、行政、行政管理或者司法职务的任何人员；(2) 依照缔约国本国法律的定义和在该缔约国相关法律领域中的适用情况履行公共职能，包括为公共机构或者公营企业履行公共职能或者提供公共服务的任何其他人员；(3) 缔约国本国法律中界定为“公职

① 宗婷婷、王敬波：《国家监察对象的认定标准：核心要素、理论架构与适用场域》，载《中共中央党校（国家行政学院）学报》2019 年第 4 期。

人员”的其他任何人员，以及其他履行公共职能或者提供公共服务的其他任何人员。

在我国，关于公职人员的法律定义或范围认定仅在《公职人员政务处分法》第2条规定中出现：“本法所称公职人员，是指《中华人民共和国监察法》第十五条规定的人员。”由于该法的出台本身就是为了配合《监察法》的具体实施，因此对公职人员的定义或范围认定只是为了和《监察法》的规定相统一、配套，并未对公职人员的相关内涵、认定范围作出细化规定。目前，关于公职人员的定义或范围认定，无论是在学界还是实务界都还存在较大争议，还未达成统一的认识。

但从公众普遍认知或仅就身份来看，一些所谓的“吃财政”“铁饭碗”的工作人员必然是公职人员，例如公务员、拥有事业单位编制的教师及医生等工作人员、国有企业正式的工作人员等。但普通有编制的教师、医生、国有企业的一般工作人员未从事与公权力相关的“组织、领导、管理、监督等职责”的工作，因此不能纳入监察对象范围。

除此之外，行使公权力的非公职人员也可能是监察对象，如基层群众性自治组织中从事管理的人员，虽然该类人员从身份来看不属于传统意义上的公职人员，但国家考虑到该类人员所从事的管理行为直接关系到人民群众的利益，且实践中在群众性自治组织内出现了大量的腐败现象，直接危害到人民群众的利益，鉴于此，有必要通过法律将此类人员拟制为行使公权力的公职人员。

综上，在我国现行法律层面上谈论的公职人员必须是行使公权力的公职人员，不能将公职人员随意扩大解释。因此，下文所提及的公职人员仅是行使公权力的公职人员，不再加前缀“行使公权力的”。

三、公职人员和有关人员

《监察法》第15条将“公职人员”和“有关人员”并列表述，并列举了属于公职人员和有关人员的六类人员，但除了该条规定出现了“有关人员”的表述外，《监察法》通篇未再出现过此意义上的“有关人员”的表述，全部表述的是“公职人员”，如《监察法》第1条规定，该法目的是对所有公职人员的监督；第3条规定，依照该法对所有公职人员进行监察；第13条规定，派驻或派出的监察机构、监察专员根据授权，按照管理权限依法对公职人员进行监督等。

关于此，学界和实务界对“有关人员”的界定有很多不同的理解：有的认为有关人员和公职人员的表现内涵、外延都一致，是重复使用，应当将有关人员的表述删除；有的认为有关人员和公职人员是不同概念，具体是指《监察法》第15条规定的基层群众性自制组织中从事管理的人员和其他依法履行公职的人员，或是指《监察法》第22条规定的涉嫌犯行贿罪或者共同职务犯罪的涉案人员等。

因此，要准确界定有关人员的含义，必须先明确立法目的和了解实践中界定监察对象的复杂性和动态性。国家出台《监察法》的目的是加强对所有公职人员的监督，实现国家监察全面覆盖，深入开展反腐败工作，推进国家治理体系和治理能力的现代化。如果单纯运用文理解释，认为有关人员和公职人员概念相同，则与实现国家监察全面覆盖不相符合。因为在实践中对于监察对象的认定具有复杂性和动态性，如果仅仅依靠《监察法》第15条列举式的规定，很难将所有的公职人员囊括进去，因此有必要单独列出有关人员给立法者留出一定的空间。如果认为有关人员与公职人员概念不同，将二者割裂开来，则会造成法律条文之间的逻辑难以自洽，比如《监察法》第3条就应当表述为对公职人员和有关人员进行监察；第22条中的涉案人员就应当表述为有关人员等。

综上，将有关人员单列出来只是考虑到实践中监察对象随着各种政治、社会、政策等情势的变化而变化，具有较强的动态性，是一种立法技术层面上的问题。因此应当将有关人员视同为《监察法》第15条第6项规定的具有兜底效果的表述，是公职人员的一部分，以避免不必要的争论。而《公职人员政务处分法》关于公职人员的规定也从侧面上证明了这一观点。

四、公职人员和国家工作人员

从上述对公职人员的界定来看，公职人员和国家工作人员是包含和被包含的关系，即国家工作人员一定是公职人员，但公职人员不一定是国家工作人员。国家工作人员是刑法规制的主体，在实践中，监察机关和司法机关在办理职务犯罪案件上经常遇到难以区分公职人员和国家工作人员的问题，导致两个机关经常就关于被调查人的适用罪名产生较大分歧，因此有必要弄清国家工作人员的本质。

刑法理论和司法实务达成的共识是，国家工作人员本质是“从事公务”。[①] 关于从事公务的定义上文已有阐述，在刑法领域中对“公务”的理解，应把握国家代表性、管理性、职权性三个本质特点：一是国家代表性，关键在于公务与国家意志和社会公共利益紧密相连，从事公务是代表国家机关、国有公司、企业、事业单位、人民团体等国有单位，并以其名义进行的活动，而不是代表个人、集体，以个人名义或者部分人名义进行的活动。二是管理性，关键在于与一般劳务相区别，劳务主要是依靠主体提供体力劳动或者技术服务来实现其劳动力价值，不具有组织、领导、监督、主管等管理性特征。三是职权性，关键在于建立其职务与犯罪行为的关联性，在贪污罪中即侵吞、骗取、窃取等取财行为要与具体职务、职权直接、紧密相关，从而有效区分利用职务便利与利用工作便利。

典型案例

案例一　某国有参股的矿业股份有限公司周某某收受财物案[②]

【涉及知识点】 国有企业中公职人员的认定

【基本案情】

周某某在2008年至2018年被该公司党政联席会任命为法务部主任，在

① 孙国祥：《监察对象的刑法主体身份辨析》，载《法学》2019年第9期。

② 杨阳：《国有企业中从事管理活动的人员是否都属于监察对象》，载《中国纪检监察》2021年第15期。

2018年至2020年被该公司董事会任命为法务部主任，其自2008年至2020年的职责均为审核公司项目合同、参与公司合同谈判等。在履职过程中，周某某利用职务便利为多名企业老板谋取利益并收受好处费。

【争议焦点】周某某是否属于监察对象

【案例分析】

关于周某某是否属于监察对象，实务中存在较大争议：一种观点认为其在公司主要从事的项目合同审核、公司合同谈判等工作，直接关系到公司资产的升降，本质上是在行使公权力，属于监察对象。另一种观点认为其是不属于监察对象，关键要看其是不是负有管理、监督国有资产职责的组织批准或者研究职责，因此认为其在2008年至2018年属于监察对象，而在2018年至2020年则不属于监察对象。

本书倾向认同第一种观点。认为认定国有参股企业中的工作人员是否属于监察对象，关键在于是否行使公权力，而非单纯地看其任命单位的性质。周某某作为国有参股企业中的法务部主任，无论任命其职务的主体是谁，其实际上从事着与包含国有资产的公司资产密切相关的管理、监督工作，本质上是包含着从事公权力，应当理解为国有企业管理人员的范畴，属于监察对象。并且，早在2009年7月中共中央办公厅、国务院办公厅联合发布的《国有企业领导人员廉洁从业若干规定》第26条就特别强调“国有参股企业（含国有参股金融企业）中对国有资产负有经营管理责任的人员参照本规定执行”。换言之，该规定将上述人员放置于与国有企业领导人员同样重要的位置，需要加以约束，这也证明了将该类人员纳入监察对象的必要性。

第二种观点的认定方法存在瑕疵，主要是因为：首先是将刑法规定的国有企业中的国家工作人员与国有企业中的公职人员相混同。其次是将“负有管理、监督国有资产职责的组织批准或者研究决定”作为判断国有企业工作人员是否属于公职人员的唯一标准，实质上限缩了监察对象范围，有违“实现国家监察全面覆盖”的立法目的。

案例二　滨海区人民医院药剂科科长周某、门诊医生余某收受钱款案[①]

【涉及知识点】公办事业单位中公职人员的认定

【基本案情】

滨海区人民医院药剂科科长周某，负责医院药品采购和药品管理工作，门诊医生余某具有开具处方药品的权力，二人均具有该单位的事业编制，接受了旺德福医药公司总经理王某给予的好处费 20 万元，周某采购了旺德福医药公司的药品，而余某则在开处方时倾向给病人推荐旺德福医药公司的药品。

【争议焦点】余某是否属于监察对象

【案例分析】

实践中，关于周某属于监察对象并无争议，但对于余某是否属于监察对象则具有较大争议：第一种观点认为余某具有该公办医院的事业编制，属于公职人员，应当纳入监察对象。第二种观点认为，余某不仅具有事业编制，而且其行使的处方权是公办医院授权其行使的公权力，属于监察对象。第三种观点认为，余某是一名普通医生，未从事医院的组织、经营、管理、监督等工作，其出具处方是基于其自身专业技术的，不属于行使公权力，因此不属于监察对象。

本书倾向认同第三种观点。医生是医学技术人员，不是行使公权人员，其只有权利，没有权力。医生在执业过程中的权利来源于患者本人或患者家属的知情同意权。[②] 公办医院的普通医生，虽然拥有事业编制，从身份上看是广义的公职人员，但不能仅从身份上判断其是否属于监察对象，应牢牢抓住“行使公权力”这一本质特征。

---

① 廉洁即墨：《余医生是不是监察对象？情景案例演给你看，讲给你听!》，载微信公众号“廉洁即墨”2019 年 5 月 15 日，https：//mp. weixin. qq. com/s/16u2od91qeOyo4fBoVQ_ 1g。

② 石艳红：《“全覆盖”不是“啥都管”》，载《中国纪检监察》2018 年第 14 期。

案例三　经济联合社管理人员是否属于监察对象？

【涉及知识点】 基层群众性自治组织中公职人员的认定

【基本案情】

王某，非中共党员，A市B区某镇经济联合社（以下简称经联社）理事长，其通过开具虚假发票的手段，套取经联社资金50万元。该经联社是由B区某镇村民组成的村集体经济组织，王某是该村的村民，由经联社成员选举担任理事长，其不担任该镇或村委会的其他职务。①

【争议焦点】 村集体经济组织的性质，以及在村集体经济组织中从事管理的人员是否属于行使公权力

【案例分析】

在学界和实务界，有观点认为村集体经济组织的管理人员的贪污腐败行为直接关系到群众身边的利益，该类人员属于从事村集体公共事务管理活动，应当将该类人员纳入监察对象范围，实践中也有一些地方监察委员会的规范性文件已将该类人员纳入监察对象。该观点有一定的合理性和现实的迫切需要性，但究其“行使公权力”的本质，该类人员不应纳入监察对象。

首先，从《宪法》的规定来看，村集体经济组织不属于基层群众性自治组织，而《监察法》仅规定了基层群众性自治组织中的管理人员，因此村集体经济组织不属于监察法规范的范畴。其次，《村民委员会组织法》第8条的规定：“村民委员会应当尊重并支持集体经济组织依法独立进行经济活动的自主权，维护以家庭承包经营为基础、统分结合的双层经营体制，保障集体经济组织和村民、承包经营户、联户或者合伙的合法财产权和其他合法权益。”根据该规定，村民委员会和集体经济组织是平行的两个组织，相互之间无隶属关系。集体经济组织本质上是村民合作经济，是由村

① 付余：《经济联合社管理人员是否属于监察对象》，载《中国纪检监察报》2019年12月11日，第8版。

民自发、依法成立的一种公有制经济组织，类似于合伙经营的公司，自负盈亏。村集体经济组织管理的事务与管理全体村民集体公共事务并无实质关联，因此该类管理人员本质不是行使公权力，不能将其纳入监察对象。

法规依据

《监察法》第3、15、38—44条

职 务 违 法

知识点图解

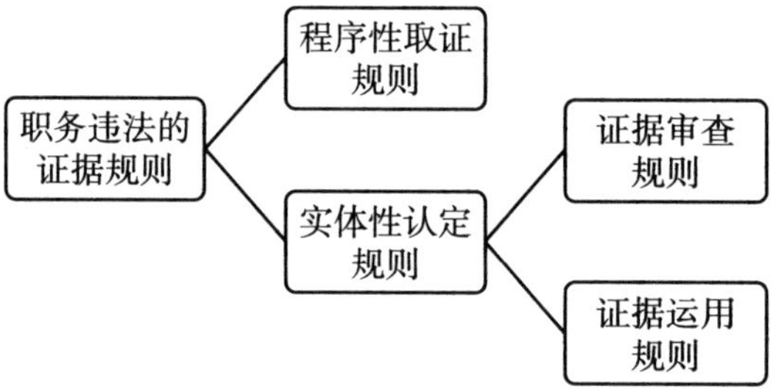

图 3　职务违法的证据规则

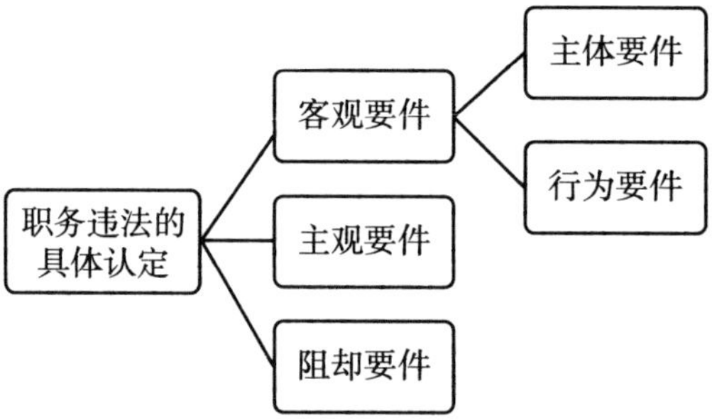

图 4　职务违法的具体认定

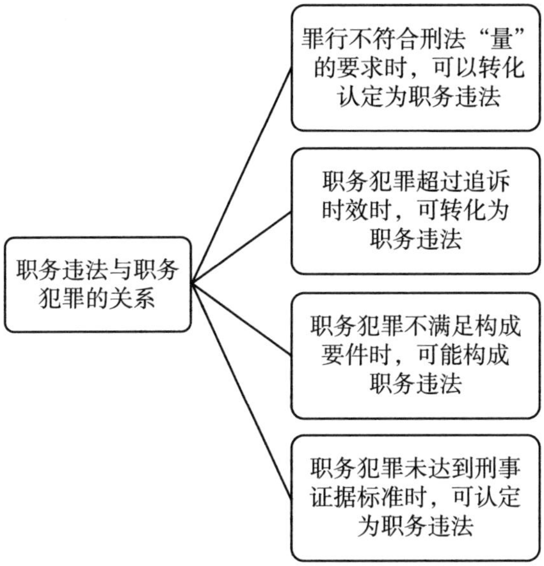

图 5　职务违法与职务犯罪的关系

规范解读

根据《〈中华人民共和国监察法〉释义》，并参照《监察法实施条例》的相关规定，可以确定“职务违法”是《监察法》创设的法律术语和违法责任类型，与职务犯罪并列为监察调查程序启动的前提条件，具体是指：通过法定授权或者委托负有公共管理职责的公职人员，在具体履行决策、执行或者监督职责过程中，作出的违反法律法规的基本要求且具有社会危害性，依法应受到除《刑法》外其他法律法规惩处的行为。《监察法实施条例》第 23 条列举了四项职务违法行为，分别是：（1）利用职权实施的违法行为；（2）利用职务上的影响实施的违法行为；（3）履行职责不力、失职失责的违法行为；（4）其他违反与公职人员职务相关的特定义务的违法行为。据此，在认定职务违法时，应紧紧围绕职务相关性、主体特定性以及行为法定性三个方面展开。主体特定性是认定职务违法的前提和基础；职务相关性是鉴别公职人员实施的职务违法行为与一般违法行为的关键；行为法定性则要求识别职务违法行为必须要有明确的法律法规作为依据，不得擅自扩大职务违法所依之法的外延。

一、“职务”一词的再审视

根据监察全覆盖的立法目的，《监察法》将职务违法的主体限定为行使公权力的公职人员，故职务违法中“职务”的含义，则应当与行使公权力的履职行为相对应，本质上是指“所有行使公权力的公职人员”依法律授权或委托而承担的决策权、管理权和监督权的统称。同时，这里的“职务”行为，强调“职务相关性”，即行为本身与职务之间具有一定的关联度。而关于“相关性”的判断，则可以参考职务犯罪中有关职务相关性的认定标准，即是否存在利用自己职务范围内的权力和地位形成的有利条件，利用公务活动中主管、管理、经手公共财物的便利条件等情形。① 可见，符合“职务相关性”标准的违法行为构成职务违法行为，将引发政务处分；对于与职务没有关联度的违法行为，则构成一般违法行为，根据《监察法实施条例》第 24 条第 1 款第 3 项的规定，一定情形下监察机关发现公职人员存在其他违法行为也可以依法进行调查、处置。②

二、“违法”的特定性

“违法”应当是具有社会危害性，且被法律设定禁止或避免的行为。对“职务违法”一词中有关“违法”的理解和把握，不能脱离职务性泛泛而

① “主管”是指行为人虽不具体管理、经手单位财物，但对单位财物的调拨、安排、使用具有决定权。“管理”是指行为人对单位财物直接负有保管、处理、使用的职责，亦即对单位财物具有一定的处置权。“经手”是指行为人虽不负有管理、处置单位财物的职责，但因工作需要、单位财物一度由其经手，行为人对单位财物具有临时的实际控制权。

② 此外，《监察法》第 11 条明确规定，对违法的公职人员作出政务处分决定，这里并未强调职务违法。根据全国人大监察和司法委员会主任委员吴玉良《关于〈中华人民共和国政务处分法（草案）〉的说明》可知，适用政务处分的违法情形包括职务违法行为和一般违法行为。《公职人员政务处分法》第 49 条第 2 款亦规定，公职人员依法受到行政处罚，应当给予政务处分的，监察机关可以根据行政处罚决定认定的事实和情节，经立案调查核实后，依照本法给予政务处分。

谈。“职务”与“违法”构成有机整体，两者相互依托，其中职务性表明职务违法所具有的主体特定性，即“违法”所指代的“法”应是与公职人员履行职务行为相关的法律规范的统称，既包括具有组织法功能的授权法或者委托法，也包括具有行为法功能的设定职务行为要求的法律规定。①

“法无明文规定不得为”“法定职责必须为”，这是公权力运行的基本逻辑。基于此，“职务违法”语境中的“实体法”范畴应当具有以下两个特点。首先，职务行为所涉法领域门类繁多，多样化的公职人员就决定了不同性质的履职行为所依之法将体现为不同部门法视野下差异化的职业规范。其次，关于法的效力层级。鉴于职务违法构成对履职行为的否定性评价，故“违法”中“法”的外延可以通过能够直接产生权责依据的“法”的范畴来反向推定。根据职权法定原则的基本要求，能够作为权力清单依据的法既可以是“组织法”，也可以是“行为法”，但效力层级为法律法规，具体包括宪法、法律、行政法规、监察法规、地方性法规、自治条例、单行条例等。

适用难点

一、职务违法的认定

1. 职务违法的构成要件

所谓职务违法构成要件，是指监察机关在调查和处置过程中具体认定某职务违法行为是否成立所必须符合的条件。职务违法构成要件作为认定职务违法行为是否成立的基本依据，关系到其与职务违纪及职务犯罪的精准识别问题、职务违法判断的普适性和特殊性问题，对于防止对职务违法行

① 《法官法》第46条中的“隐瞒、伪造、变造、故意损毁证据、案件材料的”、“因重大过失导致裁判结果错误并造成严重后果的”，均是对法官行为的特别规定，此种行为由于与法官身份具有很强的关联性，也属于法官行为构成职务违法的法依据范畴。

为认定和责任追究的恣意，以及为职务违法调查提供取证指引有重要意义。基于此，职位违法构成要件应当涵盖以下三个要件，且缺一不可。

（1）主体要件。

主体要件强调职务违法行为人主体身份的专属性。根据《监察法》第15条有关监察对象的规定，职务违法的行为主体是指行使公权力的公职人员。基于国家监察体制改革有关反腐败全覆盖和腐败零容忍的基本目标，主体要件的判断标准可以概括为“静态+动态”或“身份+行为”两个维度。[①] 静态标准强调行为人具有公职人员的身份，即只要属于《监察法》规定的监察对象，就符合身份要求，包括第15条中规定的公务员、参公管理人员及法律、法规授权或受委托的公共组织从事公务的人员，或者国有企业、公办科教文卫体事业单位或基层群众性自治组织中管理或者从事管理人员。动态标准则是指特殊情况下，行为人虽然没有公职人员身份，但被委托行使公权力，也符合要求。与私权利不同，公权力本身具有明显的支配性、单向性和强制性等特质，具体表现为行为人虽然没有公职人员身份但被委托参与决策、管理和监督等公共事务，此时因符合动态行为标准，亦符合主体要件要求。

（2）行为要件。

行为要件是职务违法认定的核心。在行为与主体的关系上，基于职权法定的基本要求，特定的公职行为只能由特定的公职人员实施，职务违法的行为要件实际上已经涵盖了主体要件的要求。在具体内容上，行为要件包括两个方面，一是违法行为属于履职行为；二是履职行为违法。

违法行为必须是履职行为，侧重从监察对象的主体资格以及职务相关性两个方面展开。其中，主体资格的审查与主体要件一致，此处不赘述。职务相关性则强调公职人员的违法行为是否与其担任的职务具有相关性，即行为本身与职务之间具有一定的关联度。而关于“相关性”的判断，则可以参考职务犯罪中有关职务相关性的认定标准，即是否存在利用自己职务

---

① 石艳红：《“全覆盖”不是“啥都管”》，载《中国纪检监察》2018年第14期。

范围内的权力和地位形成的有利条件，利用公务活动中主管、管理、经手公共财物的便利条件等情形。可见，符合“职务相关性”标准的违法行为构成职务违法行为，对于与职务没有关联度的违法行为，则构成一般违法行为。故实践中公职人员违法可能存在两种情况，以公民身份实施的违法行为构成一般违法行为，以公职人员身份实施的履职相关行为则构成职务违法行为。

履职行为违法，是指公职人员的履职行为已经违反了相关法律规定，即符合相关法律法规关于职务违法行为的规定，即强调履职行为是否违法必须有法律的明确规定。对职务违法一词中有关“违法”的理解和把握，必须与职务相关性标准紧密连接：“职务”与“违法”构成有机整体，两者相互依托，其中职务性表明职务违法所具有的主体特定性，即“违法”所指代的“法”应是与公职人员履行职务行为相关的法律规范的统称，既包括具有“组织法”功能的授权法或者委托法，也包括具有行为法功能的设定职务行为要求的法律规定。

需要特别说明的是，关于行为要件中是否包含结果要件。从公职人员依法履职的要求出发，是否存在损害后果并非判断公职人员行为是否具有法益侵害性的必要条件。实践中，存在大量职务违法行为并不具有直接、具体的损害后果，但因为有悖于职业伦理道德要求或者危害公职人员内部管理秩序，而纳入违法范畴。例如，《公务员法》第59条规定“公务员应当遵纪守法，不得有下列行为……”，这些违法行为的判断就不需要特别考虑损害后果要件。更为经常的情况是，个案中的损害后果，具体包括损失大小、影响范围、民众反应等客观要素，虽然不是职务违法的构成要件，但对职务违法责任追究的情节轻重直接产生影响，即属于影响责任追究的“量罚”要件。

（3）主观要件。

主观要件构成对公职人员可归责心理状态的否定性评价，旨在强调公职人员主观上是否有过错是判断其是否构成职务违法的必要条件之一，采取主观标准客观化的认定方法。不同于普通公民，公职人员应当具备基本的职业伦理道德，《公务员法》等相关法律也对公职人员的道德义务、遵纪守法义务等作出了明确规定。公职人员履职行为违反法律规定，未能尽到合理注意义务，具有法律上和道德上的应受非难性，至少存在一定程度的过失。鉴于法律不调整人的思想，而只能规范人的行为，故只有当行为人的主观意志转化为行为时，才可能进入法律的调整领域，具有法律上的意义。即对行为人过错（故意和过失）的评价应采取客观标准，通过衡量行为人的行为是否合法、正当来认定该行为是否具有法律上和道德上的应受非难性。①

2. 职务违法的具体认定

（1）基于构成要件的职务违法认定。

职务违法认定中，前述三个要件需要同时成立，方可构成职务违法行为。通过构成要件认定违法行为，应当秉承客观主义立场，即按照客观要件—主观要件—阻却要件的顺序展开，具体为：

一是关于客观要件是否成就。主体要件和行为要件构成客观要件范畴。实践中，要通过客观要件判断是否存在职务违法事实。行为人是不是公职人员比较好判断，关键是判断该行为是否满足“行为要件”。判断行为要件是否成立，主要看两方面，即：首先，行为是否属于与职务相关的履职行为；其次，行为是否违反了职务法律规范。职务违法所涉之法较为分散，关键就是要找到违法行为映射的法律，理论上可以从以下三个方面发现②：①权力属性。即从监察对象履行的公权力属性找“法”，尽可能具体到某一领域，如公职人员履行疫苗监管职能，那么《疫苗管理法》等就为映射法。②身份属性。如果难以确定违法行为的权力属性，则从身份性质上找“法”。即可以通过查清公职人员所在单位和职位岗位，基于身份映射的法

① 王利明：《侵权行为法归责原则研究》，中国政法大学出版社 2003 年版，第 269-270 页。

② 陈义平：《〈监察法〉几个实务问题的探讨》，载秦风网 2018 年 5 月 29 日，http：//www. qinfeng. gov. cn/info/1874/79204. htm。

律来确定“职务违法”。③行为属性。即从违法行为的性质上找“法”。对于能够在刑法中找到对应罪名的职务违法行为，也可根据刑法及相关司法解释规定的具体情节进行判断。

二是关于主观要件是否成立。在职务违法主观过错认定上，《监察法》规定的七类职务违法和职务犯罪行为，《公务员法》规定的十八种违法违纪行为以及《行政机关公务员处分条例》所规定的违反政治纪律、组织纪律、工作纪律、廉政纪律、财经纪律、执行法律等内容，并没有刻意强调公职人员是否要存在主观故意或者过失问题，但显然这些行为中的大多数都伴随着直接故意、间接过失等心理状态。法律之所以选择这样的规定方式，也充分反映出立法者希冀通过预设违法行为红线以实现主观状态客观化认定标准的努力，其本质上是一种基于职责要求的推定过错。实践中，为了降低对公职人员主观过错程度认定的难度，客观要件成就后，原则上可以反推违法行为人存在主观过错，除非有抗辩理由且成立，这对于促进公职人员发挥主观能动性，积极提高注意义务具有至关重要的作用。

三是关于是否存在阻却事由。一个行为是否符合客观要件和主观要件的要求，这是甄别职务违法行为的基础，接下来就要看是否存在阻却事由。所谓阻却事由，是指实践中存在的一些能够直接否定职务违法认定及责任承担的例外情形，主要包括：①履职行为所造成的危害是因不可抗力、意外事件等因素造成的；②履职行为是因行为人执行上级的错误或违法指示，且在本人提出异议的情形下实施的；③在没有法律明确规定相关改革或者创新行为违法的情况下，行为人认为是正当、合法的行为而实施。可见，前述阻却事由涵盖客观性和主观性构成要件阻却事由两个方面，一旦个案中的阻却事由存在并成立，行为人将不承担职务违法责任。

（2）关于量罚情节和类型化标准。

“职务违法”与“职务违法责任”不同，职务违法是职务违法责任的前提和基础，职务违法责任则是行为人因实施职务违法行为而受到的制裁。具体责任承担方式及幅度还要取决于个案中是否存在从轻、减轻、从重、加重以及免予处分等量罚情节。其中被调查人具有从轻、减轻或免予处分情节，一般是指被调查人具有自动投案、坦白、立功、违法行为造成的后果较轻或积极挽回损失等情节；从重或者加重处分情节，一般是指被调查人具有对抗调查、多次违法或违法后果严重等情节。可见，与构成要件不同，量罚情节是在构成要件成就之后进一步解决个案结果正义性问题，如果构成要件本身无法成立，自然也不存在量罚情节适用问题。

关于轻微、一般和严重职务违法区分标准。鉴于不确定法律概念本身的游离性和开放度，实践中，找到个案中的情节要素转化成量化违法轻重程度的判断标准，则是突破口。作为一个抽象概念，情节严重的确定，大致可以按照行为的方法、对象、结果、行为人的主观恶性、动机和目的等方面予以认定。这些要素将对违法程度产生决定性影响。随着监察实践的深入推进，通过对发生概率较高的职务违法形式进行系统梳理进而类型化的方式能够实现更具针对性的细化标准，即针对每一种类型案件的特殊性予以具体量化。

3. 职务违法与职务犯罪的关系

精准识别职务违法行为，必须以有效澄清职务违法与职务犯罪之间的关系为前提。虽然职务违法与职务犯罪迥异，但因存在逻辑上的牵连性大多表现为行为的一致性和关联性，从而形成“非此即彼”的转化，并且从外在形式上看，两者在逻辑上存在的牵连关系构成职务犯罪和职务违法行为存在竞合并衔接的基本前提。具体体现在以下四个方面：

一是当职务犯罪在“量”的要求上不符合刑法规定时，可能被认定为职务违法行为。犯罪概念由立法定性，由司法定量，这是世界通例。而我国刑事立法中，犯罪概念既定性又定量。[①] 这种“量”的要求有时表现为金钱数额，有时表现为一定的严重后果。因而，在监察机关所管辖的101项职务犯罪罪名中，如果罪行只是不符合我国刑法“量”的要求，可以转化认定为职务违法。

---

① 储槐植、汪永乐：《再论我国刑法中犯罪概念的定量因素》，载《法学研究》2000年第2期。

二是当职务犯罪超过追诉时效时，可转化为职务违法。与行政处罚、刑事处罚存在追诉时效不同，法律尚未对职务违法行为作出时效限制。公职人员与国家之间构成特别权力关系，监察机关对公职人员实施的政务处分不具有外部性，从而不属于行政诉讼受案范围，不存在时效问题。[①] 因而，当职务犯罪超过追诉时效期限时，在现行法律体系下应当也可以转化为职务违法。

三是当职务犯罪不满足构成要件时，可能构成职务违法。刑法对职务犯罪的构成要件作出了严格要求，任何一项不满足都无法定罪量刑。许多法律都将这种“残缺”的职务行为纳入职务违法规制范畴，其中主观要素不同是最常见的“残缺”类型，比如挪用公款罪要以行为人存在挪用的故意为前提，否则无法定罪，而依据《财政违法行为处罚处分条例》第17条的规定，只要行为人违反财务管理规定，私存私放财政资金或者其他公款，不考虑有无挪用故意，一律应给予处分。

四是当职务犯罪未达到刑事证据标准时，可认定为职务违法。根据执纪审查有关规定，对于移送司法机关的涉嫌职务犯罪案件，如果经过调查或补充调查仍达不到刑事证据标准，不再作为涉嫌犯罪问题移送司法机关，可以按照该问题的实际情况和证据状况，从职务违法或违纪角度进行定性处理。可见，考虑到职务违法与职务犯罪遵循不同的证明标准，当后者无法满足“排除合理怀疑”的证据要求，但能够达到“事实清楚、证据确凿”的职务违法证明标准时，认定职务违法就具有较强的合理性了。

二、职务违法的证据规则

如何确定职务违法的证据规则，是纪检监察机关履行职务违法调查职责时必须要解决的问题。应当看到，纪委监委对所有涉嫌违纪、职务违法、职务犯罪问题实施一体审查调查，但违反监察法未必触犯刑法，对涉嫌职

① 钱小平：《监察追诉时效问题的再思考——兼与刘练军教授商榷》，载《法学论坛》2019年第5期。

务犯罪的，才要衔接司法，严格对标刑事审判的证据规则。而职务违法调查案件未必都要对标刑事审判的证据标准，有必要在证据规则上进行适当的规则分离。根据证据所处的阶段和发挥的作用，职务违法调查收集、固定、审查、运用证据，可进一步分为程序性取证规则和实体性认定规则，① 其中收集、固定证据属于程序性取证规则范畴，审查、运用证据属于实体性认定规则。从纪检监察机关审查违纪、调查职务违法、职务犯罪的关系看，三者在程序性取证规则方面的标准和要求应该是相同的，即应当与刑事审判关于证据的要求和标准相一致，这也是构建统一决策、一体运行执纪执法权力运行机制的必然要求。需要重点探讨的是证据审查规则和证据运用规则，即实体性认定规则。

1. 证据审查规则

证据审查规则重点需要探讨职务违法的非法证据排除规则问题。《监察法》第 33 条第 3 款规定，"以非法方法收集的证据应当依法予以排除，不得作为案件处置的依据"；第 40 条第 2 款规定，"严禁以威胁、引诱、欺骗及其他非法方式收集证据，严禁侮辱、打骂、虐待、体罚或者变相体罚被调查人和涉案人员"，明确了监察机关调查、处置工作中应当遵循非法证据排除规则。非法证据排除规则是指，对非法取得的供述与非法搜查和扣押取得的证据予以排除的规则的统称。非法证据的范围包括：（1）执法机关违反法定程序制作或者调查收集的证据材料；（2）执法机关在超越职权或者滥用职权时制作或者调查收集的证据材料；（3）执法机关以非法的证据线索为线索调查收集的其他证据。

非法证据排除的范围。单从法条规定上看，《监察法》对于非法证据的限制要比刑事诉讼法严格。但纪委监委对于该条的释义实际上承认了该条的非法证据排除规则与刑事诉讼法具有一致性，其解释道："对不符合法定

---

① 吴洪淇：《刑事证据审查的基本制度结构》，载《中国法学》2017 年第 6 期。将证据规则分为两部分的观点并非笔者凭空捏造，有学者将证据规则分为证据的准入与证据的评估规则，或者证据的证据能力和证明力规则，其中证据的准入或证据能力规则与程序性取证规则相似，证据的评估规则或证明力规则对应实体性认定规则。

程序收集的证据不能一概视为非法证据而予以排除，而是应当区别对待。对可能严重影响处置结果合法公正的，应要求相关调查人员予以补正或者作出合理解释，如果作了补正或者合理解释，不影响证据使用，该证据可以继续使用。不能补正或者不能作出合理解释的，对该证据应当予以排除。[①] 此外，经查证，不能排除存在以非法方法收集证据情形的，对有关证据应当排除。”这种解释相对于已经成熟化的刑事诉讼非法证据排除规则来说，依然是很笼统的，在此可以参照刑事诉讼法的相关规定理解职务违法证据中的非法证据排除规则。根据刑事诉讼的相关规定，供述和证人证言、被害人陈述中的非法证据主要是指以刑讯逼供、暴力、威胁等直接危及人身安全的方式获得的证据，至于询问、讯问过程中的程序瑕疵，如询问笔录制作不完善等情形，不属于非法言词证据。对于书证、物证等实物证据，只有在违反法定程序，可能严重影响司法公正，又不能作出补正或者合理解释时才属于非法证据。严重影响司法公正，是指收集物证、书证不符合法定程序的行为明显违法或情节严重；补正是指对取证程序上的非实质性瑕疵进行补救；合理解释是指对取证程序的瑕疵作出符合常理及逻辑的解释。当然，职务违法案件并不涉及司法公正问题，因而此处的“严重影响司法公正”应当对应监察机关调查程序中可能严重影响监察处置的情形。然而，即便参照刑事诉讼法规定，也无法很好地解决职务违法证据规则中的其他问题，比如职务违法非法证据排除程序的启动及条件、监察机关内部各部门的证明责任以及证明方式等都无法直接借鉴刑事诉讼的规定，需要进一步完善立法或者先由国家监察委出台更为细致的规定指导实践。

2. 证据运用规则

证据运用规则重点需要探讨职务违法证明标准的问题，即监察机关按照法律规定认定职务违法案件事实所要求证据达到的程度或标准。证明标准又称证明要求，是指承担证明责任的人提供证据对案件事实加以证明所要

---

① 中共中央纪律检查委员会中华人民共和国国家监察委员会法规室编写：《〈中华人民共和国监察法〉释义》，中国方正出版社2018年版，第170页。

达到的程度。在我国，刑事诉讼法、行政诉讼法、民事诉讼法等法律直接规定或实际采纳的证明标准均为“案件事实清楚，证据确实、充分”，但普遍认为，三大诉讼中诉讼构造、诉讼功能状况等差异决定了不同诉讼制度对于“案件事实清楚，证据确实、充分”存在不同的把握标准。证据理论中，将证明标准从高到低分为排除合理怀疑、清楚和有说服力的证据、优势证据、合理依据、有理由的相信、有理由的怀疑、怀疑等几个级别。

在证明标准方面，应针对违纪、职务违法、职务犯罪的不同性质，构建梯度化的证明标准，防止职务违法与职务犯罪的证明标准相互混同。相比职务犯罪的责任后果而言，职务违法的责任后果与党员违纪的责任后果相同，应当采取与党员违纪相同的证明标准，而不必达到职务犯罪所要求的“排除合理怀疑”标准，可以参照《行政机关公务员处分条例》关于“事实清楚、证据确凿”的标准进行把握。具体来说，应当从三个层面来把握。[①] 一是定性量处的事实都有证据证明，一方面要求职务违法构成要件的事实包括主体、行为、手段、目的、后果等各方面事实均有证据证明；另一方面要求所有量处情节包括从轻、减轻、从重、加重情节也都有证据证明。二是据以定案的证据均经过规定程序审核属实，是指对收集的各类证据材料进行审查，排除非法调取的证据，对证据的真实性、合法性、关联性进行确认，这既要对单一证据进行审核判断，也需要对关联证据、全案证据进行综合审核。三是全案证据已形成相互印证、完整稳定的证据链，这是对证据体系的要求，有三个具体要求：（1）证明方向一致，证据之间不能互相矛盾、排斥；（2）证据链条紧密，证据之间能够相互联系、支持、补充、印证，构成闭合关系，不存在证据缺口；（3）证据结论唯一，所有证据组合起来证明的是一个事实，只能得出一个结论。

---

① 荚恒武：《如何把握违纪案件的证据标准》，载中央纪委国家监委网站 2020 年 1 月 8 日，https：//www. ccdi. gov. cn/hdjl/ywtt/202001/t20200109_ 210032. html。

典型案例

案例　某社区干部聂某某酒后驾车问题①

【涉及知识点】 职务违法的认定

【基本案情】

2020年10月21日，A州B街道社区干部聂某某饮酒后驾驶机动车行驶至大道时，与停放在道路右侧的货车相撞，导致货车前移撞上前方停放的电动车和轿车，造成4辆车不同程度受损，经呼气酒精测试，乙醇含量为59mg/100ml，被暂扣机动车驾驶证6个月、记12分，给予罚款1000元。2021年2月，聂某某受到政务记大过处分。

【争议焦点】 公职人员聂某某的酒后驾车行为是否属于职务违法

【案例分析】

从职务违法的构成要件来看，主体要件强调职务违法行为人主体身份的专属性。聂某某作为A州B街道社区干部，是《监察法》第15条规定的监察对象，属于行使国家公权力的公职人员，符合职务违法的主体要件。关键是判断聂某某的酒后驾车行为是否满足职务违法的行为要件，即：（1）行为是否属于与职务相关的履职行为；（2）行为是否违反了职务法律规范。不论是从哪一方面，聂某某酒后驾车行为都只是聂某某以其公民个人名义行使的个人行为，行为本身与职务之间不具有关联度，并不存在利用自己职务范围内的权力和地位形成的有利条件，利用公务活动中主管、管理、经手公共财物的便利条件等情形。综上，聂某某的酒后驾车行为不是符合“职务相关性”标准的违法行为，即不构成职务违法行为。

---

① 《贵州通报6起党员干部和国家公职人员酒驾醉驾问题》，载中央纪委国家监委网站2021年9月6日，https：//www. ccdi. gov. cn/yaowen/202109/t20210906_ 249590. html。

但是，聂某某仍受到政务记大过处分的原因在于，对于与职务没有关联度的违法行为，构成一般违法行为，根据《监察法实施条例》的规定，一定情形下监察机关发现公职人员存在其他违法行为也可以依法进行调查、处置。具体而言，除了《公职人员政务处分法》之外，还有大量的跟履职相关的法律法规，都是公职人员履职过程当中应当遵守的法律规范，不论是酒后驾驶这样的一般违法还是职务违法，都可能会导致政务处分。因此，对于此案中聂某某作为公职人员发生的酒驾行为，按照《公职人员政务处分法》第 41 条的规定，公职人员有其他违法行为，影响公职人员形象，损害国家和人民利益的，可以根据情节轻重给予相应政务处分。如果没有发生交通事故，只是被公安机关给予行政处罚的，根据《公职人员政务处分法》第 49 条的规定，监察机关可以根据行政处罚决定认定的事实和情节，经立案调查核实后，给予政务处分。通常，在没有造成恶劣后果的情况下，给予政务轻处分较为合适。如果因为酒驾造成交通事故或者醉驾行为被追究刑事责任，检察机关作出相对不起诉、法院判决免予刑事处罚，根据《公职人员政务处分法》第 14 条的规定，公职人员因犯罪情节轻微，人民检察院依法作出不起诉决定或者人民法院依法免予刑事处罚的，予以撤职；造成不良影响的，予以开除。如果公职人员因醉驾或酒驾发生重大交通事故而被判处拘役、有期徒刑，根据《公职人员政务处分法》第 14 条和第 49 条的规定，公职人员被判处管制、拘役、有期徒刑的，原则上都应当予以开除，但因过失犯罪被判处管制、拘役或 3 年以下有期徒刑的情形，案件情况特殊，予以撤职更为恰当的，报请上一级机关批准后，可以给予撤职。

法规依据

《监察法》第 3、11 条

《监察法实施条例》第 23 条

职 务 犯 罪

知识点图解

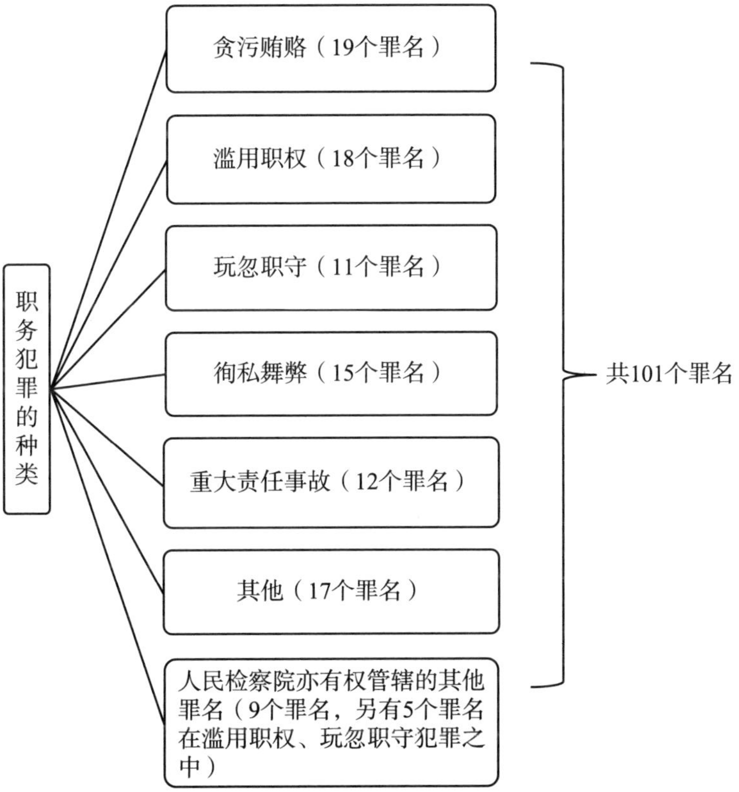

图6　监察机关有权管辖的101个职务犯罪种类

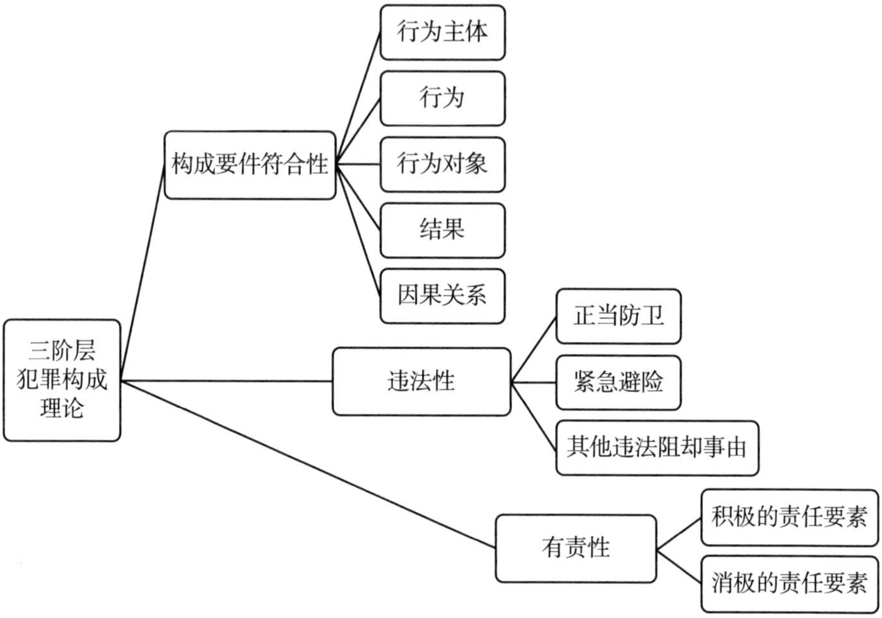

图 7　三阶层犯罪构成理论

规范解读

一、职务犯罪的概念与特征

根据《监察法》《监察法实施条例》的规定，以及参照《〈中华人民共和国监察法〉释义》的相关解读，职务犯罪是指公职人员所实施的触犯刑法有关规定，应当追究刑事责任的贪污贿赂、滥用职权、玩忽职守、徇私舞弊、权力寻租、利益输送和浪费国家资财等行为。

关于职务犯罪的特征，过去刑法学界具体总结为：社会危害的严重性、犯罪主体的特定性、与职务之间的紧密关联性等。但随着职务犯罪作案手段日趋精细，公职人员与公职人员之间、与其亲友之间以及政商之间的关系日益复杂，当前，职务犯罪隐现以下新特征：一是作案手法的隐蔽性。

一方面，被调查人十分熟悉其职权范围内的工作流程、相关法律与规章制度，懂得如何利用法律和制度上的漏洞实施职务犯罪行为。许多职务犯罪是在“一对一”甚至是“一对零”的情况下发生的，例如受贿罪、挪用公款罪等，因而犯罪过程具有隐蔽性。另一方面，对于犯罪所得的藏匿也具有隐蔽性。例如，通过地下钱庄、成立海外公司、买卖虚拟货币等方式“洗白”赃款。二是职务犯罪主体的“家族化”“集体化”。在对公职人员的监督管理不断增强、职权分工不断细化以及法律和规章等制度的漏洞得以填补的情况下，仍有公职人员铤而走险，拉拢、买通其他公职人员，不惜以廉洁的职务环境为代价，以权谋私。更有甚者，利用手中的权力、地位、关系或者影响力帮助其亲属从事经营活动，垄断公共资源，攫取公共利益，将公权力作为自己家族敛财的工具。①

二、职务犯罪的种类

监察机关管辖的职务犯罪罪名，包括《监察法实施条例》第26—31条列举的92个罪名，以及最高人民检察院《关于人民检察院立案侦查司法工作人员相关职务犯罪案件若干问题的规定》明确的14个罪名，减去重复计算的5个罪名，共101个罪名。罪名的合理分类能够条理清晰地反映各罪名之间的联系与区别，有助于监察人员准确把握、运用。

《监察法》以职务犯罪的行为特征作为类型化标准，将党的十八大以来通过执纪审查、巡视发现的比较突出的职务犯罪总结归纳为贪污贿赂、滥用职权、玩忽职守、徇私舞弊、权力寻租、利益输送和浪费国家资财等七类行为。但是，权力寻租、利益输送以及浪费国家资财等行为与《刑法》规定的罪名不完全一一对应。比如，“权力寻租”是指公职人员利用手中公权力，违反或者规避法律法规，谋取或者维护私利的行为；“利益输送”是指公职人员利用职权或者职务影响，以违反或规避法律法规的手段，将公共财产等利益不正当授权给有关组织、个人的行为；“浪费国家资财”是指

① 苏东民：《论我国职务犯罪的新特征及预防》，载《学术交流》2015年第9期。

公职人员违反规定，挥霍公款，铺张浪费的行为。因此，三类行为主要起到初步识别被调查人行为是否属于职务违法犯罪的作用，具体罪名仍需要结合案件事实、情节以及结果等进行综合判断。

《监察法实施条例》在《监察法》的基础上，新增监察机关依法调查公职人员在行使公权力过程中涉及的“重大责任事故犯罪”与“其他犯罪”两种类型，没有保留权力寻租、利益输送以及浪费国家资财等表述，将职务犯罪分为贪污贿赂、滥用职权、玩忽职守、徇私舞弊、重大责任事故以及其他犯罪，共六类行为。实践中，重大责任事故的发生经常与公职人员疏于监管、持侥幸心理甚至故意放任等行为有关，且涉及重大责任事故的犯罪在情节、后果以及社会影响等方面存在较大相似性，因而将这些犯罪归为一类具有合理性。“其他犯罪”是指无法归到上述犯罪类型的罪名。但是，“其他犯罪”并未包含所有监察机关有权管辖的未归入上述犯罪类型的罪名，仍有 9 个人民检察院亦有权管辖的其他罪名在外，因而不是一种“兜底类型”。

以下为各职务犯罪种类的含义、具体罪名、立案标准规范索引等内容：

1. 贪污贿赂（共 19 个罪名）

“贪污贿赂”是指贪污、挪用、私分公共财物以及行贿受贿等破坏公权力行使廉洁性的行为。

具体包括：贪污罪，挪用公款罪，受贿罪，单位受贿罪，利用影响力受贿罪，行贿罪，对有影响力的人行贿罪，对单位行贿罪，介绍贿赂罪，单位行贿罪，巨额财产来源不明罪，隐瞒境外存款罪，私分国有资产罪，私分罚没财物罪，以及公职人员在行使公权力过程中实施的职务侵占罪，挪用资金罪，对外国公职人员、国际公共组织官员行贿罪，非国家工作人员受贿罪和相关联的对非国家工作人员行贿罪。

2. 滥用职权（共 18 个罪名）

“滥用职权”是指超越职权，违法决定、处理其无权决定、处理的事项，或者违反规定处理公务，致使公共财产、国家和人民利益遭受损失的行为。

具体包括：滥用职权罪，国有公司、企业、事业单位人员滥用职权罪，滥用管理公司、证券职权罪，食品、药品监管渎职罪，故意泄露国家秘密罪，报复陷害罪，阻碍解救被拐卖、绑架妇女、儿童罪，帮助犯罪分子逃避处罚罪，违法发放林木采伐许可证罪，办理偷越国（边）境人员出入境证件罪，放行偷越国（边）境人员罪，挪用特定款物罪，非法剥夺公民宗教信仰自由罪，侵犯少数民族风俗习惯罪，打击报复会计、统计人员罪，以及司法工作人员以外的公职人员利用职权实施的非法拘禁罪、虐待被监管人罪、非法搜查罪。

3. 玩忽职守（共 11 个罪名）

“玩忽职守”是指公职人员严重不负责，不履行或者不认真、不正确履行职责，致使公共财产、国家和人民利益遭受损失的行为。

具体包括：玩忽职守罪，国有公司、企业、事业单位人员失职罪，签订、履行合同失职被骗罪，国家机关工作人员签订、履行合同失职被骗罪，环境监管失职罪，传染病防治失职罪，商检失职罪，动植物检疫失职罪，不解救被拐卖、绑架妇女、儿童罪，失职造成珍贵文物损毁、流失罪，过失泄露国家秘密罪。

4. 徇私舞弊（共 15 个罪名）

徇私舞弊是指利用职务之便，为了私利而用欺骗、包庇等手段，违法行使职权，致使公共财产、国家和人民利益遭受损失的行为。

具体包括：徇私舞弊低价折股、出售国有资产罪，非法批准征收、征用、占用土地罪，非法低价出让国有土地使用权罪，非法经营同类营业罪，为亲友非法牟利罪，枉法仲裁罪，徇私舞弊发售发票、抵扣税款、出口退税罪，商检徇私舞弊罪，动植物检疫徇私舞弊罪，放纵走私罪，放纵制售伪劣商品犯罪行为罪，招收公务员、学生徇私舞弊罪，徇私舞弊不移交刑事案件罪，违法提供出口退税凭证罪，徇私舞弊不征、少征税款罪。

5. 重大责任事故（共 12 个罪名）

具体包括：重大责任事故罪，教育设施重大安全事故罪，消防责任事故罪，重大劳动安全事故罪，强令、组织他人违章冒险作业罪，危险作业罪，不报、谎报安全事故罪，铁路运营安全事故罪，重大飞行事故罪，大型群众性活动重大安全事故罪，危险物品肇事罪，工程重大安全事故罪。

6. 其他（共 17 个罪名）

具体包括：破坏选举罪，背信损害上市公司利益罪，金融工作人员购买假币、以假币换取货币罪，利用未公开信息交易罪，诱骗投资者买卖证券、期货合约罪，背信运用受托财产罪，违法运用资金罪，违法发放贷款罪，吸收客户资金不入账罪，违规出具金融票证罪，对违法票据承兑、付款、保证罪，非法转让、倒卖土地使用权罪，私自开拆、隐匿、毁弃邮件、电报罪，故意延误投递邮件罪，泄露不应公开的案件信息罪，披露、报道不应公开的案件信息罪，接送不合格兵员罪。

7. 人民检察院亦有权管辖的其他罪名（共 9 个罪名）

最高人民检察院《关于人民检察院立案侦查司法工作人员相关职务犯罪案件若干问题的规定》明确了 14 个人民检察院亦有权管辖的罪名。其中有 5 个罪名已囊括于前述滥用职权、玩忽职守犯罪类型之中，具体包括：滥用职权罪、玩忽职守罪，非法拘禁罪，虐待被监管人罪，非法搜查罪。人民检察院亦有权管辖的其他 9 个罪名具体包括：徇私枉法罪，民事、行政枉法裁判罪，执行判决、裁定失职罪，执行判决、裁定滥用职权罪，私放在押人员罪，失职致使在押人员脱逃罪，徇私舞弊减刑、假释、暂予监外执行罪，刑讯逼供罪，暴力取证罪。

上述具体罪名立案标准参见《刑法》《最高人民检察院、公安部关于公安机关管辖的刑事案件立案追诉标准的规定（一）》《最高人民法院、最高人民检察院关于办理危害生产安全刑事案件适用法律若干问题的解释》《最高人民检察院关于人民检察院直接受理立案侦查案件立案标准的规定（试行）》等规定。

三、职务犯罪的认定

犯罪构成体系是刑法学的核心问题，既是犯罪论的基础，也是刑罚论的前提。

我国传统的犯罪构成体系采取“四要件说”，即犯罪构成由四个方面组成：(1) 犯罪客体，即我国刑法所保护而被犯罪行为所侵犯的社会关系；(2) 犯罪客观要件，即犯罪活动在客观上的外在表现，包括危害行为、危害结果、因果关系等；(3) 犯罪主体，即达到法定年龄、具有责任能力，实施危害社会行为的人，以及单位；(4) 犯罪主观要件，即犯罪主体对其实施的危害行为及危害结果所持的心理态度，包括故意、过失以及目的。在评价完犯罪构成的四个要件之后，再讨论正当防卫、紧急避险等排除犯罪的事由。①

自21世纪以来，德国、日本刑法学的“三阶层”犯罪构成体系被介绍至我国，“三阶层说”作为“四要件说”的替代物，更多地受到我国学者的青睐。② 在实务中，“三阶层说”与“四要件说”在绝大多数案件的处理上都是相同的。但是，对于某些疑难案件的定性，按照“四要件说”得出不当结论的可能性更大，而且其无法系统地解决共犯论、刑罚论中的相关问题，在方法论上存在不足。③ 因而本书的犯罪构成体系采取的是“三阶层说”。

三阶层的犯罪构成体系包括构成要件符合性、违法性、有责性三个部分。对于行为是否构成犯罪，应由构成要件符合性到违法性，再到有责性逐层递进地判断。这样有利于克服职务犯罪认定的恣意性，有顺序地检验个案，提高办案效率。

所谓“构成要件符合性”，是指案件的客观事实符合刑法所规定的具体犯罪的构成要件。进一步而言，是指犯罪事实具备了构成要件所要求的要素及其内在联系，或者该犯罪事实不缺少构成要件所要求的内容。具体包括以下五个要素：(1) 行为主体。行为主体是刑法规定的实施犯罪行为的

① 张明楷：《刑法学》(第5版)，法律出版社2016年版，第100页。

② 陈兴良：《犯罪构成论：从四要件到三阶层——一个学术史的考察》，载《中外法学》2010年第1期。

③ 周光权：《阶层犯罪论及其实践展开》，载《清华法学》2017年第5期。

主体，包括自然人与单位。(2) 行为。“行为”是指行为主体实施的客观上侵犯法益的身体活动，包括作为与不作为。作为是指行为人以积极的身体活动实施刑法所禁止的行为；不作为是指行为人在能够履行自己应尽义务的情况下不履行该义务。(3) 行为对象。“行为对象”是指行为所作用的物、人、组织（机构)、制度等客观存在的现象。例如，公共财物体现全民对财物的占有、使用、收益、处分等权利，是贪污罪、挪用公款罪等职务犯罪的行为对象。但一般认为，贿赂是受贿罪的行为组成之物，而非行为对象。(4) 结果。“结果”是指行为给刑法所保护的法益所造成的现实的侵害事实与危险状态。(5) 因果关系。“因果关系”是指行为与结果之间的一种引起与被引起的关系。在判断因果关系的标准上，存在众多学说，但首先可以“条件说”为标准进行判断，即如果没有该行为，就没有该结果，则二者具有因果关系。

所谓“违法性”是指，行为为法律所禁止、行为为法律所不允许。通说认为，实质的违法性就是法益侵害性。一般情况下，符合构成要件的行为就具有违法性。因而对违法性的判断不是积极地证成，而是从反面判断是否存在排除违法的事由，即违法阻却事由。违法阻却事由包括正当防卫、紧急避险、被害人承诺、危险接受、法令行为、正当业务、义务冲突等事由。因违法阻却事由而作出的行为是为了保护更大或同等的法益，因而不成立犯罪。

所谓“有责性”是指，非难可能性。即能够就符合构成要件的违法行为对行为人进行非难、谴责。有责性可分为积极的责任要素与消极的责任要素。积极的责任要素是指，需要司法机关积极证明的责任要素，包括故意、过失、目的与动机；消极的责任要素是指，不需要司法机关积极证明该要素的存在，但如果行为人缺乏该要素，则表明行为人不具有责任，包括责任能力、违法性认识的可能性与期待可能性。①

---

① 张明楷：《刑法学》（第5版），法律出版社2016年版，第97、130-183、250页。

适用难点

一、“利用职务上的便利”的类型化分析

在实践中，准确把握“利用职务上的便利”是办理常见职务犯罪案件的重中之重。在职务犯罪中，关于“利用职务上的便利”的罪状表述主要出现在贪污罪、职务侵占罪、受贿罪、非国家工作人员受贿罪、挪用公款罪、挪用资金罪及金融工作人员以假币换取货币罪七个罪名中。此外，在非法经营同类营业罪、为亲友非法牟利罪以及背信损害上市公司利益罪三个罪名中有“利用职务便利”的罪状描述。根据上述罪名中利用职务便利的含义或作用，大体可以将“利用职务上的便利”分为以下三种：

1. 含“对公共财物具有控制权”之义的利用职务便利

这种类型主要是指公职人员基于自己主管、经手、管理等职务上的便利条件，事先已经对公共财物具备了占有、支配、控制权。具体表现在以下罪名中：一是贪污罪中“利用职务上的便利”“侵吞”公共财物的，是指将本人基于公务而事先已经占有、支配、控制下的公共财物，非法占为己有。[①] 二是职务侵占罪中，所谓利用职务上的便利，是指因履行职务而产生的主管、经手、管理等持有单位财物的便利条件。[②] 三是挪用资金罪、挪用公款罪、金融机构工作人员以假币换取货币罪中的“利用职务上的便利”。

不过，在实务中，还存在公职人员无法利用自己职务上的便利对公共财物直接控制，需要通过直接控制公共财物的其他工作人员的职务之便，才能取得该财物的情形。例如，在贪污罪中的“骗取”行为，为了实现犯罪目的，行为人必须欺骗其他工作人员，使其误以为行为人是履行正常职务而处置公共财物，进而取得财物。此时“利用职务上的便利”的含义是可

---

① 陈洪兵：《体系性诠释“利用职务上的便利”》，载《法治研究》2015 年第 4 期。

② 王作富主编：《刑法分则实务研究》（第 5 版），中国方正出版社 2013 年版，第 1002 页。

使其他工作人员误以为行为人在正常履职的“职务上的合法形式”。[①]

2. 含“对经营业务拥有决策权”之义的利用职务便利

这种类型主要是指公职人员对企业、单位的经营业务拥有决策、管理等权限。具体体现在以下罪名中：一是非法经营同类营业罪中的“利用职务便利”，是指利用其在国有公司、企业任董事、经理，掌管材料、物资、市场、计划、销售等的决策和指挥权的便利条件。[②] 二是背信损害上市公司利益罪中的“利用职务便利”，也是行为人作为上市公司的董事、监事、高级管理人员，对单位的经营业务负有主管、管理权限。[③] 三是为亲友非法牟利罪中的“利用职务便利”。

3. 含“贿赂与职务行为对价”之义的利用职务便利

通说与实务认为，在贿赂犯罪中，“利用职务上的便利”，既包括利用职务上主管、负责、承办某项公共事务的职权，也包括利用职务上有隶属、制约关系的其他国家工作人员的职权。[④] 但是并没有说明是利用职务上的便利索取、收受财物，还是利用职务上的便利为他人谋取利益。一方面，如果是指利用职务上的便利接收财物，则难以理解，也不利于受贿罪的认定。因为索取行为本身（如口头向他人提出要求）并不需要利用职务上的便利。[⑤] 另一方面，如果说是指利用职务上的便利为他人谋取利益，但为他人谋取利益只要是一种许诺即可，而许诺本身不需要利用职务上的便利。因此，贿赂犯罪中“利用职务上的便利”，仅强调索取和收受的财物与国家工作人员的职务行为之间存在对价关系，旨在说明财物具有贿赂性质，表明贿赂犯罪的核心要件，而不意味着利用职务上的便利本身是一种实行行为。[⑥]

---

① 张明楷：《刑法学》（第5版），法律出版社2016年版，第1183-1184页。

② 王作富主编：《刑法分则实务研究》（第5版），中国方正出版社2013年版，第322页。

③ 陈洪兵：《体系性诠释“利用职务上的便利”》，载《法治研究》2015年第4期。

④ 阮齐林：《刑法学》，中国政法大学出版社2011年版，第696页；2003年11月13日最高人民法院《全国法院审理经济犯罪案件工作座谈会纪要》。

⑤ 张明楷：《刑法学》（第5版），法律出版社2016年版，第1209页。

⑥ 陈洪兵：《体系性诠释“利用职务上的便利”》，载《法治研究》2015年第4期。

二、"滥用职权"的行为界定

《刑法》第397条并未规定滥用职权罪的具体行为方式，何为"滥用职权"在理论上与实务中都是一个难题。

通说认为，滥用职权的实行行为可归纳为两种：一是逾越职务权限范围而实施相关行为，二是不正当地行使职务范围内的权力，即"二分说"。[①] 1999年出台的《最高人民检察院关于人民检察院直接受理立案侦查案件立案标准的规定（试行）》、2006年出台的《最高人民检察院关于渎职侵权犯罪案件立案标准的规定》采纳"二分说"，将"滥用职权"界定为"超越职权，违法决定、处理其无权决定、处理的事项，或者违反规定处理公务"。

保护法益是刑法的目的，对于滥用职权罪的犯罪构成要件的解释，应以该罪保护的法益为指导。通说认为，滥用职权罪保护的法益是国家机关的正常管理活动。[②] 但是通说至少存在两个缺点：一是内容空洞，无法对滥用职权罪中的构成要件的解释起到指导性的效果；二是可能将明显不属于滥用职权的行为也涵盖进来。[③] 近年来，认为滥用职权罪保护的法益主要是职务行为公正性的观点渐具影响力。[④] 本书以新说为基础，即滥用职权罪保护的法益主要是职务行为的公正性，对"滥用职权"这一犯罪构成要件进行分析：

职务行为的公正性要求公职人员基于服务所设职位的目的与宗旨，依法合理运用与行使职务权限范围之内的权力，行使的公共权力、处理的事项必须关涉公共财产、国家与人民的利益。公正履行职务，是公职人员对人

---

① 高铭暄、马克昌主编：《刑法学》，北京大学出版社、高等教育出版社2017年版，第649页；储槐植、杨书文：《滥用职权罪的行为结构》，载《法学杂志》1999年第3期；黎宏：《刑法学各论》（第2版），法律出版社2016年版，第547页。

② 高铭暄、马克昌主编：《刑法学》（第8版），北京大学出版社、高等教育出版社2017年版，第649页；周道鸾、张军主编：《刑法罪名精释》，人民法院出版社2013年版，第1079页。

③ 劳东燕：《滥用职权罪客观要件的教义学解读——兼论故意·过失的混合犯罪类型》，载《法律科学（西北政法大学学报）》2019年第4期。

④ 周光权：《刑法各论》，中国人民大学出版社2016年版，第495页；张明楷：《刑法学》（第5版），法律出版社2016年版，第1247页；王作富主编：《刑法分则实务研究》（下册），中国方正出版社2009年版，第1868页。

民所承担的一项积极义务。具言之，应满足以下四个方面：（1）在职务权限范围之内运用与行使权力；（2）遵循相应职位的设立宗旨以及相关规定的实体性条件与程序性要求；（3）基于服务公共利益的动机行使职权；（4）依法与合理运用职权是一项强制性义务，不得任意放弃。

相应地，以下四种情形由于未能满足职务行为公正性的要求，应归入滥用权力的范围：（1）公职人员超越职务权限的范围而运用与行使权力，决定其无权处理的事项。包括不同机关之间的越权、具有隶属关系的上下级机关之间的越权、同一单位不同部门或者人员之间的越权。（2）公职人员背离职位设立的宗旨，随心所欲地决定或处分事项。即便是属于职务权限范围之内的事项，公职人员也必须遵守既有的法律、法规、规章、规范性文件、内部章程或惯例等实体性条件与程序性要求，按照规定来处理事项。（3）公职人员基于不当动机而运用与行使职权。如果公职人员以权谋私或是假公济私，即使客观上所处理的事项在其职权范围之内，而且在表面上也遵守了相应的实体性条件与程序性要求，仍属于对权力的滥用。（4）公职人员任意放弃职权，故意不履行其应当履行的职责。①

典型案例

案例　浙江省某县图书馆及赵某、徐某某单位受贿，私分国有资产、贪污案②

【基本案情】

赵某、徐某某分别为浙江省某县图书馆原馆长、原副馆长。2012 年至

① 劳东燕：《滥用职权罪客观要件的教义学解读——兼论故意·过失的混合犯罪类型》，载《法律科学（西北政法大学学报）》2019 年第 4 期；张明楷：《刑法学》（第 5 版），法律出版社 2016 年版，第 1245 页。

② 最高人民检察院第二十批指导性案例第 73 号。

2016年赵某、徐某某等人存在以下犯罪事实：

事实一：为提高福利待遇，经赵某、徐某某等人集体讨论决定，某县图书馆通过在书籍采购过程中账外暗中收受回扣的方式，收受A书社梁某某、B公司、C图书经营部潘某某所送人民币共计36万余元，用于发放工作人员福利及支付本单位其他开支。

事实二：某县图书馆通过从A书社、B公司、C图书经营部虚开购书发票、虚列劳务支出、采购价格虚高的借书卡等手段套取财政资金63万余元，经赵某、徐某某等人集体讨论决定，将其中的56万余元以单位名义集体私分给本单位工作人员。

事实三：被告人徐某某利用担任某县图书馆副馆长，分管采购业务的职务之便，通过从C图书经营部采购价格虚高的借书卡的方式，套取财政资金3.8万元归个人所有。

【案例分析】

以下运用三阶层犯罪构成体系对案件进行分析：

首先，在职务犯罪的构成符合性方面，事实一的行为主体为国有事业单位，行为是“非法收受他人财物”，结果对职务廉洁性造成现实的侵害，行为与结果之间存在因果关系。因此，事实一符合“单位受贿罪”的犯罪构成要件。事实二的行为主体为国有事业单位，行为是“套取财政资金63万余元”，结果对国有资产的管理制度及其所有权造成现实侵害，行为与结果之间存在因果关系。因此，事实二符合“私分国有资产罪”的犯罪构成要件。事实三的行为主体为徐某某，行为是利用分管采购业务的职务之便，套取财政资金3.8万元，结果对职务廉洁性以及国有资产的所有权造成现实的侵害，行为与结果之间存在因果关系。因此，事实三符合“贪污罪”的犯罪构成要件。

其次，在职务犯罪的违法性方面，事实一、二、三均符合各罪名的构成要件。同时，不存在正当防卫、紧急避险、被害人承诺等违法阻却事由。因此，事实一、二、三均具有违法性。

最后，在职务犯罪的有责性方面，赵某、徐某某等人具备刑事责任能力，知法犯法，具有侵吞国有资产的犯罪故意、为他人谋取利益的目的。因此，赵某、徐某某等人具有有责性。

综上所述，某县图书馆赵某、徐某某的行为具有构成要件符合性、违法性，行为主体具有有责性，可以认定相关职务犯罪。

法规依据

《监察法》第 11 条第 2 项、第 45 条第 1 款第 4 项

《监察法实施条例》第 25—31、35、52 条

监督检查、监察调查、监察处置

知识点图解

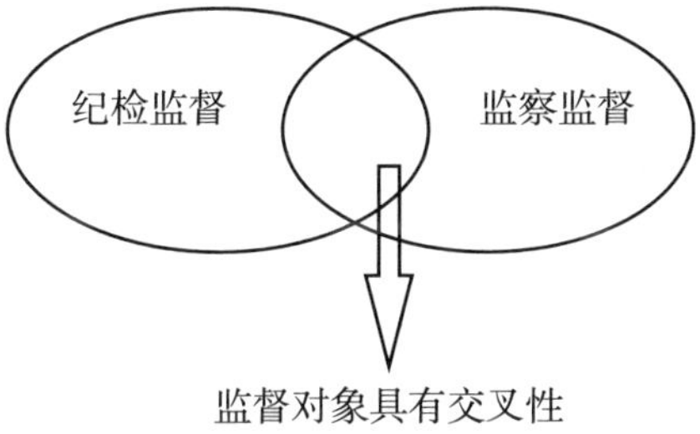

图8　纪检监督、监察监督的关系

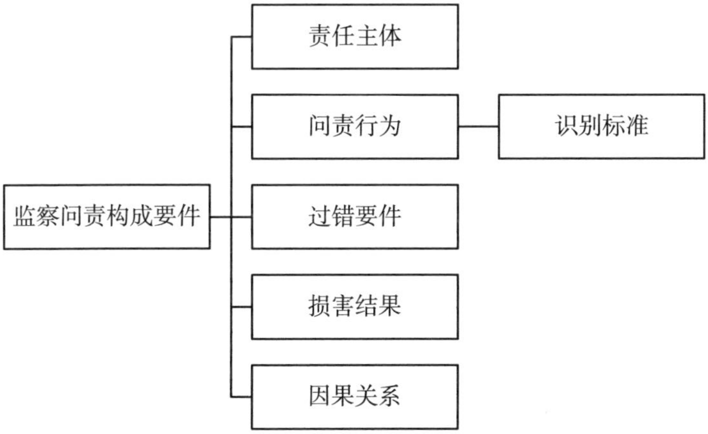

图9　监察问责构成要件

规范解读

根据《监察法》《监察法实施条例》的相关规定，并参照《〈中华人民共和国监察法〉释义》，可以确定监察机关履行监察监督、监察调查、监察处置职责。其中，监督是监察机关的首要职责 ；调查是监察机关的一项经常性工作，是开展反腐倡廉工作的一项重要措施；处置是监察机关惩治、教育干部的一种手段，是对监督、调查结果的反馈回应以及确保前两项职责得以实效化的保障。①

一、对公职人员开展廉政教育，对其依法履职、秉公用权、廉洁从政从业以及道德操守情况进行监督检查

监督是党和国家对公职人员进行的督促和管理，以达到政治清廉的目标，是监察委员会的首要职责。监察委员会代表党和国家，依照宪法、监察法和有关法律法规，主要监督所有公职人员公权力行使的合法性、合理性和廉洁性。监察机关履行监督职责的方式包括廉政教育、谈话和监督检查三种方式。

廉政教育通过对廉政文化的建设，强化公职人员的职业伦理，构建“不敢腐、不能腐、不想腐”的长效机制，打造风清气正的政治环境。

谈话包括日常谈话、任前谈话、诫勉谈话和提醒谈话等类型，注重通过细致入微的谈话工作防止小错误变成大错误、防止由违纪违法向违法犯罪嬗变。

监督检查通过对公职人员依法履职、秉公用权、廉洁从政从业和道德操守进行监督检查，通过听取工作汇报、列席或召集会议、查阅和审查文件等方式，注重发现问题线索，强调了监察机关行使监督职责的主动性。“依

① 马怀德主编：《监察法学》，人民出版社 2019 年版，第 155–166 页。

法履职”强调按照法律规定依法履行职权，主要包括：权力取得的合法性、权力运行的合法性、违反职权法定原则要承担一定的法律责任。“秉公用权”从字面上强调用公心去行使权力，是公权力公共属性的必然要求，在行政法上强调合理行政、实现个案正义。“廉洁从政从业和道德操守”的外延更加宽泛，既要求履行公务过程中保持廉洁，还强调权为民所用，始终保持公权力用之于民的基本属性，更要求公职人员在公务行为中具有清廉的品德或节操。国家法律法规及党内法规均有对廉洁性的具体要求。例如，《国有企业领导人员廉洁从业若干规定》第6条规定，不得“利用职权相互为对方及其配偶、子女和其他特定关系人从事营利性经营活动提供便利条件”。

二、对涉嫌贪污贿赂、滥用职权、玩忽职守、权力寻租、利益输送、徇私舞弊以及浪费国家资财等职务违法和职务犯罪进行调查

《监察法》第11条规定，对涉嫌贪污贿赂、滥用职权、玩忽职守、权力寻租、利益输送、徇私舞弊以及浪费国家资财等职务违法和职务犯罪进行调查。监察调查是监察机关采用法律的方式手段和措施，针对已经立案的涉嫌贪污腐败等职务违法、职务犯罪行为的案件，进行收集证据、查明事实，分清责任、提出处理意见的专门活动或过程，是监察委员会的一项经常性工作。

监察调查主要内容涉及《监察法》第11条列举的七类主要的职务违法和职务犯罪行为，根据《〈中华人民共和国监察法〉释义》，并参照《监察法实施条例》的相关规定，具体包括：“贪污贿赂”“滥用职权”“玩忽职守”“徇私舞弊”。

在调查中，监察机关可以采用《监察法》第4章规定的各项调查措施，并根据调查措施是否具有明显强制性，分为一般调查措施和特殊调查措施。[①] 对于《监察法》有关监察调查措施的规定，实际上就是监察调查权行

① 马怀德主编：《监察法学》，人民出版社2019年版，第167页。

使过程中主要的表现方式。

三、对违法的公职人员依法作出政务处分决定；对履行职责不力、失职失责的领导人员进行问责；对涉嫌职务犯罪的，将调查结果移送人民检察院依法审查、提起公诉；向监察对象所在单位提出监察建议

根据《监察法》第 11 条和第 45 条的规定，监察机关有权采取以下五种处置措施：一是进行谈话提醒、批评教育、责令检查，或者予以诫勉；二是作出警告、记过、记大过、降级、撤职、开除等政务处分决定；三是对领导人员作出问责决定或者提出问责建议；四是移送人民检察院审查起诉；五是提出监察建议。上述几种处置措施既可以单独适用，也可以同时适用。

1. 政务处分

政务处分是《监察法》创设的新的法律概念，是监察机关对违法的公职人员依照法定程序作出的警告、记过、记大过、降级、撤职、开除等制裁性决定。[①] 2020 年 6 月 20 日公布的《公职人员政务处分法》是对《监察法》创设的政务处分的具体化，实现了政务处分的实体规则及程序规范的法定化。《公职人员政务处分法》的实施正式确立了我国政务处分和处分并行的双轨制处分模式，其中监察机关实施的处分叫“政务处分”，公职人员所在单位依法作出的处分叫“处分”。为解决两者衔接，《公职人员政务处分法》第 3 条明确规定，公职人员任免机关、单位对处分承担主体责任，监察机关负有监督职责，即监察机关发现公职人员任免机关、单位应当给予处分而未给予，或者给予的处分违法、不当的，应当及时提出监察建议。

2. 监察问责

所谓监察问责，是指承担领导职务的领导人员因履行职责不力、失职失责而引发监察调查程序，进而承担否定性后果（谴责和制裁）的治吏机制。与行政管理框架下行政系统内上问下责的运行机制不同，监察问责由监察

---

① 马怀德主编：《监察法学》，人民出版社 2019 年版，第 177 页。

机关启动，主要针对领导人员涉嫌不作为、慢作为等领导不力情形，通过启动调查程序，根据权责对等的基本要求，“以事实为依据、以法律为准绳”，在其法定权限范围内作出问责决定或者问责建议决定的一种监察处置形式。在问责的方式上，监察机关可以按照管理权限直接作出通报、诫勉、组织调整或组织处理、处分等问责决定，或者向有权作出问责决定的机关提出降职、免职等问责建议。

问责的对象是公职人员中的领导人员，主要是指中国共产党机关、人大机关、行政机关、监察机关、审判机关、检察机关、政协机关、民主党派和工商联机关中担任各级领导职务和副调研员以上非领导职务的人员；参照《公务员法》管理的单位中担任各级领导职务和副调研员以上非领导职务的人员；大型、特大型国有和国有控股企业中层以上领导人员，中型以下国有和国有控股企业领导班子成员，以及上述企业中其他相当于县处级以上层次的人员；事业单位领导班子成员及其他六级以上管理岗位人员。①

监察问责强调对民负责的政治功能，同时注重提升问责过程的正义性进而确保最终问责结果的权威性。问责全过程性可以细化为三个阶段，彼此间既相互独立又有序衔接：首先，人民有权成为问责程序的发动主体。实践中，公众可以通过举报等法定途径向问责机关提供线索，问责机关依法决定是否启动问责调查程序。其次，问责调查程序是指问责主体采集信息、收集证据并认定证据的过程，问责主体在调查过程中对问责对象进行询问、质询，问责对象有权进行陈述和申辩。最后，由问责主体“以事实为依据、以法律为准绳”，在法定职权范围内作出问责决定或者问责建议。

3. 案件移送审查起诉

《监察法》第 45 条第 1 款第 4 项规定，“对涉嫌职务犯罪的，监察机关经调查认为犯罪事实清楚，证据确实、充分的，制作起诉意见书，连同案卷材料、证据一并移送人民检察院依法审查、提起公诉”。监察机关对于涉

---

① 中共中央纪律检查委员会中华人民共和国国家监察委员会法规室编写：《〈中华人民共和国监察法〉学习问答》，中国方正出版社 2018 年版，第 33 页。

嫌职务犯罪案件的移送，是实现监察执法与刑事司法紧密衔接，依法惩治腐败犯罪的重要环节。[①] 移送的主体是有管辖权的监察机关；移送的对象是涉嫌职务犯罪的被调查人，以及监察机关制作的起诉意见书、案卷材料、证据等；移送的条件是经调查认为犯罪事实清楚、证据确实充分的；接受移送的主体是检察机关；对监察机关移送的案件，应由检察机关作为公诉机关直接依法审查、提起公诉，具体工作由现有公诉部门负责，不需要检察机关再进行立案。[②] 关于移送的条件，根据法律规定和有关的司法解释要求的犯罪事实清楚，证据确实充分，具体是指达到以下标准：（1）定罪量刑的事实都有证据证明；（2）每个定案的证据均已经法定程序查证属实；（3）证据之间以及证据与案件事实之间不存在矛盾，或者矛盾得到合理排除；（4）综合全案证据，对所认定的事实已经排除合理怀疑；（5）根据证据所得出的事实结论为唯一的结论。[③]

4. 监察建议

监察建议是监察委员会依照法定职权，根据监督、调查结果，对监察对象所在单位廉政建设和履行职责存在的问题等提出的具有一定法律效力的建议。监察建议不同于一般的工作建议，由《监察法》“背书”、以国家强制力为后盾，具有确定的法律效力。[④] 监察建议的相对人无正当理由必须履行监察建议要求其履行的义务，否则，就应承担相应的法律责任。一般来说，监察机关遇有下列情形时，可以提出监察建议：拒不执行法律、法规或者违反法律、法规，应当予以纠正的；有关单位作出的决定、命令、指示违反法律、法规或者国家政策，应当予以纠正或者撤销的；给国家利益、集体利益和公民合法权益造成损害，需要采取补救措施的；录用、任免、奖惩决定明显不适当，应当予以纠正的；依照有关法律、法规的规定，应

---

① 吴建雄主编：《监督、调查、处置法律规范研究》，人民出版社 2018 年版，第 70 页。

② 中共中央纪律检查委员会中华人民共和国国家监察委员会法规室编写：《〈中华人民共和国监察法〉释义》，中国方正出版社 2018 年版，第 207 页。

③ 陈瑞华：《刑事诉讼中的证明标准》，载《苏州大学学报（哲学社会科学版）》2013 年第 3 期。

④ 马怀德主编：《监察法学》，人民出版社 2019 年版，第 185 页。

当给予处罚的；需要完善廉政建设制度的；等等。[①]

5. “红红脸、出出汗”

《监察法》第 45 条第 1 款第 1 项规定，“对有职务违法行为但情节较轻的公职人员，按照管理权限，直接或者委托有关机关、人员，进行谈话提醒、批评教育、责令检查，或者予以诫勉”，即“红红脸、出出汗”。对有职务违法但情节较轻的公职人员，可以免予处分，而是代之以谈话提醒、批评教育、责令检查、予以诫勉等相对更轻的处理，不同于监督措施中具有预防性质的提醒谈话措施。这种处置方式可以由有管辖权的监察机关直接作出，也可以委托公职人员所在单位、上级主管部门或者上述单位负责人代为作出。[②]《监察法》第 45 条第 1 款第 1 项作为一种概括性授权，并没有明确规定实践当中应当运用何种方式，监察机关的裁量空间比较大。

适用难点

一、纪检监督与监察监督

从理论上讲，纪检监察监督职责具有双重属性，包括纪检监督和监察监督两个侧面。二者依据渊源不同。纪检监督职责的依据来源于《中国共产党章程》。随着党的十八大以来党和国家反腐体系的构建，纪检监察法规制度“四梁八柱”建立起来，已经形成以《中国共产党章程》为首，以“党内监督条例”“纪律处分条例”等为主干的纪检监督规范体系。监察监督职责则源于《宪法》，监察监督职责是由宪法赋予国家监察机关对公职人员进行监督的权力，属于国家公权力体系中的一环。因此，纪检监察机关行使

① 中共中央纪律检查委员会中华人民共和国国家监察委员会法规室编写：《〈中华人民共和国监察法〉释义》，中国方正出版社 2018 年版，第 207-208 页。

② 中共中央纪律检查委员会中华人民共和国国家监察委员会法规室编写：《〈中华人民共和国监察法〉释义》，中国方正出版社 2018 年版，第 205 页。

的监督职责具有双重性。

在监督对象上，纪检监督与监察监督具有交叉性。党的纪律检查机关是中国共产党的机关，纪检监督是针对中国共产党党员的监督，根据《中国共产党党内监督条例》的规定，党内监督重点对象是党的领导机关和领导干部，特别是主要领导干部；对民主党派党员和非党员公职人员的监督由国家监察机关实施。监察监督职责是由《监察法》所赋予的国家监督职责，是针对国家公职人员的监督。因此，纪律监督与监察监督的对象是基于不同身份所确定的。同时，基于“党管干部”的原则，《中国共产党纪律检查机关监督执纪工作规则》将纪委监委共同作为监督执纪的主体，因此监察监督和纪检监督之间存在密切的联系。“我国80%的公务员和超过95%的领导干部是共产党员”①，二者在监督对象上存在共同地带。作为公职人员的共产党员受到纪检监察的共同监督。只有非国家公职人员的共产党员和非党员的国家公职人员才受各自范围的监督。因此，通过纪检监督和监察监督的结合才能实现监督的全覆盖。

在监督内容上，纪检监督与监察监督具有差异性。纪检监督以政治目标导向为重点，“党内监督的任务是确保党章党规党纪在全党有效执行，维护党的团结统一，重点解决党的领导弱化、党的建设缺失、全面从严治党不力，党的观念淡漠、组织涣散、纪律松弛，管党治党宽松软问题，保证党的组织充分履行职能、发挥核心作用，保证全体党员发挥先锋模范作用，保证党的领导干部忠诚干净担当”。② 国家监察监督则重在监督行使公权力公职人员的合法履职情况；对公职人员开展廉政教育、进行正面教育引导，从而达到预防腐败的作用；对公职人员行使职权过程中的不作为、乱作为、滥作为等情况进行监督检查。

在监督目标上，党内监督以实现净化党内政治生态、加强党的领导、实

① 中共中央纪律检查委员会中华人民共和国国家监察委员会法规室编写：《〈中华人民共和国监察法〉释义》，中国方正出版社2018年版，第29页。

② 新华社：《中国共产党第十八届中央委员会第六次全体会议公报》，载新华网，http://www.xinhuanet.com//politics/2016-10/27/c_1119801528_3.htm。

现全面从严治党、保持党的先进性和纯洁性为目标。监察监督重点在于防范公职人员行使公权力的廉洁性和正当性，保障国家公权力不被滥用。《中国共产党党内监督条例》规定涉及八个方面的纪检监督内容，主要是从对党忠诚以及遵守党员行为规范的角度，而未涉及公职人员行使公权力的规定。与之相比，监察监督职责的主要目标是规范公职人员行使公权力的合法性。总之，纪检监督是对党员理想信念、对党忠诚、践行党的宗旨等情况的监督；监察监督是针对国家公权力行使的廉洁性、合法性的监督。

二、监督职责的特征

监督职责是监察委员会的首要职责。广义上的监督可以从多个角度上分析其特征，例如，从过程上看，监督包括了事前监督、事中监督、事后监督等不同方面。因此，要明确监察监督中“监督”的准确含义，就要从不同角度理解监督职责的特征。

1. 按过程分类，可以分为事前监督、事中监督、事后监督

监督涵盖了权力行使的全过程，并通过不同的形式表现出来，例如在监督执纪“四种形态”的第一、二种形态中，“红红脸、出出汗”强调的是事后监督，针对的是问题发生以后进行的惩治；“扯扯袖子，提提醒”注重的是事前的监督，不让被监督对象的行为继续向错的方向发展，造成违法、犯罪的后果，是为了抓早抓小，防微杜渐。因此，监督贯穿于被监督对象行使权力的全过程，能够使违纪违法行为止于萌芽状态，防止严重职务违法和犯罪的发生，达到预防犯罪的目的。

2. 按效果分类，可分为预防性监督、发现性监督、惩治性监督

从监督效果来看，“对公职人员开展廉政教育”是一种预防性监督。通过对廉政文化的建设，强化公职人员的职业伦理，构建“不敢腐、不能腐、不想腐”的长效机制，打造风清气正的政治环境，这些要求都是注重预防公权力滥用。

“对公职人员依法履职、秉公用权、廉洁从政从业和道德操守进行监督

检查”属于发现性监督，通过对公职人员依法履职、秉公用权、廉洁从政从业和道德操守进行监督检查，通过工作汇报、列席会议、查阅、审查文件等方式，注重发现问题线索，强调了监察机关行使监督职责的主动性。

惩治性监督则需要对监督执纪的“四种形态”中的第一、二种形态进行灵活运用，惩治性监督既强调产生监督的效果，同时也是监督的一种形式，目的是使监督实现惩前毖后、治病救人、抓早抓小，防微杜渐的作用。

监督从预防、发现、惩治腐败的三个维度，共同织就严密监督体系，达到对腐败的防治作用。

3. 按内容分类，可分为正向监督与负向监督

从正负两个维度来看待监督，履行廉政教育职责即是一种正向监督。从监委的定位来看，纪检监察机关是监督专责机关，不是专门办案机关；从监委的职能发展阶段来看，监督职责具有重要意义，监督将成为一种常态化形式；从当前领导讲话来看，监督是防止领导干部只有“好干部”和“阶下囚”两种状态的有效方式，监督职责的良好运行能够及时发现问题并止步于问题。负向的监督则是以结果为导向的监督，对公职人员依法履职、秉公用权、廉洁从政从业和道德操守进行监督，并根据监督的结果进行处置，从而达到预防犯罪的效果。

《监察法》第 11 条将监察委员会的监督、调查、处置职责并列，但监督居首，说明了监督职责的重要性。发挥监督职能的作用，正如中央全面深化改革委员会第十八次会议所强调的：法治建设既要抓末端、治已病，更要抓前端、治未病。监督职能的具体内容主要指向公权力行使的合法性、合理性和廉洁性。其中，开展廉政教育强调预防腐败职责，体现防范于未然的价值追求。除此之外，从抓早抓小、防微杜渐，对干部严管厚爱和维护国家机关权威性、公信力的角度，日常监督中要对公职人员的道德操守情况进行监督检查。实践中，有关监督检查职能的发挥，一是强调监督的日常化。主要运用提醒谈话、警示谈话、通报批评、批评教育、限期整改、纠正或责令停止违纪行为等方式开展，从根本上减少腐败问题发生的增量。

二是注重监督检查的有效运行。监督检查的有效运行必须以参与为前提，才能掌握公权力运行的相关情况和信息，可以通过列席会议、现场监督等参与方式即时掌握公权力运行情况。三是注重腐败的预防。强化并实现执纪监督“四种形态”，及时发现苗头性、倾向性问题或者轻微违纪问题，更加注重对公职人员和公权力的日常监督，实现惩前毖后、治病救人，着力构建“不敢腐、不能腐、不想腐”的有效机制。

三、监察调查权的法律属性

监察调查主要表现为一种程序性权力，不是纪委党纪审查权、原行政监察调查权和检察机关职务犯罪侦查权三种权力堆积木似的简单叠加和拼凑，而是犹如三种不同元素发生化学反应后分子间重新排列组合产生的“新物质”，在性质上拥有不同于原三种权力的新特征。对监察调查权法律属性的厘清，不仅是探究监察权运行基本规律和特有规则的逻辑起点，更是提升法治反腐效能性的重要突破口。

1. 监察调查权并非行政监察权

作为监察权的基本构成，监察调查权脱胎于原行政监察调查权，并且与刑事司法中检察院反贪部门的职务犯罪侦查权整合后形成了新的监察调查权。与原行政监察调查相比，监察调查在手段、程序、主体、对象和事项上均发生了重大变化。在调查手段上，行政监察调查可行使扣留、封存、查询、冻结、“双指”等手段，监察调查措施包括了可由监察机关自行采取的谈话、询问、查封、扣押、查询、冻结、调取、留置、勘验检查、鉴定十项措施以及交由公安机关执行的通缉、限制出境两项措施，后者无论是在手段的多样性还是效果的强制性方面都要远胜于前者。在调查程序上，原行政监察调查遵循原《行政监察法》中有关权限和程序的要求，这些调查活动程序与行政执法相似；而《监察法》在调查程序和多数措施上没有区分职务违法和职务犯罪，监察调查措施的适用和程序更侧重与刑事侦查保持相当的一致性，明显更加苛刻、严格。在调查主体方面，原行政监察的调查主体为行政系统内部的监察部门，属于同体监督；监察调查主体为新宪法国家法秩序下“五元结构”分权格局中独立的监察机关，[①] 属于异体监督。在调查对象方面，监察调查权的对象排除了原行政监察对象中的行政机关，[②] 扩大了监察对象中的自然人范围，从行政系统扩大至行政、立法、司法等系统中的工作人员，将一切行使公权力的公职人员纳入监察对象范围，外延得到了极大扩展。调查事项的变化体现为由对监察对象执法、廉政、效能情况的调查转变为对公职人员贪污贿赂、滥用职权等七类职务违法行为的调查。监察调查“仅限于‘对人监察’，而没有延续行政监察机关的‘对事监察’职能”，[③] 反腐败指向性更强。调查措施、程序、主体、对象和事项的前述变化意味着监察调查更加具有强制性、严厉性、独立性、普遍性和指向性，不宜再将其性质界定为原行政监察调查权。此外，与行政调查和刑事侦查不同，监察机关调查权行使的过程也涉及履行党和国家监督之职责，监察调查权不仅是为了查清事实，还需要做好思想工作，将治病救人的理念贯穿职务违法调查的全过程。[④] 相较之下，监察调查权“更为常态化，更强调过程预防和源头控制”[⑤]，原行政监察调查权和刑事侦查权更为特殊化，更倾向于事后惩治。因此，监察调查权虽由原行政监察调查转化而来，但在性质上已发生根本改变，不可将两者等量齐观。

2. 从“二分对立”到“三位一体”的新型调查权

对监察调查权性质的把握，应树立“三位一体”调查思维，摒弃将职务违法调查与职务犯罪调查截然对立并分别采取两种不同调查程序的观念（二分对立调查模式）。二分对立调查模式立足于我国传统违法、犯罪调查

---

① “五元结构”的论述，参见林彦：《国家权力的横向配置结构》，载《法学家》2018 年第 5 期。

② 原《行政监察法》第 2 条规定：“监察机关是人民政府行使监察职能的机关，依照本法对国家行政机关及其公务员和国家行政机关任命的其他人员实施监察。”

③ 周乐军：《“对人监察”抑或“对事监察”——论我国监察委员会监察权的边界》，载《时代法学》2018 年第 4 期。

④ 中共中央纪律检查委员会中华人民共和国国家监察委员会法规室编写：《〈中华人民共和国监察法〉释义》，中国方正出版社 2018 年版，第 63-64 页。

⑤ 马怀德：《〈国家监察法〉的立法思路与立法重点》，载《环球法律评论》2017 年第 2 期。

二分的实践，将职务违法调查和职务犯罪调查分别视为行政权和侦查权，进而主张在监察程序设置上借鉴公安机关的经验，建立监察行政和刑事案件办案程序的分类与转换机制。[①] 二分对立调查模式的逻辑前提仍然是将职务违法调查与职务犯罪调查分别等同于行政权和侦查权，这种将职务违法调查和职务犯罪调查从监察调查中一分为二地剥离出来，并在监察机关内部由不同部门分别调查职务违法和职务犯罪的做法，无异于再次落入监察体制改革前碎片化反腐败体系之窠臼：不同调查程序之间的隔膜和衔接不畅问题仍无法得到解决，更与“构建集中统一、权威高效的中国特色国家监察体制”的改革目标相背离。

为有效实现法法衔接，打破体制机制壁垒，必须从“二分对立”模式的传统思维定式转向“三位一体”调查模式。所谓“三位一体”调查模式，是指在纪委监委合署办公、高度融合履行党内监督和国家监察双重职责体制下，由同一部门统筹运用党纪和国法“两把尺子”，对所有涉嫌违纪、职务违法、职务犯罪的问题实施审查调查，在调查手段、调查程序、证据收集上按照几乎相同的规则一体推进，在监督执纪执法各环节实现全面融合，准确恰当地处理履职违纪、违法和犯罪问题。其合理性在于监察机关在监察调查活动中并没有针对职务违法抑或职务犯罪的分流程序，[②] “监察机关的调查权和改革前检察机关的职务犯罪侦查权交错，调查权呈现行政调查和刑事调查一体化趋势”。[③] 况且，纪委审查、行政监察、刑事侦查三种权力彼此融合之后已形成紧密联系，难以再作出精确区分，监察调查权在事实上难以割裂。[④] 尤其对于兼具共产党员身份的监察对象而言，违法必然违纪，在职务违法或职务犯罪调查之余必然同时伴随着纪律审查，[⑤] 而二分对

---

① 陈越峰：《监察措施的合法性研究》，载《环球法律评论》2017 年第 2 期。

② 李学军、刘静：《监察调查中的一体化研究》，载《法律适用》2019 年第 5 期。

③ 张杰：《〈监察法〉适用中的重要问题》，载《法学》2018 年第 6 期。

④ 刘艳红：《监察委员会调查权运作的双重困境及其法治路径》，载《法学论坛》2017 年第 6 期。

⑤ 这一点可以从各级纪委监委发布的通报中看出，凡中共党员涉嫌职务违法犯罪的，通报中均有“接受纪律审查和监察调查”之类的表述。

立调查模式回避了职务违法犯罪调查中相伴而生的纪律审查问题。

“三位一体”调查模式，对监察调查的影响主要体现在以下几个方面：在机构设置上，所有违纪、职务违法和职务犯罪行为几乎都交由审查调查室统一立案和调查，内部不再细化专门的违纪审查、职务违法和职务犯罪调查方向。推进纪检监察机关内部工作流程再造，对违纪违法需要追究纪律责任和法律责任的，原则上同时办理纪委立案审查手续和监委立案调查手续；案件审查、案件审理既针对违纪问题又针对违法问题，实现纪律审查和监察调查的转换衔接。在调查手段上，《中国共产党纪律检查机关监督执纪工作规则》中违纪审查的手段与监察调查措施一致，而对于职务违法与职务犯罪调查中相重合的调查措施，在行使条件、程序上也无须设置不同的规则体系。在证据收集上，各种调查措施或者方法往往同时具有发现证据和收集证据的功能，因此调查措施的一体化意味着在多数情况下职务违法与职务犯罪适用同种取证规则，而违纪审查往往依附于具体的违法或犯罪调查同步开展，故职务违法或犯罪调查获得的事实和证据同样作用于违纪审查。一体调查模式有效解决监察体制改革前程序衔接不畅、调查措施适用混乱、取证规则含混不清等问题。

鉴于违纪、职务违法和职务犯罪行为性质迥异，采取一体调查模式，并不意味着在任何调查事项上都适用完全一致的规则：既要防止跳过监察法、走不是违纪就是犯罪的极端，又要防止用监察法代替纪律、代替刑法的情况，还需根据各种行为特点作出相应的差异化处理，用不同的方法、不同的标准处理违纪、违法和犯罪问题。比如，立案决定环节，一体调查模式并不反对在立案环节根据行为性质进行不同名义的立案，尤其违纪案件应当以纪委名义立案，而职务违法和职务犯罪需分别以监委名义立案；在职务违法和职务犯罪立案事宜上，由于我国并未建立对犯罪调查措施的司法审查机制，监察机关又同时掌握职务违法与职务犯罪的调查权，存在借违法调查与犯罪调查的界限模糊之机滥用权力的可能性。[①] 因而，如果不对具

① 姚莉：《监察案件的立案转化与“法法衔接”》，载《法商研究》2019 年第 1 期。

体立案类型进行区分，实践中可能会发生被调查人的行为本属于职务违法，但监察机关为了获得证据而径直采取讯问、搜查等调查措施，从而对被调查人的权利造成不当侵害的现象，损害监察机关依法反腐的权威性。区分不同的立案类型，有助于监察机关根据立案类型制定不同内容的调查方案、采取更加科学的调查措施。对尚不确定是否构成职务犯罪的，应先以职务违法立案，根据调查进展情况补办职务犯罪立案手续；对于后续需要转化立案的，由于秉持一体调查模式理念，监委实行统一决策、一体运行权力机制，转化立案之前所收集的证据依然有效，负责案件调查的人员也无须更换，故而不存在衔接上的难题。此外，分离还体现在调查措施的适用和审理环节，前者要求严格恪守监察法调查权限的要求，不得将职务犯罪调查中的搜查、技术侦查、讯问适用于职务违法调查，冻结、查询、留置等严重职务违法调查中的措施也不可适用于一般职务违法调查，后者要求违纪、违法、犯罪认定的证明标准规则必须体现差异性。

四、政务处分的适用难点

1. “政务处分”与“处分”

有管辖权的监察机关以及公职人员任免机关均可以对公职人员实施处分，监察机关实施的处分叫“政务处分”，公职人员所在单位依据《公职人员政务处分法》第2章和第3章作出的处分叫“处分”。人事任免机关根据《公职人员政务处分法》的实体规则作出处分决定，其程序要求及后续救济性要求不能适用《公职人员政务处分法》，而应适用其他相关的规定，如《行政机关公务员处分条例》。有关“政务处分”和“处分”的关系，《公职人员政务处分法》第3条规定，“监察机关发现公职人员任免机关、单位应当给予处分而未给予，或者给予的处分违法、不当的，应当及时提出监察建议”，可见，对公职人员违法行为进行处分的主体应当是公职人员任免机关、单位，监察机关承担的更多是监督责任，当监察机关发现公职人员所在单位该处分不处分、处分违法或不当的，监察机关要提出监察建议。

2. 一过不二罚

对于公职人员的同一违法行为，《公职人员政务处分法》第16条规定，监察机关和公职人员任免机关、单位不得重复给予政务处分和处分。2018年修改《公务员法》时就有关于“一过不二罚”的规定，《公务员法》第61条第2款规定，“对同一违纪违法行为，监察机关已经作出政务处分决定的，公务员所在机关不再给予处分”。因此，对同一个行为人的同一个违法行为，“一过不二罚”是基本的法治原则。

3. 数过并罚

公职人员有两个以上违法行为的，应当借鉴刑法上的数罪并罚理论去解决数过并罚的问题。如果是不同类型的责任追究方式，则不存在数过并罚的问题。例如，针对公职人员违法行为，有关机关依照规定给予组织处理，监察机关可以同时给予政务处分，组织处理和政务处分就是两种不同类型的责任追究方式。又如，《公职人员政务处分法》第18条特别提到“担任领导职务的公职人员有违法行为，被罢免、撤销、免去或者辞去领导职务的，监察机关可以同时给予政务处分”，领导职务的处理和政务处分有本质的不同，所以不同的法律责任之间不存在竞合。同时应当注意，不同的法律责任应同时追究。对同一个公职人员、领导干部，他所承担的法律责任应当是四个面向：法律责任、行政责任、道德责任和政治责任。因此，不同责任类型的同时适用不违反“一过不二罚”的规定。

4. 有限制的终身责任制

《公职人员政务处分法》第27条规定：“已经退休的公职人员退休前或者退休后有违法行为的，不再给予政务处分，但是可以对其立案调查；依法应当予以降级、撤职、开除的，应当按照规定相应调整其享受的待遇，对其违法取得的财物和用于违法行为的本人财物依照本法第二十五条的规定处理。已经离职或者死亡的公职人员在履职期间有违法行为的，依照前款规定处理。”即政务处分强调终身责任制，即便是退休或者死亡之后发现违法行为的，也应立案调查。但是这种终身责任制是有限制的，对于已经没有公职人员身份的，很多政务处分的处分种类没有办法执行，例如在警告、记过、记大过已经没有任何意义的情况下，就不再执行，但涉及降级、撤职、开除的，应依据相关规定执行、调整其待遇。

5. 违法与职务违法的识别

“职务违法”和“违法”是《监察法》明确规定导致政务处分的两个方面。职务违法是通过法定授权或者委托负有公共管理职责的公职人员，在具体履行决策、执行或者监督职责过程中，作出的违反法律法规的基本要求，且具有社会危害性、依法应受到除《刑法》外其他法律法规惩处的行为。即职务违法一词中有关“违法”的理解和把握具有特定性，不能脱离职务泛泛而谈。但基于《监察法》《公职人员政务处分法》的立法目的，要解决对于各类公职人员所要遵守的最低限度的政治责任、道德责任、纪律责任和廉洁责任的基本要求，所以除了《公职人员政务处分法》之外，还有大量的跟履职相关的法律法规，都是公职人员履职过程当中应遵守的法律规范，违法和职务违法都可能会导致政务处分，但是哪些违法行为会导致政务处分要看法律法规的具体规定。《公职人员政务处分法》第 49 条明确规定：“公职人员依法受到刑事责任追究的，监察机关应当根据司法机关的生效判决、裁定、决定及其认定的事实和情节，依照本法规定给予政务处分。”此外，《公职人员政务处分法》当中相关条款规定得非常明确，例如第 14 条规定，公职人员犯罪的，有故意犯罪被判处管制、拘役或者有期徒刑以上刑罚（含宣告缓刑）的及其他情形，监察机关应直接作出开除的决定，没有任何弹性空间。

五、监察问责的构成要件

监察问责的构成要件应着力解决监察机关在实践中判断所涉领导人员是否要受到制裁的理论依据供给问题：既要充分考虑到政治维度和道德维度之下的领导责任本身所具有的抽象性和概括性，又要紧密结合《监察法》有关监察机关法定职责权限的基本规定，实现监察问责构成要件的普适性和无漏洞，并解决具体案件办理的个性化和正义性问题。基于此，监察问责的基本构成要件应当同时涵盖以下五个方面的内容，缺一不可：

1. 责任主体

责任主体即问责对象。根据《监察法》第 11 条的规定，问责对象是专职领导人员。根据《公务员法》第 18 条的规定，领导人员是指承担领导职务的公务员，具体涵盖国家级正职、国家级副职、省部级正职、省部级副职、厅局级正职、厅局级副职、县处级正职、县处级副职、乡科级正职、乡科级副职共十个领导级别。基于权责对等的基本逻辑，所涉领导人员的级别、人数规模及问责决定涵盖的人员范围和制裁方式，必须要结合个案情况综合判断。从权责法定的权力运行逻辑出发，基于不同级别、不同职务的岗位职责的差异性，实践中有关责任主体的确定，可以如下三个维度作为考量基准的突破口，具体包括：

（1）行政正副职的差异性。

我国 1982 年《宪法》明确规定各级行政机关适用“行政首长负责制”的基本体制。行政首长是所属机关的最高行政长官，基于岗位职责的规定，行政首长作为理论上能对所在机关的所有活动实施控制或者监督的主体，“权力越大，责任就越大”，对其监督必然更加严格。行政副职则要在履行法定职责基础上，协助行政首长工作，两者是典型的上下级关系，下级服从上级领导是基本要求。故实践中，行政正副职之间的责任划分需要以其在个案中具体扮演的角色、发挥的作用、产生的贡献度来判断。

（2）不同岗位职责的复杂性。

为了区分不同领导人员在所属机构承担的领导责任，基于岗位职责的不同，现行问责制度做了类型化的区分。比如，《公务员法》将领导人员分为领导成员和领导成员以外的领导人员。其第 87 条规定，领导成员因工作严重失误、失职造成重大损失或者恶劣社会影响的，或者对重大事故负有领导责任的，应当引咎辞去领导职务。为厘清引咎辞职主体，其第 111 条明确规定，领导成员是指各级行政机关的领导人员，即各级行政机关的主要负责人，内设机构负责人则属于领导成员以外的领导人员。不同类型的岗位职责决定了领导人员在问责个案中的责任，这种明确的责任划分对于推定其对最终损害或者损失的贡献度具有重要的参考作用。至于所涉领导人员的级别和人数问题，除了对事故或者事件负有直接责任的公职人员之外，具体后果的严重程度和辐射范围，特别是在引发问责个案的权力运行链条中的实际作用，均应成为重要考量。

（3）监察问责对象和党内问责对象的衔接问题。

党内问责和监察问责并行衔接构成我国问责制度体系的突出特点。同一问责事件中，党内问责和监察问责可能同时存在。党的领导干部［比如党委（党组）负责人］和领导人员（比如行政机关负责人），如果分别或者合力构成失职，就要根据各自的贡献度承担相应的责任。这是实现纪法贯通、纪法衔接的必然要求。如果具体问责个案中，涉及党政双肩挑的领导干部，就可能会发生党内问责对象和监察问责对象重叠。党内问责和监察问责不能相互冲抵，前者主要针对党内职务和党员身份，依据是《中国共产党问责条例》；后者针对国家职务和国家公职人员身份，主要依据是《监察法》。两种问责决定要分别作出，不能互相替代。

2. 问责行为

问责行为侧重于从领导人员职责履行情况出发，解决启动问责程序的客观要件标准问题。根据《监察法》第 11 条，监察问责主要针对领导人员存在履行职责不力、失职失责之情形。《监察法》第 45 条又进一步明确为“对不履行或者不正确履行职责负有责任”。这两条规定直接构成监察机关作出问责决定的法定依据，可分解为以下两个方面：

（1）关于问责行为的识别标准。

按照语义学，“履职不力”是指履行领导职责不力，而“失职失责”则是指对本职工作未认真负责，未能履行好岗位职责，更多表现为思想懈怠、缺少担当的不作为和慢作为等问题。强调对不履职或者不正确履职负有责任，则是指领导人员的失职失责并非导致问责事件或者事故的直接原因，而是基于领导人员身份和使命而承担的岗位责任和连带责任。因此，问责行为的这三个标准虽然表述方式不同，但具有共通性：一方面，领导权的行使必须符合岗位职责的底线性要求。另一方面，鉴于领导人员享有的权力来自人民，领导权力行使过程中必须要将保护人民生命权和财产权作为首要考量因素。故一旦发生对人民利益造成损害的事故或者事件，领导人员能否积极担当、勇于担责、全力以赴避免或者减少损害，必然成为评价问责行为的重要考量。实践中，敷衍塞责、疲沓拖拉、作风飘浮甚至临阵脱逃等情形，无疑构成问责行为最直接的表现形式。

（2）问责行为与违法行为的区别。

《监察法》明确将问责作为与政务处分并行的监察处置方式，并对两者各自的运行边界作出明确规定。一方面，问责与政务处分不同，前者针对领导人员存在失职失责行为，后者由公职人员实施违法行为所致。与政务处分侧重于为履职行为划定法治红线不同，问责行为主要解决领导职责的良好履行问题。实践中，如果领导人员直接从事违法行为，符合《监察法》第 11 条规定，存在贪污贿赂、滥用职权、玩忽职守、权力寻租、利益输送、徇私舞弊以及浪费国家资财等情形的，则要受到政务处分甚至刑罚的追究。可见，监察问责主要针对领导人员尚未直接违法但存在懒政、怠政等领导不力之情形，与政务处分和刑罚强调责任自负的直接责任追究机制明显不同。

3. 过错要件

根据行为人的主观心理状态是否影响后续责任承担，可以区分主观责任和客观责任。行政官员直接从事违法违纪行为与因领导不力引发失职失责行为，在主观心理状态方面差异较大，前者往往是行政官员存在故意或过失、依据“责任自负”原则而承担的一种自我责任，但领导责任则是一种间接责任。领导人员，特别是高级别的领导干部，其领导职责要涵盖决策、指挥、控制、协调、监督等多个环节，对其内心状态的精准拿捏比较困难。虽然领导人员对于问责个案造成的损害或者损失并不负有直接责任，但基于领导人员“人民公仆”的定位，人民对其严格要求、控制具有正当性。

对于领导人员所辖范围内发生决策失误或重大事故甚至突发公共事件等，人民通过遭受的损失直接认定相关领导人员存在失职失责行为，并负有未能尽职尽责之过错，实属顺理成章。可以根据国家的一切权力属于人民的基本要求，通过逆向反推的方式将主观标准客观化，即以客观事实要素反向推定领导人员存在造成失职失责行为的主观过错。但同时也必须设定抗辩事由，对于领导人员在调查过程中抗辩理由充分且证据确凿的，将给予免责。由此，问责更多表现为一种客观责任，即结果责任，但绝不是无限责任，领导人员对于超出其统筹、协调、监督和管理权限范围的事项不应负责。

4. 损害结果

“无损害则无责任”。在问责实践中，只要发生了动摇人民信赖的客观事件，并给人民生命财产造成了实际损失，都可以划归到违背人民意志或者危害公共利益范畴。但损害结果必须达到相当程度才足以启动问责程序。当然，最终问责决定形式也要与损害结果所产生的恶劣影响和不利后果相匹配。参考《中国共产党问责条例》第 7 条有关问责范围之规定，失职失责情形的判断必须涵盖造成重大损失、严重后果甚至恶劣影响等因素。问责个案中，建立有关损害结果的多维度评价标准体系非常必要，比如货币量化的财产损失、伤亡人数及程度、损害辐射地域范围、民众的反应和需求等，均应涵盖其中。

5. 因果关系

问责旨在通过对政治维度和道德维度组合下的领导责任之认定和追究，规范并引导领导人员良好履职，满足人民之期待。作为问责构成要件之一的因果关系要件必然依赖于监察问责的初衷和逻辑。从领导权力本身的概括性和包容性特质出发，反向逆推领导不力与责任追究之间所具有的因果关系应作扩张理解：只要所辖地区或部门出现决策失误或者发生重大事故等严重损害公共利益、人民权益的客观事实，基于国家的一切权力属于人民的逻辑，作为权力的所有者——人民，就有权对辜负人民期望的领导人员问责。即只要问责个案中发生对公共利益和人民权益造成重大损害的客观事实，而这种客观事实基于岗位职责的要求，又可以推定为是由相关领导人员领导不力所致，不管其失职失责是否造成上述损害后果的必然原因或根本原因，只要领导不力是导致损害或者损失产生或者进一步扩大的相当原因，即两者在逻辑上具有一定的关联性，人民就有权要求问责。

为了强化领导责任的震慑效果和治吏功能，可以通过举证责任的设置来解决问责个案中领导不力认定的复杂问题。所谓举证责任，是指当无法确定一定法律效果发生或者消灭所必要的事实是否存在时，对当事人设置法律上不利于己的假定，对于负有举证责任的当事人来说，如果其所主张的事实不能完全证明，将承担败诉风险，其意义在于当案件出现真伪不明、难以通过现有证据证明待证事实时，通过确定举证不能所带来的风险以解决责任承担的归属问题。[①] 因此，问责调查中有关领导不力的认定，可以考虑借鉴行政诉讼法中有关举证责任倒置的证据规则，即由所涉官员承担对损害或者损失的发生或者扩大不存在任何失职失责情形之证明责任。如果举证不能或者相关证据未能达到事实清楚、证据确凿标准，就推定由其承担相应的后果责任。

问责强调通过强化事后惩戒实现对领导人员良好履职的倒逼，但同时必须避免问责简单化和一刀切问题。2018 年中共中央办公厅印发《关于进一步激励广大干部新时代新担当新作为的意见》，其中明确规定要建立健全容错纠错机制，特别强调对领导干部科学问责过程中必须注意“三个区分开来”。[②] 与问责侧重于整肃吏治的事后制裁定位不同，容错机制的建立，对于激发领导人员忠于职守、担当奉献的使命感和责任感无疑具有正向激励作用。总之，领导责任因果关系的认定是将客观事实与法律价值充分链接

---

① 马怀德主编：《行政诉讼原理》（第 2 版），法律出版社 2009 年版，第 243 页。

② 《关于进一步激励广大干部新时代新担当新作为的意见》中明确强调要建立健全容错纠错机制，要宽容干部在改革创新中的失误错误，把干部在推进改革中因缺乏经验、先行先试出现的失误错误，同明知故犯的违纪违法行为区分开来；把尚无明确限制的探索性试验中的失误错误，同明令禁止后依然我行我素的违纪违法行为区分开来；把为推动发展的无意过失，同为谋取私利的违纪违法行为区分开来。

并综合考量的结果。

实践中，有关领导不力的失职行为与责任承担之间逻辑紧密度的判断，简单依靠理论逻辑可能无法充分解决多因一果或者多因多果的复杂问责个案。因此，时刻将“权为民所用、情为民所系、利为民所谋”的执政理念作为认定领导人员失职失责的判断标准，更容易契合问责要回应民众期待并获得民众满意的民主性特质。同时，考虑到因果关系理论本身的复杂性，问责实践中有关因果关系要件的识别，还需要结合包括损害后果、民意反应以及所涉领导人员参与度等因素综合考量。

典型案例

案例　何某某受贿案[①]

【涉及知识点】政务处分有限制的终身责任制

【基本案情】

2004年至2008年，何某某利用担任A省建设厅住宅与房地产业处处长的职务便利，先后以“低价买房”“安家费”“债务免除”等形式非法收受吴某、金某所送财物，共计价值296.3803万元，并为他人在企业发展、政策咨询、资质评审、矛盾化解以及奖项评审等方面谋取利益。2008年11月辞去公职后，在明知公务员辞职存在从业禁止性规定的情况下，仍违规在原工作业务直接相关的企业任职。2019年6月14日，B市监委对何某某立案调查，并于6月16日对其采取留置措施。同年7月8日，A省纪委监委驻省建设厅纪检监察组对其立案审查。

【争议焦点】本案中监察委员会为何对何某某立案调查？

① 程威：《三堂会审丨辞去公职11年后仍被查处》，载中央纪委国家监委网站，https://www.ccdi.gov.cn/yaowen/202008/t20200826_224417.html。

【案例分析】

2019年6月14日，桐乡市监委对何某某立案调查，并于6月16日对其采取留置措施。此时，距离何某某2008年11月辞去公职，已经过去11年。《公职人员政务处分法》第27条规定：“已经退休的公职人员退休前或者退休后有违法行为的，不再给予政务处分，但是可以对其立案调查；依法应当予以降级、撤职、开除的，应当按照规定相应调整其享受的待遇，对其违法取得的财物和用于违法行为的本人财物依照本法第二十五条的规定处理。已经离职或者死亡的公职人员在履职期间有违法行为的，依照前款规定处理。”《监察法》第11条第3项规定，对违法的公职人员依法作出政务处分决定，对涉嫌职务犯罪的，将调查结果移送人民检察院依法审查、提起公诉。据此，卸任不代表“安全着陆”，即便是退休或者死亡之后发现违法行为的，也应立案调查。并且何某某受贿金额共计296万余元，数额巨大，根据《刑法》规定，追诉期限为15年，因此2019年6月对何某某监察立案时，仍处于追诉期间。

法规依据

《监察法》第11、18、45条

《监察法实施条例》第4、14—36条

同步录音录像

知识点图解

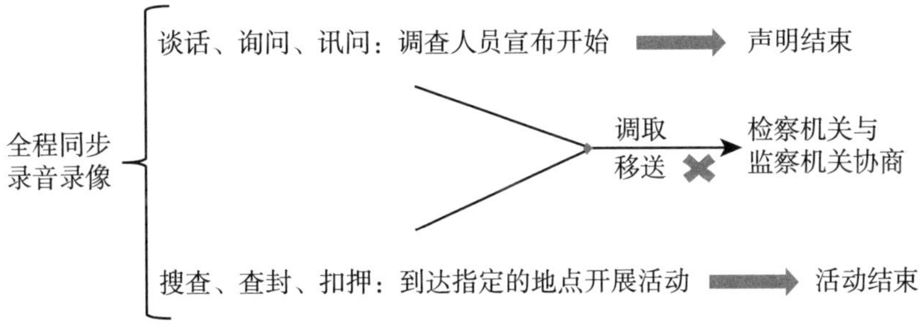

图 10　全程同步录音录像的情形

规范解读

根据《监察法》《监察法实施条例》等相关规定，监察机关在讯问、搜查、查封、扣押以及对涉嫌严重职务违法的被调查人进行谈话、询问重要证人等重要取证工作中，应当进行全程同步录音录像。

虽然谈话、询问、讯问、搜查、查封和扣押等皆属于《监察法》明确赋予的调查措施，有关录音录像的规定也是在采取调查措施的程序之后，但法律并不要求对采取调查措施本身录音录像，而是对调查活动中的取证行为进行录音录像。《监察法》规定的部分调查措施并非取证行为，非取证行为主要是对人身进行控制，然后通过询问、讯问等方式进一步获取证据，例如留置、通缉、限制出境等。①

在“全程同步录音录像”的规定中，有以下问题需要重点进行解析：

一、关于“全程同步”的界定

1．“全程”的界定

对于“全程”的界定，首先，要确定录音录像的起始和终止的时间点。在收集言词证据时，应当以调查人员宣布讯问为始，至声明讯问结束为止，不仅要包含讯问的全过程，还要包含告知被调查人权利义务的过程。如果是搜查、查封、扣押等获取实物证据的取证行为，自到达指定的地点开展搜查、查封、扣押活动时开始，至该活动结束时停止。

其次，“全程”的要求也需要明确录制的内容。对收集言词证据录制内容需要包含取证的环境、相关权利义务的告知、办案人员提问的内容、被取证者陈述和回答的内容、被调查人的表情神态动作举止等。对搜查、查封、扣押等取证工作的录音录像除了包含调查人员搜查、扣押、查封行为外，还应当包含取证现场环境、现场人员的体貌特征和言行举止、见证人、收集到证据的形态特征、调查人员现场开具、送达法律文书和对有关物品采取措施情况等。

2．“同步”的界定

关于“同步”的界定，《监察法实施条例》要求保持录音录像资料的完整性。要实现录音录像的完整性就必须对全过程同步录音录像，必须保持录制过程的连续性，即录制过程不得间断，不能中途关闭录音录像，或录制无被调查人、调查人员画像的其他画面等。以往的办案实践中存在规避录音录像制度的做法，讯问中最典型的情况就是“打了不录，录了不打”，

---

① 杨宇冠、郑英龙：《监察机关取证录音录像的价值、功能与过程规制》，载《南通大学学报》2018年第6期。

即违法时候不录制、录制时候不违法。而监察委员会作为国家监察机关，应当在这方面起到模范作用，摒弃过去侦查等机关实施的这些违法行为。此外，“同步”也要求录制结束后不得对其进行任意的后期裁剪、拼接。如果为了法庭播放等需要进行一定的剪辑或技术处理，也需要对原始音频和视频予以保留。

二、适用“全程同步录音录像”的调查取证行为

1. 言词证据的收集

谈话是监察机关独有的调查措施，其性质较为灵活，既可以是通过谈话给被谈话人做思想工作的性质，也是对党员或单位工作人员的一种关爱提醒，但同时谈话也是监察机关查明有关事实的需要，实际上承担的是调查案件事实的工作，所以，谈话也可视作监察机关展开职务违法调查时可以采取的措施。既然谈话是监察机关的调查措施，那么谈话也是监察机关收集证据的程序之一，谈话的内容也可以作为证据使用。在实际办案中，可能一开始只是发现被调查人涉嫌职务违法行为，并对其采取谈话措施，但在谈话过程或之后的调查活动中，被调查人主动交代或监察机关发现存在职务犯罪的行为，经研究请示报告后对其职务犯罪进行调查的，之前的谈话内容就可以作为证据使用。谈话是一项重要的取证工作，所以监察机关或监察机关委托有关机关和人员进行的谈话也应当对全程进行录音录像，以约束谈话人员的取证行为，保障被谈话人的相关权利。

讯问是收集言词证据的主要调查措施，也是《监察法》明确要求进行全程同步录音录像的取证行为。取证工作录音录像制度最重要的是对讯问过程进行录音录像。从《监察法》的规定来看，讯问是录音录像最主要的类型，该法要求对讯问一律录音录像，不存在例外情况。对讯问进行录音录像主要是为了固定被调查人的供述，防止其翻供。在刑事诉讼过程中，许多被告人在侦查阶段讯问中承认犯罪，但到了庭审中又当庭翻供，否认之前做过有罪供述，或者声称办案机关采取刑讯逼供、威胁、引诱、欺骗

等方法获取其有罪供述。鉴于过去刑事侦查的实践经验，监察机关通过全程同步录音录像来还原讯问过程存在必要性，全程同步录音录像可以证明供述真实性、取证合法性等事实，其他材料如讯问笔录、健康体格检查报告等都无法达到全程同步录音录像的效果。

讯问笔录通常是由监察机关调查人员制作，是一问一答的记录双方的语言，笔录制作本身可能带有倾向性，讯问笔录不能完全真实地反映讯问过程中发生的情况；此外，被调查人的伤痕也并不意味着他一定受到了刑讯逼供，造成伤痕的可能性很多，比如打架斗殴，甚至不排除被调查人以自伤的方式来诬陷调查人员，况且非法取证手段多样，并不一定会在身体上留下痕迹，若是采取精神摧残或者恶劣讯问环境的方式，很难证明当时的真实情况。录音录像不仅可以反映讯问时双方的问答，还可以记录当时所发生的一切情况，可以起到证明是否有非法取证行为的作用。

除了谈话、讯问外，询问也是收集言词证据的主要手段。在监察机关工作人员的办案方式中，询问证人通常是由办案人员采取文字记录的方式形成书面的证人证言，再由被询问人签字确认。这种方式不能反映询问时的各种情况，包括询问的背景环境、被询问人的语气和表情、回答问题的精确措词等，而且可能存在办案人员没有如实记录的问题。因此，和讯问一样，监察机关有必要通过录音录像对证人证言进行固定。

2. 实物证据的收集

搜查、查封和扣押都是监察机关获取实物证据的方法，也是对物的强制性调查措施。《监察法》对于搜查、查封和扣押过程的录音录像进行了明确规定。根据《监察法》的规定，监察机关可以自行独立完成搜查工作，也可以提请公安机关配合，在其协助下搜查。公安机关协助进行搜查的过程也是在监察机关主导下完成的，也需要进行录音录像。对搜查进行录音录像首先可以对证据合法性进行证明。搜查过程中录音录像可以对取得证据的搜查行为是否违反法定程序进行认定，为非法证据的认定与排除工作提供参考。

搜查的对象可以分为两类：一类是对人身体的搜查，另一类是对物品或场所的搜查。因此搜查既涉及对人身权利的限制，又涉及财产和隐私权利的克减。如果侵犯了这些权利而收集证据就有可能产生非法证据。根据《监察法》第24条的规定，监察机关调查人员在搜查时应当出示搜查证。理论上说，搜查证必须明确载明实施搜查的人员、被搜查的人员、搜查的时间、搜查的地点、搜查的区域等事项，即明确授权对被搜查人的以上范围内的人身、财产和隐私权进行限制，如果超出了这些范围就系非法取得。从这个意义上说，搜查过程的录音录像对非法证据的认定起到不可或缺的作用，即可以判断实物证据的取得是否由有权进行搜查的调查人员在授权的时间、地点和区域内收集等。

另外，对搜查过程的录音录像还有助于对实物证据进行补强证明。补强有两个层面的含义：一是证明法庭上出示、宣读的某一实物证据，与举证方“所声称的那份实物证据”是一致的；二是证明法庭上所出示、播放的实物证据的内容，如实记录了实物证据的本来面目，反映了实物证据的真实情况。如果实物证据是搜查取得，则录音录像可以对该证据的来源及其取得时的形态或者说在保管中是否发生变化提供证明。

除了搜查之外，《监察法》还对查封和扣押过程的录音录像作了要求。查封和扣押都是对实物证据进行封存、扣留、提存的强制性措施，查封一般适用于不动产，扣押针对的是动产。由于查封、扣押与搜查比较接近，都是对财物、文件等实物证据的收集工作，有关查封和扣押进行录音录像的必要性可以参照搜查的有关论述，在此不再赘述。

三、监察程序中录音录像的移送与调取

1. 录音录像的移送

依据《监察法》及相关规定，监察程序中的录音录像不需要随案移送检察机关，而是在人民检察院、人民法院需要调取同步录音录像时，监察机关必须予以配合，并经审批依法予以提供。究其原因主要包括两点：其

一，职务犯罪案件，特别是领导干部职务犯罪案件，一般具有案情重大、疑难复杂、涉案人数多等特点，可能涉及国家或单位秘密，将有关录音录像资料随案移送，可能产生不必要的泄密风险；其二，录音录像在现阶段主要作为自律手段和防范措施，而不是定案的证据资料，向检察机关移送录音录像不具有必要性。

2. 录音录像的调取

根据《监察法实施条例》的规定并结合国家监委的相关解释，检察机关、审判机关一般在认为需要调取与指控犯罪有关并且需要对证据合法性进行审查的录音录像时，才会向监察机关提出调取录音录像的要求，监察机关必须予以配合。具体包括四方面含义：其一，检察机关、审判机关对于监察调查移送审查起诉的案件，在必要时，可以对监察机关实行讯问或搜查、查封、扣押等重要取证工作时的录音录像资料进行调取和审查；其二，检察机关、审判机关可以调取录音录像资料的范围只限于与指控被调查人犯罪有关，由于监察调查的对象既包括职务犯罪，也涉及职务违法，录音录像制度也适用于职务违法案件，但检察机关、审判机关只能调取与指控的职务犯罪有关的录音录像资料；其三，检察机关、审判机关调取录音录像资料的必要性体现在监察调查收集证据的合法性在审查起诉中产生争议或者出现疑义，因此需要调取录音录像以便对证据合法性进行审查；其四，检察机关、审判机关根据需要提出调取录音录像的，监察机关应当予以配合。

四、刑事诉讼程序与监察程序中录音录像制度的比较

1. 适用范围不同

在刑事诉讼程序中，同步录音录像制度一般只适用于讯问犯罪嫌疑人的过程中。《刑事诉讼法》第 123 条对侦查人员在讯问犯罪嫌疑人时的同步录音录像作了相关规定。同时，《人民检察院刑事诉讼规则》第 190 条中也规定了在人民检察院自侦案件中对犯罪嫌疑人进行讯问时的同步录音录像规

则；第 197 条规定，在勘验重大案件现场时，应当录像。而监察程序中，同步录音录像规则不仅仅适用于讯问，还适用于询问、谈话、搜查、查封和扣押等调查措施中，其范围远大于刑事诉讼中录音录像的适用范围。

2. 适用案件不同

在刑事诉讼程序中，同步录音录像并不一定适用于所有案件。《刑事诉讼法》第 123 条中规定，对于普通刑事案件，侦查人员在讯问犯罪嫌疑人时“可以”对讯问过程进行录音录像；而只有在可能判处死刑、无期徒刑或者其他重大犯罪案件中，才是“应当”对讯问过程进行录音录像。而根据《人民检察院刑事诉讼规则》第 190 条规定，对于人民检察院办理直接受理侦查的案件，则是“应当”在每次讯问犯罪嫌疑人时对讯问过程实行全程录音录像，并在讯问笔录中注明。

因此，刑事诉讼中必须实行同步录音录像的案件只包括可能判处死刑、无期徒刑或者其他重大犯罪案件，以及 14 种人民检察院自侦案件，其他普通刑事案件一般不要求必须同步录音录像。而在监察程序中，所有适用同步录音录像的调查措施均要求“应当”全程录音录像，即所有监察机关调查的案件都必须适用全程录音录像。

3. 录音录像的移送与调取的适用条件不同

在刑事诉讼中，《刑事诉讼法》对录音录像资料的移送并没有直接进行规定，《人民检察院刑事诉讼规则》第 75 条第 3 款对人民检察院自侦案件的录音录像移送进行了规定：人民检察院直接受理立案侦查的案件，侦查部门移送审查逮捕、审查起诉时，应当将讯问录音、录像连同案卷材料一并移送审查。而关于录音录像资料的调取，《关于办理刑事案件严格排除非法证据若干问题的规定》第 22 条规定，犯罪嫌疑人、被告人及其辩护人向人民法院、人民检察院申请调取公安机关、国家安全机关、人民检察院收集但未提交的讯问录音录像、体检记录等证据材料，人民法院、人民检察院经审查认为犯罪嫌疑人、被告人及其辩护人申请调取的证据材料与证明证据收集的合法性有联系的，应当予以调取；认为与证明证据收集的合法性没有联系的，应当决定不予调取并向犯罪嫌疑人、被告人及其辩护人说明理由。因此，一般刑事案件无须随案移送录音录像，只有人民检察院自侦案件才“应当”将讯问时的录音录像随案移送。而人民检察院、人民法院认为有需要时才能依职权调取，犯罪嫌疑人、被告人及其辩护人只能依申请调取，还需要经过检察机关、审判机关的审查。

而《监察法》及其相关法律法规则明确规定，监察机关对调查过程的录音录像不随案移送检察机关。检察机关、审判机关认为需要调取与指控犯罪有关并且需要对证据合法性进行审查的录音录像，可以同监察机关沟通协商后予以调取。由此可见，出于对监察程序的封闭性与秘密性的考虑，对于监察程序的录音录像资料的移送与调取，相关立法的态度较为慎重，比之刑事诉讼程序中的相关规定更为严格。

适用难点

一、初步核实过程中是否适用同步录音录像规则

根据《监察法》及其相关规定并结合实践情况，目前初步核实阶段收集到的物证材料、谈话笔录等证据材料均可作为认定是否构成职务违法或职务犯罪的证据。且实践中，初步核实阶段承担了大量证据收集的任务，大有“调查程序前移”之趋势，因此对于初核阶段证据收集合法性的监督工作存在必要性。而监督取证行为合法性最直接的方法，便是针对初步核实中的取证行为进行同步录音录像。

然而，目前《监察法》及其相关规定并未对初步核实程序中适用同步录音录像有明确的规定。而法律对初核阶段适用同步录音录像规则的缺失，可能导致监察机关办案人员利用这一阶段非法取证，不利于监察程序的合法进行，也给针对初核阶段证据收集合法性的审查造成严重阻碍。

二、被告人及其辩护人是否可以申请调取监察调查的录音录像

《监察法》及其相关规定均未涉及被调查人、被告人是否有权申请调取录音录像的问题。根据2017年最高人民法院、最高人民检察院、公安部、国家安全部、司法部《关于办理刑事案件严格排除非法证据若干问题的规定》第22条规定，犯罪嫌疑人、被告人及其辩护人可以向人民法院、人民检察院申请调取办案机关收集但未提交的录音录像资料的权利。人民法院、人民检察院经审查认为其申请调取的证据材料与证明证据收集的合法性有联系的，应当予以调取；认为与证明证据收集的合法性没有联系的，应当决定不予调取并向其说明理由。由此可见，允许被告人及其辩护人申请调取录音录像，是我国排除非法证据制度的重要组成部分。

然而，《监察法》相关规定的缺失，使被调查人与被告人可能丧失这一权利。在庭前会议上，被告人及其辩护人如果对证据收集合法性提出质疑，法庭是否可以根据案情决定播放讯问录音录像作为判断的依据，仍存在较大争议。

三、实务中，同步录音录像容易出现瑕疵的问题

实务中，由于一些技术或人为操作原因，经常导致同步录音录像无法观看或未达到“全过程”录制的情况，使相关证据在资格、效力方面产生质疑。常见的情况有以下两种：一是设备或软件问题导致同录无法顺利观看。比如有的同录光盘中没有配置对应的播放器，或者电脑和播放器不匹配导致同录无法播放，有的同录光盘声音很小、音质不清。二是提取同录不完整。比如有的同录视频截取时间与讯问时间不对应，有的当事人看笔录签字部分未出现在视频画面中。

四、同步录音录像材料的功能定位问题

根据《监察法》及其相关规定，同步录音录像不能归类于法定监察证

据种类之中。从功能定位上看，同步录音录像材料应当被界定为一种“过程性”证据，其主要功能为印证法定监察证据的合法性与真实性，对程序性事实具有直接的证明作用。

尽管同步录音录像在形式上具有“视听资料”的属性，但其所起到的证明作用与旨在证明职务违法犯罪事实的视听资料存在本质性的区别。同步录音录像旨在证明监察人员调查程序的合法性，主要在被告人及其辩护人对调查程序的合法性提出质疑时，同步录音录像才会发挥其证明作用。

但在实践中，可能会存在讯问笔录内容上有瑕疵、讯问笔录遗失或者讯问笔录内容与录音录像材料不一致等情况。当这些情况发生时，同步录音录像材料的功能定位是否会发生改变，目前仍存在争议。部分观点认为，当讯问笔录出现瑕疵、遗失以及与录音录像材料不一致等情况时，录音录像材料可以替代讯问笔录的功能，由证明调查程序合法性的过程性证据成为可以证明案件事实的法定监察证据；也有观点认为，不能片面地直接让录音录像材料替代讯问笔录的功能，应当综合全案进行分析，若调查人员能对讯问笔录作出合理解释，补正其瑕疵，仍应以讯问笔录为准。

五、律师能否对同步录音录像资料享有查阅权

监察程序中的同步录音录像制度是旨在保障被调查对象人权的一项重要制度，因此被调查对象及其辩护律师应当与控方就同步录音录像享有相同的查阅权。长期以来，由于监察程序的封闭性与秘密性，辩护律师不能在监察过程中介入案件，这对被调查对象的权利保障较为不利，导致诉讼过程中控辩双方的力量失衡，不利于程序正义。

而鉴于监察机关办案的封闭性与秘密性，同步录音录像不能在法庭上公开播放，且录音录像时间过长，全部播放也将不利于诉讼效率。因此赋予律师对同步录音录像资料享有查阅权，可以让律师对录音录像资料进行拷贝，便于其及时观看并查找监察调查过程中的不合法情况，在庭审过程中可以有针对性地进行质证，既防止监察机关办案机密外泄，又可以节省诉讼时间，提高诉讼效率。

典型案例

2018 年 12 月，河北省黄骅市纪委监委在查处上级纪委监委指定管辖的某县某局职工张某等人违纪违法案件过程中，严格规范取证工作，在重要措施使用等关键环节采取高标准、高质量的全过程录音录像，保证了取证工作及取得的证据合乎刑事审判关于证据的标准和要求。

在对张某进行讯问时，审查调查组严格按照规定要求，从张某进入办案专区，就处于监控范围内，体检后进入讯问室就开始全程同步录音录像，审查调查人员出示工作证件并告知张某将对讯问过程进行全程录音录像，告知情况在笔录中记载，至讯问完毕，待张某在讯问笔录上签字、按手印后，同步录音录像才结束。

在对张某接受讯问过程进行录像时，墙上挂着的温、湿度仪和张某在同一个画面中，温、湿度仪上显示时间及该讯问室的温度、湿度，保证了张某处在适宜的环境中接受讯问，使其权益得到保障。最后，张某以签字、按手印的形式，对录音录像资料进行确认、封盘，保障了同步录音录像的合法性、规范性。

笔者认为，录音录像应当从始至终进行，自被调查人进入谈话专区开始，到被调查人以签字、按手印的形式，对录音录像资料进行确认、封盘结束，确保被调查人的权益不受侵犯。

法规依据

《监察法》第 41 条第 2 款

《监察法实施条例》第 8、56 条，第 74 条第 3 款，第 83 条第 4 款，第 87 条第 4 款，第 116 条第 1 款，第 138 条第 2 款，第 140 条，第 190 条第 2 款

留　　置

规范解读

留置是监察机关为保证调查的顺利进行，对涉嫌贪污贿赂、失职渎职等严重职务违法或者职务犯罪的被调查人、涉嫌行贿犯罪或者共同职务犯罪的，且符合《监察法》第22条规定条件的涉案人员，采取的一种限制人身自由的措施。

一、留置的适用对象

根据《监察法》第22条的规定，留置的适用对象是涉嫌贪污贿赂、失职渎职等严重职务违法或者职务犯罪的被调查人、涉嫌行贿犯罪或者共同职务犯罪的涉案人员。同时，根据《监察法实施条例》第96条的规定，监察机关对“患有严重疾病、生活不能自理”“怀孕或者正在哺乳自己婴儿的妇女”“系生活不能自理的人的唯一扶养人”这三类人员不得采取留置措施。《刑事诉讼法》第74条规定的不宜逮捕的几类情形中也包括上述三类人员。留置对上述三类人员设定例外情形，选择采取非限制人身自由的替代性措施或在例外消除后根据需要采取留置措施，“有利于其更好地与逮捕条件相衔接，也可促进民事关系和谐有序”①。

① 阳平：《“两规”到留置的演进历程、逻辑及启示》，载《法学杂志》2021年第5期。

二、留置的适用条件

留置的适用条件可分为涉案要件和证据要件两类。[①] 根据《监察法》第22条第1款的规定，留置适用的案件范围被限定为涉嫌贪污贿赂、失职渎职等“严重职务违法”或“职务犯罪”这两类。其中，“严重职务违法”，是指根据监察机关已经掌握的事实及证据，被调查人涉嫌的职务违法行为情节严重，可能被给予撤职以上政务处分。[②] 留置的证据要件是“监察机关已经掌握其部分违法犯罪事实及证据，仍有重要问题需要进一步调查。”其中，“已经掌握其部分违法犯罪事实及证据”，是指同时具备下列情形：（1）有证据证明发生了违法犯罪事实；（2）有证据证明该违法犯罪事实是被调查人实施；（3）证明被调查人实施违法犯罪行为的证据已经查证属实。[③]“部分违法犯罪事实”既可以是单一违法犯罪行为的事实，也可以是数个违法犯罪行为中任何一个违法犯罪行为的事实。[④] “重要问题”，是指“对被调查人涉嫌的职务违法或者职务犯罪，在定性处置、定罪量刑等方面有重要影响的事实、情节及证据。”[⑤] 鉴于留置的证据要件仅在于判断有无留置的必要性，并非认定被调查人有无涉嫌职务犯罪之实体裁判程序，故对于这一要件的证明法则无须“严格证明”，仅须“一般证明”即可。[⑥]

三、留置的法定情形

监察机关采取留置措施，除了满足涉案要件、证据要件外，还应满足《监察法》第22条第1款规定的四种情形之一，即：（1）涉及案情重大、复杂的；（2）可能逃跑、自杀的；（3）可能串供或者伪造、隐匿、毁灭证

① 阳平：《“两规”到留置的演进历程、逻辑及启示》，载《法学杂志》2021年第5期。
② 《监察法实施条例》第92条第2款。
③ 《监察法实施条例》第92条第3款。
④ 《监察法实施条例》第92条第4款。
⑤ 《监察法实施条例》第92条第2款。
⑥ 阳平：《“两规”到留置的演进历程、逻辑及启示》，载《法学杂志》2021年第5期。

据的；(4) 可能有其他妨碍调查行为的。其中，“可能逃跑、自杀”是指具有下列情形之一：(1) 着手准备自杀、自残或者逃跑的；(2) 曾经有自杀、自残或者逃跑行为的；(3) 有自杀、自残或者逃跑意图的；(4) 其他可能逃跑、自杀的情形。① “可能串供或者伪造、隐匿、毁灭证据”，是指具有下列情形之一：(1) 曾经或者企图串供，伪造、隐匿、毁灭、转移证据的；(2) 曾经或者企图威逼、恐吓、利诱、收买证人，干扰证人作证的；(3) 有同案人或者与被调查人存在密切关联违法犯罪的涉案人员在逃，重要证据尚未收集完成的；(4) 其他可能串供或者伪造、隐匿、毁灭证据的情形。② “可能有其他妨碍调查行为”是指具有下列情形之一：(1) 可能继续实施违法犯罪行为的；(2) 有危害国家安全、公共安全等现实危险的；(3) 可能对举报人、控告人、被害人、证人、鉴定人等相关人员实施打击报复的；(4) 无正当理由拒不到案，严重影响调查的；(5) 其他可能妨碍调查的行为。③

四、留置的实施程序

第一，留置的实施。采取留置措施时，调查人员不得少于 2 人，应当向被留置人员宣布《留置决定书》，告知被留置人员权利义务，要求其在《留置决定书》上签名、捺指印。被留置人员拒绝签名、捺指印的，调查人员应当在文书上记明。④ 第二，提请协助采取留置措施的程序。县级以上监察机关需要提请公安机关协助采取留置措施的，应当按规定报批，请同级公安机关依法予以协助。提请协助时，应当出具《提请协助采取留置措施函》，列明提请协助的具体事项和建议，协助采取措施的时间、地点等内容，附《留置决定书》复印件。因保密需要，不适合在采取留置措施前向公安机关告知留置对象姓名的，可以作出说明，进行保密处理。需要提请

① 《监察法实施条例》第 93 条。
② 《监察法实施条例》第 94 条。
③ 《监察法实施条例》第 95 条。
④ 《监察法实施条例》第 97 条。

异地公安机关协助采取留置措施的，应当按规定报批，向协作地同级监察机关出具协作函件和相关文书，由协作地监察机关提请当地公安机关依法予以协助。[①] 第三，对被留置人员合法权益的保障。采取留置措施后，应当在24小时以内通知被留置人员所在单位和家属。当面通知的，由有关人员在《留置通知书》上签名。无法当面通知的，可以先以电话等方式通知，并通过邮寄、转交等方式送达《留置通知书》，要求有关人员在《留置通知书》上签名。因可能毁灭、伪造证据，干扰证人作证或者串供等有碍调查情形而不宜通知的，应当按规定报批，记录在案。有碍调查的情形消失后，应当立即通知被留置人员所在单位和家属。[②] 此外，留置过程中，应当保障被留置人员的合法权益，尊重其人格和民族习俗，保障饮食、休息和安全，提供医疗服务。[③]

五、留置的期限

根据《监察法》第43条规定，留置时间不得超过3个月。在特殊情况下，可以延长1次，延长时间不得超过3个月。其中，延长留置时间，需要满足下列情形之一：（1）案情重大，严重危害国家利益或者公共利益的；（2）案情复杂，涉案人员多、金额巨大，涉及范围广的；（3）重要证据尚未收集完成，或者重要涉案人员尚未到案，导致违法犯罪的主要事实仍须继续调查的；（4）其他需要延长留置时间的情形。省级以下监察机关采取留置措施的，延长留置时间应当报上一级监察机关批准。延长留置时间的，应当在留置期满前向被留置人员宣布延长留置时间的决定，要求其在《延长留置时间决定书》上签名、捺指印。被留置人员拒绝签名、捺指印的，调查人员应当在文书上记明。并且，延长留置时间的，应当通知被留置人员家属。[④] 留置的期限具有法律后果。根据《监察法》第44条第3款规定，

---

① 《监察法实施条例》第99条。
② 《监察法实施条例》第98条。
③ 《监察法实施条例》第100条。
④ 《监察法实施条例》第101条。

被留置人员涉嫌犯罪移送司法机关后，被依法判处管制、拘役和有期徒刑的，留置1日折抵管制2日，折抵拘役、有期徒刑1日。

六、留置的解除

根据《监察法实施条例》第102条规定，对被留置人员不需要继续采取留置措施的，应当按规定报批，及时解除留置。调查人员应当向被留置人员宣布解除留置措施的决定，由其在《解除留置决定书》上签名、捺指印。被留置人员拒绝签名、捺指印的，调查人员应当在文书上记明。

解除留置措施的，应当及时通知被留置人员所在单位或者家属。调查人员应当与交接人办理交接手续，并由其在《解除留置通知书》上签名。无法通知或者有关人员拒绝签名的，调查人员应当在文书上记明。案件依法移送人民检察院审查起诉的，留置措施自犯罪嫌疑人被执行拘留时自动解除，不再办理解除法律手续。

七、留置的监督管理

根据《监察法实施条例》第103条的规定，留置场所应当建立健全保密、消防、医疗、餐饮及安保等安全工作责任制，制定紧急突发事件处置预案，采取安全防范措施。留置期间发生被留置人员死亡、伤残、脱逃等办案安全事故、事件的，应当及时做好处置工作。相关情况应当立即报告监察机关主要负责人，并在24小时以内逐级上报至国家监察委员会。此外，监察机关及其工作人员对于留置法定期限届满，不予以解除的，被调查人及其近亲属有权向该机关申诉（《监察法》第60条）；违反规定采取留置措施的，对负有责任的领导人员和直接责任人员依法给予处理（《监察法》第65条）。

法规依据

《监察法》第22、29、43、44条

《监察法实施条例》第92—103条

《中国共产党纪律检查机关监督执纪工作规则》第40条第1款、第41、57、69条

从宽处罚建议

规范解读

一、认罪认罚从宽建议制度适用的条件

根据《监察法》第 31 条规定、第 32 条规定，监察机关对符合条件的涉嫌职务犯罪的被调查人、涉嫌共同职务违法犯罪的涉案人员，均可以提出从宽处罚建议，故认罪认罚从宽建议制度的适用对象是被调查人、涉案人员。该制度的具体内容如下：

1. 对涉嫌职务犯罪的被调查人适用认罪认罚从宽建议的条件

根据《监察法》第 31 条的规定，对于被调查人适用认罪认罚从宽建议须满足两个条件，即："主动认罪认罚" + "四种法定情形之一"。

第一，被调查人主动认罪认罚。从文义看，《监察法》第 31 条中的"认罪""认罚"应理解为并列关系，而非或然关系，即被调查人须既认罪，又认罚。关于什么是"认罪""认罚"，《监察法》未予以明确。《〈中华人民共和国监察法〉释义》将"主动认罪认罚"统一解释为，在主观上表现为能够认识到自己的行为违反了法律的规定，并愿意接受法律的制裁，并对自己的所作所为感到后悔，表现了改恶向善的意愿。在客观上配合调查，主动积极退赃。[①] 可见，《监察法》中对"认罪认罚"的认定强调被调查人

① 参见中共中央纪律检查委员会中华人民共和国国家监察委员会法规室编写：《〈中华人民共和国监察法〉释义》，中国方正出版社 2018 年版，第 161 页。

的主动性，即被调查人应自动、自愿认罪认罚，且不仅是口头上、态度上认罪认罚，还应有配合调查、主动退赃的客观行为。这一条件明显高于《刑事诉讼法》关于“认罪”“认罚”的规定，后者对犯罪嫌疑人、被告人“认罪”“认罚”的界定分别是自愿如实供述自己的罪行，承认指控的犯罪事实愿意接受处罚，并不强调“主动性”和客观行为。不过，《〈中华人民共和国监察法〉释义》对“主动认罪认罚”的解释只是原则要求，仍需要对“认罪”“认罚”的内涵予以界定。

参照《最高人民法院、最高人民检察院、公安部、国家安全部、司法部关于适用认罪认罚从宽制度的指导意见》，“认罪”可以界定为被调查人自愿如实供述自己的罪行，对监察机关认定的犯罪事实没有异议。承认监察机关认定的主要犯罪事实，仅对个别事实情节提出异议，或者虽然对行为性质提出辩解但表示接受监察机关认定意见的，不影响“认罪”的认定。被调查人犯数罪，仅如实供述其中一罪或部分罪名事实的，全案不作“认罪”的认定。① “认罚”可以界定为：被调查人真诚悔罪，愿意接受处罚。“认罚”，在监察机关调查阶段表现为表示愿意接受处罚，不需要签署认罪认罚具结书。“认罚”考察的重点是被调查人的悔罪态度和悔罪表现，应当结合退赃退赔、赔偿损失、赔礼道歉等因素来考量。被调查人虽然表示“认罚”，却暗中串供、干扰证人作证、毁灭、伪造证据或者隐匿、转移财产，有赔偿能力而不赔偿损失，则不能认定为“认罚”。②

第二，被调查人满足“特定情形”。根据《监察法》第 31 条的规定，对被调查人适用从宽处罚建议的第二个前提条件，需要满足四种情形中的任一种，即：（1）自动投案，真诚悔罪悔过的；（2）积极配合调查工作，如实供述监察机关还未掌握的违法犯罪行为的；（3）积极退赃，减少损失的；（4）具有重大立功表现或者案件涉及国家重大利益等情形的。这四种

---

① 《最高人民法院、最高人民检察院、公安部、国家安全部、司法部关于适用认罪认罚从宽制度的指导意见》第 6 条“‘认罪’的把握”。

② 《最高人民法院、最高人民检察院、公安部、国家安全部、司法部关于适用认罪认罚从宽制度的指导意见》第 7 条“‘认罚’的把握”。

情形大部分与《刑法》有关自首、立功等从轻减轻规定相重合，可以视为《监察法》对《刑法》有关内容的衔接。从逻辑上看，监察机关对职务犯罪案件被调查人提出从宽处理，涉及的是量刑上的从宽，而量刑从宽情节本身规定在实体法中。需要根据《刑法》有关规定，对每一种情形的具体内涵予以界定。这四种情形可分为三类。第（1）、（2）项为自首情节；第（3）项为退赃情节；第（4）项为立功情节或案件涉及国家重大利益等情形的。

第（1）项情形为“自动投案，真诚悔罪悔过的”，等同于《刑法》中的“一般自首”，即自动投案，且自愿如实供述自己的罪行。根据《监察法实施条例》第214条的规定，“自动投案，真诚悔罪悔过的”是指以下情形之一：（1）职务犯罪问题未被监察机关掌握，向监察机关投案的；（2）在监察机关谈话、函询过程中，如实交代监察机关未掌握的涉嫌职务犯罪问题的；（3）在初步核实阶段，尚未受到监察机关谈话时投案的；（4）职务犯罪问题虽被监察机关立案，但尚未受到讯问或者采取留置措施，向监察机关投案的；（5）因伤病等客观原因无法前往投案，先委托他人代为表达投案意愿，或者以书信、网络、电话、传真等方式表达投案意愿，后到监察机关接受处理的；（6）涉嫌职务犯罪潜逃后又投案，包括在被通缉、抓捕过程中投案的；（7）经查实确已准备去投案，或者正在投案途中被有关机关抓获的；（8）经他人规劝或者在他人陪同下投案的；（9）虽未向监察机关投案，但向其所在党组织、单位或者有关负责人员投案，向有关巡视巡察机构投案，以及向公安机关、人民检察院、人民法院投案的；（10）具有其他应当视为自动投案的情形的。需要注意的是，被调查人自动投案后不能如实交代自己的主要犯罪事实，或者自动投案并如实供述自己的罪行后又翻供的，不能认定为“自动投案，真诚悔罪悔过”。

第（2）项情形“积极配合调查工作，如实供述监察机关还未掌握的违法犯罪行为”相当于《刑法》中的“特别自首”，即虽然没有自动投案，但到案后，积极配合调查工作，如实供述监察机关还未掌握的违法犯罪行为。根据《监察法实施条例》第215条的规定，“积极配合调查工作，如实供述监察机关还未掌握的违法犯罪行为”是指以下情形之一：（1）监察机关所掌握线索针对的犯罪事实不成立，在此范围外被调查人主动交代其他罪行的；（2）主动交代监察机关尚未掌握的犯罪事实，与监察机关已掌握的犯罪事实属不同种罪行的；（3）主动交代监察机关尚未掌握的犯罪事实，与监察机关已掌握的犯罪事实属同种罪行的；（4）监察机关掌握的证据不充分，被调查人如实交代有助于收集定案证据的。其中，同种罪行和不同种罪行，一般以罪名区分。被调查人如实供述其他罪行的罪名与监察机关已掌握犯罪的罪名不同，但属选择性罪名或者在法律、事实上密切关联的，应当认定为同种罪行。需要注意的是，认定被调查人是否积极配合调查工作，应注意主观上不愿意不配合调查工作与因身体、记忆力等客观原因无法配合调查工作的区别。如果被调查人对自己行为的性质进行辩解，或者在供述中，对有些细节或情节记不清楚或者确实无法说清楚的，不能认为是隐瞒或者不配合调查工作。如果被调查人避重就轻或者供述一部分，还保留一部分，企图蒙混过关，就不能认为是积极配合调查工作。①

第（3）项情形为退赃情节，是指被调查人主动上交违法犯罪所得赃款赃物，减少国家、集体和公民的合法权益可能受到的损失。根据《监察法实施条例》第216条的规定，“积极退赃，减少损失的”包括：（1）全额退赃；（2）退赃能力不足，但被调查人及其亲友在监察机关追缴赃款赃物过程中积极配合，且大部分已追缴到位；（3）犯罪后主动采取措施避免损失发生，或者积极采取有效措施减少、挽回大部分损失。

第（4）项情形包括“被调查人具有重大立功情节”“案件涉及国家重大利益等情形”两个方面。根据《监察法实施条例》第217条第1款的规定，此处的“重大立功”包括以下任一情形：（1）检举揭发他人重大犯罪行为且经查证属实；（2）提供其他重大案件的重要线索且经查证属实的；（3）阻止他人重大犯罪活动；（4）协助抓捕其他重大职务犯罪案件被调查

---

① 参见中共中央纪律检查委员会中华人民共和国国家监察委员会法规室编写：《〈中华人民共和国监察法〉释义》，中国方正出版社2018年版，第164页。

人、重大犯罪嫌疑人（包括同案犯）；（5）为国家挽回重大损失等对国家和社会有其他重大贡献。其中，重大犯罪一般是指依法可能被判处无期徒刑以上刑罚的犯罪行为；重大案件一般是指在本省、自治区、直辖市或者全国范围内有较大影响的案件；查证属实一般是指有关案件已被监察机关或者司法机关立案调查、侦查，被调查人、犯罪嫌疑人被监察机关采取留置措施或者被司法机关采取强制措施，或者被告人被人民法院作出有罪判决，并结合案件事实、证据进行判断。

关于“案件涉及国家重大利益等情形”这一从轻减轻情节，《刑法》没有相应规定，是《监察法》特别创制的一个情节，反映了职务犯罪案件办理的特殊性。根据《监察法实施条例》第 217 条第 3 款的规定，“案件涉及国家重大利益”是指案件涉及国家主权和领土完整、国家安全、外交、社会稳定、经济发展等情形。

2. 对涉嫌职务违法犯罪的涉案人员提出从宽处罚建议的条件

根据《监察法》第 32 条规定，监察机关对涉嫌职务违法犯罪的涉案人员提出从宽处罚建议的条件是其“揭发有关被调查人职务违法犯罪行为，查证属实的，或者提供重要线索，有助于调查其他案件”。这一条件类似于《刑法》中的“立功”。不过，《刑法》中的“立功”适用的对象仅限于“犯罪分子”，不适用于涉嫌职务违法的行为人。比较《监察法》第 31 条、第 32 条规定发现，监察机关对被调查人提出认罪认罚从宽建议的条件要严于对涉案人员提出该类建议的条件，前者限于涉嫌职务犯罪，且强调主动认罪认罚，后者包括职务违法或职务犯罪的涉案人员，且只需具有立功情节。根据《监察法实施条例》第 218 条规定，“揭发有关被调查人职务违法犯罪行为，查证属实或者提供重要线索，有助于调查其他案件”包括以下任一情形：（1）揭发所涉案件以外的被调查人职务犯罪行为，经查证属实；（2）提供的重要线索指向具体的职务犯罪事实，对调查其他案件起到实质性推动作用；（3）提供的重要线索有助于加快其他案件办理进度，或者对其他案件固定关键证据、挽回损失、追逃追赃等起到积极作用。

二、监察机关提出从宽处罚建议的类型

《刑法》对具有从宽情节的犯罪嫌疑人、被告人的处罚包括从轻处罚、减轻处罚和免除处罚。监察机关提出的从宽处罚建议只有经审判机关确认决定后才能真正达到从宽的效果，故监察机关提出的从宽处罚建议种类必须具有实体法依据，与《刑法》规定的从宽处罚类型一样。因此，从宽处罚建议应包括从轻处罚建议、减轻处罚建议和免除处罚建议。《监察法实施条例》第197条要求《起诉意见书》载明被调查人“从轻、减轻或者免除处罚等情节”，事实上体现的就是从宽处罚建议类型。其中，“从轻处罚”，是指在法定刑的幅度内适用相对较轻的刑种或者处以较短的刑期。“减轻处罚”，是指在法定最低刑以下判处刑罚。“免除处罚”，是指虽已构成犯罪，但由于某些原因不判处刑罚。

三、监察机关提出从宽处罚建议的审批程序

根据《监察法》第31条的规定，监察机关提出从宽处罚建议的程序要件是，“经领导人员集体研究，并报上一级监察机关批准”。监察机关提出从宽处罚建议须报上一级监察机关批准，是《监察法》第10条关于“上级监察委员会领导下级监察委员会的工作”规定的具体体现，旨在强化上级监察机关对下级监察机关在适用认罪认罚建议的指导、监督，“确保决策程序公开公正，防止随意性，有利于给予与被调查人罪责轻重相适应的法律制裁，也有利于体现对悔过自新的被调查人宽大处理的政策意图”①，最终提升监察机关适用认罪认罚建议的规范化、法治化水平。为实现上述制度功能，上一级监察机关应做好实质审批把关作用，要坚持以事实为根据，以法律为准绳原则的基础上，综合评估被调查人和涉案人员的犯罪事实、

① 中共中央纪律检查委员会中华人民共和国国家监察委员会法规室编写：《〈中华人民共和国监察法〉释义》，中国方正出版社2018年版，第163页。

性质、情节和认罪悔罪的态度及表现，尤其是认罪认罚情节的真实性、自愿性，作出批准与否的决定。

法规依据

《监察法》第 31、32 条

《监察法实施条例》第 213—219 条

非法监察证据[①]排除

知识点图解

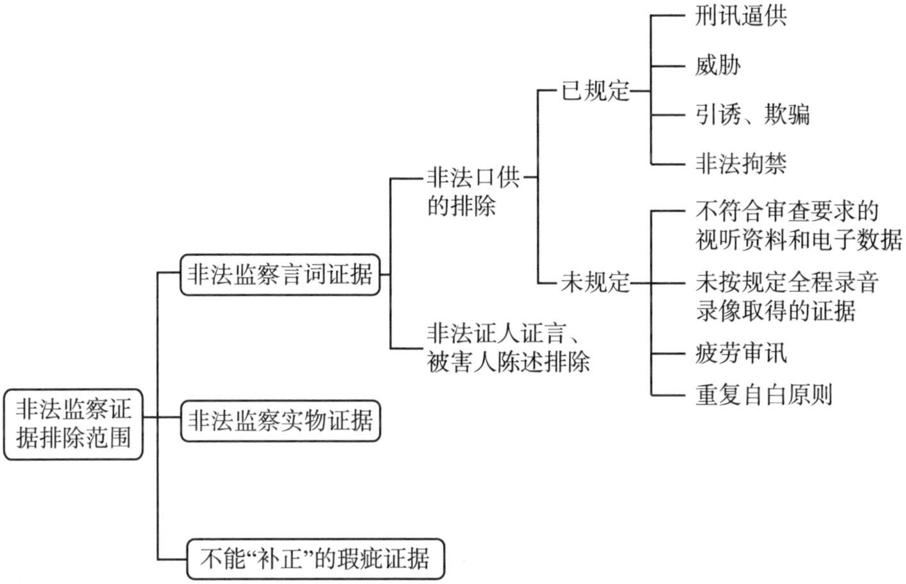

图 11　非法监察证据排除范围

---

① “监察证据”的称谓并不是严谨的学术概念。在学理上，通说依不同诉讼类型将诉讼证据划分为刑事诉讼证据、民事诉讼证据和行政诉讼证据等，而不依取证主体，否则容易出现诸如公安证据、检察证据等称谓混淆。但本词条依便捷称谓的需要，以“监察证据”指代职务违法证据和职务犯罪证据。

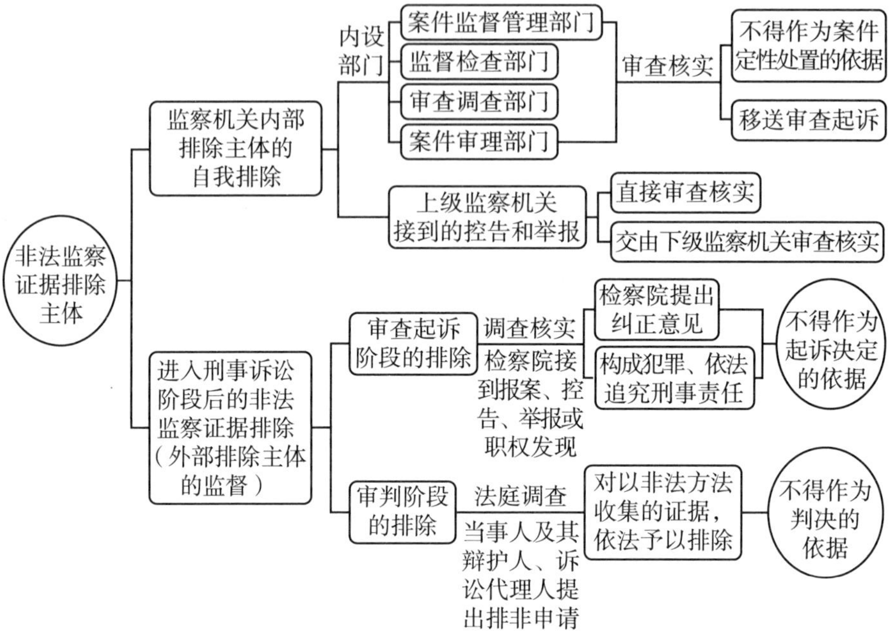

图 12　非法监察证据排除主体

规范解读

一、非法监察证据的概念及种类

非法监察证据，是指采用刑讯逼供等非法方法收集的被调查人供述和采用暴力、威胁等方法收集的证人证言、被害人陈述等言词证据，以及收集物证、书证不符合法定程序，可能严重影响执法、司法公正的物证、书证。

根据相关规定，与非法监察证据相对应的还有一个瑕疵监察证据，指在收集证据程序、方式方面违反了一般的规范性要求，但不至于影响到执法、司法公正的监察证据。既包括在取证程序、方式上存在瑕疵的物证、书证等实物证据，如勘验笔录上无调查人员签名，扣押清单上无调查人员、物品持有人、见证人签字等；也包括在取证程序、方式上存在瑕疵的证人证言、行为人供述和辩解等言词证据，如询问笔录上无调查人签字等。对于瑕疵监察证据，如果可以得到“补正或合理解释”则为合法证据；反之，则为非法证据应予排除。

综上，非法监察证据应当包括三类，即非法监察言词证据、非法监察实物证据、不能“补正”的瑕疵证据。

二、非法监察证据排除的主体

1. 自我排除主体

自我排除，是指监察机关对非法收集的监察证据进行自我认定和排除的活动。自我排除主体，是指对非法收集的监察证据负有排除责任的本级监察机关的内设部门或上级监察机关。根据《监察法实施条例》第 66 条规定，非法监察证据“自我排除”的主体有以下两类：

一是监察机关监督检查、调查、案件审理、案件监督管理等本级监察机关的内设部门。监督检查部门主要负责日常监督、指导联系单位监察工作、对轻微职务违法行为进行调查处理等工作。但实践中，因目前监察机关存在案多人少、办案力量严重不足的情况，监督检查部门也会承担部分职务犯罪案件的调查办理。调查部门主要负责对严重职务违法、职务犯罪案件的初步核实、立案调查等工作。案件审理部门主要负责审理职务违法、职务犯罪案件，对案件证据材料进行全面实质审查等工作。案件监督管理部门主要负责对调查工作全过程的监督管理，对调查措施使用进行监督管理等工作。

从法律规定上来看，上述四个部门都具有非法监察证据排除的权限，无论是依职权还是依申请（如被调查人控告、举报等）均可启动非法监察证据排除程序，四者法律地位平等。但在实践中，由于监督检查部门、调查部门是监察机关最为主要的两个收集监察证据的内设部门，让其自己查自己，排除来之不易的证据材料，显然存在现实困境。而案件监督管理部门由于既不实质参与调查的具体工作，也不对调查收集的证据进行实质审查，很难发现非法监察证据。因此，案件审理部门就成为发现和排除非法监察证据的关键部门。

此外，除了《监察法实施条例》中明确规定的四个内设部门拥有非法监察证据排除的职责外，还有其他内设部门也有该职责。如监察干部监督部门，主要负责受理对有关纪检监察领导干部涉嫌违反党纪、职务违法和职务犯罪等问题的举报，提出处置意见并负责问题线索初步核实及立案审查调查工作等，其中就包括对监察干部采用非法方法收集证据的行为的调查工作。

二是上级监察机关。根据规定，上级监察机关对下级监察机关可能存在的非法证据，既可以直接进行调查核实，也可以交由下级监察机关进行。值得注意的是，相关法律未对“交由下级监察机关”进行界定。应交由可能存在采用非法方法收集证据的监察机关自己调查核实，还是其他下级监察机关调查核实存在疑问。由于两种方式产生的调查核实结果可能直接关系到信服力问题，亟待进一步明确。

综上，非法监察证据排除程序中的自我排除是一种自我监督的方式，且内设部门拥有启动非法监察证据排除程序的权限，监察机关是监察阶段唯一的非法监察证据排除机关。非法监察证据排除权限并不局限于单个监察内设部门拥有，而是散见于所有可能涉及非法监察证据审查的内设部门。内部监督较为完备，不仅承认内设部门与内设部门间权力互相制约，职能互相补充，而且强调了上级监察机关对下级监察机关的监督权限。

然而，如果仅依靠内部自我排除，非法监察证据排除效果总体还是显得较为乏力，具有一定的组织依附性及利益的趋同性，尤其在敏感案件中难以严格贯彻立法意图。具体而言，除职务犯罪之外，非法监察证据排除仅存在自我排除，并不存在外部监督程序。这意味着，对于这些案件而言，监察机关是非法监察证据排除的唯一主体。这就存在两方面的问题。第一，非法监察证据审查组织依附性强，封闭性、书面性的审查模式使非法监察证据排除申请人参与度较低。监察调查程序的封闭性增加了证明非法取证行为的难度，如果再加上非法监察证据排除申请人参与排非程序程度低，可能最终导致被排除的非法监察证据仅限于容易被书面材料所证明的非法监察证据类型。因此，针对这一个问题，应当构建一定限度内公开的审查架构，允许申请人更大程度地参与。第二，具有非法监察证据自我排除权限的各内设部门皆隶属于监察机关，不可否认地存在利益趋同。相关内设部门在监察机关内平行设置，在案件办理过程中基于职权分工不同程度地参与非法监察证据审查。为保证监察案件办理的顺利进行，各部门通力协作是必要的，但这可能导致对非法监察证据排除的申请存在推诿，或对非法取得的非法监察证据及时“补全”，并不利于实现非法监察证据排除制度设置的立法初衷。针对这点，进一步细化上级监察机关对下级监察机关的监督细则就显得尤为重要。

2. 外部排除主体

外部排除，是指当监察机关办理的职务犯罪案件进入刑事诉讼程序后，司法机关对非法收集的监察证据进行认定和排除的活动。外部排除主体指司法机关，即检察机关或审判机关。

根据《监察法》规定，监察机关依《监察法》收集的证据可以在刑事诉讼中作为证据使用，并要求监察机关收集证据时，必须与刑事审判关于证据的要求相适应。对职务犯罪案件中的非法监察证据，同样适用《刑事诉讼法》的非法证据排除规定，刑事诉讼的任何阶段相应主体都有权排除非法证据。刑事诉讼程序中的非法监察证据排除仅指针对职务犯罪案件的非法监察证据排除，对非法监察证据的自我排除具有反向监督作用。因为职务犯罪案件的特殊性，监察机关无权对职务犯罪案件进行最终裁判，应当移送检察机关根据刑事诉讼程序审查起诉。刑事诉讼程序中的非法监察证据排除是非法监察证据的外部监督，承接《监察法》和《刑事诉讼法》，是《监察法》和《刑事诉讼法》衔接的具体体现之一。

综上，对职务犯罪案件的非法监察证据排除而言，除了监察机关内部的自我排除，还受刑事诉讼程序规定的非法证据排除相关规定的外部监督。也就是说，对于职务犯罪监察证据的排除应当有两个排除主体：一是内部排除主体；二是进入刑事诉讼阶段后的外部排除主体，即检察机关和审判机关。检察机关和审判机关在审查起诉、审判时，皆可对依职权或依申请发现的应当排除的证据依法予以排除，不作为起诉决定和判决的依据。

三、非法监察证据排除的具体运用

1. 非法监察言词证据的排除

（1）非法口供的排除。

①以“刑讯逼供”收集的被调查人供述，应当予以排除。

《监察法》第 40 条和《监察法实施条例》第 64 条规定，禁止以暴力方法收集证据。《监察法实施条例》强调应严禁以侮辱、打骂、虐待、体罚或者变相体罚被调查人、涉案人员方式获得证据。《监察法实施条例》第 65 条规定以暴力方式取得的非法监察证据应当被排除。在该层面上，非法监察证据排除与刑事诉讼非法证据排除规定一致。

②以“威胁”方法收集的被调查人供述，应当予以排除。

《刑事诉讼法》第 56 条将“刑讯逼供获得的供述”和“采用暴力、威胁获得的证人证言、被害人陈述”并列，并不排除以“威胁”方法收集的被告人供述。但是，2017 年《关于办理刑事案件严格排除非法证据若干问题的规定》将“威胁”纳入非法证据排除规则的适用范围，并明确了“威胁”的内涵，即采用以暴力或者严重损害本人及其近亲属合法权益等进行威胁的方法，使被告人遭受难以忍受的痛苦而违背意愿作出的供述。

《监察法实施条例》第 65 条比《刑事诉讼法》的规定更进一步，将以“威胁”方法收集的被调查人供述直接囊括在排除范围内，规定排除以“威胁”为方法收集的所有言词证据。

③严禁以“引诱、欺骗”方法收集的被调查人供述。

根据《监察法实施条例》第 64 条规定，严禁以威胁、引诱等非法方法收集证据。《〈中华人民共和国监察法〉释义》将“引诱、欺骗”解释为通过许诺某种好处诱使、欺骗当事人以获取证据。但同《刑事诉讼法》一样，《监察法实施条例》第65条对第64条明令禁止的采取“引诱”“欺骗”方法获得的证据是否应当排除未作出明确规定，这不利于实务操作。

④以非法限制人身自由的方法收集的被告人供述，应当予以排除。

《监察法实施条例》第64条、第65条规定，禁止非法限制被调查人和相关人员的人身自由，排除非法限制人身自由而获得的证据。

该规定应结合2017年《关于办理刑事案件严格排除非法证据若干问题的规定》第4条①来理解。该规定将“非法拘禁”纳入非法证据排除规则的适用范围，是非法证据排除规则的突破。主要是用以解决司法实践中办案单位违反法定程序非法拘禁犯罪嫌疑人，或者在强制措施超过法定期限后仍非法羁押犯罪嫌疑人的问题。采取“非法拘禁”的手段收集的被告人供述，应当直接予以强制性排除，不需要达到“使被告人遭受难以忍受的痛苦而违背意愿作出供述”的要求。

（2）非法证人证言、被害人陈述排除。

根据《监察法实施条例》第64条、第65条的规定，如果证人证言、被害人陈述属于采用以暴力、威胁以及非法限制人身自由等非法方法收集的，则应当被禁止并予以排除。在该层面上，非法监察证据排除与刑事诉讼非法证据排除规定一致。

2. 非法监察实物证据的排除

2010年《关于办理刑事案件排除非法证据若干问题的规定》对言词证据和实物证据区别对待，对非法取得的物证、书证适用裁量性排除规则。此后，一应规定都沿用该规定作为非法实物证据的排除规则。《监察法实施条例》第65条第3款的规定意味着亦沿用了裁量性排除规则，即对于收集程序不合法，严重影响司法公正的实物证据应当排除，但对于瑕疵物证、

---

① 《关于办理刑事案件严格排除非法证据若干问题的规定》第4条规定：“采用非法拘禁等非法限制人身自由的方法收集的犯罪嫌疑人、被告人供述，应当予以排除。”

书证不能一味排除，对相关调查人员予以补正或者作出合理解释的物证、书证，则可以继续作为证据使用。

3. 不能“补正”的瑕疵证据的排除

根据《刑事诉讼法》及相关规定，可补正的瑕疵证据既包括有瑕疵的物证、书证，也包括有瑕疵的言词证据。但《监察法》及相关规定，仅针对存在瑕疵的物证、书证可补正的情况作出了明确规定，未对有瑕疵的言词证据是否可补正作出规定。据此，理论上可认为《监察法》未给瑕疵言词证据补正的空间，即在言词证据方面不给监察机关及调查人员弥补的机会。鉴于言词证据的真实性极易受外界因素的影响，为了保障言词证据的可靠性，这种规定显然要比刑事诉讼中的规定具有进步性。但一味排除有瑕疵的言词证据，比如将调查人员仅是忘记签名的关键讯问笔录直接排除，导致调查人员需要重新对被调查人进行讯问取证，在一定程度上浪费了执法、司法资源。而且，目前实践中，对存在瑕疵的言词证据排除仍适用《刑事诉讼法》的相关规定，对于不能补正的瑕疵言词证据予以排除，对于可补正的瑕疵言词证据，经补正后认可作为证据使用。对于上述情况，亟待相关规定予以明确。

四、非法证据排除的效力

1. 不得作为监察机关对案件定性处置的依据

经调查核实，确认或者不能排除以非法方法收集证据的，对有关证据依法予以排除，不得作为案件定性处置的依据。即不能作为监察机关对被调查人作出相关处理、处分决定的依据，也不能作为移送审查起诉的依据。且认定调查人员非法取证的，应当依法处理，另行指派调查人员重新调查取证。

2. 不得作为检察机关依法起诉的依据，亦不能作为审判机关作出判决的依据

非法证据排除，重在其后果的确定，即非法证据排除的直接效力。要求

监察机关一旦立案就应该严格按照规定进行，如果证据不扎实、不合法，轻则检察机关会退回补充调查，影响惩治腐败的效率；重则会被司法机关作为非法监察证据予以排除，影响案件的定罪量刑；对于侵害当事人权益、造成严重问题的，还要予以国家赔偿。

适用难点

一、缺少对“引诱、欺骗”获取的非法证据的排除性后果的规定

通过引诱和欺骗的手段取证是实务中争议最大的非法取证手段。对引诱、欺骗等非法方式获得的证据虽已经被《监察法实施条例》第 64 条明令禁止，但在第 65 条的非法监察证据排除规定中却语焉不详。

从正当程序的角度看，口供的核心应是自由、自愿，即监察调查人员应在尊重被调查人意志自由的情况下获得认罪供述。多数国家强调自白的“自愿性”的原因是：一方面，它更加契合人权保障与正当程序的诉讼价值理念；另一方面，它因固守人的“意志内核”，更能反映现代刑事司法制度中非法口供的本质和核心，因而比较能够适应排除不同性质、不同形式非法口供的需要。

根据我国刑事诉讼程序的规定，供述的自愿性依附于使人遭受痛苦的非法方法，单纯的违背意愿供述不一定予以排除。[①] 龙宗智教授将我国的这种排除标准称为“痛苦规则”，区别于国外所确立的“自白任意性”排除标准。[②] “痛苦规则”以“在肉体上或者精神上遭受剧烈疼痛或者痛苦”为核心判断要件，以当事人对于痛苦的耐受性为基础，以侵权的严重性为标准进行评判，强调形成痛苦源的非法方法的应用。但“痛苦规则”提高了非

① 参见施鹏鹏：《证据法》，中国政法大学出版社 2020 年版，第 179 页。

② 参见龙宗智：《我国非法口供排除的“痛苦规则”及相关问题》，载《政法论坛》2013 年第 5 期。

法排除的门槛，缩小了非法口供排除的范围，不利于约束侦查调查机关的非法取证行为。

为强化监察案件办理的公正性，提高监察组织的自肃性，约束非法监察证据的自我排除，应当比刑事诉讼更加强调被调查人口供的自愿性。为解决该问题，有两种方式可资参考：其一，通过案例指导制度对引诱和欺骗中的典型情形予以明确，以实践经验促进立法规定的进一步细化；其二，监察机关在后续出台的规范性法律文件里进一步强调被调查人口供取得的自愿性。

二、缺失对不符合审查要求的视听资料和电子数据应当排除的规定

《最高人民法院关于适用〈中华人民共和国刑事诉讼法〉的解释》第109条[①]对不符合审查要求的视听资料和电子数据规定了排除性后果。根据《关于办理刑事案件收集提取和审查判断电子数据若干问题的规定》的规定，是否进行了补正或解释是否合理，由法官自由裁量。但是，《监察法实施条例》对不符合审查要求的视听资料和电子数据并未规定禁止性规定和排除性后果，但对视听资料、电子数据的收集和提取的规范进行了详尽的规定。

三、缺失对“疲劳审讯”取得的证据应当排除的规定

最高人民法院《关于建立健全防范刑事冤假错案工作机制的意见》第8条规定，采用刑讯逼供或者冻、饿、晒、烤、疲劳审讯等非法方法收集的被告人供述，应当排除。

《监察法》并未对“疲劳审讯”进行规定，《〈中华人民共和国监察法〉释义》从学理解释的视角，将“暴力殴打”和“疲劳审讯”纳入《监察

① 《最高人民法院关于适用〈中华人民共和国刑事诉讼法〉的解释》第109条规定：“视听资料具有下列情形之一的，不得作为定案的根据：（一）系篡改、伪造或者无法确定真伪的；（二）制作、取得的时间、地点、方式等有疑问，不能作出合理解释的。”

法》第33条第3款中提到的“以非法方法收集的证据”的范围内。认为以长时间不让睡眠等方式对被调查人和涉案人员逼取口供系“疲劳审讯”。但是，“疲劳审讯”并不隶属于“刑讯逼供”的范畴，而是非法取证方式的一种，与“刑讯逼供”隶属同一序列。《〈中华人民共和国监察法〉释义》在非法监察证据类型化上存在学理性错误。

但是，介于部分监察案件仅适用监察机关内部自我排除，考虑到排除程序的组织封闭性，为追求司法公正，要求非法监察证据的排除标准应居于所有非法证据排除标准的更高层面。因此，非法监察证据排除的标准应当高于刑事诉讼非法证据排除，不应当让“疲劳审讯”成为监察非法取证合法化的一个豁口，应对“疲劳审讯”获得的非法证据排除进行具体规定，特别是针对违纪违法案件中证据的收集问题。

四、缺失对未按照规定全程录音录像取得的证据应当予以排除的规定

最高人民法院《关于建立健全防范刑事冤假错案工作机制的意见》第8条第2款规定，未依法对讯问进行全程录音录像取得的供述，应当排除。2017年最高人民法院再次作了更细致的规定。[①] 虽然《监察法》《监察法实施条例》并无非法监察证据排除的相关规定，仅对各调查活动的取证环节的录音录像进行详尽的规范和要求。但是，介于非法监察证据排除标准不应低于《刑事诉讼法》中的相关规定，不能认为《监察法》规定空白，即是对《刑事诉讼法》相关规定的否定。

首先，非法监察证据排除的自我排除的自肃性严格要求监察机关内部对非法监察证据的类型化符合学理。由于自我排除的组织依附性，为自肃组织，强调客观公平公正，就要求非法监察证据排除严格符合非法监察证据

---

① 最高人民法院《关于全面推进以审判为中心的刑事诉讼制度改革的实施意见》第24条规定：“法庭对证据收集的合法性进行调查的，应当重视对讯问过程录音录像的审查。讯问笔录记载的内容与讯问录音录像存在实质性差异的，以讯问录音录像为准。对于法律规定应当对讯问过程录音录像的案件，公诉人没有提供讯问录音录像，或者讯问录音录像存在选择性录制、剪接、删改等情形，现有证据不能排除以非法方法收集证据情形的，对有关供述应当予以排除。”

排除的学理分类。未依法录音录像，不能排除非法方法收集的被调查人供述属于学理分类中不可避免的一部分，不应被立法忽视。

其次，非法监察证据排除的外部监督要求与刑事诉讼相衔接。根据《监察法》和《刑事诉讼法》的相关衔接规定，刑事诉讼非法证据排除规定适用于监察机关对职务犯罪案件的调查。

因此，即使在《监察法》相关规范性文件中并未明确未依法录音录像取得的证据纳入非法证据排除范围内，但是在监察案件的调查中，监察机关可以依据刑事诉讼非法证据排除的规定在监察阶段就排除该类证据。监察机关未及时排除的，移送审查起诉后，检察机关也可以根据刑事诉讼非法证据排除规定对该类证据进行排除。

此外，为更直接地解决这个规定的缺失，补全非法监察证据排除规则的学理架构，监察机关应当及时将未按照规定全程录音录像取得的证据纳入排除范围。

五、缺失“重复自白”的排除规定

“重复自白”又称“重复供述”“二次自白”，指在采取非法手段获取犯罪嫌疑人、被告人的有罪供述后，再次或多次以合法方式审讯，获得了同样的后续供述。“重复自白”通常应予以排除，因为犯罪嫌疑人、被告人首次审讯时受到胁迫的心理将延续至后续的审讯。即便调查机关不再使用非法方法对被调查人讯问，但被调查人出于记忆和恐惧，也还是会作出相同的有罪供述。刑事诉讼现行规定对“重复自白”采取较为宽松的态度，采用“原则+例外”的立法模式①，原则上承认“重复自白”的效力。

由于非法取证而产生的波及效应使后续同类供述皆不能接纳，因此必须

---

① 根据《人民法院办理刑事案件排除非法证据规程（试行）》第1条第2款的规定，用刑讯逼供方法使被告人作出供述，之后被告人受该刑讯逼供行为影响而作出的与该供述相同的重复性供述，应当一并排除，但下列情形除外：①侦查期间，根据控告、举报或者自己发现等，侦查机关确认或者不能排除以非法方法收集证据而更换侦查人员，其他侦查人员再次讯问时告知诉讼权利和认罪的法律后果，被告人自愿供述的；②审查逮捕、审查起诉和审判期间，检察人员、审判人员讯问时告知诉讼权利和认罪的法律后果，被告人自愿供述的。

将“重复自白”纳入排除范围。《监察法实施条例》第66条第2款规定，认定调查人员非法取证的，应当依法处理，另行指派调查人员重新调查取证，回避了对“重复自白”的讨论，实际上否认了“重复自白”的排除。介于非法监察证据排除标准不应低于刑事诉讼非法证据排除，非法监察证据排除规定有待进一步明确对“重复自白”的规定。

六、实践中监察调查人员出庭存在的问题

监察调查人员在证据搜集的过程中作为证人一样的存在，但在非法监察证据排除过程中，监察调查人员的“证人”的身份和地位并未明确。在非法监察证据排除的问题上，现行法规未要求监察调查人员作证。在实践中突出体现为两个问题：监察机关“内部排除”的非法监察证据的认定，监察调查人员参与程度极低；监察机关移送审查起诉的非法职务犯罪证据，庭审阶段要求调查人员出庭作证困难。

为保证非法监察证据排除的合程序性，需明确以下三点：（1）为证明证据收集的合法性，监察调查人员就是“证人”。《监察法》同《刑事诉讼法》之所以未明确出庭监察调查人员的“证人”身份，主要是基于对监察调查人员职业尊严的尊重，以及对监察调查人员可能产生的心理抵触情绪的顾虑。但回归到监察调查人员“出庭说明情况”的本质，那就是为了解决证据收集的合法性争议。因此，在诉讼地位上，监察调查人员与其他证人，除了身份的差异外，并没有质的不同。恰如学者所言，“那些被传召出庭的侦查人员，都具有证人的身份，并向法庭提供口头证言，这却是毫无争议的”。① （2）被调查人有权向监察调查人员发问。基于“身份”的差异，在非法证据排除程序中很多监察调查人员拒绝接受被调查人的发问。这使被调查人的对质权无法实现。既然国家已然确立以审判为中心的诉讼制度是司法体制改革的主要目标，那么监察机关、检察机关也应当树立“庭审中心”的观念，尊重法院的权威。虽然监察调查人员可能一时难以适

---

① 陈瑞华：《刑事证据法学》（第2版），北京大学出版社2014年版，第395页。

应这种角色的变化，但我们应当清醒地认识到，改革就是要打破既有的藩篱，监察机关也应当顺应这一趋势。(3) 对不出庭的监察调查人员，不宜强制出庭。应当注意到，监察调查人员毕竟不同于一般的证人，一是其身份的差异；二是其出庭仅是为了证明证据收集的合法性，而不是为了查明案件事实。因此，不宜强制监察调查人员出庭。当然，需要强调的是，虽然不能强制监察调查人员出庭，但侦查机关也不得以监察调查人员签名并加盖公章的说明材料替代监察调查人员出庭。实践中，为了确保监察调查人员顺利出庭，应当加强法院、检察院、监察机关之间的沟通和协调。(4) 如果监察调查人员不出庭，应当要有程序性制裁。根据《刑事诉讼法》以及《人民法院办理刑事案件排除非法证据规程（试行）》第 23 条第 2 款规定："经人民法院通知，侦查人员不出庭说明情况，不能排除以非法方法收集证据情形的，对有关证据应当予以排除。"这种程序上的不利后果提醒侦查机关，如果监察调查人员不出庭就证据收集的合法性作出说明，其侦查工作就可能遭到法院的否定性评价。同样，应当考虑该规定适用于监察案件的可行性。当然，对这一规定应当有准确的理解。并不是说只要监察调查人员不出庭，就一定意味着证据收集是非法的，如果检察机关和监察机关能够运用其他证据证明证据收集的合法性，有关证据当然可以采纳。

典型案例

案例一　监察机关依法收集的涉罪证据可以作为刑事证据

X 县纪委监委在调查该县水利局副局长 C 涉嫌受贿罪、巨额财产来源不明罪时，按程序报批以后依法对 C 立案审查调查，并对其采取了留置措施。审查调查期间，县纪委监委调查组对 C 进行讯问；对证人 A、B 进行讯问，调取了相关的涉案书证材料、查询了 C 有关银行账户，并采取了冻结措施；对 C 办公场所和住所进行搜查，并扣押一应涉案财物。经过审查调查，X县纪委监委对C作出开除党籍、开除公职的处分决定，并将其移送县人民检察院审查起诉。县人民检察院审查后，认为C犯罪的案件事实已经清楚，证明其犯罪的证据充分、形式合法，遂向县人民法院提起公诉。①

本案中，X县纪委监委根据《监察法》的规定，对C采取调查措施并取得相关证据材料。这些证据材料具有证据效力，无须监察机关重新调取，可以直接应用于刑事审判。这既提高了工作效率，也增加了纪检监察工作的权威性。

在取证主体上要求，这些证据必须是以监察机关名义调取的，仅以纪检机关调取的证据不能直接适用于刑事审判。

在证据种类上，监察机关调取的证据不限于《监察法》第33条列举的物证、书证、证人证言、被调查人供述和辩解、视听资料、电子证据等6种，刑事诉讼法上规定的所有证据种类都是检察机关可以调取使用的。

在法律依据上，监察机关调取证据的依据是《监察法》，而不是《刑事诉讼法》。

案例二　非法获取的证据应当依法排除

2017年1月，N县纪委监委对涉嫌挪用公款的县林业局副局长A依法进行立案审查调查并采取留置措施。在留置场所，纪委监委调查部门工作人员于10月8日17时许，对A展开讯问，由于A开始拒不交代违法犯罪事实，讯问一直持续到10月9日15时，最终A如实供述挪用公款的犯罪事实。其间，除吃饭、上厕所外，A休息时间累积不足3小时。后A案件移送纪委监委案件审理部门进行审理，A向审查部门提出自己曾遭受长时间讯问，要求排除自己在审查调查期间的有罪供述。审理部门通过调取同步录音录像、询问调查人员等方式进行了解，确认审查调查部门存在对A

---

① 参见本书编写组编写：《纪检监察案例指导：〈中华人民共和国监察法〉篇》，中国方正出版社2021年版，第220页。

长时间询问的行为，故对被调查人A在10月8日17时至10月9日15时所作出的供述笔录予以排除。

本案中，N县纪委监委审查调查部门违背《监察法》关于讯问被留置人员应当合理安排讯问时间和时长的规定，对A进行了长达20多个小时的讯问，且没有保证A的休息时间，这种“疲劳审讯”实际上属于一种变相肉刑，足以影响A口供的真实性，因此案件审理部门在审理时予以排除。

法规依据

《监察法》第33条第3款、第40条

《监察法实施条例》第8、64—66、195、225条

《刑事诉讼法》第52、56—60条

由监察机关为主调查

知识点图解

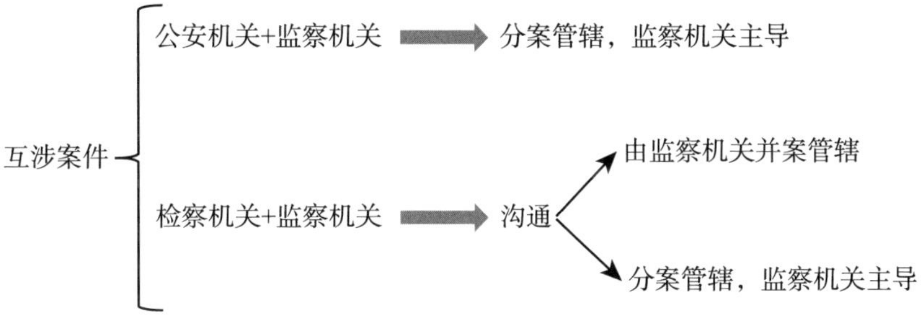

图 13　三机关互涉案件的管辖原则

规范解读

根据《监察法》《监察法实施条例》等相关规定，“以监察机关为主的调查”是指在职务犯罪的互涉案件中，一般应当由监察机关为主进行调查，其他机关予以协助，即职务违法犯罪调查优先原则。

有关“互涉案件”的界定存在广义与狭义之分。狭义上的“互涉案件”是指监察机关在调查公职人员职务违法或职务犯罪案件时，发现当事人还实施了属于其他机关管辖的违法犯罪案件，或者其他机关在侦查普通刑事案件时，发现当事人还实施了属于监察机关管辖的职务违法犯罪案件。广义上的“互涉案件”还包括多人实施多罪或多人实施一罪的情况，其中“多人”指既有监察机关管辖的公职人员，又有其他机关管辖的非公职人员，“多罪”指既有监察机关管辖的违法犯罪，又有其他机关管辖的犯罪。诸如在办理“保护伞”案件中，可能既涉及监察机关对公职人员的调查，又涉及公安机关对黑社会犯罪的调查。

职务违法犯罪调查优先原则，是指监察机关一旦对被调查人决定实施调查，其他主体的权力不得在法律上替代或损害监察机关的相对优势地位，并由监察机关主导和协调案件的整体进程。

这一原则的确立是基于打击职务违法犯罪行为的迫切需要。主要体现在以下三个方面：（1）目前我国职务违法犯罪案件呈高发态势，严重影响党的执政根基，损害国家形象，侵犯群众根本利益。（2）职务违法犯罪案件不同于普通刑事案件，其犯罪主体往往自身素质高、阅历丰富，具有较强的反调查能力，违法犯罪手段也呈更加隐秘化、多样化和新型化的态势，收集、固定犯罪证据的难度越来越大。（3）确立该原则有利于不同案件管辖机关之间的资源及时共享，避免重复取证，浪费公共资源，及时综合所得证据从整体高度出发对案件进行突破。此种模式，不仅有利于职务犯罪的调查，也有利于对互涉案件的查处。在我国以往的司法实践中，对于职务犯罪的互涉案件，采用的是各自管理、主罪主侦模式，即公安机关和检察机关按照法定分工进行侦查活动。这种侦查模式，人为地将职务犯罪互涉案件内在的联系分离开来，使原本互相关联的案件由不同机关侦查，给这类互涉案件的侦查带来了巨大的困难。例如，在侦查阶段很难区分侦查对象的主、从罪，容易造成侦查管辖争议。同时，在此种侦查模式下，由两个不同的侦查主体对互涉案件分别行使管辖权，容易造成人力的重复投入、重复取证，拖延侦查效率。

监察机关与其他国家机关的互涉案件主要涉及公安机关与检察机关。公安机关是国家治安行政机关和国家刑事执法机关，负责普通刑事案件的侦查工作，具有调查收集证据线索的能力。当存在同一主体既涉嫌普通犯罪又涉嫌职务犯罪时，便涉及监察机关与公安机关互涉案件的问题。而自监察委员会成立以来，原属于检察机关负责侦查的职务犯罪，绝大多数都已经划归监察委员会进行管辖，但是检察机关仍保留了对 14 种职务犯罪的侦查权。[①] 在监察调查和检察侦查的过程中，不可避免地会有某些主体既涉嫌监察机关管辖的职务违法犯罪，又涉嫌检察机关管辖的徇私枉法类犯罪，从而构成两机关之间的主体互涉案件。

因此，“由监察机关为主调查”主要体现在对职务违法犯罪调查的优先权、监察机关在与公安机关互涉案件中的主导地位和监察机关在与检察机关互涉案件中的主导地位三个方面。

一、对职务违法犯罪调查的优先权

1. 调查优先权的法定性

一方面，《监察法》第 3 条明确了监察机关是行使国家监察职能的专责机关，也就明确了其是调查职务违法和职务犯罪的专责机关的地位。另一方面，《刑事诉讼法》第 19 条第 1 款规定，对刑事案件的侦查由公安机关进行，法律另有规定的除外。由此可知，绝大多数的刑事案件都是由公安机关负责侦查，而职务犯罪的侦查则是法律另有规定的例外情况。《监察法》第 34 条第 1 款则规定，人民法院、人民检察院、公安机关、审计机关等国家机关在工作中发现公职人员涉嫌贪污贿赂、失职渎职等职务违法或职务犯罪的问题线索，应当移送监察机关，由监察机关依法调查处置。这意味着在法律层面上，明确赋予了监察机关对职务违法犯罪的优先调查权。

2. 调查优先权的必要性

监察调查主要内容包括涉嫌贪污贿赂、滥用职权、玩忽职守、权力寻租、利益输送、徇私舞弊以及浪费国家资产等七类职务违法和职务犯罪的

① 根据《刑事诉讼法》第 19 条第 2 款的规定，检察机关目前对“诉讼活动实行法律监督中发现的司法工作人员利用职权实施的非法拘禁、刑讯逼供、非法搜查等侵犯公民权利、损害司法公正的犯罪”，仍可直接立案侦查。

行为。这七大类违法犯罪行为的方式极其多样，手段十分隐蔽，在调查时存在诸多困难。而且这七类违法犯罪行为主体特殊，职务违法和职务犯罪行为人多为公权力行使者，客观上隶属于国家机关，其善于动用各种关系网向所隶属国家机关寻求帮助，以逃避对其进行的调查。很多职务违法和职务犯罪行为还会牵扯一个甚至几个国家机关的多名工作人员，这些工作人员一旦形成合力阻挠调查，往往会使调查工作陷入绝境。基于这种背景，国家需要一个相对独立、职责明晰、业务专业的部门对职务违法和职务犯罪进行调查。

同时，职务违法犯罪多发生于行政机关，职务违法犯罪侦查工作的主导者只有独立于行政机关，才能最大限度地避免听命于可能为职务犯罪行为人提供庇护的行政官员，有效开展调查。由此可见，对职务犯罪调查的管辖权优先归属于监察机关，存在其必要性。

二、监察机关在与公安机关互涉案件中的主导地位

1. 由监察机关主导限制人身自由措施的适用

《监察法》第 22 条规定，在监察调查程序中，监察机关对于涉嫌严重职务违法或者职务犯罪的被调查人，以及涉嫌行贿犯罪或者共同职务犯罪的涉案人员，有权采取留置措施。从性质上看，留置是监察程序中唯一可以用于限制被调查人及其他涉案人员人身自由的措施。而在公安机关与监察机关的互涉案件中，被调查人应当处于监察机关的控制之下，还是公安机关的控制之下，理论与实践存在一定差别。

理论上，根据监察机关主导原则，在公安机关与监察机关的互涉案件中，被调查人应当处于监察机关的控制之下，而非公安机关的控制之下。当监察机关和公安机关皆欲对互涉主体采取留置或者刑事强制措施时，应当由监察机关先行采取留置措施。理由如下：

在我国刑事侦查实践中，由于看守所是唯一的审前羁押场所，依法被采取逮捕措施的犯罪嫌疑人、被告人在羁押期限内将始终被羁押在看守所中，

无须随着诉讼程序推进而改变羁押场所。但是，如果案件由侦查阶段进入审查起诉阶段，或者由审查起诉阶段进入审判阶段，那么此时各机关之间就应当办理换押手续，目的在于明确案件办理的责任机关，方便管理。由此可见，限制人身自由措施的适用与案件主要责任机关之间是直接挂钩的，监察机关与公安机关互涉案件的被调查人也不应例外。既然已经确定了监察机关在该类案件中的主导地位，那么就应当在具体办案过程中，由监察机关掌握对互涉主体的主要控制权。如果互涉主体同时满足留置和刑事强制措施的适用条件，先予以留置。随后，在留置期限届满或者被解除之时，如果公安机关认为有必要，再由其采取刑事强制措施。对互涉案件的被调查人采取留置和强制措施，应当秉持“留置先行适用、刑事强制措施轮候适用”的基本原则。

而实践的情况略有区别。公安机关与监察机关在办理互涉案件时，往往采取相互配合、沟通协商的工作方式。在决定对被调查人采取留置措施还是强制措施时，公安机关与监察机关会事先进行协商，协商过程中，依据以监察机关为主调查的原则，监察机关的意见往往更为重要，公安机关也会尊重监察机关的意见，并最终对优先适用何种限制人身自由的措施作出决定。

2. 由监察机关主导的调查取证

监察机关开展调查工作和公安机关进行侦查活动，二者在功能目的、措施种类、程序机制等方面存在不少共通之处。例如，在功能目的方面，监察调查和刑事侦查皆旨在获取案件证据，查明案件事实，并查获涉嫌违法犯罪的有关人员。而在措施种类方面，《监察法》和《刑事诉讼法》分别赋予两机关讯问、询问、查询、冻结、查封、扣押、搜查、勘验检查、鉴定、通缉等类似措施。此外在程序机制方面，两部法律也都要求讯问过程中进行录音录像、严禁非法取证等。而且，《监察法》第 33 条第 2 款也明确规定，“监察机关在收集、固定、审查、运用证据时，应当与刑事审判关于证据的要求和标准相一致”。这为二者取证程序的衔接协调奠定了坚实的基础。

但无论监察调查和刑事侦查如何趋同，二者毕竟隶属于彼此独立的程序体系内，措施的适用主体也各不相同。这也必将导致在监察与公安主体互涉案件的办案实践中，监察机关与公安机关之间难免出现调查取证方面的冲突，最直接的便体现在实物类证据的提取方面。监察机关和公安机关因为办案需要，都必须对某一物证、书证等证据予以查封、扣押，而根据我国立法规定和司法实践，此类证据一旦被采取查封、扣押措施，是无法重新由另一机关再次施以类似手段的。除此之外，债券、股票、基金份额、银行存款等财产形式，依法在调查和侦查活动中可以被查询和冻结。但是根据相关规定，此类财产不能被重复冻结，只能轮候冻结。在上述情形中，理论与实践也存在一定区别。

理论界认为，在调查取证的过程中，监察机关的主导地位应当得到适当彰显。无论是对物证、书证等证据的查封、扣押，还是对其他财产形式的查询、冻结，都应当优先由监察机关采取措施，相关财物也应当掌握在监察机关手中。在监察机关决定解除上述措施时，公安机关认为有必要的，可以继续执行相应的侦查行为。然而，由于我国监察机关成立时间不长，实务经验较缺，相关的财物管理手段不足，在监察机关承担上述调查任务时，公安机关应当在技术手段、硬件设施、人力资源等方面为其提供配合协助，实现联合办案的最大效能。①

而在实践中，公安机关与监察机关的互涉案件虽然由监察机关为主进行调查，但是监察机关并非在所有调查取证的行动中都优先采取措施。根据《监察法实施条例》的有关规定，在互涉案件中，监察机关和公安机关进行分案管辖，监察机关处于宏观上的主导地位，而在详细操作上，监察机关与公安机关是相互配合的关系，在具体调查取证行动中，优先适用哪个机关的调查措施，由两机关进行沟通协商。

---

① 林艺芳：《监察机关与公安机关配合衔接机制研究》，载《湘潭大学学报（哲学社会科学版）》2018 年第 5 期。

3. 移送审查起诉的管辖确定

案件的管辖问题更是监察程序与诉讼程序的重要区别之一。监察机关奉行“以人立案为主”的管辖原则，确定某一案件是否属于监察机关管辖，关键看涉案人员是否具备公职人员身份，是否依法履行国家公职。而区分上下级监察机关、不同地区监察机关之间的职责分工，则依据的是人员的干部管理权限。一些领导干部，尤其是中央直属企业、教育部直属高校等单位的领导干部，其管理权在中央直属部委。一旦其涉嫌违法犯罪，需要由与具有任命权的党组织同层级的监察机关受理。相比之下，在刑事诉讼程序中，案件管辖奉行的是“以事立案”为主，即按照涉嫌犯罪的类型划分不同侦查机关的管辖范围。在同一侦查机关内部，则以涉嫌犯罪的轻重、社会影响等因素确定级别管辖，以犯罪行为实施地为主，辅以犯罪嫌疑人、被告人居住地等因素确定地域管辖。这就极可能导致在监察与公安主体互涉案件中，不同违法犯罪行为分别由不同层级，甚至是不同地区的监察机关和公安机关予以管辖，出现对同一主体的两种管辖权限的分离。

在调查侦查终结之后，如果案件一并移送审查起诉，那么究竟由哪一对应的检察机关予以受理，则成为一大难题。由于监察与公安主体互涉案件奉行的是监察主导原则，因此应当由监察机关统一把握案件移送审查起诉的程序。

监察机关应当就案件是否符合刑事诉讼证明标准，应否统一移送审查起诉进行协调并作出决定。如果监察机关和公安机关就上述问题达成一致意见，并决定一并移送检察机关进行审查起诉，那么应当由监察机关主导，并与检察机关协商，决定由哪一级检察机关予以受理。一般而言，基于监察机关的主导地位，向其所在区域、对应级别的检察机关移送更为适宜。在特殊情况下，尤其是当案件主要证据材料都集中于公安机关手中，或者存在其他不可抗拒的原因，无法在监察机关所在区域、对应级别的检察机关进行诉讼，那么向公安机关所在区域、对应级别的检察机关或者其上级检察机关移送案件，也未尝不可。

三、监察机关在与检察机关互涉案件中的主导地位

1. 并案管辖模式中监察机关的主导地位

根据《监察法实施条例》规定，监察机关有权管辖的罪名共计 101 个，包括了检察机关“可以”进行侦查的 14 种司法类犯罪。《人民检察院刑事诉讼规则》第 17 条规定，检察机关在办理自侦案件时发现犯罪嫌疑人同时涉嫌监察机关管辖的职务犯罪线索的，应当及时与同级监察机关沟通协商。若认为全案由监察机关管辖更为适宜的，则由监察机关并案管辖；若认为由监察机关和人民检察院分别管辖更为适宜的，则人民检察院与监察机关对其分案管辖。

由此可见，在监察机关与检察机关互涉案件中，如果决定并案处理的话，监察委员会占据主导地位，法律规定仅能由监察机关予以并案管辖，人民检察院应当将案件移送监察机关。相反，由于检察机关的侦查范围远远小于监察机关的调查范围，因此无法由检察机关对于互涉案件进行并案管辖。

2. 分案管辖模式中监察机关的主导地位

正如前文所述，若监察机关与检察机关经过沟通协商后，认为由监察机关和人民检察院分别管辖更为适宜的，则由人民检察院与监察机关对该案件进行分案管辖。在分案管辖的模式下，检察机关虽然对其自身管辖范围内的案件仍具有一定的侦查权，但并不意味着案件办理过程中检察机关与监察机关保持截然分离的状态。在案件办理的过程中，“以监察机关为主的调查”既需针对整体流程进行把控，又需针对具体措施优先适用。

首先，对于主体互涉案件，在调查终结以及侦查终结，且符合事实清楚、证据确实充分、依法应当追究刑事责任的条件时，监察机关与检察机关仍需将案件予以合并，统一交有管辖权的检察机关进行审查起诉，以方便后续的起诉和审判工作。此时，监察机关应当对双方的案件办理进度予以把控，当双方都确定完成调查工作或者侦查工作时，将案件材料予以整

合，并统一移送承担起诉职能的检察机关。

其次，在证据保全类措施的适用方面，物证、书证等实物类证据一旦被查封、扣押之后，将无法重新由另一机关再次施以类似手段。此外，具有财产形式的债券、股票、基金份额、银行存款等，在被冻结之后，也不能重复冻结，只能轮候冻结。当监察机关和检察机关因为办案需要，都必须对同一证据采取查封、扣押或者冻结措施时，原则上应当由监察机关优先适用这些措施，相关财物也应掌握在监察机关手中。

适用难点

一、互涉案件中监察机关与公安机关的分案管辖可能造成调查的割裂

《监察法实施条例》第 51 条对监察机关与公安机关在互涉案件中的管辖权基本原则进行了规定，明确了在互涉案件中对于同一行为主体既涉嫌职务犯罪行为又涉嫌普通犯罪行为的情况，一般采用分案管辖的模式进行调查。

在实践中，监察机关仅负责对其管辖范围内的 101 个职务犯罪进行调查，对于公安机关管辖的普通犯罪行为的调查并不擅长。因此在分案管辖的模式下，监察机关可以运用反腐败工作经验和专门监察措施，就职务违法犯罪问题予以深入调查，同时公安机关也可以运用自身长期实战形成的侦查队伍和软硬件技术，就普通刑事犯罪进行彻底侦查，两机关可以充分发挥自身特长，更好地保护程序的正当性。

然而，“分案管辖模式”也并非完美，在实践中，分案管辖仍存在诸多困难。首先，在同一主体涉嫌的多种违法犯罪行为之间存在紧密联系的情况下，适用分案管辖模式可能并非最优途径。在多种违法犯罪行为之间，很可能存在“主罪与次罪”的关系，一个犯罪可能是另一犯罪的前提，在这种情况下，分案管辖模式可能会割裂调查的连贯性，对调查造成阻碍，

对同一事实反复调查取证，浪费司法资源。其次，在非国家工作人员同时涉嫌普通犯罪与职务犯罪的情况下，分案管辖模式的适用也存在一定问题。在非国家工作人员既存在普通犯罪行为的同时，又实施行贿行为或者与国家工作人员共同实施职务犯罪行为的情况下，将案件并案交由监察机关进行调查的效果相比于分案管辖更佳，不仅有利于彻底查明非公职人员涉嫌的职务违法犯罪，还能兼而调查与之相关联的公职人员的其他职务违法犯罪，有“一箭双雕”的优势。

二、互涉案件中监察机关与检察机关之间的案件管辖标准较为模糊

尽管相关司法解释已经明确允许监察与检察主体互涉案件既可以由监察机关并案管辖，也可以采取分案管辖的做法。但是，上述规定皆未明确何种情形下进行并案管辖，何种情况下进行分案管辖，仅要求检察机关在遇到此类案件时，“应当及时与同级监察机关沟通”，经沟通之后再作决定，此规定较为模糊，缺乏可操作性，为并案管辖模式还是分案管辖模式的适用造成阻碍。在实践中，对于监察机关与检察机关的互涉案件，二者在协商后，往往倾向交由监察机关全案管辖，这种协商结果是对检察机关 14 种自侦犯罪案件管辖权的变相剥夺。

因此，除了规定检察机关与监察机关进行沟通协商外，尽快制定检察机关在何种情况下可以对自己管辖的 14 个罪名直接立案侦查，以及进一步规定两机关适用分案管辖或并案管辖的具体标准显得尤为重要。建议监察机关与检察机关充分考虑案件中所涉及各自管辖权范围内容的比重，将是否涉及贪污贿赂类犯罪，是否涉及数额较大的经济类犯罪以及案件的疑难程度等情况作为协商标准，来决定案件应当由哪个机关管辖。如，对于仅涉及检察机关具有管辖权的 14 类职务犯罪，应当交由检察机关独立侦查。如此可以降低司法实践中的操作难度，维护监察机关与检察机关之间的协作关系，使分案管辖与并案管辖有法可依。

法规依据

《监察法》第 34 条

《监察法实施条例》第 51 条

《人民检察院刑事诉讼规则》第 17 条

建立互相配合、互相制约的工作机制

知识点图解

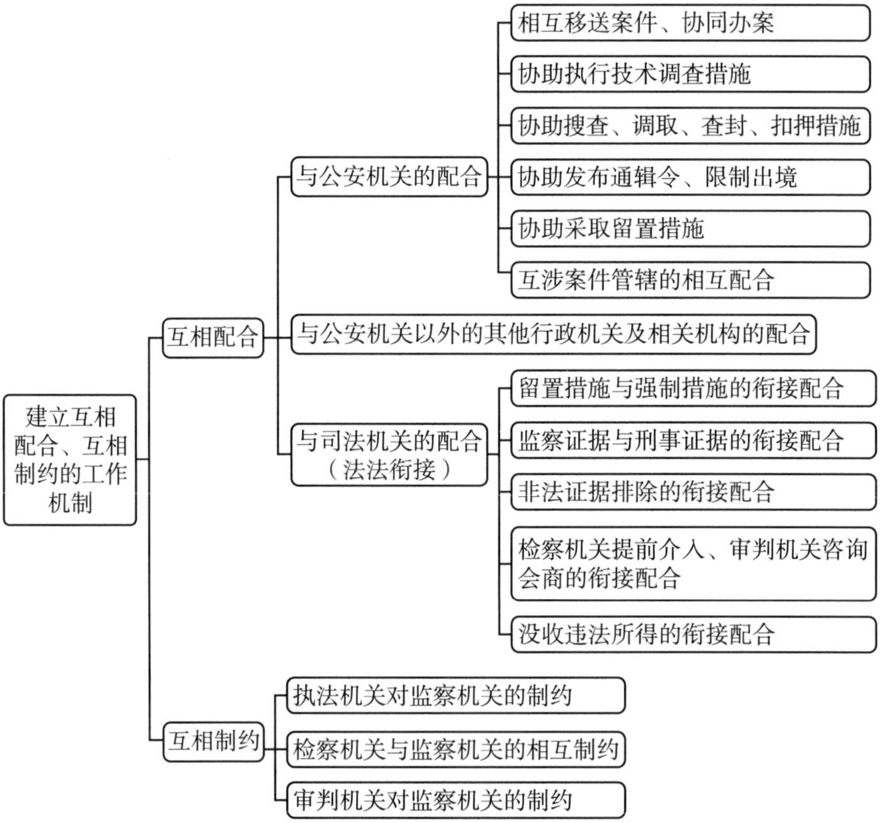

图 14　三机关互涉案件的工作机制

规范解读

一、互相配合、互相制约工作机制的确立、内涵及意义

《宪法》第127条确立了监察机关与其他机关互相配合、互相制约的工作机制。《监察法》及其相关规定，在为该工作机制的具体运行提供法律保障的同时，也基本明确了“互相配合、互相制约”的基本内涵。

互相配合，是指监察委员会在履行监察职责的过程中，与司法机关以及执法部门在各司其职的前提下，协调一致、紧密合作、协同运行，共同致力于对贪污腐败现象的治理。同时要注意到，互相配合不是无原则的妥协谦让，不是联合办案，而是在遵循法律规范与办案规律的前提下的职责衔接，沟通协作。

互相制约，是指监察机关与司法机关、执法机关依照法律规定的职权彼此监督，使监察机关在行使监察权的过程中受到执法、司法机关的制约，防止和纠正监察活动中可能出现或已经出现的错误。同时要注意到，互相制约不是各机关之间互设障碍或以自我为中心、争取部门利益的最大化，而是依法通过权力的相互制约，使监察权的运行处于监督之下，确保监察权的正当使用。

该工作机制既是准确有力惩治腐败违法犯罪的必然要求，又是社会主义法治原则的重要体现。其重要意义体现在：通过互相配合在构建集中统一、权威高效的中国特色国家监察体制并形成反腐合力的同时，要通过互相制约来确保监察权的正确使用，避免权力滥用的风险。

二、互相配合机制的具体运行

1. 与公安机关的互相配合

（1）移送案件的配合协助。监察机关与公安机关在各自办案过程中常

常能发现属于对方管辖的案件或线索，因此需要案件相互移送；另外，不少案件还存在管辖上的牵连性，两机关需要进行协同办案。

（2）技术调查措施的协助。由于技术调查措施专业性强、技术要求高、隐秘性大，所以必须由经过专业训练的公安机关予以执行。[①] 监察机关提请公安机关协助其采取技术调查措施时，应当由其案件监督管理部门向公安机关的衔接对口部门出具法律文书，公安机关的衔接对口部门再将任务分派给其内部的技术侦查部门。

（3）搜查、调取、查封、扣押措施的协助。就搜查措施而言，《监察法》第24条第3款规定："监察机关进行搜查时，可以根据工作需要提请公安机关配合。公安机关应当依法予以协助。"该条明确规定了监察机关执行搜查措施有权要求公安机关提供配合协助。虽然法律没有明确规定公安机关对调取、查封、扣押措施的协助，但这并不妨碍公安机关在实践中为监察机关提供必要的配合协助。

（4）发布通缉令、限制出境的协助。就发布通缉令而言，《监察法》第29条中规定："依法应当留置的被调查人如果在逃，监察机关可以决定在本行政区域内通缉，由公安机关发布通缉令，追捕归案。"就限制出境措施而言，《监察法》第30条中规定："监察机关为防止被调查人及相关人员逃匿境外，经省级以上监察机关批准，可以对被调查人及相关人员采取限制出境措施，由公安机关依法执行。"

（5）对留置措施的协助。对于监察机关移送起诉的已采取留置措施的案件，只有在公安机关的全力配合下，监察机关与检察机关才能顺利交接手续，将被调查人从留置点转入看守所羁押，并由公安机关具体执行拘留或逮捕强制措施。

（6）互涉案件管辖的相互配合。监察机关和公安机关在办理有管辖交叉的案件时，一般以监察机关为主调查，由监察机关主导、协调案件的办理，公安机关应当配合监察机关的工作。

---

① 参见程雷：《论检察机关的技术侦查权》，载《政法论坛》2011年第5期。

2. 与公安机关以外的其他行政机关及相关机构的互相配合

监察机关在调查取证阶段，除了需要公安机关的大力配合之外，还需要如组织人事、国家安全、审计、统计、市场监管、财政、税务、自然资源、银行、证券、保险等有关部门、单位予以协助配合。比如确定被调查人身份、职权时需要组织人事部门的配合；调取涉案公司的营业执照等工商资料时需要市场监管部门的配合；调取被调查人员及相关人员的资金走向时需要银行、证券、保险公司的配合；调取房产信息需要房产管理局配合等。

3. 与司法机关的互相配合

监察机关与司法机关的互相配合主要体现在“法法衔接”方面，具体如下：

（1）留置措施与强制措施的衔接配合。根据《刑事诉讼法》第 170 条第 2 款的规定，对于监察机关移送起诉的已采取留置措施的案件，人民检察院应当对犯罪嫌疑人先行拘留，留置措施自动解除。

对于未采取留置措施的案件，根据《人民检察院刑事诉讼规则》第 146 条的规定，人民检察院受理后，在审查起诉过程中根据案件情况，可以依照该规则相关规定决定是否采取逮捕、取保候审或者监视居住措施。

（2）监察证据与刑事证据的衔接配合。根据《监察法》《刑事诉讼法》的规定，监察机关依据《监察法》的规定收集的合法证据在刑事诉讼中可以作为证据使用，司法机关应当认可。

（3）非法证据排除的衔接配合。根据相关法律规定，司法机关对监察机关调取的证据的合法性存疑并要求审查的，监察机关应当配合。比如，检察机关认为存在以非法方法收集证据情形，要求监察机关对证据收集的合法性作出说明或者提供相关证明材料的；检察机关、审判机关认为需要调取录音录像的；审判机关要求调查人员出庭等，监察机关必须配合。

（4）检察机关提前介入、审判机关咨询会商的衔接配合。监察机关在遇到疑难、复杂案件时，为了提高案件调查质量、解决理论争议问题，提请检察机关提前介入、商请审判机关咨询会商时，两机关皆应当配合。

（5）没收违法所得的衔接配合。被调查人逃匿，在通缉1年后不能到案或者死亡的，由监察机关提请人民检察院依照法定程序向人民法院提出没收违法所得的申请，人民检察院和人民法院应当予以协助。

三、互相制约机制的具体运行

1. 执法机关对监察机关的制约

虽然目前法律未规定执法机关如何制约监察机关，甚至可以说未明确执法机关是否有权制约监察机关。但根据相关法律法规，执法机关配合监察机关的过程中必须有法可依，如果发现监察机关采取某项需要配合的措施不合法，应当不予配合。比如，监察委员会想要通缉被调查人时，需要公安机关发布通缉令，若公安机关通过审查相关资料发现通缉不合理，可依法拒绝。这种情况，事实上正是执法机关对监察机关制约的一种体现，且能够有效防止监察机关滥用调查措施。

2. 检察机关与监察机关的相互制约

我国《宪法》规定，检察机关是我国的法律监督机关，具有法定监督权，有权对监察委员会监督制约。监察体制改革虽然将检察机关的反贪、反渎、预防贪腐的资源整合到监察委员会，但是检察机关仍然拥有审查逮捕权、立案监督权、审查起诉权、补充侦查权和监察调查监督权等，[①] 仍有权对监察委员会进行监督、制约。具体表现为：

首先，检察机关可使用审查逮捕权对监察机关进行监督制约。监察机关将案件适用检察机关审查起诉后，检察机关应按照法律规定的方式和程序进行审查，决定是否逮捕。

其次，检察机关可使用审查起诉权和补充侦查权监督制约监察机关。若检察机关认为监察机关调查的案件事实不清，证据不足，可退回监察委员会进行补充侦查，也可以行使补充侦查权自己侦查，若检察机关认为移送

---

① 参见吴建雄：《国家监察体制改革背景下职务犯罪检察职能定位与机构设置》，载《国家行政学院报》2018年第1期。

的案件不符合起诉的条件，也可以作出不起诉的决定。

最后，检察机关在发现非法证据，要求监察机关进行解释、补正、纠正时，也是对监察机关的监督制约。

3. 审判机关对监察机关的制约

审判机关拥有案件的审判权，未经审判不能确定任何人有罪，审判机关使用审判权对监察委员会进行监督制约。审判机关在审判时要对证据进行审查，排除非法证据，这就使审判机关可以通过非法证据排除规则来监督制约监察机关。

适用难点

一、司法机关、执法部门与监察机关互相制约难落实

虽然在宪法地位上，监察委员会与行政机关、审判机关、检察机关平等，但监察机关与党的纪律委员会合署办公的体制，实际上无形中提升了监察委员会的地位，使行政机关、审判机关、检察机关的地位低于监察委员会。在宪法地位本应该平等的各个国家机关中，若有一个国家机关的地位比其他国家机关高，就会对其他国家机关权力的行使造成影响，[①] 更何况监察机关可以采取限制公民财产、人身的调查措施，权力较大，使执法机关、检察机关、审判机关很难有效对其进行监督制约。

第一，检察机关对监察机关的监督制约作用不能完全发挥。监察机关整合了“检察机关查处贪污贿赂、失职渎职以及预防职务犯罪等工作的力量”，检察机关的职权缩小，相对弱化了检察机关的监督作用。虽然检察机关具有法律监督权，但目前仍未有法律明确规定检察机关是否可以对监察机关行使法律监督权。

---

① 参见童之伟:《对监察委员会自身的监督制约何以强化》，载《法学评论》2017 年第 1 期。

第二，审判机关无法对监察机关强制性措施的使用进行事前制约。在我国现行《监察法》规定之下，监察机关在职务犯罪案件调查中采取的诸如搜查、扣押、留置等强制性调查措施和强制措施，是通过其内部行政审批来实现事前监督制约，其并不接受审判机关的事前司法审查，这就决定了审判机关对监察机关的制约只能是事后制约。

第三，监察机关的监察对象是所有行使公权力的公职人员，而执法机关、检察机关、审判机关的工作人员皆为公职人员，这在心理上难免对执法人员、检察官、法官造成一定的心理负担，从而一定程度上弱化对监察机关的监督制约作用。

二、厘清互相配合、互相制约工作机制与监察权的独立行使原则的关系

在实践中，有人认为互相配合、互相制约尤其是互相制约工作机制可能有损监察权的独立行使等，因此必须准确厘清二者的关系。

1. 监察权独立行使原则是互相配合、互相制约工作机制的前提

监察权独立行使原则指监察机关依法独立行使监察权，不受行政机关、社会团体和个人的干涉。

鉴于当前复杂的国家反腐败斗争形势，在注重“人情往来”的社会背景下，监察机关尤其是监察官在工作中容易受到其他机关单位及个人利用职权来影响干涉案件调查工作，如利用职权阻止监察人员开展案件调查，利用职权威胁、引诱他人不配合监察机关工作等。因此，需要监察机关独立行使职权，防止监察委员会的工作受到行政机关、社会团体以及个人利用职权、地位或采取其他不正当手段的干涉。① 因此，《宪法》和《监察法》为监察权独立行使原则提供了最直接的法律依据，在确立了监察权独立行使原则的同时，也确定了监察机关的法律地位。这一法律地位决定了监察机关行使的监察权应当与审判机关的审判权、检察机关的检察权以及

① 参见中共中央纪律检查委员会中华人民共和国国家监察委员会法规室编写：《〈中华人民共和国监察法〉释义》，中国方正出版社 2018 年版，第 65 页。

行政机关的行政权相区分，保持其权力的相对独立性。同时，只有在确保监察权独立行使的前提下，才能保证监察机关与其他机关的互相配合、互相制约的工作机制真正有效、健康，防止其他机关利用该机制干涉监察机关的独立性。

2. 互相配合、互相制约是监察权独立行使的保障

坚持独立行使监督权并不意味着监察机关不需要其他机关的配合、不受其他机关的制约。由于职务违法和职务犯罪案件一般具有较大的社会影响力、案情涉及的人际关系较为复杂等因素，监察机关如果只凭借自己“单打独斗”，没有其他国家机关的全力配合，将会在行使监察权的过程中面临诸多压力与困难。同时，监察机关的权力运行也需要其他机关单位的制约，以确保其不会滥用权力，侵害国家、社会和相关人员的利益。因此，互相配合、互相制约机制是监察权独立行使的保障。

法规依据

《宪法》第 127 条

《监察法》第 4 条

《监察法实施条例》第 8、9 条

初 步 核 实

知识点图解

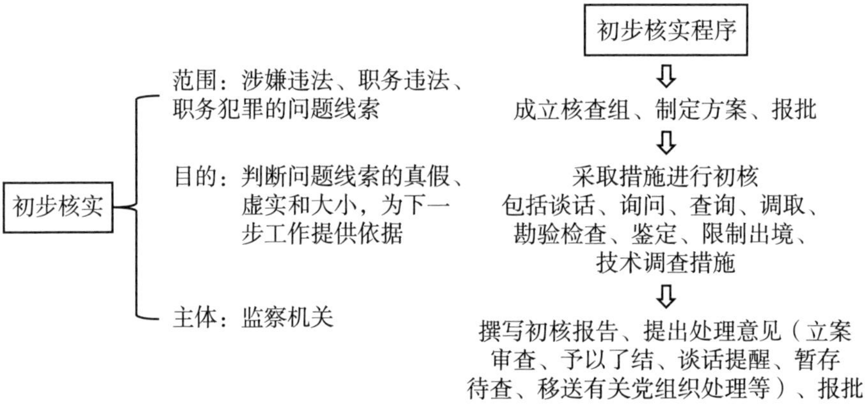

图 15　初步核实知识点总结

规范解读

初步核实源于初查这一机制，既是纪检监察机关对问题线索的一种重要处置方式，又是进行下一步处置工作的重要依据，其具有承前启后的重要作用，因此我们必须准确、全面掌握好初步核实工作。根据《监察法实施条例》的相关规定，并结合《中国共产党纪律检查机关监督执纪工作规则》

及《〈中国共产党纪律检查机关监督执纪工作规则〉释义》的内容，可以从初步核实的概念、主体、目的、范围、措施、程序等方面进行解读。

一、初步核实的概念和功能

1. 初步核实的概念

要想开展好初步核实工作，首先要准确理解初步核实的概念。根据相关规定，初步核实的概念应有广义和狭义之分。

广义的初步核实，是指党委（党组）、纪委监委（纪检监察组）在立案前对涉嫌违纪、违法、职务违法犯罪问题线索进行初步了解、核实的活动。

狭义的初步核实，仅指纪检监察机关采取的初步核实，具体又可分为：一是纪检机关采取的初步核实，指纪检机关对具有可查性的涉嫌违纪问题线索进行初步了解、核实的活动。二是监察机关采取的初步核实，指监察机关对受理和发现的反映监察对象涉嫌违法、职务违法、犯罪的问题线索进行初步了解、核实的活动。本文主要解读的初步核实仅指监察机关作为主体所开展的活动，下文不再特别交代。

2. 初步核实的功能

首先，初步核实在监察程序中发挥了案件准入的功能，作为监察机关开展调查的重要环节，初步核实过程中所查明的有无违法犯罪事实情况和收集到的证据材料，是能否立案调查的重要依据，是为案件调查奠定一定基础、站稳“第一个台阶”①。监察机关在初步核实过程中发现符合立案标准的线索、材料，应当及时立案调查，正式进入调查程序；对于不符合立案标准的，应防止其进入调查程序，起到过滤的作用。既不放纵犯罪，也不可过度调查。

其次，初步核实作为立案程序的补充，在打击职务违法犯罪行为的同时，也有利于对监察对象合法权利的保护。根据《监察法》的规定，初步

① 参见本书编写组编写：《纪检监察案例指导：〈中华人民共和国监察法〉篇》，中国方正出版社 2021 年版。

核实只能采取任意调查措施，而禁止采取强制性措施，这一点既是初步核实对初查的沿袭和继承，也是与立案调查最核心的区别所在。

二、初步核实的主体

广义的初步核实的主体包括党委（党组）、纪委监委（纪检监察组），以规则的形式赋予党委、党组初步核实的权力，主要是为了加强党委（党组）对反腐败工作的统一领导，突出党委（党组）的主体责任，强调纪委监委（纪检监察组）的监督责任。但在实践中，党委、党组由于缺少专业的条件，很少具体开展初步核实工作。而纪检机关和监察机关，即狭义的初步核实的主体，由于是行使党内监督和行使国家监察职能的专责机关，主要承担了初步核实工作。

三、初步核实的目的

初步核实作为问题线索处置的重要方式，其主要目的是了解、核实受理或发现的涉嫌违法、职务违法、职务犯罪问题线索是否真实存在以及涉及的问题大小，从而为该问题线索的处置提供充足的依据。然后在实践中，由于检举、控告人对反映问题线索了解的程度不一、目的不同，使相关问题线索种类繁多，千差万别，这就需要监察机关进行初步核查和证实，以搞清问题线索的真实性、可靠性，以便决定是否可以立案，避免盲目立案，最大限度保障监察对象的合法权益。

四、初步核实的范围

初步核实的范围是关于反映监察对象的问题线索，具体包括违法问题线索、职务违法问题线索、职务犯罪问题线索。

违法问题线索，是指与监察对象的职务无联系的其他一般违法问题，如《公职人员政务处分法》中规定的散布有损党和国家声誉、违反民主集中制原则、违背公序良俗等违法行为。

职务违法和职务犯罪问题线索均是指与监察对象的职务相联系，有损职务廉洁性的违法犯罪问题，二者在本质上无差别，最大的差别在于“量”，即前者未达到刑法入罪标准，后者反之。

五、初步核实的措施

在初步核实中，监察机关通常可以依法采取谈话、询问、查询、调取、勘验检查、鉴定、限制出境和技术调查这 8 种措施。

需要注意的是，采取技术调查、限制出境措施的，应当按照规定交有关机关依法执行。对于采取技术调查措施的，在实施主体上设定了严格的限制，设区的市级以下监察机关在初步核实中不得采取技术调查措施，简单地说，在初步核实阶段，只有国家监委和省级监委可以采取技术调查措施。这体现了监察机关对公民个人隐私和公共利益的保护。

另外，开展初步核实应当谨慎使用谈话、询问两种措施。如果收集言词证据确有必要时，也应仅向知情人或参与人了解情况，严格控制范围，一般不与被核实人接触。这样既能保证初步核实的客观准确性，又能避免案件情况外泄而增加案件调查难度。

六、初步核实的程序

1. 启动初步核实

启动初步核实的前提条件是确定初步核实对象，制定工作方案，明确需要核实的问题和采取的措施，成立核查组。其中在工作方案中应当写明以下内容：问题线索来源，初步核实的依据，被核实人员的基本情况，被反映的主要问题，初步核实的时间、方法、步骤，核查组人员组成及时间安排，拟采取的初核措施，安全预案及其他应注意事项等内容。初步核实工作预案经审批后，方能正式开展初步核实工作。

2. 开展初步核实

核查组开展初步核实工作必须严格按照上述工作方案进行。尤其在初步核实措施使用方面，核查组不能随意增加使用工作方案以外的初步核实措施。如果是初步核实方案已明确的措施，可以按照批准的初步核实方案实行；如果在初步核实过程中需要增加新的措施，必须再履行报批手续。这有利于防止监察人员滥用权力侵害相关人员的利益。

3. 初步核实结束

初步核实结束后，核查组应当撰写初步核实情况报告，列明被核查人基本情况、反映的主要问题、办理依据及初步核实结果、存在疑点、处理建议，由核查组全体人员签名备查。承办部门应当综合分析初步核实情况，按照拟立案审查、予以了结、谈话提醒、暂存待查，或者移送有关机关处理等方式提出分类处理建议。初步核实情况报告和分类处理建议报监察机关主要负责人审批，必要时向同级党委（党组）主要负责人报告。

适用难点

一、初步核实是否为立案前的必经程序

根据相关规定，对于职务违法、职务犯罪行为来说，初步核实是必经阶段。但对受到行政处罚或刑事处罚的行为来说，初步核实不是必经程序。

《监察法实施条例》第 181 条第 3 款规定，监察机关根据人民法院生效刑事判决、裁定和人民检察院不起诉决定认定的事实，需要对监察对象给予政务处分的，可以由相关监督检查部门依据司法机关的生效判决、裁定、决定及其认定的事实、性质和情节，提出给予政务处分的意见，按程序移送审理。对依法被追究行政法律责任的监察对象，需要给予政务处分的，应当依法办理立案手续。

具体来讲，对于受到行政处罚的或者司法机关决定不追究刑事责任的违法行为，监察机关不需要开展初步核实，直接由监督检查部门或审查调查部门立案即可。另外，对于受到刑事处罚的，在程序上则更为简单，不仅

不需要开展初步核实，而且也不需要履行立案程序，监察机关可以直接根据司法机关的生效判决、裁定、决定及其认定的事实和情节给予相应的政务处分。

二、初步核实收集证据的“度”

初步核实是立案的前提，但是对于初步核实收集的证据达到什么样的“度”，才能成为立案的依据，无论是在法律依据上，还是在实践层面上都存在亟待解决的问题。

1. 在法律上没有细化明确的规定

根据《监察法实施条例》第 180 条的规定，监察机关的立案标准是：经过初步核实，已经掌握了认为需要追究监察对象法律责任的涉嫌职务违法或者职务犯罪的部分事实和证据。换言之，在初步核实阶段，只需针对部分事实进行核查，收集证据即可。但是该条例对于收集证据需要达到什么标准，如是否需要定案的直接证据，是否需要完整的、形成闭合的证据链条等方面，没有作出细化规定，可操作性不强，需要进一步细化。

2. 在实践中过度依赖初步核实

在实务中，监察机关存在过度依赖初步核实进行案件核查的现象，主要有以下几方面的原因：一是在法律层面上对此没有细化标准，且未规定初步核实的时间限制。二是对于立案后采取留置措施的案件，有严格的时间限制，最长仅有 6 个月的调查时间。如果遇到复杂疑难的案件，半年的调查时间对调查人员来说确实是一个巨大考验，因此为了能够在有限的时间内完成高质量的案件调查工作，调查人员一般将很多关键性的取证工作皆放在初核阶段。三是为了防止立案调查后出现因无证据证明或证据不足而被撤销案件的情况。因此，调查部门存在只有在初核阶段收集到足以定案的证据后才提请立案的心理。

三、“双立案”中初步核实收集的证据的刑事证据资格

关于初步核实收集的证据是否具有刑事证据资格，在国家监察体制改革

前期存在较大争议。但随着国家监察体制改革的不断推进，国家监委通过实践经验，不断在制度层面上解决与司法机关的衔接问题，目前关于在初步核实阶段收集的证据具有刑事证据资格，在理论界和实务界已基本达成共识。主要原因如下：一是有法律依据，《监察法》的相关法律规定赋予了该阶段监察证据的刑事证据资格。二是有现实需要，目前职务犯罪案件调查的时间相对较紧，尤其是留置案件，调查人员需要将大量的取证工作放在初步核实阶段，否则仅靠留置期限的时间难以高标准的调取到证据，基于现实考虑，需要赋予初步核实的监察证据的刑事证据资格。

实践中，“双立案”前的初步核实收集的证据是否具有刑事证据资格需要进行明确规范。“双立案”是指纪检机关和监察机关针对同一被调查对象的问题线索同时立案的情况。目前，纪检监察机关采取“双头”的形式，即在如谈话笔录、审批手续等相关证据上直接表明“某某纪律检查委员会、监察委员会”来解决上述问题。但这种方式会导致新的问题，比如有“双笔录头”的询问笔录、讯问笔录。

从相关规定看，纪检机关不能采用讯问、询问、留置、搜查、查封、扣押、通缉措施。这就意味着纪检机关在初步核实阶段，只能采取谈话、查询、调取、勘验检查、鉴定、限制出境和技术调查 7 种措施，与监察机关相比少了询问措施。既然纪检机关无权使用询问措施，那如果在初步核实阶段出现“双笔录头”的询问笔录则存在问题，该证据是否应当被排除需要进一步规范。

四、初步核实中容易忽视管辖问题

实践中，在监督检查部门或审查调查部门开展初步核实工作之前，有信访举报部门或案件监督管理部门对被反映人的主体身份和管辖问题作出研判。因此，在初步核实工作中忽视对被反映人的主体身份、职务职责等材料的进一步调取工作，容易出现在立案调查阶段才发现被调查人非监察对象的情况，这就需要核查人员在初步核实阶段，不能只注重涉嫌违法犯罪事实部分的证据调取，更要对是否属于本机关的管辖对象进行核实。

首先，要看涉案人是否属于《监察法》第15条所列的六类监察对象及有关人员的范围。核心的把握要聚焦行使公权力这个根本，以及是否涉嫌行贿犯罪或者共同职务犯罪。对一时难以区分是否履行公职的人员，可以进行一些初步的了解，必要时可以请示上级监察机关后进行初核，如果经核实确实不属于监察机关管辖，再移送相关单位处理。

其次，从级别和地域管辖角度，分析是否属于本级监察机关管辖。《监察法》第16条之规定，是以干部管理权限和属地管辖相结合的原则来确定各级监察机关管辖分工。涉案人员的工作地和其干部管理权限是分析的重点内容。

最后，需要进一步分析所反映的问题是否符合《监察法》第11条第2项规定的涉嫌贪污贿赂、滥用职权、玩忽职守、权力寻租、利益输送、徇私舞弊以及浪费国家资财等职务违法、职务犯罪的监察事项。如果被调查人既涉嫌严重职务违法或者职务犯罪，又涉嫌其他违法犯罪的，根据《监察法》关于优先管辖的规定，一般应当以监察机关为主，其他机关配合。

典型案例

案例 A某受党纪政务处分并涉嫌犯罪案

【涉及知识点】初步核实达到立案标准应立案

【基本案情】

某县纪委监委前期按程序报批后对辖区内党员领导干部A某涉嫌严重违纪违法的问题线索进行了初步核实，由审查调查部门成立的核查组具体承担初核工作。核查组初步查明A某存在违反党纪行为，经过一段时期初步核实工作，审查调查部门对在外围开展的取证工作进行了充分取证，但出于办案安全和保密工作需要，尚未对A某及其直接关系人进行谈话取证。

因此相关问题的证据状况仍然主要是外围证据，无主要对象口供、亦未开展涉案财物扣押，尚未形成完整的证据链条。

核查组认为初核工作已结束，外围能做的工作都已做完，如要继续获取直接证据，则需要对A某立案并对其采取留置措施，进一步开展相应取证工作。这种情况下，核查组希望分管领导能够“拍板”决定按程序办理立案手续并对有关人员采取留置措施，待立案后即可与A某等人直接谈话取证并开展初核阶段不宜开展的其他取证工作，由此获得完整的证据链条；而分管领导希望核查组初核阶段能够继续获取更多的“直接证据”，最好是很多问题都有“双证”或“多证”，甚至能够达到“零口供”认定的程度，这样办案工作才“更加稳妥”。此案遂搁置了一段时间。

后经县纪委监委领导班子集体研究决定，认为现有证据足以证明A某涉嫌严重违纪，特别是涉嫌职务违法犯罪，需要追究其法律责任，决定按程序办理立案手续，并对A某等人采取留置措施，继续开展相应调查。后经立案调查，调查组依法查清了A某严重违纪违法犯罪的事实，顺利获取了确实、充分的证据，县纪委监委按程序对A某进行了党纪政务处分并将其涉嫌犯罪问题移送司法机关处理。

【争议焦点】何时批准办理立案手续

【案例分析】

核查工作组经过初核已经初步查明了被调查人A某的相关问题，足以证明A某存在严重违纪违法问题，只不过囿于初核阶段不能获取充分的证据，无法形成完整的证据链、达到直接认定的程度。显然在这种情况下，初核工作其实已经达到了具备立案的条件，应当通过立案后的调查进一步获取A某严重违纪违法的证据，确保相关事实得以认定、相关人员得到惩处。这同时也反映出了实务中可能存在的问题，如果纪检监察人员在履职尽责过程中不敢于、不善于担当，则导致无法对问题线索进行及时、正确的处置。因此，初步核实应当以核实问题线索的真实性、可靠性，明确是否需要立案为目标。既要充分发挥初步核实的过滤功能，作为立案的前置程序防止不应立案的线索、材料进入调查程序，同时也不可完全依赖于初步核实，防止以初步核实代替正式调查。对两者查清事实的标准进行区分，初步核实的证明标准仅需达到可以证明犯罪事实存在。必须防止初步核实的程序异化和权力扩张，禁止为了保证立案调查的“稳妥性”，从而将“初步了解、核实”变成全面调查，追求在初步核实阶段获得更多的“直接证据”。

法规依据

《监察法》第 38 条、第 39 条第 1 款

《监察法实施条例》第 55 条第 1 款，第 73、176—179 条

立 案 调 查

规范解读

一、立案的种类

由于监察机关与纪委合署办公，纪检监察机关有权调查违纪、职务违法、职务犯罪案件，立案种类包括党纪立案、政务立案。在立案顺序上，根据案情特点，既可以先党纪立案后政务立案，也可以先政务立案后党纪立案，还可以党纪立案、政务立案并行。根据立案涉及的对象不同，可以分为对人立案、对单位立案、对事立案。其中，对人立案又包括对被调查人立案、对涉案人员立案、对“双管干部”立案等立案种类，各自的要求及程序存在差异。

1. 对“双管干部”的立案调查

根据《监察法实施条例》第49条，工作单位在地方、管理权限在主管部门的公职人员涉嫌职务违法和职务犯罪，一般由驻在主管部门、有管辖权的监察机构、监察专员管辖；经协商，监察机构、监察专员可以按规定移交公职人员工作单位所在地的地方监察委员会调查，或者与地方监察委员会联合调查。地方监察委员会在工作中发现上述公职人员有关问题线索，应当向驻在主管部门、有管辖权的监察机构、监察专员通报，并协商确定管辖。主管部门的其他公职人员涉嫌职务违法和职务犯罪，可以由地方监察委员会管辖（立案调查）；驻在主管部门的监察机构、监察专员自行立案调查的，应当及时通报地方监察委员会。地方监察委员会调查“双管干部”涉嫌职务违法或职务犯罪案件，应当将立案、留置、移送审查起诉、撤销案件等重要情况向驻在主管部门的监察机构、监察专员通报。

2. 对涉案人员的立案调查

根据《监察法实施条例》第 181 条第 1 款，监察机关立案调查职务违法或者职务犯罪案件，需要对涉嫌行贿犯罪、介绍贿赂犯罪或者共同职务犯罪的涉案人员立案调查的，应当一并办理立案手续。需要交由下级监察机关立案的，经审批交由下级监察机关办理立案手续。

3. 对单位犯罪的立案调查

根据《监察法实施条例》第 181 条第 2 款的规定，对单位涉嫌受贿、行贿等职务犯罪，需要追究法律责任的，依法对该单位办理立案调查手续。对事故（事件）中存在职务违法或者职务犯罪问题，需要追究法律责任，但相关责任人员尚不明确的，可以以事立案。对单位立案或者以事立案后，经调查确定相关责任人员的，按照管理权限报批确定被调查人。

4. 对被追究刑事责任或行政处罚的立案

根据《监察法实施条例》第 181 条第 3 款的规定，监察机关根据人民法院生效刑事判决、裁定和人民检察院不起诉决定认定的事实，需要对监察对象给予政务处分的，可以由相关监督检查部门依据司法机关的生效判决、裁定、决定及其认定的事实、性质和情节，提出给予政务处分的意见，按程序移送审理，不再立案。对依法被追究行政法律责任的监察对象，需要给予政务处分的，应当依法办理立案手续。

5. 指定管辖案件的立案调查

根据《监察法实施条例》第 183 条的规定，上级监察机关需要指定下级监察机关立案调查的，应当按规定报批，向被指定管辖的监察机关出具《指定管辖决定书》，由其办理立案手续。

二、立案的条件

根据《中国共产党纪律检查机关监督执纪工作规则》第 37 条第 1 款的

规定，纪检监察机关经过初步核实，对党员、干部以及监察对象涉嫌违纪或者职务违法、职务犯罪，需要追究纪律或者法律责任的，应当立案审查调查。换言之，立案的条件须满足“涉嫌违纪或者职务违法、职务犯罪”+“需要追究纪律或者法律责任”。根据《中国共产党纪律检查机关监督执纪工作规则》第37条第2款的规定，凡报请批准立案的，应当已经掌握部分违纪或者职务违法、职务犯罪事实和证据，具备进行审查调查的条件。对调查工作结束后发现立案依据不充分或者失实，案件处置出现重大失误，监察人员严重违法的，应当追究负有责任的领导人员和直接责任人员的责任。①

三、立案的程序

根据《中国共产党纪律检查机关监督执纪工作规则》第38条的规定，对符合立案条件的，承办部门应当起草立案审查调查呈批报告，经纪检监察机关主要负责人审批，报同级党委主要负责人批准，予以立案审查调查。立案审查调查决定应当向被调查人宣布，并向被审查调查人所在党委（党组）主要负责人通报。涉嫌严重职务违法或者职务犯罪的，应当通知被调查人家属，并向社会公开发布。立案后，监察机关主要负责人应当主持召开专题会议，研究确定调查方案，决定需要采取的调查措施。

四、撤销案件的条件及程序

1. 撤销案件的条件

根据《监察法实施条例》第206条第1款，监察机关经调查，对没有证据证明或者现有证据不足以证明被调查人存在违法犯罪行为的，应当依法撤销案件。此外，案件审理部门经审理认为现有证据不足以证明被调查人存在违法犯罪行为，且通过退回补充调查仍无法达到证明标准的，应当提出撤销案件的建议。②

---

① 《监察法》第61条。

② 《监察法实施条例》第197条第3款。

2. 撤销案件的程序

根据《监察法实施条例》第206条的规定，省级以下监察机关撤销案件后，应当在7个工作日以内向上一级监察机关报送备案报告。上一级监察机关监督检查部门负责备案工作。省级以下监察机关拟撤销上级监察机关指定管辖或者交办案件的，应当将《撤销案件意见书》连同案卷材料，在法定调查期限到期7个工作日前报指定管辖或者交办案件的监察机关审查。对于重大、复杂案件，在法定调查期限到期10个工作日前报指定管辖或者交办案件的监察机关审查。指定管辖或者交办案件的监察机关由监督检查部门负责审查工作。指定管辖或者交办案件的监察机关同意撤销案件的，下级监察机关应当作出撤销案件决定，制作《撤销案件决定书》；指定管辖或者交办案件的监察机关不同意撤销案件的，下级监察机关应当执行该决定。监察机关对于撤销案件的决定应当向被调查人宣布，由其在《撤销案件决定书》上签名、捺指印，立即解除留置措施，并通知其所在机关、单位。撤销案件后又发现重要事实或者有充分证据，认为被调查人有违法犯罪事实需要追究法律责任的，应当重新立案调查。

法规依据

《监察法》第39、61条

《监察法实施条例》第6、49—52、55、180—184、197、206条

《中国共产党纪律检查机关监督执纪工作规则》第3、10、11、35、37—39、43条

通知和向社会公开发布

知识点图解

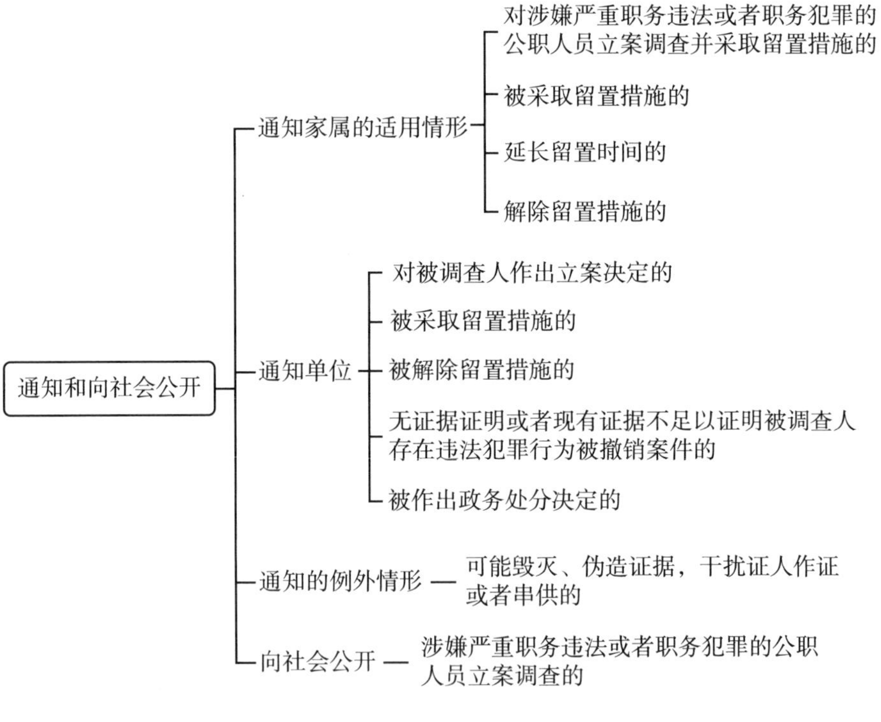

图 16　通知和向社会公开知识点总结

规范解读

一、通知的对象、适用条件、内容及方式

1. 通知的对象

根据《监察法》及其相关规定，通知的对象包括被调查人的家属或者被调查人所在的工作单位。

2. 通知的适用情形和例外

（1）通知家属的适用情形。

《监察法》规定了两种通知家属的情形：涉嫌严重职务违法或者职务犯罪的被立案的；对被调查人（包括涉案的非公职人员）采取留置措施的。《监察法实施条例》对应当通知家属的情形做了细化和调整，具体有四种情形：对涉嫌严重职务违法或者职务犯罪的公职人员立案调查并采取留置措施的；被采取留置措施的；延长留置时间的；解除留置措施的。

需要特别注意的是，《监察法实施条例》对《监察法》规定的涉嫌职务违法或职务犯罪被立案的应当通知家属的情形作了限缩规定，增加了“并采取留置措施”的条件。这引起了实际操作中的混乱，导致对于涉嫌严重职务违法或职务犯罪被立案但未被采取留置措施的被调查人，是否应当通知家属在实践中做法不一：第一种观点认为，被调查人未被限制人身自由，自己会和其家属讲，无须增加监察机关的工作负担另行通知家属；第二种观点认为，为避免被调查人心理负担过重，出现不可挽回的后果，监察机关应当通知家属。笔者倾向第二种观点，理由如下：一是《监察法》是上位法，效力位阶更高，《监察法实施条例》作为下位法不能对上位法作出不利于被调查人的限缩规定；二是现实中确实存在类似“走读式”办案模式导致被调查人自杀的情况，出于办案安全考虑，应当通知家属；三是未必所有的被调查人会主动向其家属说明情况，出于保障家属知情权，应当通知家属。

此外，法律规定被采取留置措施的被调查人，监察机关必须在 24 小时之内通知其家属。因为监察机关的留置是一种限制人身自由的强制性措施，在一定期限内，被留置者的人身自由被严格限制或剥夺，其会见、通信等权利被严格限制，与外界的联系几乎被切断。在第一时间通知家属相关情况，有利于保障被调查人的权利，维护被调查人家属的知情权。如果监察机关不通知被留置人所在单位和家属，他们可能会误以为被留置人已经失踪或死亡，引起不必要的猜测。

（2）通知单位的适用情形。

根据《监察法》及其相关规定，通知单位的适用情形主要包括以下 5 种：对被调查人作出立案决定的；被采取留置措施的；被解除留置措施的；无证据证明或者现有证据不足以证明被调查人存在违法犯罪行为被撤销案件的；被作出政务处分决定的。

（3）通知的例外情形。

存在可能毁灭、伪造证据，干扰证人作证或者串供等有碍调查情形的，不得通知家属和单位。有碍调查的情况消失后，应当立即通知被留置人员所在单位和家属。

3. 通知的内容与方式

（1）内容。

《监察法》及其相关规定虽然规定了应当通知家属与单位的法定情形，但是对于通知的内容并未作出进一步的规定。比如，在通知家属时，是否应当告知被调查人涉嫌的何种职务违法或职务犯罪行为，在何地被采取留置措施等具体情况。

（2）方式。

通知的方式主要包括两种：书面通知和口头通知，书面通知是原则，口头通知是例外。采取书面方式告知、通知的，应当出具相应的《立案通知书》《留置通知书》《解除留置通知书》等书面材料，可以通过直接送交、邮寄、转交等途径送达，将有关回执或者凭证附卷；采取口头方式告知的，应当将相关情况制作工作记录。无法告知、通知，或者相关人员拒绝接收的，调查人员应当在工作记录或者有关文书上记明。

另外，对于采取留置措施的，一般应当采取当面通知的方式，并当面在《留置通知书》上签名。无法当面通知的，可以先以电话等方式通知，并通过邮寄、转交等方式送达《留置通知书》，要求有关人员在《留置通知书》上签名。

此外，对于被通知的相关人员拒绝在相关书面材料上签字确认或无法通知的，调查人员应当在文书上记明。

二、向社会公开的适用情形、内容及方式

1. 向社会公开的适用情形

《监察法》规定，对涉嫌严重职务违法或者职务犯罪的公职人员立案调查的，应当向社会公开。《监察法实施条例》第 184 条第 2 款规定，对涉嫌严重职务违法或者职务犯罪的公职人员立案调查并采取留置措施的，应当向社会公开发布。显然《监察法》规定的适用范围更广，这与通知家属适用情形的相关规定一致。基于相同理由，为更好地保障公众知情权、对腐败分子有效发挥震慑作用等，笔者认为，应当按照《监察法》规定对涉嫌严重职务违法或职务犯罪的公职人员，只要被立案调查的均应向社会公开。

此外，实践中除了对上述情形予以公开外，还对违反中央八项规定精神的职务违法行为进行公开发布，取得了很好的政治效果、社会效果和纪法效果，建议尽快以法律的形式对此做法予以确认。

2. 向社会公开的内容

目前相关法律尚未对向社会公开的具体内容作出明确规定，依据《监察法实施条例》第 255 条对各级监察机关依法应当向社会公开的案件调查信息的规定来看，应当及时向社会公开关于被调查人立案、调查、处置等相关内容。实践中，各级监察机关会发布的内容一般为“某某涉嫌严重违纪违法案，目前正接受纪律审查和监察调查”等。

3. 向社会公开的方式

《监察法实施条例》第 255 条规定，监察机关应当通过互联网政务媒体、报刊、广播、电视等途径向社会公开应当公开的监察工作信息。实践中，各级监察机关一般先通过自己的政务媒体平台发布消息，然后由其他的媒体转发。

三、通知及向社会公开的意义

及时通知相关人员、单位或向社会公开发布相关监察调查信息，不仅是依法公开、保障相对人的权益，更是营造良好工作氛围的有力手段，不仅要敢于面对、敢于公布，更要充分利用对外公布的效果和形式，积极引导和促使相关人员主动向组织反映问题、提供材料，努力通过工作能力提升，将一些看似不利的因素转变为积极有利的因素，这样才是自觉接受监督、自觉面向社会的正确、开放的工作态度。

另外，依法向社会公开相关监察调查信息可以维护社会群众的知情权与监督权，让监察权置于阳光之下，接受被调查人家属和社会群众的监督，促使监察权依法依规行使，有效回应“谁来监督监督者”的质疑，这既是监察机关接受社会监督的一种方式，也是加强反腐败斗争宣传、形成持续震慑的一种手段。

适用难点

一、通知例外情形的认定困境

关于通知例外情形，即不得通知家属和单位的情形，法律规定只要存在毁灭、伪造证据等有碍调查情形的“可能”即可，然而这就产生了如何确定“可能”的问题。

法律规范应当具有明确性、可操作性，主要目的就在于约束执法者、司法者的自由裁量的权力，保障相对人的合法权益。然而，“可能”一词本身就具有模糊性、不确定性、主观性等，何种情况能达到“可能”的标准很难界定，而完全依靠监察机关调查人员的自主判断易发生不可控的情况。尤其每一位调查人员的知识结构、认识、价值判断标准都不同，对同一行为的认定结果必然不同，易导致调查人员滥用“有碍调查情形”的情况出现。

实践中，在监察机关未正式通知的情况下，被调查人家属只能通过各种途径打听相关情况，容易造成人心惶惶的不良社会影响，也有损监察机关的形象。

因此，有必要对于“可能”的法律规定进行修正或进一步明确，将监察办案人员的主观判断转化为具体可操作的客观程序规范，对“可能毁灭、伪造证据，干扰证人作证或者串供”的规定进行细化，要求纪检监察机关承担“可能毁灭、伪造证据，干扰证人作证或者串供”的证明责任。一般情况下只要构成通知或者向社会公开的情形，都应当通知被调查人家属或者单位并向社会公开。只有在纪检监察机关有证据证明存在“可能毁灭、伪造证据，干扰证人作证或者串供”的情形，并且达到了相应的证明标准，纪检监察机关才可以不进行通知。

二、如何平衡保障权利与打击犯罪的两种价值

法律明确规定向相关人员、单位通知和向社会公开发布的相关情况，主要目的就在于规范监察机关的工作，约束调查人员的权力，保障被调查人家属及公众的知情权。然而在当前高压反腐的态势下，打击腐败、惩罚职务违法犯罪人员同样是监察机关所要遵循的重要价值。

由于职务违法、职务犯罪案件具有隐秘性、多样性、复杂性、新型化等特征，监察机关调查突破该类案件本身就具有很大难度。如果将案件处理过程中的全部信息都向被调查人的家属与社会进行公开，很可能使监察机关对案件的调查更加困难。因此，如何平衡保障权利和打击犯罪这两种价值便成了难题，需要我们进一步探索研究。

典型案例

案例一　采取留置措施后，应立即通知被留置人所在单位和家属，但存在有碍调查情形的除外

【基本案情】

某市纪委监委决定对涉嫌受贿犯罪的该市人大常委会副秘书长A某立案调查并采取留置措施，省纪委监委依法予以批准。在此前的初步核实过程中，市纪委监委得知A某所在单位相关工作人员极有可能对A某被调查的犯罪行为知情，A某家属与涉嫌行贿的数名涉案人员联系密切。因此，为防止出现毁灭证据、干扰证人作证或者串供等有碍调查的情形，在对A某采取留置措施后的24小时内，市纪委监委没有通知A某所在单位和家属，而是陆续对几名重要的涉案人员依法采取留置措施，对A某办公室、住所依法进行搜查，对A某所在单位相关人员进行询问，并调取了相关文件资料。随后，将A某被采取留置措施的情况通知其所在单位和家属。①

【案例分析】

在本案中，由于利益关系复杂，涉案人员众多，如果在留置后24小时内立即通知A某所在单位和家属，很有可能会出现毁灭、伪造证据，干扰证人作证或者串供等情况，甚至还可能会引起其他涉案人员“闻风而动”，造成逃跑、自杀等极端情况，给后续调查工作造成阻碍。因此在本案中，调查人员并没有立即通知家属，在对主要调查对象采取留置措施的同时，还将其他重要的涉案人员一并控制，并完成了搜查、调取、扣押、查封等工作。在可能有碍调查的情形消失后，纪检监察机关立即通知了A某的家属。这样做既确保了A某所在单位和家属的知情权，又避免了相关人员实施毁灭、伪造证据或者串供等违法犯罪行为。

---

① 本书编写组编写：《纪检监察案例指导：〈中华人民共和国监察法〉篇》，中国方正出版社2021年版，第328页。

案例二　对涉嫌严重职务违法或者职务犯罪的公职人员立案调查并采取留置措施的，应当按规定通知被调查人家属

【基本案情】

某市纪委监委前期经初步核实，已掌握该市水利局副局长A某涉嫌违纪违法的问题线索和相关证据。核查组提交了初步核实情况报告，报告中建议按程序提请办理立案手续。市纪委监委主要负责同志审批同意该初步核实情况后，当日即主持召开专题会议正式决定对A某涉嫌违纪违法问题立案调查。①

【争议焦点】对A某立案调查后，是否应当立即通知被调查人家属

【案例分析】

在实践中存在争议：第一种观点认为按照《监察法》第39条的规定，立案后应当通知被调查人家属；第二种观点认为按照《监察法实施条例》第184条的规定，只有在对被调查人既作出立案决定又采取留置措施的情况下才需要通知被调查人家属。

本书倾向于第二种观点。《监察法》并没有规定“涉嫌严重职务违法、职务犯罪”的情形，在具体实践操作中缺少标准与依据，存在很大的解释空间。另外由于监察措施是一种限制人身自由的调查措施，对被调查人的权利影响程度较大，而如果仅作出立案决定而不采取任何调查措施的话，事实上对被调查人的权利并无太大的侵害与影响，因此仅在立案决定作出后，并无太大的通知必要。

法规依据

《监察法》第39、44、45、54条

《监察法实施条例》第21、58、98、101、102、184、203、206、255条

① 本书编写组编写：《纪检监察案例指导：〈中华人民共和国监察法〉篇》，中国方正出版社2021年版，第291页。

补 充 调 查

知识点图解

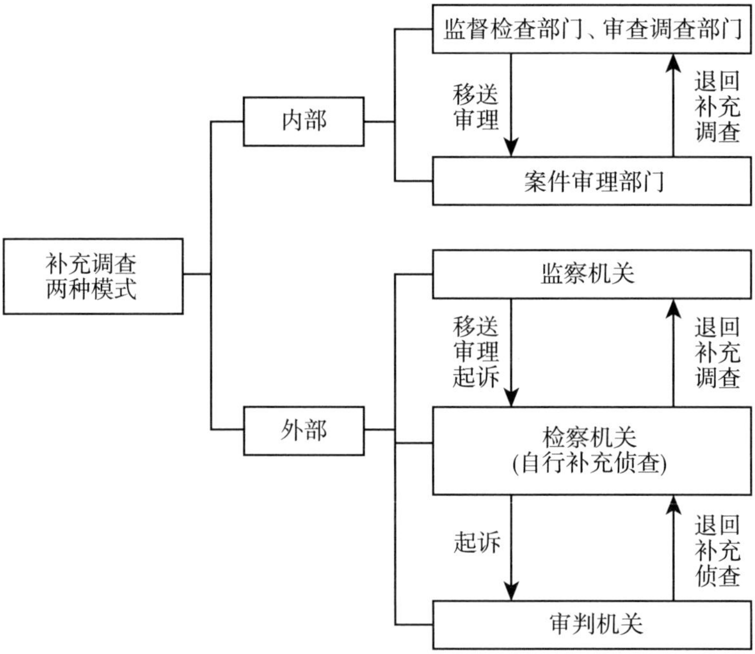

图 17　补充调查的两种模式

规范解读

一、补充调查的两种模式

不同主体对同一证据标准和证明标准的理解和认识会有差异，加之随着诉讼活动的推进，案件的证据情况可能发生变化，为保障诉讼质量，补充调查成为一种较合理必要的补救途径。该途径主要通过两种模式予以体现：

一是在监察调查阶段，监察案件审理部门对基本事实清楚，但需要补充完善证据的案件退回调查部门补充调查，是同一监察调查程序内两部门间的案件回转，统一适用《监察法》相关规定，理论界对该种回转模式的质疑较少，故笔者对此不再展开论述。

二是在审查起诉阶段，人民检察院对需要补充核实的案件退回监察机关补充调查，这种回转模式所涉问题较复杂，涉及“监察机关补充调查”和“人民检察院补充侦查”两种模式的选用问题，涉及《监察法》和《刑事诉讼法》的适用问题，也涉及监察调查与刑事司法两大程序的衔接问题，故笔者主要针对审查起诉阶段退回补充调查的相关问题予以解析。

二、“退回补充调查”与“自行补充侦查”的先后顺序

《监察法》第47条和《刑事诉讼法》第170条均明确：在审查起诉阶段，人民检察院对需要补充核实的案件有两种解决方式，一是退回监察机关补充调查，二是检察院自行补充侦查。《监察法》第47条和《刑事诉讼法》第170条明确了“退回补充调查”与“自行补充侦查”的先后顺序问题，即“应当退回”监察机关补充调查，只有在“必要时”才可以由人民检察院自行补充侦查，二者不是并列关系，而是有先后顺序，应以退回补充调查为原则，自行补充侦查为例外。

三、“退回补充调查”与“自行补充侦查”的适用情形

1. 退回补充调查的适用情形

根据相关规定，人民检察院退回监察机关补充调查的适用情形主要为：犯罪事实不清、证据不足。

2. 自行补充侦查的适用情形

检察机关自行补充侦查的适用情形有三种：（1）证人证言、犯罪嫌疑人供述和辩解、被害人陈述的内容主要情节一致，个别情节不一致；（2）物证、书证等证据材料需要补充鉴定；（3）其他由人民检察院查证更为便利、更有效率、更有利于查清案件事实。可见，与监察机关补充调查情形相比，检察院只是对个别轻微情形在必要时进行补充侦查。

检察机关在自行补充侦查过程中如遇到困难，可以商请监察机关提供协助。自行补充侦查完毕后，检察机关应当将相关证据材料入卷，同时抄送监察机关。

四、退回补充调查期间强制措施的衔接

依据《人民检察院刑事诉讼规则》第 343 条和《国家监察委员会与最高人民检察院办理职务犯罪案件工作衔接办法》第 38 条的规定，最高人民检察院决定退回补充调查的案件，补充调查期间，犯罪嫌疑人沿用人民检察院作出的强制措施。人民检察院将退回补充调查情况书面通知强制措施执行机关。监察机关需要讯问的，人民检察院应当予以配合。相关法规旨在确立一种“人案暂时分离、案退人不退”的补充调查模式，与刑事诉讼程序的“人案一体、人随案走”的补充侦查模式有很大区别。

但《监察法》及其相关规定和《刑事诉讼法》对上述问题均未作出明确规定，导致理论界对于检察院退回监察机关补充调查的阶段性质，即是处于审查起诉阶段还是监察调查阶段的争论较大，实务界则采用较灵活多元的解决方法，笔者将在适用难点部分予以论证。

五、退回补充调查时与监察机关的事先沟通

依据《国家监察委员会与最高人民检察院办理职务犯罪案件工作衔接办法》第37条的规定，被指定的人民检察院经审查，拟退回补充调查的，应当报最高人民检察院批准。最高人民检察院在作出决定前，应当与国家监察委员会沟通协商，具体由最高人民检察院公诉部门和国家监察委员会案件审理室进行对接。该条款设定的主体是“被指定的人民检察院”，未涵盖不是经过指定的人民检察院退回补充调查的情况未涵盖。

《监察法》及其相关规定和《刑事诉讼法》对检察院在决定退回监察机关补充调查时，对有关问题未作出明确规定，如是否应与监察机关事先沟通协商，如何沟通协商，事先沟通协商是否为检察院退回补充调查的先决条件等问题。虽然目前检察机关在退回补充调查前一般会与监察机关沟通，但亟待相关法律规定予以明确。

六、退回补充调查的期限、次数及相关情况处理

检察机关退回监察机关补充调查的，监察机关应当在1个月内补充调查完毕，补充调查次数以二次为限。

检察机关对于二次退回补充调查的案件，仍然认为证据不足，不符合起诉条件的，或经过一次退回补充调查的案件，认为证据不足，不符合起诉条件，且没有再次退回补充调查的必要，经检察长批准，可以作出不起诉决定。监察机关认为检察机关不起诉决定有错误的，可以在收到不起诉决定书后30日内，向上一级检察机关提请复议，并将上述情况向上一级监察机关书面报告。

检察机关对已退回二次补充调查的案件，在审查起诉中又发现新的犯罪事实，应当将线索移送监察机关。对于已经查清的犯罪事实，应当依法提起公诉。监察机关对于检察机关移送的线索应依法处置。

七、退回补充调查时的材料移送

对于需要退回补充调查的案件，检察机关应当向监察机关出具补充调查决定书、补充调查提纲，写明补充调查的事项、理由、调查方向、需补充收集的证据及其证明作用等，连同案卷材料一并送交监察机关。

八、监察机关对于检察机关退回补充调查案件的处理

监察机关对退回补充调查的案件，首先，应当向监察机关主要负责人报告并积极开展相关工作。其次，如果认为移送起诉的犯罪事实清楚、证据确实充分，说明理由后移送检察机关依法审查。如果认为认定犯罪事实的证据确实不够充分，在补充调查结束后，制作补充调查报告，连同相关证据材料一并移送检察机关审查，对于无法补充完善的证据，应当书面说明情况，并加盖监察机关或部门公章。最后，在补充调查过程中，如果发现新的同案犯或增加、变更犯罪事实或者犯罪事实的认定出现重大变化，需要重新提出处理意见，认为需要追究刑事责任的移送检察机关审查，认为不需要追究刑事责任的则将处理结果书面通知检察机关并说明理由。

适用难点

一、退回补充调查阶段程序的性质定位

退回补充调查之后，程序是处于监察调查阶段，还是审查起诉阶段？对于该问题，相关法规均未作明确说明，理论界对该问题的讨论主要集中于两种观点。

一种观点认为，退回补充调查之后程序应该处于监察调查阶段。该观点从现行法律规范释义的角度进行推演，认为监察委员会的调查权是由原来纪委行使的党纪调查权、监察部门行使的政纪调查权与检察机关行使的刑

事侦查权合并而来的一种复合型权力，且原检察机关的职务犯罪侦查人员几乎都实现了向监察委员会调查人员的“转隶”，故监察调查权理应具有刑事侦查权的性质和效力。《公安机关办理刑事案件程序规定》第296条规定，退回公安机关补充侦查的案件，公安机关有很大的程序处理权，甚至在“发现原认定的犯罪事实有重大变化，不应当追究刑事责任的，应当撤销案件或者对犯罪嫌疑人终止侦查，并将有关情况通知退查的人民检察院”。可见，对于退回补充侦查，刑事诉讼中显然将之界定为刑事侦查阶段予以处理，据此可以推断，退回监察机关补充调查也应处于监察调查阶段。

另一种观点认为，退回补充调查之后程序应该处于审查起诉阶段。该观点从监察体制改革决策者的角度出发，认为较之刑事侦查，监察调查具有党纪调查和政纪调查的特殊政治性，二者的程序设定目的、措施适用的种类和场所、所依据的法规均存在差异，且退回补充调查期间强制措施的适用也采用“案退人不退”的人案分离模式，故从应然角度，将该阶段认定为审查起诉阶段。

综上所述，对于该问题的核心争议点在于补充调查与补充侦查的关系问题，进而引申为监察调查权与刑事侦查权的性质界定和关系问题，这也是监察体制改革中法学界广泛争议的问题之一。立法对监察委员会的调查权的定位，调查权与公诉权的衔接、调查措施的适用限制等问题均未予以明示，由此导致司法实践对监察委员会的调查权和侦查权难以区分，进而引发补充调查期间是依据《监察法》还是《刑事诉讼法》，是采取监察调查措施还是刑事强制措施的问题。该问题虽然在实践中已无太大争议，但依然是《监察法》与《刑事诉讼法》衔接理论的难点之一，亟待进行深入的理论研究以解决该问题中存在的内在逻辑矛盾。

二、检察院自行补充侦查的实施困难

当前，原检察机关的职务犯罪侦查人员几乎都实现了向监察委员会调查人员的“转隶”，检察院在实施自行补充侦查的过程中，会面临专业侦查人才缺乏、侦查能力有限、侦查技术缺失与侦查知识和经验不足等现实困难，自行补充侦查可能得不到公安、电信、银行等单位的支持，犯罪嫌疑人、证人及其家属、单位等可能不配合。自行补充侦查中，如何保障自身安全，如何应对信访、舆论、说情和干预的压力等亦是难题。自行补充侦查的决定和批准主体没有法律规定，启动自行补充侦查也不像退回补充调查有相关文书。自行补充侦查没有纳入绩效考核，但是出了差错却要被追责，即责、权、利不对等。综上，亟待出台相关法律法规予以解决检察机关自行补充侦查的现实困境。

典型案例①

某区监察机关移送区人民检察院审查起诉该区某街道办事处副主任 A 某涉嫌受贿犯罪案。区人民检察院在提讯时，唯一涉嫌向 A 某行贿的人员 B 某证言出现变化，B 某辩解称，自己是给 A 某提供借款，而非行贿，并且提供了具有一定可查性的线索。区人民检察院认定需要补充核实，退回区监察机关补充调查。区监察机关经进一步调查核实，取得了更加确实、充分的证据，证明 B 某所谓向 A 某提供借款的证言属于虚假证言，在 20 天内补充调查完毕，重新移送区人民检察院审查起诉。B 某在确凿的证据面前低下了头，对自己向 A 某行贿的事实供认不讳。区人民检察院依法作出起诉决定，最终人民法院依法作出生效判决，对 A 某以受贿罪判处有期徒刑 3 年。

法规依据

《监察法》第 47 条

① 本书编写组编写：《纪检监察案例指导：〈中华人民共和国监察法〉篇》，中国方正出版社 2021 年版，第 359 页。

《监察法实施条例》第 196、197、223—231 条

《刑事诉讼法》第 170 条

《人民检察院刑事诉讼规则》第 343 条

《公安机关办理刑事案件程序规定》第 296 条

复审、复核

知识点图解

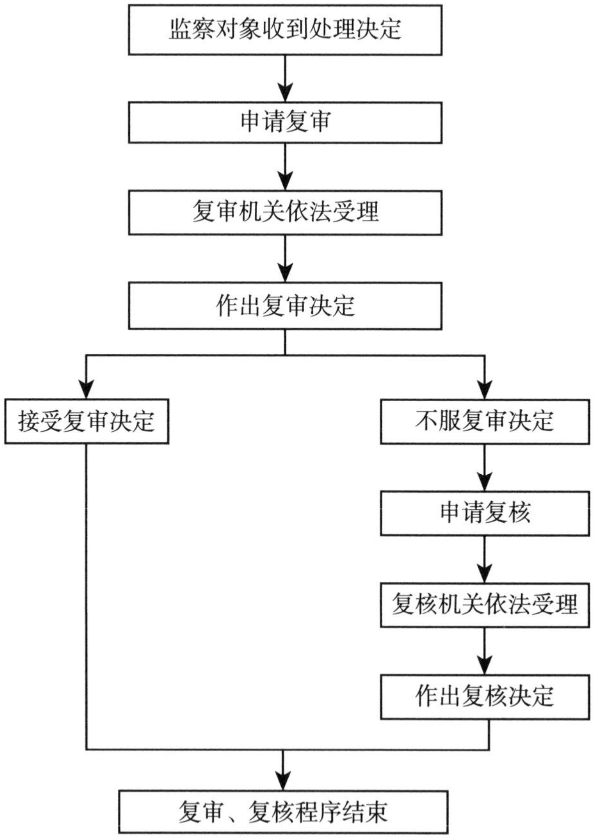

图 18　复审、复核流程

复审
- 复审范围：涉及本人的处理决定
- 申请时限：收到处理决定之日起1个月内
- 复审机关：作出决定的监察机关
- 复审时限：受理复审申请之日起1个月内

复核
- 复核范围：复审决定
- 申请时限：收到复审决定之日起1个月内
- 复核机关：上一级监察机关
- 复核时限：受理复核申请之日起2个月内

图 19　复审、复核知识点总结

规范解读

依据《监察法》《监察法实施条例》的规定，复审、复核程序既是监察机关防范、纠正错误处理决定的机制，也是被处理人员的权利救济程序。因此，有必要对复审、复核程序的核心内容，如概念、主体、时限、效力等方面进行解读，确保准确掌握和运用复审、复核程序。

一、复审、复核的概念

复审是指对监察对象作出处理决定的监察机关，收到该监察对象对该处理决定不服的申请后，在规定期限内对原处理决定进行审查核实并作出复审决定的活动。

复核是指上一级监察机关收到被处理监察对象对复审决定不服的申请后，在规定期限内对原复审决定进行核实并作出复核决定的活动。

二、复审程序

1. 复审申请主体

依照《监察法》第 49 条的规定，具有复审申请权的主体是被监察机关作出处理决定的监察对象。需要特别注意的是，申请复审的主体具有唯一性，只能是被处理的监察对象本人。但有一种观点认为，申请复审主体除了被处理的监察对象外，也可能包括其他被涉及的人员。[①] 例如《监察法》第 62—65 条中承担法律责任、接受处理的主体，其范围远大于“监察对象”的范围，那么这部分接受处理决定的主体能否提请复审、复核，仍是现今立法上的空白，从而认为不应过于狭隘地理解申请复审、复核的主体范围，其他被处理决定涉及的人员也应依法享有复审、复核申请权利。

笔者认为，上述观点有以下两点误区：一是监察机关可以对监察对象以外的人作出处理的，仅包括涉嫌行贿犯罪或共同职务犯罪的涉案人员，且仅能作出是否移送司法机关处理的决定；二是对《监察法》第 62—65 条规定的理解存在误区。该 4 条主要规定了有关单位、有关人员有违法情形时应当承担的法律责任，此处的有关人员既包括监察对象，也包括监察对象以外的人。如果监察对象有相关违法行为，则由监察机关对其处理；如果是监察对象以外的人有相关违法行为，则由有管理权限的单位对其作出处理，而非监察机关。比如监察对象以外的检举人捏造事实诬告陷害监察对象，依法需要给予处理的，作出处理的机关仅能是公安机关或其他有权单位。综上，该类人员如果不服相关处理决定，只能依据相关法律规范向有关单位提出申请，而非向监察机关提出复审申请。

2. 复审申请理由

申请复审的理由是不服监察机关的处理决定。那么就需要搞清楚监察机关可以作出哪些处理决定，哪些处理决定可以被提出复审申请。

根据《监察法》第 45 条的规定，以及根据处理决定对职务职级、工资待遇是否产生实质影响，可以将处理决定分为以下三类：一是无实质影响的处理，如谈话提醒、批评教育、责令检查；二是有实质影响的处理，如诫勉、警告、记过、记大过、降级、撤职、开除、问责等；三是影响待定的处理，如移送司法机关处理。

---

① 本书编写组编写：《纪检监察案例指导：〈中华人民共和国监察法〉篇》，中国方正出版社 2021 年版，第 371 页。

关于哪些处理决定可以被提出复审申请，目前相关法律并未明确规定。根据实践经验，一般是对有实质影响的处理决定提出复审申请的居多。而对于作出移送司法机关处理决定的，被处理的监察对象亦无须向监察机关就该处理决定提出复审，而应视司法机关作出的相关司法认定情况，决定是否提出上诉、国家赔偿等。

3. 提出复审申请的期限

申请主体应当在收到处理决定之日起 1 个月内提出申请。《监察法实施条例》第 285 条规定，期间以时、日、月、年计算，期间开始的时和日不算在期间以内。按照年、月计算期间的，到期月的对应日为期间的最后 1 日；没有对应日的，月末日为期间的最后 1 日。期间的最后 1 日是法定休假日的，以法定休假日结束的次日为期间的最后 1 日。但被调查人留置期间应当至到期之日为止，不得因法定休假日而延长。也就是说，“收到处理决定之日”不计算在 1 个月内，如 2021 年 9 月 5 日收到处理决定，那么 10 月 6 日本应是提出申请的最后 1 日，但由于 10 月 1 日至 10 月 7 日是法定国庆假期，则申请期限顺延至 10 月 8 日为最后 1 日。

4. 逾期未提出申请的效力

逾期未申请启动复审程序的，将导致申请人启动复审程序的权利灭失。主要原因在于：一是规定申请期限的目的就在于督促申请人主动行使权利，积极寻求救济，未能按期行使权利则需承担相应的不利后果；二是 1 个月的时限足以充分保障申请人思考原处理决定的正确性、进行咨询以及提出申请。

5. 复审主体

复审主体为复审机关，即作出处理决定的监察机关。

6. 复审期限

复审期限为复审机关受理申请之日起算 1 个月。规定复审期间的目的在于督促监察机关及时处理复审案件申请，维护复审申请人的合法权益。① 但

---

① 中共中央纪律检查委员会中华人民共和国国家监察委员会法规室编写：《〈中华人民共和国监察法〉释义》，中国方正出版社 2018 年版，第 222 页。

复审机关逾期未能作出复审决定会造成怎样的后果，立法尚未给予明确规定。

在理论和实践中，存在“受理后”和“收到后”的理解误区，有观点认为1个月的时限应当是从复审机关“收到复审申请后”开始计算，可以更有利地保障申请人的权利。但在实践中，这不利于复审机关有充分的时间来作出公正的复审决定，主要原因在于复审机关内部各部门有严格的职责区分，相互之间形成了较为完整的相互配合、相互制约的机制，负责复审工作的内设部门一般为案件审理部门，但复审申请一般由复审机关的信访部门接收，再由信访部门经相关审批流程后，转给案件审理部门，由案件审理部门负责受理和具体核实工作。因此，从收到申请到受理申请中间还有一段时间被占用，如果规定以“收到日”开始计算复审期限，并不利于保障申请人的权利。

7. 复审期间应遵循的原则

（1）不停止原处理决定执行的原则。监察机关的处理决定具有一经作出即推定合法、有效的法律效力，监察机关和监察对象都应当严格执行相关决定，非经法定程序不得随意变更或撤销。只有当监察机关经审查认定原处理决定确有错误的，才能依法作出变更或撤销原决定的复审决定，停止对原处理决定的执行。①

（2）申请复审不加重处理原则。《公职人员政务处分法》第56条明确规定，公职人员不因提出复审而被加重政务处分。这有利于消除申请人的后顾之忧，保障申请人的合法权利，同时也有利于促进监察机关及其人员正确行使处置权，促进监察人员的责任心及案件质量的提升。

8. 复审决定的作出与效力

（1）维持原处理决定。复审机关认为处理决定事实清楚，适用法律正确，则维持原处理决定，原处理决定继续有效。

（2）变更原处理决定。适用情形：适用法律法规确有错误的；对违法行为的情节认定确有错误的；处理不当的。变更产生的效力：变更只是改变了原处理决定的部分错误内容，原处理决定并未消失，无须重新作出处

① 马怀德主编：《中华人民共和国监察法理解与适用》，中国法制出版社2018年版，第187页。

理决定。

（3）撤销原处理决定。适用情形：处理决定所依据的违法事实不清或证据不足的；违反法定程序，影响案件公正处理的；超越职权或滥用职权作出处理决定的。撤销产生的效力：原处理决定自被撤销之日起即无效，应由复审机关重新作出新的处理决定。应当恢复申请人的相关职务、职级、工资待遇等，同时在原处理决定公布范围内为其恢复名誉。

三、复核程序

复审是复核的必经程序，只有在被处理的监察对象不服复审决定，提出申请的情况下，复核程序才可以启动。

1. 复核申请主体和理由

复核申请主体同样具有唯一性，仅能是经复审机关作出复审决定的申请人。如果该监察对象对复审决定不服，则可以提出复核申请。

2. 复核主体

复核主体为复核机关，即复审机关（作出处理决定的监察机关）的上一级监察机关。有两方面主要原因：一是我国监察机关间具有上级领导下级、下级向上级负责的特殊纵向关系；二是上级监察机关通过受理复核的方式，监督下级机关的监察工作，对发现的问题予以纠正，避免监察对象不信任监察机关“自我复审”①。

3. 复核期限

复核期限为复核机关在受理申请之日起算两个月。

4. 复核决定的作出

撤销或变更原处理决定的，可以由复核机关直接作出，亦可由复核机关责令作出原处理决定的监察机关作出。

除了上述四点内容之外，关于提出复核申请的期限、复核期间应遵循的原则、复核决定的作出与效力等方面与上述复审程序的内容相同，在此不再赘述。

---

① 吴建雄、廖永安主编：《监察法学》，中国人民大学出版社 2020 年版，第 161 页。

适用难点

一、复审复核程序与监察申诉程序之辨析

监察申诉程序是指被调查人及其近亲属对于监察机关工作人员滥用或不当行使监察权的，向监察机关请求进行调查和处理的相关活动。复审复核与监察申诉之间具有相似之处，在实践中容易出现混淆的情况，因此有必要区分清楚二者的异同。

1. 复审复核与监察申诉的共性

（1）复审复核与监察申诉皆为相关监察对象的一种法定救济程序，旨在保护监察对象的合法权益。

（2）监察机关开展核实调查的模式相同。两者皆采用两级处理模式，即接到复审申请或申诉申请后，首先由原监察机关进行自查自纠，而后复核申请人或申诉申请人在不服原监察机关对申请作出的决定的情况下，再申请由上一级监察机关进行复核或复查。

2. 复审复核与监察申诉的不同

（1）提出申请的主体范围不同。较之复审复核程序只能由监察对象申请启动，监察申诉申请主体的范围更宽泛。《监察法》第60条规定，“被调查人及其近亲属有权向该机关申诉”。可见，申诉的主体不仅包括被调查人本身，而且包括其近亲属，即被调查人的夫、妻、父、母、子、女、同胞兄弟姐妹。①

（2）审查的范围和内容不同。二者最本质的区别在于二者所审查的范围与内容不同。监察申诉的提出只能是针对监察机关是否存在滥用或不当行使监察权行为，具体为《监察法》第60条规定的5种情形：①留置法定

① 本书编写组编写：《〈中华人民共和国监察法〉案例解读》，中国方正出版社2018年版，第512页。

期限届满，不予以解除的；②查封、扣押、冻结与案件无关的财物的；③应当解除查封、扣押、冻结措施而不解除的；④贪污、挪用、私分、调换以及违反规定使用查封、扣押、冻结的财物的；⑤其他违反法律法规、侵害被调查人合法权益的行为。目的在于确认监察机关及其工作人员调查行为的合法性，并不涉及对监察对象所作出的处理决定正确与否的实质内容。而复审复核的提出针对的是监察机关作出的处理决定。

二、复审复核程序缺少外部监督

《监察法实施条例》第 211 条第 1 款规定："复审、复核机关承办部门应当成立工作组，调阅原案卷宗，必要时可以进行调查取证。承办部门应当集体研究，提出办理意见，经审批作出复审、复核决定。"第 3 款规定："坚持复审复核与调查审理分离，原案调查、审理人员不得参与复审复核。"可见，为避免复审复核人员与作出原处理决定人员为同一批人，从而造成复审复核程序流于形式，立法规范确立"审复分离"原则，将原案调查审理人员排除在复审复核程序之外。实践工作中，各地监察机关就如何践行"审复分离"原则展开探索，例如贵州省监察委员会将复审复核职能从案件审理部门划转到法规部门，以强化对监督执法权的内部制衡。

由于人对认识事物有局限性，以及其他主观和客观原因，监察机关及其工作人员同样可能出现工作上的错误或失误。[①] 复审、复核的目的即纠正这些错误与失误。然而，无论立法规范或是实践探索，皆表明复审、复核程序严格在监察机关内部进行。一方面，虽然《监察法》为复审、复核程序设定了两级处理的模式，但复核机关与复审机关之间属于领导与被领导的内部关系；另一方面，复审、复核机关维持、撤销、变更原处理决定，缺少完善的客观外在标准，主要依靠复审与复核人员的内部裁量。在缺少外部监督的情况下，复审、复核的实质性得不到进一步保障，纠正原处理决定错误的难度被加大，由此将产生相应的负面影响：第一，对监察对象所

① 本书编写组编写：《〈中华人民共和国监察法〉案例解读》，中国方正出版社 2018 年版，第 374 页。

作的原处理决定畸重时，仅通过复审复核程序难以确保监察对象实现救济效果；第二，对监察对象所作的处理决定畸轻时，例如将职务犯罪行为按照职务违法行为处理，更是缺少相关纠错程序而致使无法追诉犯罪。

监察委员会系统以外的各级党政机关、企事业单位、社会团体以及个人对监察委员会的监督皆为外部监督，可以涵盖党委、人大、政府、舆论、群众等多种形式。① 笔者认为，现阶段应当着力于充分发挥人大的外部监督功能。《宪法》第3条规定，监察机关由人民代表大会产生，对它负责，受它监督。作为立法机关，人民代表大会对监察权行使享有天然的监督权。2018年3月，全国人大调整了专门委员会机构设置，将内务司法委员会更名为监察和司法委员会，增加了涉及监察方面的职责，其中最重要的一项即是对监察工作的监督。② 可见，人民代表大会既可以通过行使立法权，进一步将复审复核程序的合理运行纳入法治轨道，亦可以落实全国人大监察和司法委员会对监察机关的对口监督职能，有序展开对复审复核的外部监督工作，使之真正成为监察对象的有效权利救济途径。

典型案例

案例一　被调查人不服处理决定可申请复审复核③

【基本案情】

某市纪委监委经立案审查调查，于5月3日对严重违反党纪和职务违法的该市环保局副局长A某作出撤销党内职务处分和撤职政务处分决定，撤销A某现任所有职务，降低两个职务层级，确定为副主任科员，按照规定

① 曹亘平：《对监察委的监督制约严密而有效——多把"连环锁"确保监察权良性运行》，载《人民论坛》2018年第1期。

② 程衍：《论监察权监督属性与行权逻辑》，载《南京大学学报（哲学·人文科学·社会科学）》2020年第3期。

③ 本书编写组编写：《〈中华人民共和国监察法〉案例解读》，中国方正出版社2018年版，第369页。

相应降低工资等待遇。政务处分决定自作出之日起交有关部门执行。

A 某于 5 月 4 日收到政务处分决定书，对政务处分决定不服，经过几天的考虑，于 5 月 10 日依法向市监察委员会申请复审。市监察委员会于 6 月 1 日作出复审决定，维持原政务处分决定。A 某于 6 月 4 日收到复审决定书，仍不服，于 6 月 8 日依法向省监察委员会申请复核。

省监察委员会于 7 月 19 日作出复核决定，认为原政务处分决定事实清楚、证据确实充分、适用法律法规正确、定性准确、处理恰当、程序合法，维持原政务处分决定。

【案例分析】

本案例中，A 某于监察机关作出决定的次日即 5 月 4 日收到政务处分决定，按照《监察法》规定“一个月”的复审申请时限，应于 6 月 5 日前向市监察委申请复审，A 某于 5 月 10 日申请复审符合法律规定；复审机关市监察委作出复审决定、A 某收到复审决定后向省监察委提出复核申请以及省监察委最终作出复核决定均符合法定期限。

案例二　复审复核期间不停止处理决定执行①

【基本案情】

某县民政局职责范围内发生救济物资毁损、灭失事件，上级部门从业务角度进行追责，县纪委监委对相关责任人员涉嫌玩忽职守职务违法行为立案审查调查。

该事件的直接责任人是县民政局主任科员 A 某，其与民政局局长 B 某有利益关联。为逃避责任追究，在 B 某的庇护和指使下，A 某与其下属 C 某（非中共党员）商量，并许诺给 C 某好处，由原本与此事无关的 C 某承担相关法律责任。C 某迫于 B 某的权势和 A 某的威逼利诱，答应帮助 A 某承担相关责任。

在审查调查过程中，由于 A 某、B 某以弄虚作假等方式加以干扰，以

① 本书编写组编写：《〈中华人民共和国监察法〉案例解读》，中国方正出版社 2018 年版，第 372 页。

及C某主动揽责作出误导性陈述，致使县纪委监委作出错误结论，对C某给予降级政务处分。政务处分决定作出后，相关部门立即执行，降低了C某的级别工资。收到政务处分决定后，C某越想越气，在1个月内向县监委申请复审，县监委在1个月内作出复审决定，维持原政务处分决定。C某在收到复审决定后，向市监委申请复核。在此期间，A某和B某因其他严重违纪违法问题被立案审查调查。

市监委经认真审查，认定原处理决定有错误，依法作出复核决定，责令县监委及时予以纠正。县监委认定对C某作出政务处分决定所依据的事实不足，撤销了对C某的政务处分决定，恢复了C某的公务员级别和工资档次。县纪委监委依纪依法追究了真正责任人A某的责任，对A某和B某干扰调查的行为进行了严肃追责，对C某当时主动揽责的行为进行了批评教育。

由于在复审、复核期间不停止政务处分决定的执行，C某在这几个月期间的工资待遇都是按照降低后的档次发放的，因此相关部门补发了少发C某的工资。

【案例分析】

本案例中，对C某的政务处分决定一经作出立即执行，此时复审、复核的程序还没有进行，虽然客观上这一政务处分决定是错误的，但是在法律上它还是一个有效力的处理决定，因此不能停止执行。复核机关实事求是地认定了原处理决定的错误，原处理机关依法纠正了对C某的错误处分，对其给予批评教育，并依法恢复了C某的合法权益。

法规依据

《监察法》第49条

《监察法实施条例》第210、211条

《公职人员政务处分法》第57、58条

对监察机关和监察人员的监督

知识点图解

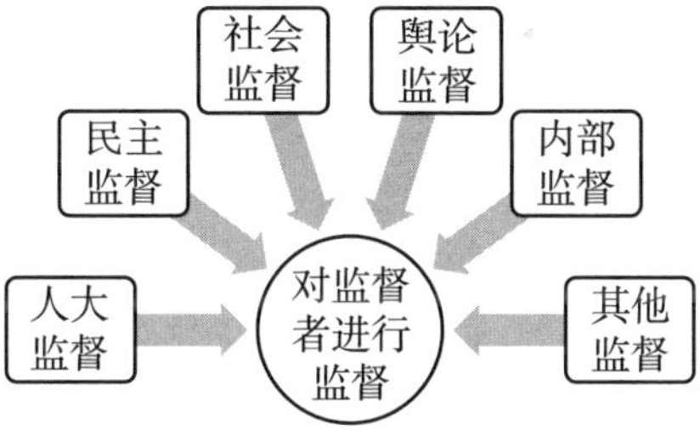

图 20　监督类型

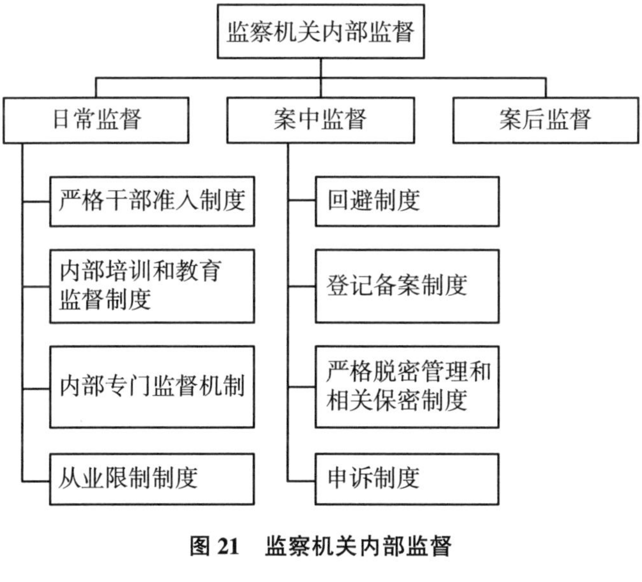

图 21　监察机关内部监督

规范解读

一、人大监督

《监察法》第 8 条规定，“国家监察委员会对全国人民代表大会及其常务委员会负责，并接受其监督”；第 9 条规定，“地方各级监察委员会对本级人民代表大会及其常务委员会和上一级监察委员会负责，并接受其监督”；第 53 条规定，“各级监察委员会应当接受本级人民代表大会及其常务委员会的监督”。人大及其常委会对监察委员会的监督由此确立。

根据《宪法》《监察法》等法律的规定，人大及其常委会对监察机关进行监督的途径主要有以下几种方式。

1. 听取工作报告

听取工作报告是人大及其常委会对国家机关进行监督的最常见方式。各级人大常委会可以选择关系改革发展稳定大局和群众切身利益、社会普遍关注的重大问题，有计划地安排听取和审议本级监察委员会的专项工作报告，同时，监察委员会也可以向本级人大常委会主动报告专项工作。专项工作由监察委员会负责人报告。人大常委会组成人员对专项工作报告的审议意见交由本级监察委员会研究处理。监察委员会应当将研究处理情况由其办事机构送交本级人大有关专门委员会或者常委会有关工作机构征求意见后，向本级人大常委会提出书面报告。本级人大常委会认为必要时，可以对专项工作报告作出决议；监察委员会应当在决议规定的期限内，将执行决议的情况向本级人大常委会报告。① 对于何为“关系改革发展稳定大局和群众切身利益、社会普遍关注的重大问题”，《各级人民代表大会常务委

---

① 中共中央纪律检查委员会中华人民共和国国家监察委员会法规室编写：《〈中华人民共和国监察法〉释义》，中国方正出版社 2018 年版，第 239 页。

员会监督法》第9条中有详细规定，具体包括：（1）本级人民代表大会常务委员会在执法检查中发现的突出问题；（2）本级人民代表大会代表对人民政府、人民法院和人民检察院工作提出的建议、批评和意见集中反映的问题；（3）本级人民代表大会常务委员会组成人员提出的比较集中的问题；（4）本级人民代表大会专门委员会、常务委员会工作机构在调查研究中发现的突出问题；（5）人民来信来访集中反映的问题；（6）社会普遍关注的其他问题。

2. 组织执法检查

所谓执法检查，是指人大常委会就某些重大问题，设立执法检查组，检查某些法律法规的执行状况，包括法律法规的实施情况、实施效果、法律法规实际运行过程中出现的问题等。[①] 执法检查报告包括下列内容：（1）对所检查的法律、法规实施情况进行评价，提出执法中存在的问题和改进执法工作的建议；（2）对有关法律、法规提出修改完善的建议。[②]

3. 提出询问或者质询

人大代表或者人大常委会组成人员提出询问，是指各级人大常委会会议审议议案和有关报告时，本级监察委员会应当派有关负责人员到会，听取意见，回答询问。人大代表或者人大常委会组成人员提出质询，是指一定数量的县级以上人大常委会组成人员联名，可以向本级人大常委会书面提出对本级监察委员会的质询案，由委员长会议或者主任会议决定交由受质询的监察委员会答复。[③]《监察法实施条例》第254条对各级监察委员会接受询问和质询进行了具体规定："各级监察委员会在本级人民代表大会常务委员会会议审议与监察工作有关的议案和报告时，应当派相关负责人到会听取意见，回答询问。监察机关对依法交由监察机关答复的质询案应当按

① 马怀德主编：《监察法学》，人民出版社2019年版，第338页。

② 中共中央纪律检查委员会中华人民共和国国家监察委员会法规室编写：《〈中华人民共和国监察法〉释义》，中国方正出版社2018年版，第240页。

③ 中共中央纪律检查委员会中华人民共和国国家监察委员会法规室编写：《〈中华人民共和国监察法〉释义》，中国方正出版社2018年版，第240页。

照要求进行答复。口头答复的，由监察机关主要负责人或者委派相关负责人到会答复。书面答复的，由监察机关主要负责人签署。”

4. 进行人事任免

根据《宪法》和《监察法》的相关规定，各级人大及其常委会通过选举或任免同级监察机关的主任、副主任和委员的方式，行使人事任免权，保证了人大及其常委会的权威，并成为人大监督的重要保障。

二、民主监督、社会监督、舆论监督

《监察法》第 54 条规定：“监察机关应当依法公开监察工作信息，接受民主监督、社会监督、舆论监督。”这是关于监察机关接受外部监督的规定。民主监督是指人民政协及各民主党派对监察机关及其工作人员的监督；社会监督一般是指公民、法人或其他组织对监察机关及其工作人员的监督；舆论监督一般是指社会各界通过广播、影视、报刊、网络等传播媒介，发表自己的意见和看法，形成舆论，对监察机关及其工作人员进行的监督。①

三、内部监督

《监察法》第 55 条规定：“监察机关通过设立内部专门的监督机构等方式，加强对监察人员执行职务和遵守法律情况的监督，建设忠诚、干净、担当的监察队伍。”本条规定的目的就是通过加强监察机关的自身建设以及内部监督制约机制建设，打造一支让党放心、人民满意的监察队伍，监察机关的内部监督由此确立。《监察法实施条例》第 7 章也着重对监察机关的内部监督进行了详细规定。

1. 严格干部准入制度

监察机关应实行严格的人员准入制度，严把政治关、品行关、能力关、作风关、廉洁关。监察人员必须模范遵守宪法和法律，忠于职守、秉公执

① 中共中央纪律检查委员会中华人民共和国国家监察委员会法规室编写：《〈中华人民共和国监察法〉释义》，中国方正出版社 2018 年版，第 242-243 页。

法，清正廉洁、保守秘密；必须具有良好的政治素质，熟悉监察业务，具备运用法律、法规、政策和调查取证等能力，自觉接受监督。

2. 内部培训和教育监督制度

监察机关应当对监察人员有计划地进行政治、理论和业务培训。培训应当坚持理论联系实际、按需施教、讲求实效，突出政治机关特色，建设高素质专业化监察队伍。通过廉政教育、谈心谈话等方式提高监察人员的思想道德修养，使国家法律、党规党纪内化于心、外化于行，真正做到“不想腐”。同时，监察机关应当加强对监察人员执行职务和遵纪守法情况的监督，按照管理权限依法对监察人员涉嫌违法犯罪问题进行调查处置。

3. 内部专门监督机制

监察机关通过设立内部专门的监督机构等方式，建立监督检查、调查、案件监督管理、案件审理等部门相互协调制约的工作机制，加强对监察人员执行职务和遵守法律情况的监督，建设忠诚、干净、担当的监察队伍，主要通过以下 4 种方式实现。

（1）监督检查和调查部门实行分工协作、相互制约。监督检查部门主要负责联系地区、部门、单位的日常监督检查和对涉嫌一般违法问题线索处置。调查部门主要负责对涉嫌严重职务违法和职务犯罪问题线索进行初步核实和立案调查。

（2）案件监督管理部门负责对监督检查、调查工作全过程进行监督管理，做好线索管理、组织协调、监督检查、督促办理、统计分析等工作。案件监督管理部门发现监察人员在监督检查、调查中有违规办案行为的，及时督促整改；涉嫌违纪违法的，根据管理权限移交相关部门处理。

（3）监察机关应当对监察权运行关键环节进行经常性监督检查，适时开展专项督查。案件监督管理、案件审理等部门应当按照各自职责，对问题线索处置、调查措施使用、涉案财物管理等进行监督检查，建立常态化、全覆盖的案件质量评查机制。

（4）监察机关及其监督检查、调查部门负责人应当定期检查调查期间的录音录像、谈话笔录、涉案财物登记资料，加强对调查全过程的监督，发现问题及时纠正并报告。

4. 登记备案制度

《监察法》第 57 条对登记备案制度作出了具体规定：（1）对监察人员干预案件的处理。若监察人员在线索处置、日常监督、调查、审理和处置等各环节打听案情、过问案件、说情干预，办理监察事项的监察人员应当及时向上级负责人报告，有关情况应登记备案。（2）对监察人员违反规定接触有关人员的处理。发现办理监察事项的监察人员未经批准接触被调查人、涉案人员及其特定关系人，或者存在交往情形的，知情人应当及时向上级负责人报告，相关情况应登记备案。知情人既包括共同办理该监察事项的其他监察人员，也包括被调查人、涉案人员及其特定关系人或者其他人员。

5. 回避制度

《监察法》中的回避，是指办理监察事项的监察人员在行使职权的过程中，因与监察事项或监察对象、检举人及其他有关人员存在某种利害关系或其他特殊关系，可能影响案件的公正处理，而不得参加对该案件的监督、调查、处置等活动的一项监察制度。①

回避的适用对象主要是指调查人员，但线索处置、日常监督、审理等各部门人员如果存在可能影响相关工作等情形的，也应当予以回避，如选用借调人员、看护人员、调查场所，都应当严格执行回避制度。

根据《监察法》第 58 条的规定，回避的事由主要有 4 种，具体而言：（1）是监察对象或者检举人的近亲属的。这种情形是指监察人员是监察对象或者检举人的夫、妻、父、母、子、女、同胞兄弟姊妹。（2）担任过本案的证人的。担任过本案的证人的人，不能参与调查处置环节，以避免出现不公正办案的情况。（3）本人或者其近亲属与办理的监察事项有利害关系的。这是指监察人员或者他的夫、妻、父、母、子、女、同胞兄弟姊妹

---

① 马怀德主编：《监察法学》，人民出版社 2019 年版，第 373 页。

虽不是本案相关人，但本案的处理涉及他们的重大利益，或者存在可能影响案件公正处理的其他关系。(4) 有可能影响监察事项公正处理的其他情形的。这种情形主要包括以下几种：是监察对象、检举人及其他有关人员的朋友、亲戚、同学；与监察对象有过恩怨；与监察对象有借贷关系；监察人员违规违纪，接受监察对象、检举人及其近亲属吃请送礼，或未经批准私自会见监察对象、检举人或其近亲属等。上述情形只有在可能影响公正处理案件的情况下适用回避。比如监察人员是监察对象的近亲属，应当无条件回避，但如果监察人员与监察对象是一种远亲的关系，则要看其是否可能影响公正处理案件才能决定回避与否。①

回避的类型主要有两种：(1) 自行回避，即监察人员知道自己具有应当回避情形的，主动向所在机关提出回避申请。(2) 申请回避，主要是指监察对象、检举人及其他有关人员认为监察人员具有法定回避理由，而向监察机关提出申请，要求监察人员进行回避。监察机关主要负责人的回避，由上级监察机关主要负责人决定；其他监察人员的回避，由本级监察机关主要负责人决定。对于监察人员应当回避而拒不回避的，监察机关要对其进行提醒教育，情节严重的，要依照法律法规处理。②

6. 严格脱密管理及相关保密制度

《监察法》第59条第1款规定："监察机关涉密人员离岗离职后，应当遵守脱密期管理规定，严格履行保密义务，不得泄露相关秘密。"监察工作过程中应严格执行保密制度，监察人员不准私自留存、隐匿、查阅、摘抄、复制、携带问题线索和涉案资料，严禁泄露监察工作秘密；建立健全检举控告保密制度，对检举控告人的姓名（单位名称）、工作单位、住址、电话和邮箱等有关情况以及检举控告内容必须严格保密。

---

① 中共中央纪律检查委员会中华人民共和国国家监察委员会法规室编写：《〈中华人民共和国监察法〉释义》，中国方正出版社2018年版，第256页。

② 中共中央纪律检查委员会中华人民共和国国家监察委员会法规室编写：《〈中华人民共和国监察法〉释义》，中国方正出版社2018年版，第255页。

7. 从业限制制度

《监察法》第59条第2款规定了监察人员辞职、退休后从业限制制度：监察机关涉密人员离岗离职后，应当遵守脱密期管理规定，严格履行保密义务，不得泄露相关秘密；监察人员辞职、退休3年内，不得从事与监察和司法工作相关联且可能发生利益冲突的职业。行政机关公务员、法官、检察官辞职后都有从业限制的规定，而监察人员掌握监察权，不仅要对监察人员在职期间的行为进行严格约束，也应对监察人员辞职、退休后的行为作出一定限制。需要注意的是，在适用对象方面，如果监察人员是被辞退、被开除而离职的，不适用《监察法》第59条第2款关于从业限制的规定。这主要考虑到被动离职人员已经失去良好的个人信誉，其离职后即使从事与监察和司法工作相关联且可能发生利益冲突的职业，也难以在原单位发挥影响力。①

8. 申诉制度

《监察法》第60条规定了被调查人及其近亲属的申诉权。被调查人的近亲属，是指被调查人的夫、妻、父、母、子、女、同胞兄弟姊妹。《监察法》第60条列举了5种可以申诉的行为，具体包括：(1) 留置法定期限届满，不予以解除的。《监察法》第43条中明确规定："留置时间不得超过三个月。在特殊情况下，可以延长一次，延长时间不得超过三个月。省级以下监察机关采取留置措施的，延长留置时间应当报上一级监察机关批准。"如果超过上述规定期限，有关监察机关及其工作人员对被留置人不解除留置措施的，就属于《监察法》第60条第1项规定的情形。(2) 查封、扣押、冻结与案件无关的财物的。查封、扣押、冻结是指《监察法》第25条"监察机关在调查过程中，可以调取、查封、扣押用以证明被调查人涉嫌违法犯罪的财物、文件和电子数据等信息"和第23条规定的"监察机关调查涉嫌贪污贿赂、失职渎职等严重职务违法或者职务犯罪，根据工作需要，

---

① 中共中央纪律检查委员会中华人民共和国国家监察委员会法规室编写：《〈中华人民共和国监察法〉释义》，中国方正出版社2018年版，第258页。

可以依照规定查询、冻结涉案单位和个人的存款、汇款、债券、股票、基金份额等财产”。超出以上规定的范围，任意查封、扣押、冻结与案件无关的财物，就属于《监察法》第 60 条第 2 项规定的情形。(3) 应当解除查封、扣押、冻结措施而不解除的。根据《监察法》第 25 条中“查封、扣押的财物、文件经查明与案件无关的，应当在查明后三日内解除查封、扣押，予以退还”和第 23 条中“冻结的财产经查明与案件无关的，应当在查明后三日内解除冻结，予以退还”的规定，应当及时解除查封、扣押、冻结措施，否则就属于《监察法》第 60 条第 3 项规定的情形。经查明确实与案件无关的财物、文件、财产，包括案件处置完毕或者司法程序完结后不需要追缴、没收的财物、文件、财产。(4) 贪污、挪用、私分、调换以及违反规定使用查封、扣押、冻结的财物的。“贪污”一般是指监察机关及其工作人员将被查封、扣押、冻结的财物占为己有；“挪用”一般是指将该财物私自挪作他用；“私分”一般是指将该财物私下瓜分；“调换”一般是指将该财物以旧换新，或者换成低档品等；“违反规定使用”一般是指擅自将财物任意使用，如违规使用被扣押的车辆等。(5) 其他违反法律法规、侵害被调查人合法权益的行为。

被调查人及其近亲属的申诉经过两级处理即告终结。首先是原监察机关处理。由监察机关案件监督管理部门依法受理，受理申诉的监察机关应当在受理申诉之日起 1 个月内作出处理决定。由于上一级监察机关领导下一级监察机关的工作，申诉人对受理申诉的监察机关作出的处理决定不服的，可以在收到处理决定之日起 1 个月内向上一级监察机关申请复查，上一级监察机关应当在收到复查申请之日起两个月内作出处理决定，情况属实的，予以纠正。

9. 案后监督制度

《监察法》第 61 条规定：“对调查工作结束后发现立案依据不充分或者失实，案件处置出现重大失误，监察人员严重违法的，应当追究负有责任的领导人员和直接责任人员的责任。”在责任追究方面，实行“一案双查”，以强化对调查工作的监督管理。具体而言：(1) 立案依据不充分或者失实。初核阶段应全面把握事实、性质、责任、情节，厘清是非轻重等关键问题，否则就是立案依据不充分或者失实。(2) 案件处置出现重大失误。案件处置过程中，违反案件调查处置的程序和权限，出现违法采取留置措施甚至是违反规定发生办案安全事故等重大失误的情况。(3) 监察人员严重违法。办理案件的监察人员严重执法违法、失职失责，除追究直接责任外，还应当严肃追究负有责任的领导人员责任。

并且，《监察法实施条例》中明确监察机关应当建立办案质量责任制，对滥用职权、失职失责造成严重后果的，实行终身责任追究。

适用难点

一、监察信息公开的公开范围

《监察法实施条例》第 255 条规定：“各级监察机关应当通过互联网政务媒体、报刊、广播、电视等途径，向社会及时准确公开下列监察工作信息：(一) 监察法规；(二) 依法应当向社会公开的案件调查信息；(三) 检举控告地址、电话、网站等信息；(四) 其他依法应当公开的信息。”对于“依法应当向社会公开的案件调查信息”并没有进行界定，即监察信息公开的判断标准问题未得到解决。尽管《政府信息公开条例》对政府信息公开的范围进行了详细规定，但是监察机关作为行使监督、调查、处置三项职权的政治机关，监察信息是否公开应当考虑监察机关的特殊性。根据《最高人民检察院关于实行职务犯罪侦查工作八项公开的规定》中的规定，信息公开与否关键在于是否影响刑事诉讼的进行，刑事案件终结前的信息绝对不能公开。因此，监察信息的公开也应当是在不妨碍检查案件监督检查、审查调查的前提下进行，并且不泄密、不危害国家安全。对于涉密信息的确定需要监察机关在公开之前进行保密审查。应当注意的是，属于国家秘密、商业秘密、个人隐私的信息，以及可能危害国家安全、社会安全、经济安全和社会稳定的信息是监察机关不应公开的信息。

二、回避的程序

《监察法》第58条没有对回避的程序进行规定。根据《监察法实施条例》的相关规定，并参考行政监察立法和刑事诉讼立法的有关规定，回避程序应遵循以下规则。

1. 告知回避申请权

在监察程序开始时，应告知监察对象、被检举人及其他有关人员享有申请回避的权利。

2. 提出回避申请

监察调查程序启动后、调查程序结束前，办理监察事项的监察人员有《监察法》规定的回避情形之一的，应当自行提出回避；没有自行提出回避的，监察机关应当依法决定其回避，监察对象、检举人及其他有关人员也有权要求其回避；申请回避应当书面或者口头提出，并说明理由，其中口头提出的，应当形成记录。

3. 回避申请的审查和决定

监察回避申请提出后，有关人员是否立即停止参与该案需要结合案件性质决定。监察机关主要负责人的回避，由上级监察机关主要负责人决定；其他监察人员的回避，由本级监察机关主要负责人决定；监察人员回避后，不得参与有关调查、讨论和决定，也不得以任何形式施加影响。

4. 对驳回回避申请决定的救济

对驳回回避决定不服的，申请人有权向作出决定的监察机关申请复议，复议期间，被申请回避的监察人员不停止参与该案。

三、从业限制适用行为

对于“与监察和司法工作相关联且可能发生利益冲突的职业”，《监察法》仅提供较抽象的标准。而《监察法实施条例》第 269 条第 2 款对监察人员离职后不得从事的职业作出了规定，以作为监察人员离职后从业的指引："监察人员离任后，不得担任原任职监察机关办理案件的诉讼代理人或者辩护人，但是作为当事人的监护人或者近亲属代理诉讼或者进行辩护的除外。"此外，监察人员应当履行谨慎注意的义务，在辞职、退休 3 年内，如果打算从事的职业与监察和司法工作有关，且可能引致他人怀疑与原工作内容产生利益冲突的，应当事先征求原单位意见。①

典型案例

案例　吴某某泄露审查调查信息案②

【涉及知识点】严格脱密管理及相关保密制度

【基本案情】

2018 年 9 月，时任 A 市 B 镇党委委员、纪委书记吴某某，将反映涉黑涉恶腐败及充当"保护伞"问题的举报信复印给被举报人之一的镇党委委员、副镇长宁某某。其后，宁某某经由该镇村民潘某，通过微信将举报信复印件照片转发给主要被举报对象——该村村委会原主任和村委会原副主任，导致泄密事件发生。该村村委会原主任指使他人打电话并到举报人家中质问、威胁举报人，造成恶劣的社会影响。吴某某受到开除党籍处分。

【争议焦点】吴某某泄露审查调查信息行为的认定

【案例分析】

保密纪律历来是纪检监察干部必须遵守的钢规铁纪，更是监督执纪工作

① 中共中央纪律检查委员会中华人民共和国国家监察委员会法规室编写：《〈中华人民共和国监察法〉释义》，中国方正出版社 2018 年版，第 258 页。

② 《关权入笼　严防"灯下黑"——从纪检监察干部违纪违法典型案例看〈工作规则〉相关规定》，载《中国纪检监察》2019 年第 3 期。

的生命线。《监察法》第59条规定："监察机关涉密人员离岗离职后，应当遵守脱密期管理规定，严格履行保密义务，不得泄露相关秘密。"严格脱密管理及相关保密制度要求在监察工作过程中，监察人员应当严格执行保密制度，不得私自留存、隐匿、查阅、摘抄、复制、携带问题线索和涉案资料，严禁泄露监察工作秘密；建立健全检举控告保密制度，对检举控告人的姓名（单位名称）、工作单位、住址、电话和邮箱等有关情况以及检举控告内容必须严格保密。然而三令五申之下，仍有人或无心或有意，触碰这根红线。《中国共产党纪律检查机关监督执纪工作规则》第9章第67条对此也作出规定，明确监督执纪人员应当严格执行保密制度，控制审查调查工作事项知悉范围和时间，严禁泄露审查调查工作情况，并在第71条要求，对跑风漏气、违反安全保密规定等行为依规依纪严肃处理，对仍然不重视、不收敛的人敲响了警钟。

法规依据

《监察法》第4、53—61条

《监察法实施条例》第251—273条

监 察 赔 偿

知识点图解

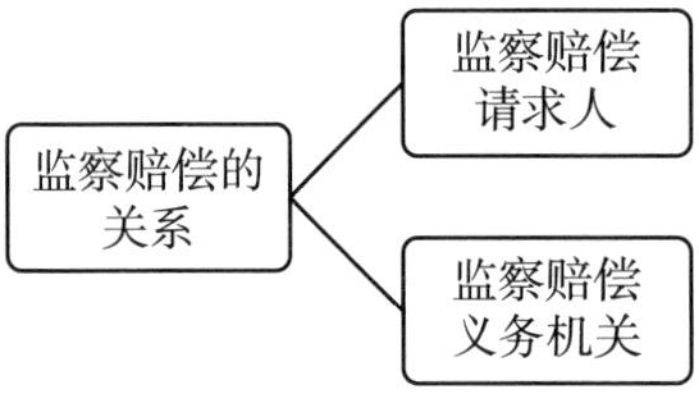

图 22　监察赔偿关系

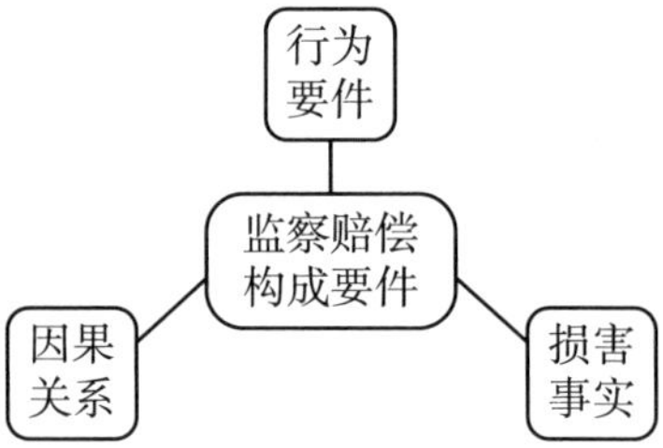

图 23　监察赔偿构成要件

表 1　监察国家赔偿范围细分

损害人身自由赔偿	损害财产权赔偿	人身伤害赔偿
1. 采取留置措施后，决定撤销案件的； 2. 非法剥夺他人人身自由	违法没收、追缴或者违法查封、扣押、冻结财物造成损害	违法行使职权，造成被调查人、涉案人员或者证人身体伤害或者死亡

规范解读

《监察法》第 67 条规定了监察机关的监察赔偿责任，具体是指监察机关及其工作人员在行使职权时给公民、法人和其他组织的合法权益并造成损害的，国家应当承担的赔偿责任。[①]

一、监察赔偿义务机关

监察赔偿义务机关是指对监察赔偿承担赔偿义务的组织，并不同于赔偿责任主体。《监察法实施条例》明确监察机关及其工作人员违法行使职权侵犯公民、法人和其他组织的合法权益造成损害的，该机关为赔偿义务机关；该机关负责复审复核工作的部门作为监察赔偿工作机构，配备相应人员、受理办理监察赔偿案件。

二、监察赔偿请求人

监察赔偿请求人是依法享有监察赔偿请求权并有权向监察赔偿义务机关提出赔偿要求的公民、法人和其他组织。具体来讲，即合法权益因受到监察机关及其工作人员违法行为侵害的受害人有权提出监察赔偿请求，受害人死亡的，其继承人和其他有扶养关系的亲属有权要求赔偿；受害的法人或者其他组织终止的，其权利承受人有权要求赔偿。

三、监察赔偿的范围

监察赔偿范围是监察机关及其工作人员在行使职权时侵犯公民、法人和其他组织合法权益并造成损害，国家承担责任的范围。关于应予赔偿的行为范围，结合《监察法实施条例》第280条的相关规定，具体如下：

1. 采取留置措施后，决定撤销案件的

根据《监察法》第45条第2款的规定，监察机关经调查，对没有证据证明被调查人存在违法犯罪行为的，应当撤销案件。此种情况下造成的损失应属于监察赔偿范围。需要注意的是，监察机关采取留置措施本身是否合法不影响赔偿责任承担。

---

① 张红：《监察赔偿论要》，载《行政法学研究（文摘）》2018年第6期。

2. 违法没收、追缴或者违法查封、扣押、冻结财物造成损害的

为保证监察机关对职务违法犯罪行为的调查顺利开展，《监察法》赋予了监察机关没收、追缴以及调取、查封、扣押、冻结财务的权力，同时以上权力也受到严格限制。违法没收、追缴或者违法查封、扣押、冻结财物主要表现为超越职权范围、违反法律规定的条件采取以上措施等情形，给公民、法人或其他组织的合法权益造成损害的，国家应当赔偿。如《监察法实施条例》第4章对查询和冻结、调取、查封和扣押的程序和期限等均作出了详细规范：对于查明后与案件无关的冻结财产或查封、扣押的财物和文件，经审批，应当在查明后3日以内将《解除冻结财产通知书》送交有关单位执行，或在查明后3日以内解除查封、扣押，予以退还，并向有关单位、原持有人或者近亲属送达《解除查封/扣押通知书》。监察机关在查明案情后超期不解除冻结的，或者监察机关错误采取查封、扣押财物的行为，或者未尽到妥善保管义务，以及超期不解除查封、扣押的，属于应予监察赔偿的范围。[①] 根据《监察法》第46条的规定，“监察机关经调查，对违法取得的财物，依法予以没收、追缴或者责令退赔；对涉嫌犯罪取得的财物，应当随案移送人民检察院”，如果没收、追缴、责令退赔错误、造成被调查人的财产损失的，也属于监察赔偿的行为范围。

3. 违法行使职权，造成被调查人、涉案人员或者证人身体伤害或者死亡的

《监察法实施条例》第280条规定，“违法行使职权，造成被调查人、涉案人员或者证人身体伤害或者死亡的”，属于监察赔偿的行为范围。例如，监察机关工作人员对被调查人或者涉案人员采取逼供、诱供、殴打、虐待等行为或者唆使、放纵他人以殴打、虐待等行为造成公民身体伤害或者死亡的这类行为，侵害了被调查人的生命健康权，应当予以监察赔偿。

4. 非法剥夺他人人身自由的

人身自由不受侵犯，是法定基本权利。非法剥夺他人人身自由的，应属

① 王青斌：《论监察赔偿制度的构建》，载《政法论坛》2019年第3期。

于监察赔偿范围。留置措施事实上是对公民人身自由进行一定期限的限制。根据《监察法》的规定，监察机关采取留置措施，应当严格遵守有关审批权限、期限、执行和解除的规定。违反规定采取留置措施属于非法剥夺他人人身自由，主要涉及以下几种情况：（1）留置对象错误。留置对象适用于涉嫌贪污贿赂、失职渎职等严重职务违法或者职务犯罪的被调查人，以及涉嫌行贿犯罪或者共同职务犯罪的涉案人员。超出前述对象范围实施留置措施的，属于留置对象错误。[①]（2）被留置人员是不符合留置条件的被调查人。留置作为一种限制人身自由的强制措施，《监察法》第 22 条规定其必须在符合相应条件的情况下适用。对于不符合《监察法》第 22 条所规定条件的对象予以留置，则属于应予监察赔偿的行为范围。（3）超期留置行为。留置时间不得超过 3 个月。在特殊情况下，可以延长 1 次，延长时间不得超过 3 个月。违反《监察法》第 43 条第 2 款对留置期限的规定的，则属于超期留置行为，属于应予监察赔偿的行为范围。（4）留置行为程序违法，如未履行审批手续而采取留置措施。监察机关采取留置措施，应当由监察机关领导人员集体研究决定；设区的市级以下监察机关采取留置措施，应当报上一级监察机关批准；省级监察机关采取留置措施，应当报国家监察委员会备案。违反以上规定采取留置措施的，构成程序违法，也属于应予监察赔偿的行为范围。

5. 其他侵犯公民、法人和其他组织合法权益造成损害的

作为《监察法实施条例》第 280 条的兜底条款，对于监察机关及其工作人员在行使职权过程中出现其他侵犯公民、法人和其他组织合法权益并造成损害的情形的[②]，亦应属于监察赔偿的范围。例如，《监察法》第 44 条第 2 款规定，监察机关应当保障被留置人员的饮食、休息和安全，提供医疗服务。根据《监察法》第 44 条第 2 款的规定，“监察机关应当保障被留置人员的饮食、休息和安全，提供医疗服务。讯问被留置人员应当合理安排

① 王青斌：《论监察赔偿制度的构建》，载《政法论坛》2019 年第 3 期。

② 张红：《监察赔偿论要》，载《行政法学研究（文摘）》2018 年第 6 期。

讯问时间和时长，讯问笔录由被讯问人阅看后签名”。如果监察机关未尽到法定义务，被留置人员未能在留置期间获得医疗服务，导致疾病加重影响健康或者生命的，可以纳入监察赔偿的范围。再如，《监察法》第 45 条规定了监察机关有权根据监督、调查的结果，对违法的公职人员依照法定程序作出警告、记过、记大过、降级、撤职、开除等政务处分决定。其中，“开除”会直接影响到公职人员的收入。因此，错误的开除决定也应属于监察赔偿的范围。①

四、监察赔偿的构成要件

根据《〈中华人民共和国监察法〉释义》②，监察机关因其履行职责构成侵权，应承担赔偿责任时，至少要具备以下几个要件。

1. 行为要件

行为要件是监察赔偿认定的核心。《监察法实施条例》明确规定将是否违法作为认定标准，具体包括两个方面：一是违法行为属于履职行为，指监察机关及其工作人员依据职责和权限所进行的活动；二是履职行为违法，即公民、法人或者其他组织受到的损害必须是监察机关或者监察人员违法行使职权所造成的。如果监察人员从事的是与行使职权无关的个人活动，该个人活动给公民、法人或者其他组织造成损害的，监察机关不承担赔偿责任。

2. 因果关系

因果关系是任何侵权赔偿责任的要件之一，监察赔偿责任的构成要件同样不例外。监察赔偿责任的承担以监察人员履职行为违法并造成损害事实为条件，同时也要求损害事实与违法行使职权的行为之间存在因果关系。违法行使职权的行为既包括侵犯公民、法人或者其他组织财产权的行为，如违法提请人民法院冻结案件涉嫌人员的存款等，也包括侵犯人身权的行

---

① 王青斌：《论监察赔偿制度的构建》，载《政法论坛》2019 年第 3 期。

② 中共中央纪律检查委员会中华人民共和国国家监察委员会法规室编写：《〈中华人民共和国监察法〉释义》，中国方正出版社 2018 年版，第 283-284 页。

为，如采取留置措施时超过法定期限等。

3. 损害事实

损害事实是指监察机关和监察机关工作人员违法行使职权所造成的后果，是构成监察赔偿责任的客观要件，也是监察赔偿责任产生的前提。即损害必须是现实已经产生或者必然产生的，不是想象的、虚拟的损害，是直接的损害，不是间接的损害。

特别说明的是，国家赔偿责任是一种法定责任，符合法定赔偿条件的，相关监察机关将依法承担赔偿责任。故受损害人提出国家赔偿请求，应当在法定范围和期限内依照法定程序提出。对于不符合法定条件，或者不属于法定赔偿范围的，国家将不承担赔偿责任。

适用难点

《监察法》及《监察法实施条例》对监察赔偿违法归责原则、赔偿范围、责任方式等方面作了初步规定。作为新型国家赔偿责任，还要同步解决好与《国家赔偿法》的衔接适用问题，具体应关注以下难点问题。

一、监察赔偿义务机关的确定

监察赔偿责任是国家责任，但在个案中由相关监察机关具体承担赔偿责任。但监察赔偿义务机关不一定是造成违法侵权损害的国家机关或造成损害的公务人员所在机关，还可能是其他国家机关，甚至是经过授权或委托的国家机关之外的组织。[①] 监察机关及其工作人员违法行使职权侵犯公民、法人和其他组织的合法权益造成损害的，该机关为赔偿义务机关。具体而言：

（1）监察机关以自己的名义行使职权，导致公民、法人和其他组织的合法权益受损的，直接行使职权并造成损害的监察机关为赔偿义务机关。

① 马怀德主编：《监察法学》，人民出版社 2019 年版，第 407 页。

具体可以参照《国家赔偿法》第7条的有关规定，“两个以上行政机关共同行使行政职权时侵犯公民、法人和其他组织的合法权益造成损害的，共同行使行政职权的行政机关为共同赔偿义务机关。法律、法规授权的组织在行使授予的行政权力时侵犯公民、法人和其他组织的合法权益造成损害的，被授权的组织为赔偿义务机关。受行政机关委托的组织或者个人在行使受委托的行政权力时侵犯公民、法人和其他组织的合法权益造成损害的，委托的行政机关为赔偿义务机关。赔偿义务机关被撤销的，继续行使其职权的行政机关为赔偿义务机关；没有继续行使其职权的行政机关的，撤销该赔偿义务机关的行政机关为赔偿义务机关”。

（2）根据《监察法》第43条的规定，监察机关采取留置措施，应当由监察机关领导人员集体研究决定。设区的市级以下监察机关采取留置措施，应当报上一级监察机关批准。省级监察机关采取留置措施，应当报国家监察委员会备案。此种情况下，是由作出留置决定的监察机关作为赔偿义务机关，还是由批准、备案的监察机关为赔偿义务机关，《监察法》及《监察法实施条例》均未作出规定。但依照《国家赔偿法》第21条所规定的“决定者负责”原则确定赔偿义务机关，由作出监察赔偿决定的机关对错案承担整体责任更适宜。

（3）派驻的、派出的监察机构和监察专员直接行使职权并造成损害的，应由派驻或者派出它的监察委员会作为赔偿义务机关。根据《监察法》第12条的规定，各级监察委员会可以向本级中国共产党机关、国家机关、法律法规授权或者委托管理公共事务的组织和单位以及所管辖的行政区域、国有企业等派驻或者派出监察机构、监察专员。监察机构、监察专员对派驻或者派出它的监察委员会负责。由此看来，应当以派驻或者派出监察机构、监察专员的监察委员会作为赔偿义务机关。①

① 张红：《监察赔偿论要》，载《行政法学研究》2018年第6期。

二、监察赔偿程序

根据《〈中华人民共和国监察法〉释义》[①]，《监察法》出台后，《国家赔偿法》将作相应修改，对监察机关的国家赔偿责任相关内容作出规定。

公民、法人和其他组织请求监察机关给予国家赔偿的具体程序，应当按照《国家赔偿法》的有关规定执行。根据《国家赔偿法》的规定，国家赔偿有两种处理程序：一种是由赔偿请求权人在行政复议或行政诉讼时附带提起赔偿请求，其与行政复议和行政诉讼程序同时进行，适用同样程序；另一种是单独提起国家赔偿请求。《国家赔偿法》第 9 条第 2 款规定，“赔偿请求人要求赔偿，应当先向赔偿义务机关提出，也可以在申请行政复议或者提起行政诉讼时一并提出”。据此，赔偿请求人应先向监察赔偿义务机关提出赔偿请求，监察赔偿义务机关在收到赔偿申请人提出的赔偿请求后，在法定时限内作出是否赔偿的处理决定。

1. 监察赔偿请求的提起

监察赔偿的先行处理应当满足一定条件。首先是实质性条件：（1）赔偿请求人必须有赔偿请求权；（2）所提起的赔偿请求属于法律规定的监察赔偿事项；（3）必须向赔偿义务机关提起请求，《监察法实施条例》明确监察机关及其工作人员违法行使职权侵犯公民、法人和其他组织的合法权益造成损害的，该机关为赔偿义务机关；（4）赔偿请求必须在法定期限内提起。关于提起监察赔偿请求，还有以下形式条件：（1）递交申请书，申请书应当载明受害人的姓名、性别、年龄、工作单位和住所，法人或者其他组织的名称、住所和法定代表人或者主要负责人的姓名、职务；具体的要求、事实根据和理由；申请的年、月、日。（2）原则上需本人填写申请书，本人书写申请书确有困难的，可以委托他人代书，也可以口头申请，由赔偿义务机关记入笔录。（3）赔偿请求人不是受害人本人的，应当说明与受

---

① 中共中央纪律检查委员会中华人民共和国国家监察委员会法规室编写：《〈中华人民共和国监察法〉释义》，中国方正出版社 2018 年版，第 284 页。

害人的关系，并提供相应证明。

2. 对监察赔偿请求的处理

赔偿义务机关收到赔偿请求人当面递交的申请书后，应当当场出具加盖本监察机关专用印章并注明收讫日期的书面凭证。按照法律要求对申请书进行审查，申请材料不齐全的，赔偿义务机关应当当场或者在5日内一次性告知赔偿请求人需要补正的全部内容。

对于已经受理的监察赔偿请求，赔偿义务机关应当自收到申请之日起两个月内，作出是否赔偿的决定。处理过程中应当充分听取赔偿请求人的意见，并可以与赔偿请求人就赔偿方式、赔偿项目和赔偿数额依照《国家赔偿法》第4章的有关规定进行协商。赔偿义务机关决定赔偿的，应当制作赔偿决定书，并自作出决定之日起10日内送达赔偿请求人。赔偿义务机关决定不予赔偿的，应当自作出决定之日起10日内书面通知赔偿请求人，并说明不予赔偿的理由。

三、监察赔偿的归责原则

监察赔偿的归责原则要处理的核心问题是出于何种原因对某种行为承担赔偿责任。监察赔偿属于国家赔偿的一部分，从各国的法律规定来看，国家赔偿的归责原则主要有过错归责原则、违法归责原则和无过错归责原则。所谓过错归责原则，是指国家机关及其工作人员行使职权时因过错给公民、法人或其他组织的合法权益造成损害的，应承担赔偿责任；所谓违法归责原则，是指国家机关及其工作人员行使职权时的违法行为造成公民、法人或其他组织的合法权益损害的，应承担赔偿责任；所谓无过错归责原则，是指国家机关及其工作人员行使职权时损害公民、法人或其他组织的合法权益的，即要承担赔偿责任。我国《国家赔偿法》适用的是违法归责原则，简单明了、易于接受，避免了过错归责原则主观方面的认定困难，以及过错违法原则的双重标准。[①] 而从《监察法》第67条的表述来看，似乎看不

---

① 应松年、马怀德：《国家赔偿立法探索》，载《中国法学》1991年第5期。

出监察赔偿采取何种归责原则。但《监察法实施条例》第 280 条第 1 款规定："监察机关及其工作人员在行使职权时，有下列情形之一的，受害人可以申请国家赔偿：（一）采取留置措施后，决定撤销案件的；（二）违法没收、追缴或者违法查封、扣押、冻结财物造成损害的；（三）违法行使职权，造成被调查人、涉案人员或者证人身体伤害或者死亡的；（四）非法剥夺他人人身自由的；（五）其他侵犯公民、法人和其他组织合法权益造成损害的。"据此，造成损害事实的履职行为违法是产生监察赔偿的前提条件，只有监察机关违法行使职权并造成损害的，国家方承担监察赔偿责任，即适用违法归责原则。同时应当注意的是，按照《监察法实施条例》第 280 条第 1 款第 1 项规定采取留置措施后，决定撤销案件的，可以申请监察赔偿，这种情况下，监察机关采取留置措施本身是合法的，由此可以推断，监察机关及其工作人员对公民采取留置措施造成损害的，适用的应当是结果归责原则。因此，监察赔偿原则上采取的是违法归责原则与结果归责原则相结合的归责原则。①

四、不承担监察赔偿责任的情形

一般而言，监察机关或者监察人员违法行使职权造成公民、法人或者其他组织受到损害，监察机关应当给予赔偿。但在特定情形下，国家不承担赔偿责任，主要的情形有：

1. 因受害人自己的行为导致损害发生②

在"一果多因"的情况下，需要对造成损害结果的原因进行分析。如果损害结果的发生是因受害人自己的行为导致，则国家不承担监察赔偿责任。因受害人自己的行为导致损害发生，主要体现为以下几种情形：

（1）受害人自己故意作虚伪供述，或者伪造证据，从而导致被留置。应当注意的问题是：必须是受害人本人故意作虚伪供述，或者伪造证据；

---

① 张红：《监察赔偿论要》，载《行政法学研究》2018 年第 6 期。

② 王青斌：《论监察赔偿制度的构建》，载《政法论坛》2019 年第 3 期。

作虚伪供述或者伪造证据有不正当目的，而非受监察机关诱使；受害人出于过失导致被错误留置的，不免除监察赔偿责任。

（2）受害人自伤、自残等故意行为导致损害结果发生。这种情形不符合监察赔偿的构成要件，监察赔偿责任不成立。如果受害人自伤、自残行为是因为监察机关殴打、威胁、虐待等致使受害人难以忍受，不属于受害人故意自伤、自残行为，所造成的损害不应免除监察赔偿责任。

2. 因监察机关工作人员行使与职权无关的个人行为导致损害发生

监察机关工作人员行使与职权无关、以普通公民或自然人的身份实施某种行为，造成受害人损害的，此种情况下不符合监察赔偿的构成要件，应由监察机关工作人员个人承担责任，国家不承担监察赔偿责任。所谓“个人行为”，是指监察机关工作人员以个人名义而非监察机关工作人员身份实施的行为，与履职行为相对应。

3. 依照《刑事诉讼法》的相关规定不追究刑事责任的人被依法留置

《刑事诉讼法》第16条规定：“有下列情形之一的，不追究刑事责任，已经追究的，应当撤销案件，或者不起诉，或者终止审理，或者宣告无罪：（一）情节显著轻微、危害不大，不认为是犯罪的；（二）犯罪已过追诉时效期限的；（三）经特赦令免除刑罚的；（四）依照刑法告诉才处理的犯罪，没有告诉或者撤回告诉的；（五）犯罪嫌疑人、被告人死亡的；（六）其他法律规定免予追究刑事责任的。”《刑事诉讼法》第177条第2款规定：“对于犯罪情节轻微，依照刑法规定不需要判处刑罚或者免除刑罚的，人民检察院可以作出不起诉决定。”在这种情况下，国家不承担监察赔偿责任，但需要满足两个条件：（1）受害人有犯罪行为；（2）依照《刑事诉讼法》的相关规定不追究刑事责任或检察院作出不处理决定，主要的情形包括犯罪已过追诉时效期限、经特赦令免除刑罚、犯罪情节轻微、犯罪嫌疑人、被告人死亡等。

五、违反规定限制他人出境，或者不按规定解除出境限制是否属于监察赔偿范围

《监察法》第30条规定：“监察机关为防止被调查人及相关人员逃匿境

外，经省级以上监察机关批准，可以对被调查人及相关人员采取限制出境措施，由公安机关依法执行。对于不需要继续采取限制出境措施的，应当及时解除。”《最高人民法院关于限制出境是否属于国家赔偿范围的复函》（〔2012〕赔他字第1号）认为，人民法院在民事诉讼过程中违法采取限制出境措施的，属于国家赔偿范围。因此，被采取限制出境措施的人，可以理解为对人身自由的一种限制。违反规定限制他人出境，或者不按规定解除出境限制，造成损害的，应当承担监察赔偿责任。限制出境措施错误主要包括两种情形：（1）对错误对象采取限制出境措施；（2）在采取限制出境措施后违反规定不予解除。需要注意的是，限制出境措施因为影响了被监察对象的人身权，依法应当属于监察赔偿的范围，但鉴于其是一种对人身自由的“弱限制”，并且在防止监察对象逃离方面有重要作用，是否需要给予赔偿，需要根据是否损害被限制出境的公民的财产权来具体判断。《最高人民法院关于限制出境是否属于国家赔偿范围的复函》对此予以了确认，明确了只有在“因违法采取限制出境措施造成当事人财产权的直接损失”的情况下，才需要给予赔偿。①

法规依据

《监察法》第67条

《监察法实施条例》第280—281条

---

① 王青斌：《论监察赔偿制度的构建》，载《政法论坛》2019年第3期。

反腐败国际合作

知识点图解

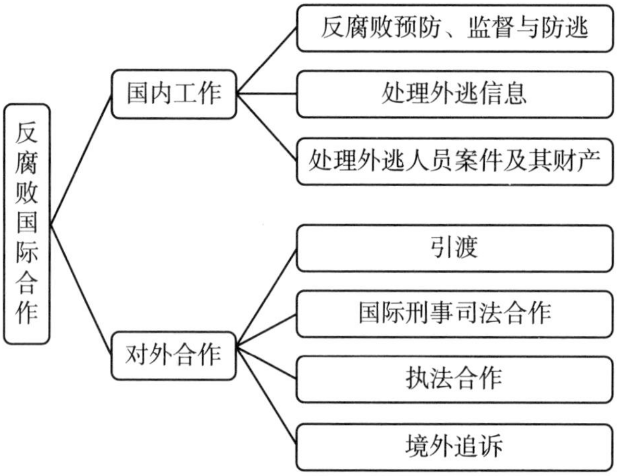

图 24　反腐败的国际合作知识点总结

规范解读

一、监察委员会在国际反腐败工作中的职能

《监察法》第 50 条专门规定了国家监察委员会在国际反腐败工作中的

职责，下面分别从职责主体和职责内容两方面进行阐述。

1. 职责主体

2018 年颁布的《国际刑事司法协助法》，确定了国家监察委员会为国际刑事司法协助的主管机关之一，这也是继最高人民法院、最高人民检察院、公安部、国家安全部等部门之后的又一国际刑事司法协助主管机关。《国际刑事司法协助法》赋予监察机关在腐败犯罪案件调查等活动中，与外国有关部门和机构开展反腐败国际合作和刑事司法协助的职责。国家监察委员会在国际刑事司法合作中可以根据《宪法》和《监察法》独立行使职权，履行一定的刑事司法职能。

国家监察委员会是国际反腐败工作的统筹协调主体，国家监察委员会派驻或者派出的监察机构、监察专员和地方各级监察机关办理涉外案件中有关执法司法国际合作事项，应当逐级报送国家监察委员会审批，由国家监察委员会与有关国家或地区相关机构沟通协调；同时，有关国家或地区相关机构需要派员赴中华人民共和国境内开展反腐败执法活动的，也应当由国家监察委员会与其沟通协调。

地方各级监察机关在国家监察委员会领导下，统筹协调、督促指导本地区反腐败国际追逃追赃等涉外案件办理工作。各地区的反腐败国际追逃追赃和防逃协调机制由省级监察委员会会同有关单位健全建立。同时国家监察委员会派驻或者派出的监察机构、监察专员统筹协调、督促指导本部门反腐败国际追逃追赃等涉外案件办理工作。

在国家监察委员会内部，由国际合作局统一管理监察机关反腐败国际追逃追赃等涉外案件办理工作。地方各级监察委员会应当明确专责部门，统一管理本地区涉外案件办理工作。腐败案件承办部门在调查过程中，发现被调查人或者重要涉案人员外逃、违法所得及其他涉案财产被转移到境外的，可以请追逃追赃部门提供工作协助。监察机关将案件移送人民检察院审查起诉后，仍有重要涉案人员外逃或者未追缴的违法所得及其他涉案财产的，应当由追逃追赃部门继续办理，或者由追逃追赃部门指定协调有关单位办理。

2. 职责内容

监察机关反腐败国际合作的职责内容主要分为三个部分：一是统筹协调与其他国家、地区、国际组织开展的反腐败国际交流、合作；二是组织反腐败国际条约实施工作；三是督促指导各级监察机关反腐败国际追逃追赃等涉外案件的办理工作。

（1）统筹协调与其他国家、地区、国际组织开展的反腐败国际交流、合作。

国家监察委员会的职责内容强调的是其在国际反腐败合作中的统筹规划与协调作用。而引渡、资产的追回、司法协助等具体的反腐败工作仍然需要具体的职能部门办理。国家监察委员会的职责侧重的是与国际组织的交流合作，加强反腐败信息的共享。

国家监察委员会在开展广泛的国际交流与合作的过程中，需要对“其他国家、地区”的范围进行甄别。对于国家而言，国家监察委员会在国际反腐败工作的合作过程中面对享有主权的国家，在遵从我国外交政策的前提下，摒弃意识形态上的差异和其他有歧视性的因素一律平等对待。然而，地区不同于享有主权的国家，需要进一步总结经验、谨慎甄别。例如，在“一国两制”的背景下，我国香港地区实行高度的自治，同时由于地理位置的便利以及经济的繁荣，一部分腐败分子可能借由香港出逃，我国虽然没有在香港设立监察机构，但是可以根据《监察法》第 50 条的规定深化同香港廉政公署的交流与合作，共同致力于打击腐败犯罪，同时将处理互涉案件的经验进一步应用到国际反腐败合作领域。

（2）组织反腐败国际条约实施工作。

作为反腐败主体的国家监察委员会，其中一项重要的职责就是组织反腐败国际条约的实施工作。我国已经加入《联合国反腐败公约》《联合国打击跨国有组织犯罪的公约》等国际公约。截至 2020 年 11 月，我国已经与 81 个国家缔结引渡条约、司法协助条约、资产返还与分享协定等共 169 项，与

56个国家和地区签署金融情报交换合作协议。

国家监察委员会组织《联合国反腐败公约》等反腐败国际条约的实施以及履约审议等工作，承担《联合国反腐败公约》司法协助中央机关有关工作。

（3）督促指导各级监察机关反腐败国际追逃追赃等涉外案件的办理工作。

根据《监察法实施条例》第234条第3款规定，国家监察委员会组织协调有关单位建立集中统一、高效顺畅的反腐败国际追逃追赃和防逃协调机制，统筹协调、督促指导各级监察机关反腐败国际追逃追赃等涉外案件办理工作，应当具体履行以下职责：制定反腐败国际追逃追赃和防逃工作计划，研究工作中的重要问题；组织协调反腐败国际追逃追赃等重大涉外案件办理工作；办理由国家监察委员会管辖的涉外案件；指导地方各级监察机关依法开展涉外案件办理工作；汇总和通报全国职务犯罪外逃案件信息和追逃追赃工作信息；建立健全反腐败国际追逃追赃和防逃合作网络；承担监察机关开展国际刑事司法协助的主管机关职责；承担其他与反腐败国际追逃追赃等涉外案件办理工作相关的职责。

二、反腐败国际合作的六大领域

《监察法》第51条规定："国家监察委员会组织协调有关方面加强与有关国家、地区、国际组织在反腐败执法、引渡、司法协助、被判刑人的移管、资产追回和信息交流等领域的合作。"因此，反腐败国际合作的领域主要是反腐败执法、引渡、司法协助、被判刑人的移管、资产追回以及信息交流。同时，《联合国反腐败公约》第44—47条中也规定了司法合作的内容，与《监察法》规定的反腐败合作领域类似。

1. 反腐败执法

反腐败的国际执法合作，一般是指我国公安机关、司法行政部门等，与有关国家、地区、国际组织在调查案件以及抓捕外逃腐败人员等方面开展的合作。《联合国反腐败公约》第48条第1款将执法合作定义为，“缔约国应当在符合本国法律制度和行政管理制度的情况下相互密切合作，以加强打击本公约所涵盖的犯罪的执法行动的有效性。”其具体措施为：建立反腐败执法合作的联系渠道；互通腐败犯罪情报；建立人员交流以及互派联络员制度。

2. 引渡

引渡，是指不同国家相互根据请求将在本国境内发现的、在对方国家受到刑事追诉或者已被判处刑罚的人移交给请求国，以便对其提起刑事诉讼或者执行刑罚的合作。[①] 在我国近几年的追逃实践中，运用最多的是劝返措施。所谓劝返，就是对境外在逃的犯罪嫌疑人进行规劝，使其自愿回国接受审判，从而规避通过引渡程序带来的不确定性。

“政治犯不引渡”是引渡程序中一项重要的原则，由于国家政体的不同，对于“政治犯”的定位也会存在差异，有可能我国作为腐败犯罪处理的行为，在另一国看来可能属于政治行为，从而导致反腐败国际合作难以顺利开展。反腐败国际合作中的引渡，以条约或互惠原则为基础。《监察法》授权国家监察委员会负责组织协调有关引渡的国际合作。例如，国家监察委员会同外交部依据中保引渡条约，从保加利亚成功引渡浙江省新昌县原常务副县长姚锦旗，这是我国首次从欧盟成员国引渡职务犯罪嫌疑人。

3. 司法协助

司法协助，是指根据双边条约、多边条约或以互惠为基础，我国与有关国家、地区之间，在对条约或协定等所涵盖的犯罪进行的侦查、起诉和审判过程中，相互提供最广泛的司法方面的协助。《国际刑事司法协助法》第6条规定：“国家监察委员会、最高人民法院、最高人民检察院、公安部、国家安全部等部门是开展国际刑事司法协助的主管机关，按照职责分工，审核向外国提出的刑事司法协助请求，审查处理对外联系机关转递的外国提出的刑事司法协助请求，承担其他与国际刑事司法协助相关的工作。在

---

① 黄风、凌岩、王秀梅：《国际刑法学》，中国人民大学出版社2007年版，第191页。

移管被判刑人案件中，司法部按照职责分工，承担相应的主管机关职责。办理刑事司法协助相关案件的机关是国际刑事司法协助的办案机关，负责向所属主管机关提交需要向外国提出的刑事司法协助请求、执行所属主管机关交办的外国提出的刑事司法协助请求。”

4. 被判刑人的移管

被判刑人的移管，是指外逃人员所在国依据本国法和我们提供的证据，对我国外逃人员进行定罪判刑后，将该外逃人员移交我国服刑。移管被判刑人则是非强制性的，这种合作的开展应当得到判刑国、执行国和被判刑人的同意，没有被判刑人的同意，不能开展这样的移管合作。我国对被判刑人进行移管主要是根据双边的公约或者相关的政策及法律依据。目前，我国还没有关于移管被判刑人的专门法律。

5. 资产追回

资产追回，是指对贪污贿赂等犯罪嫌疑人携款外逃的，通过与有关国家、地区、国际组织合作，追回犯罪资产。《联合国反腐败公约》第 5 章资产的追回主要规定了两种追回方式：直接追回与间接追回。直接追回，是指当某缔约国的资产因腐败犯罪被转移到另一缔约国，而另一缔约国没有采取没收等措施处置时，通过一定的途径，主张对该资产的合法所有权，予以追回。间接追回，是指某缔约国依据本国法律或者执行另一缔约国法院发出的没收令，没收被转移到本国境内的腐败犯罪所得的资产后，再返还给另一缔约国。

6. 信息交流

信息交流是指我国与有关国家、地区或者国际组织之间加强共享有关反腐败的专门知识和资料，以及反腐败的方法与经验，进而提高反腐败国际合作的效率。《联合国反腐败公约》第 60 条主要从三个方面对信息交流提出具体要求，一是各缔约国均应当考虑在同专家协商的情况下，分析其领域内腐败方面的趋势以及腐败犯罪实施的环境；二是缔约国应当考虑为尽可能拟订共同的定义、标准和方法而相互并通过国际和区域组织发展和共享统计数字、有关腐败的分析性专门知识和资料，以及有关预防和打击腐败的最佳做法的资料；三是各缔约国均应当考虑对其反腐败政策和措施进行监测，并评估其效力和效率。《监察法》中规定反腐败信息交流的内容，一方面是对《联合国反腐败公约》的具体落实，另一方面也是对目前数据时代背景下反腐败工作新样态的回应。

三、反腐败国际合作的工作内容

监察机关反腐败国际合作的工作内容主要分为两个部分：一是国内工作，其内容主要包括预防、监督与防逃，拟适用缺席审判程序与违法所得没收程序；二是对外合作，其内容主要是依法追捕外逃人员和追缴境外违法所得的涉案财产，与其他国家或地区开展国际反腐败合作。

1. 国内工作

（1）预防、监督与防逃。

党的十九届中央纪委三次全会提出，要深度参与反腐败国际治理，一体推进追逃防逃追赃工作。因此，做好防逃工作是反腐败国际合作中国内工作的重要任务。所谓“防逃”，是指通过加强组织管理和干部监督，查询、监控涉嫌职务犯罪的公职人员及其相关人员进出国境和跨境资金流动情况，完善防逃措施，防止涉嫌职务犯罪的公职人员外逃。

监察机关进行防逃工作，应当注重以下三点：

一是加强对公职人员的日常教育、管理和监督。监察机关应当将防逃工作纳入日常监督内容，督促相关机关、单位建立健全防逃责任机制。监察机关在监督、调查工作中，应当根据情况制定对监察对象、重要涉案人员的防逃方案，防范人员外逃和资金外流风险。监察机关应当会同同级组织人事、外事、公安、移民管理等单位健全防逃预警机制，对存在外逃风险的监察对象早发现、早报告、早处置。

二是完善防逃措施，筑牢防逃堤坝。要严格执行公职人员护照管理、出入境审批报备制度，认真落实对配偶子女移居国（境）外的国家工作人员相关管理规定，定期开展“裸官”清理，做好对党员领导干部个人有关事项报告情况的抽查核实。对重点对象要及时采取监控措施，同时加强反洗钱工作，切断非法资金的外流渠道，冻结腐败分子在国内的动产不动产，堵住赃款外流渠道。

三是强化责任追究。强化责任意识，发现有严重职务违法犯罪情节的公职人员企图外逃要立即报告、迅速处置，该采取措施的就要及时采取措施，该立案调查的就要尽快调查。如果能发现的问题没有发现，发现了问题不报告或采取措施不及时，都是失职失责，必须依法严肃追究责任。

（2）拟适用缺席审判程序与违法所得没收程序。

2012年，为加快国内立法与《联合国反腐败公约》《联合国打击跨国有组织犯罪公约》等国际公约、条约的衔接，《刑事诉讼法》设立违法所得没收特别程序，在不对被告人定罪的前提下，实现对涉案财物及其孳息的没收和追缴。2018年，为加强境外追逃工作的力度和手段，激活执行引渡条款，《刑事诉讼法》进一步设立缺席审判程序，旨在构建常设的追赃追逃机制。

监察机关拟适用缺席审判程序与违法所得没收程序，应当注意以下两点：

一是监察机关仅为拟适用主体，两程序的适用仍需经由人民检察院向人民法院提出申请。由于缺席审判程序与违法所得没收程序位于刑事审判阶段，为实现法法衔接，监察机关应当出具《起诉意见书》或《没收违法所得意见书》，连同案卷材料、证据等，一并移送人民检察院。

二是监察机关拟适用两程序应符合实体条件、程序条件与证据条件。在实体条件方面，拟适用缺席审判程序应满足涉嫌贪污贿赂犯罪、被调查人在境外两个条件。拟适用违法所得没收程序应满足三个条件：涉嫌贪污贿赂、失职渎职等职务犯罪；被调查人逃匿，在通缉一年后不能到案，或者被调查人死亡；依法应当追缴其违法所得及其他涉案财产。在程序条件方面，监察机关拟适用两程序，应当经集体审议；拟适用缺席审判程序，还应当逐级报送国家监察委员会同意。在证据条件方面，拟适用缺席审判程序应达到“被调查人犯罪事实已经查清，证据确实、充分”的证明标准。

2. 对外合作

（1）反腐败国际追逃。

反腐败国际追逃，是指对于逃匿到国（境）外的涉嫌重大贪污贿赂、失职渎职等职务犯罪的被调查人，在掌握证据比较确凿的情况下，通过开展境外追逃工作将其追捕归案。我国反腐败国际追逃措施主要有四种，分别为引渡、国际刑事司法协助、执法合作和境外追诉。

一是引渡，是指根据双边条约、多边条约或以互惠为基础，向外逃涉案人所在地国家提出请求，将涉嫌犯罪人员移交给国内进行追诉和处罚。引渡有严格的限定条件，当前的主要原则有：政治犯不引渡原则；死刑不引渡原则；本国公民不引渡原则；双重归罪原则；条约前置主义。地方各级监察机关通过引渡方式办理相关涉外案件的，应当按照《引渡法》、相关双边及多边国际条约、相关国家法律等规定准备引渡请求书及相关材料，逐级报送国家监察委员会审核。由国家监察委员会通过外交等渠道向外国提出引渡请求。

二是国际刑事司法协助，是指一国的法院或者其他的司法机关，根据另一国的法院或者其他司法机关的请求，代为或者协助实行与刑事诉讼有关的司法行为。地方各级监察机关通过刑事司法协助方式办理相关涉外案件的，应当按照《国际刑事司法协助法》、相关双边及多边国际条约、相关国家法律等规定准备刑事司法协助请求书及相关材料，逐级报送国家监察委员会审核。由国家监察委员会直接或者通过对外联系机关等渠道，向外国提出刑事司法协助请求。

三是执法合作，又称国际警务合作，是指不同国家的警察机关之间，根据本国法律或者参加的国际公约，在惩治国际性犯罪，维护国际社会秩序领域相互提供援助、协调配合的一种执法行为。地方各级监察机关通过执法合作方式办理相关涉外案件的，应当将合作事项及相关材料逐级报送国家监察委员会审核。由国家监察委员会直接或者协调有关单位，向有关国家或地区相关机构提交并开展合作。

四是境外追诉，又称异地起诉，是指在我国无法行使管辖权时，通过让渡管辖权给外逃所在地国，支持外逃所在地国依据该地法律和我国提供的证据，对我国外逃人员进行定罪判刑。外逃人员被定罪判刑后，往往会被强制遣返，届时可将其递解回国接受法律制裁。地方各级监察机关通过境外追诉方式办理相关涉外案件的，应当提供外逃人员违反相关国家或地区法律的线索和证据，逐级报送国家监察委员会审核。由国家监察委员会直接或者协调有关单位向有关国家或地区相关机构提交，请其依据当地法律对外逃人员调查、起诉和审判，并商有关国家或地区遣返外逃人员。

（2）反腐败国际追赃。

“反腐败国际追赃”，是指对贪污贿赂等犯罪嫌疑人携款外逃的，通过提请赃款赃物所在国查询、冻结、扣押、没收、追缴、返还涉案资产，追回犯罪资产。具体而言，开展追赃国际合作的手段主要有四种：一是在监察机关的追缴方式包括在开展引渡等追逃合作时，随附请求有关国家或地区移交相关违法所得及其他涉案财产。针对携款外逃的贪污贿赂等犯罪嫌疑人，我国依据双边引渡条约或多边含有引渡条款的国际公约或互惠原则，向嫌犯所在地国提出引渡请求时，一般情况下都会随附提出“移交赃款赃物”的请求，或在引渡的同时开展追赃国际合作。二是依法启动违法所得没收程序，由法院对相关违法所得及其他涉案财产作出冻结、没收裁定，请有关国家或地区承认和执行，并予以返还。《刑事诉讼法》设定了针对贪污贿赂犯罪、恐怖活动犯罪等重大犯罪案件的违法所得没收特别程序，规定犯罪嫌疑人逃匿或死亡，可由检察院提出申请，法院依法作出没收裁定，然后请求涉案资产所在地国予以承认和执行。三是请有关国家或地区根据当地法律追缴相关违法所得及其他涉案财产，并予以返还。四是受害人或受害单位在赃款赃物所在地国，可以通过民事诉讼方式追回犯罪资产。根据《联合国反腐败公约》和大多数国家的法律，因贪污、挪用公款、侵占等犯罪遭受物质损害的受害人（或单位），针对其受到损失的财产部分，有权以民事原告的身份向法院对侵权人（以及刑事案件的犯罪嫌疑人等）提起财产侵权或确权的民事诉讼，要求民事被告返还侵权之物或赔偿损失。

适用难点

一、跨国腐败犯罪在调查取证中存在较大困难

由于腐败分子逃往境外和涉案资产流向境外，犯罪行为地和结果地均不在国内，因此监察机关在跨国腐败犯罪案件中进行证据的提取、收集，证人证言的获得以及语言翻译等方面，势必存在诸多困难。腐败案件隐蔽程度较高，知情人较少。在实践中，跨国腐败犯罪通常需要一个系统、复杂的作案过程才能够完成，由于该类犯罪是以动态的方式形成的，因而监察机关很难通过对犯罪嫌疑人的持续调查和分析获取证据。如贪官外逃会经过聚敛财产、海外安家、资产转移、择机出逃几个步骤，通过子女留学、亲属移民、开办海外公司等方式，实现资产的远距离转移后，有计划地出逃，或者在犯罪线索被发现时仓皇出逃。同时，腐败案件的知情人通常是案件当事人、行贿人或其亲朋好友等，属于既得利益者，因而都不愿向办案机关作证，有的经过耐心说服虽然向办案机关作证，随后又出现翻证现象，使监察机关很难固定证据。

除此之外，腐败分子外逃、转移资产的作案手法日趋复杂，出现了诸如以低卖高买、合作投资、委托理财、挂名领取薪酬等名义和形式掩盖犯罪，钻法律空子的新型犯罪形式。随着国际经济往来增多，一些腐败分子通过贸易项目转移资产，趁出国访问、经商贸易之机，在境外收受贿赂，或者隐瞒巨额来源不明的境外存款，这种方法更为隐蔽，监察机关要想查清所有的犯罪事实和涉案财产，需要耗费相当多的人力、物力、精力，查办周期较长，为侦破案件工作带来更大的困难。

二、国家间的政治制度与意识形态存在差异

腐败犯罪系由公职人员利用职权而实施的一类犯罪，常常涉及公共职务或公共财产，与政治因素有着不可分割的密切联系，由于各国在意识形态、政治体制等方面存在较大差异，对反腐败国际合作也会造成影响。当前，国际社会通过《联合国反腐败公约》等法律平台，已经形成了包括双边合作、区域合作和全球合作在内的多层面国际合作机制，但发达国家与发展中国家在实践中并未处于同等的地位。有的发达国家有意无意地突出意识形态问题，实行双重标准，为国家合作制造种种障碍和附加各种政治条件；有的为了实现自己的世界霸权和全球战略，利用腐败问题来干涉他国内政，甚至更迭他国政权，这使发展中国家在反腐败国际刑事司法协助中经常面临着捍卫主权的挑战。例如，政治犯罪不引渡原则一直是国际社会及各国政府所遵循的一个原则，从引渡领域扩展到所有的刑事司法协助领域，已成为普遍承认的国际合作拒绝事由。然而，有的腐败分子在海外隐瞒自己的犯罪行为，强调自己的出逃是由于政治迫害，要求根据国际法中“政治犯不引渡”的原则，获得难民资格或政治庇护。由于被指控的嫌疑人是在被请求国的领域内，如何认定政治犯罪只能由被请求国决定，一些国家会因意识形态差异等政治因素，将他国惩治腐败犯罪的行为认为是政治派别倾轧或打击持不同政见者，或认为腐败犯罪涉及国家财产事项属于政治行为，并以此为由拒绝国际合作。尽管《联合国反腐败公约》第44条第4款规定：“在以本公约作为引渡依据时，如果缔约国本国法律允许，根据本公约确立的任何犯罪均不应当视为政治犯罪。”该条款对于是否认定政治犯罪仍交给缔约国的国内法裁量，赋予了缔约国以国内法规定为由而拒绝提供协助的权力，由于各国法律体系和具体条文的极大差别，加上所在国政治气氛时常变化，因而并不能彻底解决上述困惑。

三、国家之间的法律存在冲突

国家之间开展反腐败国际合作的前提是双方对腐败犯罪的认识是基本相

同的，对犯罪行为的刑罚也是相近的。尽管《联合国反腐败公约》为国际反腐败事业奠定了坚实的法律基础，但各国在反腐败法制方面仍存在差异与冲突。外逃的腐败分子正是利用这一现象，选择与本国法制差异很大或者由于其他原因难以订立引渡条约的国家，或者一些处于转型期、法制不发达的国家，逃避本国法律的制裁。正是由于国际间的法律冲突和司法管辖壁垒，使得缉拿外逃贪官、追回腐败资产非常困难。例如，各国对于腐败犯罪的类型存在不同认识，如“贿赂”的范围是否局限于财产性利益，“公职人员”的范围，贿赂外国公职人员是否构成犯罪等。根据双重定罪的原则，即使这样的行为在一国受到追诉，在另一国却不作犯罪行为来处理，在很大程度上阻碍了反腐败法制形成统一标准。又如，“死刑犯不引渡”的原则已成国际惯例，受国际人权运动的影响，世界上许多国家对死刑持排斥适用的立场，目前已有一百多个国家从法律上或司法实践上废除死刑适用，只有几十个国家还在执行。如果一国对于贪污贿赂犯罪最高刑为死刑，而另一国的国内法存在“死刑犯不引渡”的规定，就使得引渡腐败分子在法律上存在障碍。

四、缺席审判程序与违法所得没收程序的适用存在问题

缺席审判程序与违法所得没收程序在学术讨论与实际适用上存在“热”与“冷”的落差。在当前实践中，缺席审判程序的适用仅有一例；① 违法所得没收程序亦适用极少且适用方式不一，效果不尽如人意。相关法律与实施细则亟待完善。例如，在缺席审判程序方面，贪污贿赂案件的调查严重依赖被调查人的供述，在被调查人逃匿境外的情况下，一般难以达到相关证明标准。② 但是，降低拟适用缺席审判程序的证明标准，又将无法与刑事审判的证明标准相一致，因而陷入两难境地。在违法所得没收程序方面，

---

① 张军：《最高人民检察院工作报告》，第十三届全国人民代表大会第四次会议，2021 年 3 月于北京。

② 施鹏鹏：《缺席审判程序的进步与局限——以境外追逃追赃为视角》，载《法学杂志》2019 年第 6 期。

我国当前认定违法所得的标准为“直接关联”标准，即与犯罪行为有直接关联的财物及其孳息方可认定为违法犯罪所得。① 显然，该认定标准范围偏小，已难以满足贪污贿赂、失职渎职等职务犯罪案件调查的需求，可能遗漏“洗白”的违法所得。此外，监察机关对于犯罪所得以外的其他违法所得的界定与处置，依然存在适用上的分歧。②

五、地方监察机关的追逃追赃机构缺乏专门性、专业性

当前，地方监委多数没有单独设立追逃追赃的专门机构。单设追逃追赃小组，有利于职能分工、提高办案效率。例如，香港廉政公署甚至单设“犯罪得益小组”，专责限制、披露及没收资产。此外，追逃追赃部门专业力量不足。对外司法执法合作实践经验不足，对国际规则和有关国家法律研究运用不够，打“法律战”能力有待提高。

典型案例

【基本案情】

许某1为中国银行开平支行原行长，2001年10月初，中国银行在首次对全国计算机实现联网监控时，发现开平支行的账目存在高达4.83亿美元联行资金的缺口，10月12日，银行方面发现许某2、余某某、许某1下落不明，随即报案。经公安机关紧急侦查，发现涉嫌挪用巨资的这三任行长已潜逃到中国香港，随后转机到了加拿大、美国。许某1将这笔巨资转移到香港，购买房地产、炒卖外汇、股票，或经由赌场洗钱，将赃款进一步转移到海外，并企图把300多万美元存进拉斯维加斯几家赌场洗钱。2001年11月，中国公安部经由国际刑警组织发出红色通缉令。为了抓捕许某2和

---

① 何鑫：《刑事违法所得数额的司法认定问题研究——以特别没收为视角》，载《法律适用》2020年第11期。

② 刘仁海：《职务犯罪“其他违法所得”的认定与处置》，载《法学》2021年第5期。

他的同伙，司法部于 11 月向美国和加拿大请求司法协助，通过三国执法部门的通力合作，许某 2 等人银行账户被冻结。

在中央纪委的统一协调下，有关部门迅速行动，该案的 3 名主犯逐一被遣返回国，接受审判。

首先落网的是余某某。2004 年 4 月，案犯余某某自愿回国受审。2006 年 3 月，江门市中级人民法院以贪污和挪用公款两项罪名判处余某某有期徒刑 12 年，并处没收个人财产人民币 100 万元；追缴涉案款物及违法所得，退赔受害单位和上缴国库。

在中国的多方面司法协助下，2009 年 5 月，许某 2 在美国被判 25 年有期徒刑。2018 年，外逃美国 17 年之久的许某 2 被强制遣返回国。2021 年 10 月 13 日，江门市中级人民法院以贪污和挪用公款两项罪名判处许某 2 有期徒刑 13 年，并处罚金人民币 200 万元；对犯罪所得赃款予以追缴。法院还查明，自 1993 年始，许某 2 利用担任中国银行开平支行行长、中国银行广东省分行业务处处长等职务便利，贪污公款美元 6221.73 万余元、港币 1.29 亿余元，挪用公款人民币 3.55 亿余元、港币 2000 万元、美元 1.24 亿余元。许某 2 是国家监委成立后第一个从境外遣返的职务犯罪嫌疑人，也是我国在发达国家实现异地追诉、异地服刑后强制遣返重要职务犯罪逃犯的第一起成功案例，也是第一次依据中美刑事司法协助协定开展合作。

许某 1 夫妇于 2004 年 9 月在美国堪萨斯州被捕，并以洗钱、共谋转移赃款等罪名在美国被判处 22 年有期徒刑。据中央纪委国家监委消息：2021 年 11 月 14 日，在中央反腐败协调小组国际追逃追赃工作办公室统筹协调下，经有关部门和广东省监察机关共同努力，外逃 20 年的职务犯罪嫌疑人许某 1 被强制遣返回国。

【案例分析】

“开平支行案”三位主犯的追逃回国意义影响深远。在这期间，中美之间的司法合作起到了至关重要的作用。2009 年在中美两国的共同努力下实现了对许某 2、许某 1 及其二人的妻子的异地追诉，这也标志着中美之间的反腐败国际合作有了重大突破。对于这些出逃国（境）外的贪污人员来说，他们可能会认为逃出境内就是一条“生路”。但随着我国的发展以及我国与境外的反腐败合作的不断深入，这些人“逃”出去也只能是“绝路”。

法规依据

《监察法》第50—52条

《监察法实施条例》第233—250条

党纪篇

纪检监察核心词条释义

惩前毖后、治病救人｜监督执纪“四种形态”｜请示报告制度｜党纪处分运用规则｜对违法犯罪党员的纪律处分｜六大纪律｜有关责任人员的区分｜党内问责｜党的领导干部党员领导干部｜约谈｜谈话函询｜提醒谈话（谈话提醒）｜诫勉（诫勉谈话）｜初步核实｜立案审查｜审理｜回避制度｜申诉、复议复查和审查｜巡视巡察｜一体推进“三项改革”

惩前毖后、治病救人

知识点图解

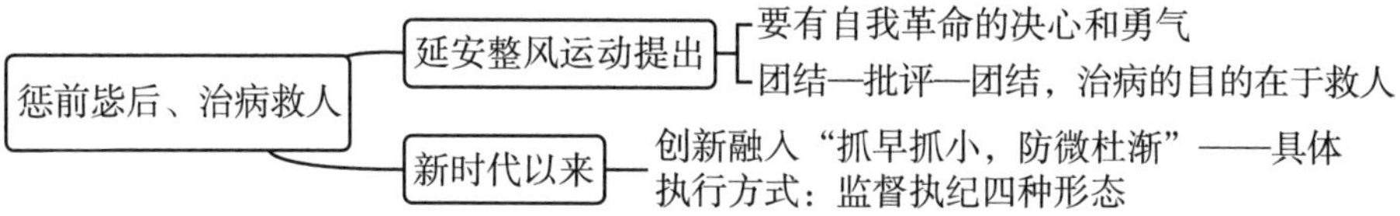

图 25　“惩前毖后、治病救人”知识点总结

规范解读

“惩前毖后、治病救人”既是党内思想方法和组织手段，是党内政治生活准则，也是党监督执纪的原则，由毛泽东同志首先提出并使用。1942 年 2 月，毛泽东同志在《整顿党的作风》这篇讲话中指出：“我们反对主观主义、宗派主义、党八股，有两条宗旨是必须注意的：第一是‘惩前毖后’，第二是‘治病救人’。”毛泽东同志进一步阐释道，“惩前毖后”就是“对以前的错误一定要揭发，不讲情面，要以科学的态度来分析批判过去的坏东西，以便使后来的工作慎重些，做得好些”。然而，我们揭露缺点、批判错误的目的在于纠正错误、克服缺点，而不是把人整死。毛泽东同志打比方说：“好像医生治病一样，完全是为了救人。”“治病救人”就好比一个人得了阑尾炎，医生通过手术把阑尾切割掉了，便治好了这个人的病，把人救过来了。毛泽东同志强调："任何犯错误的人，只要他不讳疾忌医，不固执错误，以至于达到不可救药的地步，而是老老实实，真正愿意医治，愿意改正，我们就要欢迎他，把他的毛病治好，使他变为一个好同志。"因此，一个同志犯了错误，我们帮助他指出错误、纠正错误、克服缺点、转变成好同志，这就是"惩前毖后、治病救人"。毛泽东同志指出，对待思想上的毛病和政治上的毛病，决不能采用鲁莽的态度。纠正这些毛病"绝不是痛快一时，乱打一顿，所能奏效的"，采用"治病救人"的态度，才是正确有效的方法。

新中国成立后，毛泽东同志进一步发展和完善了"惩前毖后、治病救人"的方针。1956 年 4 月，他在《论十大关系》中，首次提出"一看、二帮"的政策，即："对于犯了错误的同志，一要看，二要帮，采取'惩前毖后、治病救人'的方针"。何为"一看、二帮"呢？毛泽东同志对此作出了详细的解释："犯了错误，无非有两个可能：一个改，一个不改，一个能够改正，一个不能改正。所谓看者，就是看他改不改。所谓帮者，就是帮他改。犯了错误，要有一个等候的时期。"毛泽东同志还指出，对待犯错误的人是采取帮助的态度还是采取敌视的态度，"这是区别一个人是好心还是坏心的一个标准"。他强调，"好意对待犯错误的人，可以得人心，可以团结人"，而"对于革命来说，总是多一点人好"。因此，毛泽东同志明确指出，"惩前毖后、治病救人"的方针，是"团结全党的方针"，强调"我们必须坚持这个方针"。对于这个问题，《关于若干历史问题的决议》也指出，任何过去犯过错误的同志，只要他已经了解和开始改正自己的错误，就应该不存成见地欢迎他，团结他为党工作。即使还没有很好地了解和改正错误，但已不坚持错误的同志，也应该以恳切的同志的态度，帮助他去了解和改正错误。帮助犯错误的同志并不是庇护他的错误。既不是不分是非、不讲原则的"和稀泥"，为所犯的错误无依据地一味辩解辩护，也不是偏袒包庇错误、文过饰非，或为了什么关系而违反原则地说好话、"打埋伏"等。我们讲的“帮助”，是帮助犯错误的同志深刻认识自己的错误、认真纠正这些错误、以后不再犯同样的错误。帮助犯错误的同志首先要帮助他认清是非、认识错误。毛泽东同志指出，“是非一定要搞清楚”，不允许含糊。这就需要帮助犯错误的同志重新学习党的基本观点、基本立场和基本原则，学习党章、准则和纪律规范，需要对所犯的错误进行深入分析，对错误的行为及其产生的主客观原因进行剖析和批评，指出其错误所在、错误的根源所在、错误的危害所在，帮助犯错误的人查找思想根源、认识错误产生的根源，这样才能为改正错误提供良好的基础和前提。帮助犯错误的同志认清是非、认识错误，包括开展认真的批评、必要的斗争。毛泽东同志说，按照情况，对于犯错误的同志采取恰如其分的合乎实际的批评，甚至必要的斗争，这是正常的，是为了帮助他们改正错误。帮助犯错误的同志认清是非、认识错误、纠正错误的过程，是一个耐心细致说服教育和深入的思想政治工作的过程。尤其是分清是非曲直、解决思想认识问题，“既不能草率从事，也不能操切从事”，必须通过深入的思想教育、发扬党内民主、开展充分的批评和自我批评去解决。

毛泽东同志在1957年《关于正确处理人民内部矛盾的问题》讲话中指出，“左”倾教条主义者从前采用的方法叫作“残酷斗争，无情打击”。这是一个错误的方法。我们采取了一个新方法，就是从团结的愿望出发，经过批评或者斗争，分清是非，在新的基础上达到新的团结。这个方法在延安整风时采用的。经过几年之后，“果然达到了全党团结的目的”。毛泽东同志说，从这个经验里，我们找到了一个公式：团结—批评—团结。或者说，惩前毖后、治病救人。党的十一届五中全会通过的《关于党内政治生活的若干准则》则将“惩前毖后、治病救人”与“团结—批评—团结”结合起来作为对待犯错误同志应采取的正确方针的基本内容，以“达到既弄清思想又团结同志的目的”。因此，我们在理解毛泽东同志“惩前毖后、治病救人”的思想时，还应当从“团结—批评—团结”角度去把握其深刻含义。毛泽东同志之所以将“惩前毖后、治病救人”与“团结—批评—团结”

的方法结合起来，主要在于强调“惩前毖后、治病救人”应当突出“增进党内团结”这个本质属性，也就是批评的本身不是目的，批评是为了更好地团结党内同志。“团结的愿望是首要的”，毛泽东同志提出：“如果在主观上没有团结的愿望，一斗势必把事情斗乱，不可收拾，那还不是‘残酷斗争，无情打击’？那还有什么党的团结？”这就表明，毛泽东同志提出“惩前毖后、治病救人”，其出发点、落脚点和目标指向都是党的团结。

“惩前毖后、治病救人”是“以斗争求团结”思想的结晶。它既体现了“惩前毖后，治病救人”的辩证统一：“惩前毖后”的目的是“治病救人”，做不好“惩前毖后”，就实现不了“治病救人”，它要求党组织和党员有自我革命、刀刃向内的决心和勇气。它又体现了“惩前”与“毖后”、“治病”与“救人”之间的辩证统一。“惩前”的目的是“毖后”，没有“惩前”，就没有“毖后”；“治病”的目的是“救人”，没有“治病”，就没有“救人”。它要求斗争的目的不是要把这些同志斗垮、斗倒，而是惩戒和教育相结合，既要讲清问题的严重性，又帮助他们认识错误、改正错误，最后达到团结同志的目的，“把我们的人搞得多多的，把敌人搞得少少的”。

党的十八大以来，以习近平同志为核心的党中央在坚定不移推进全面从严治党的进程中，创造性地将“抓早抓小、防微杜渐”的思想融入其中，使事后的惩治与事前的预防有机结合起来，丰富和拓展了“惩前毖后、治病救人”的内涵。习近平总书记认为，人的思想和作风如同身体一样，有了毛病，也必须抓紧治；如果讳疾忌医，小病拖成大病，就会病入膏肓，最终无药可治。这实际上是从“治病在腠理”的角度出发，升华了对“惩前毖后、治病救人”的认识。

2015 年 9 月，王岐山同志在福建调研时首次提出监督执纪“四种形态”，将党规党纪轻重处分和立案审查的数量和涵盖范围加以区别，这实际上是根据“抓早抓小、防微杜渐”的精神，健全了监督执纪具体执行方式。

2016 年 1 月，习近平总书记在十八届中央纪委第六次全体会议上指出，对日常工作中发现的问题要真管真严，通过加强纪律建设和纪检工作，管住纪律、看住权力，使干部向高标准努力，不犯或少犯错误特别是严重错误。他特别强调：要把党的领导体现到日常管理监督中，敢于较真，注重日常，抓早抓小，防微杜渐，体现组织严格要求和关心爱护，决不能坐看自己的同志在错误的道路上越滑越远。

党的十八届六中全会通过了《中国共产党党内监督条例》和《关于新形势下党内政治生活的若干准则》。其中，该条例第一次将“坚持惩前毖后、治病救人，抓早抓小、防微杜渐”作为党内监督的原则完整地加以表述，正式从制度层面上丰富和拓展了“惩前毖后、治病救人”这一方针原有的精神内涵。该准则则将“正确对待犯错误的干部，帮助其认识和改正错误”，“不得混淆干部所犯错误性质或夸大错误程度对干部作出不适当的处理，不得利用干部所犯错误泄私愤、打击报复”等作为突出强调的部分，此外还首次提出要“建立容错纠错机制”，以宽容干部在工作中特别是在改革创新中的失误。

党的十九大上通过的党章修正案中，正式将“抓早抓小、防微杜渐”和“运用监督执纪‘四种形态’，让‘红红脸、出出汗’成为常态”的表述增补进第 7 章第 40 条内，使党章中原有的“惩前毖后、治病救人”的方针，在理论和制度层面上，更加丰富、完善。

从开展党的群众路线教育实践活动，到监督执纪“四种形态”的提出，再到《中国共产党党内监督条例》和《关于新形势下党内政治生活的若干准则》，最后到十九大上通过的党章修正案，明显可以看出，自党的十八大以来，中央在对“惩前毖后、治病救人”的内涵上守正创新，一方面坚持其原有精神和内涵，另一方面将“抓早抓小、防微杜渐”融入其中，把党内日常监督执纪摆在了更加突出的位置，这背后体现的是新时代以来全面从严治党的新思路。

适用难点

“惩前毖后、治病救人”作为党内政治生活的指导思想和党管党治党的原则性规定，党员干部必须深刻把握其诞生和发展的历史脉络，结合具体的法律法规和政治活动，才能让历久弥新的思想在现实中生根发芽。

党的十八大以来，习近平同志高屋建瓴，创造性地将“抓早抓小，防微杜渐”的思想融入其中，丰富和拓展了“惩前毖后，治病救人”的内涵。2015 年 9 月，王岐山同志在福建调研时首次提出监督执纪“四种形态”，提出了“惩前毖后、治病救人”在监督执纪上具体实现方式。处罚结果轻重和处罚的人员数量成反比，这就体现了“救人”的目的。管党治党不是搞政治斗争，不是要把党内所有犯过错误的同志不加区分地斗倒批倒。当然有些党内的敌对分子必须坚决地予以肃清，“以斗争求团结，则团结存；以妥协求团结，则团结亡”。对于大部分知错能改的同志，一定要大度地接纳他们，甚至要主动帮助他们认识错误，改正错误，通过惩戒和教育相结合的方法，从而达到党内团结。从监督执纪的范围来看，相比而言第一种形态更富有中国特色——让“红红脸、出出汗”成为常态，最突出地体现了“抓早抓小，防微杜渐”的精神。我党作为唯一执政党，中国人民的先锋队，中华民族的先锋队，必须有“高标准才有高质量”。对于有苗头性、倾向性的问题，或者虽然未发现违纪事实或者反映的问题难以查证但不能排除问题存在可能性的，纪委就可以通过谈话函询、面对面初步核实了解等方式，及早地防止同志思想滑坡。

法规依据

《中国共产党章程》第 40 条

《关于新形势下党内政治生活的若干准则》八、
《中国共产党组织处理规定（试行）》第4条
《中国共产党问责条例》第3条
《中国共产党纪律处分条例》第4条第5项
《中国共产党党内监督条例》第4条
《监察法实施条例》第3条

监督执纪“四种形态”

规范解读

监督执纪“四种形态”是对党的十八大以来全面从严依规治党经验在四个层面的归纳，高度概括了党在管党治党方面的探索创新，体现了党管党治党纲举目张、分类施策、逐级递进、统筹推进的战略考量，表明党中央在“四个全面”战略布局下，更加注重把纪律挺在前面，更加注重提升党的自我净化能力。2015 年 9 月，王岐山同志在福建调研时首次提出监督执纪“四种形态”。他强调，不能把全面从严治党等同于反腐败。从严治党要靠纪律管全党，把纪律挺在前面要靠坚强的党性和责任担当。发挥党的领导核心作用，要运用好监督执纪的“四种形态”。党内关系要正常化，批评和自我批评要经常开展，让咬耳扯袖、红脸出汗成为常态；党纪轻处分和组织处理要成为大多数；对严重违纪的重处分、作出重大职务调整应当是少数；严重违纪涉嫌违法立案审查的只能是极极少数。这“四种形态”都是为了惩前毖后、治病救人。将党纪轻重处分和立案审查的数量和涵盖范围加以区别，这实际上是根据“抓早抓小、防微杜渐”的精神，提出了监督执纪的原则和具体执行方式。

党的十九大将运用监督执纪“四种形态”写入党章，确定为持之以恒正风肃纪的重要任务，这是我们党管党治党的重要实践、理论和制度创新成果，是新时代推进全面从严治党的重要遵循。

对于第一种形态，要围绕落实主体责任来实践。特别是各级纪检监察部门要全面履行职能，不能把自己定位为一个专司办案的业务部门。要了解掌握所联系地区和单位政治生态，既要对监督对象个体情况有所掌握，也要对该地区和单位的党风廉政建设情况有总体判断；既要盯住“树木”，也要关注整个“森林”。要加强与所联系地区和单位间的沟通，对发现的苗头性和普遍性问题，及时反馈给党委（党组），协助其履行严肃党内关系、净化政治生态的主体责任。

对于第二种形态，要让纪律成为刚性约束。全面从严治党，要用严明的纪律管住全体党员。坚持纪严于法、纪在法前，实现纪法分开，是思想认识的一次飞跃，是管党治党的理念创新。凡违反纪律规矩的都要处理，要依纪监督、从严执纪、违纪必究，而不是本来问题已经很严重了，却放松尺度，给予轻处分或组织处理。无数案例证明，党员“破法”，无不始于“破纪”。把纪律和规矩挺在前面，就要从小处入手、从小事抓起。

对于第三种形态，要坚持惩前毖后、治病救人的方针。对问题性质即使比较严重，但能如实向组织讲清楚、认错态度诚恳的，要给政策、给出路。如果犯了错误，组织给机会讲清楚，但依然欺骗组织、我行我素的，要从严查处。

对于第四种形态，要充分发挥惩处的震慑作用。要在纪律审查中彰显坚定不移反对腐败的决心和意志，以“零容忍”态度严查严处腐败行为，不断释放全面从严治党强烈信号。

适用难点

一、让“红红脸、出出汗”成为常态

适用情形：（1）有苗头性、倾向性问题，经初步核实或谈话函询，虽然无违纪事实，但是需要提醒、批评的；（2）虽然未发现违纪事实，或者

反映的问题难以查证，但是，尚不能完全排除存在问题的可能性；(3) 存在一定问题，虽不涉及违纪，但造成一定不良影响或后果，需要提醒、批评的；(4) 有违纪事实，但情节轻微，不需要追究纪律责任的，或者由第二种形态转化，可免予纪律处分、组织处理的；(5) 有问责情形，情节轻微，不需要党纪处分、组织处理的；(6) 综合考核考评结果较差，以及巡视巡查、考核考察反馈问题整改不力，需要提醒、批评的；(7) 其他需要提醒、批评的问题。

处理方式：(1) 谈话函询了解；(2) "面对面"初步核实了解；(3) 谈话提醒；(4) 警示谈话；(5) 批评教育；(6) 纠正或责令停止违纪行为；(7) 责成退出违纪所得；(8) 限期整改；(9) 责令作出口头或书面检查；(10) 召开民主生活会批评帮助；(11) 责令公开道歉（检讨）；(12) 通报（通报批评）；(13) 诫勉（诫勉谈话）；(14) 其他批评教育类措施。上述方式，可单独使用，也可合并使用。

二、党纪轻处分、组织调整成为违纪处理的大多数

适用情形：(1) 有违纪行为，需要给予纪律轻处分，或者单独给予组织调整的；(2) 给予纪律轻处分，因不宜在现岗位继续工作或者不宜继续担任领导职务，需要给予组织调整的；(3) 有问责情形，需要给予纪律轻处分、组织调整的；(4) 诫勉谈话后，没有改正或改正不明显，需要督促纠正并给予组织调整的；违纪情节轻微，经批评教育后，仍不改正，需要给予纪律轻处分、组织调整的；(5) 经综合考量，有从轻减轻情节，需要由第三种形态转化为第二种形态处理的；(6) 有一般违纪行为，需要给予纪律轻处分、组织调整的。

处理方式：(1) 党内警告；(2) 党内严重警告；(3) 行政警告；(4) 行政记过；(5) 行政记大过；(6) 行政降级；(7) 取消荣誉称号；(8) 撤销政协委员资格；(9) 终止（罢免、撤销、责令辞去）人大代表资格；(10) 取消预备党员资格；(11) 取消（罢免）当选资格；(12) 终止党代

表资格；（13）停职（停职检查）；（14）调整（调离）职务（岗位）；（15）免职；（16）引咎辞职；（17）责令辞职；（18）改任非领导职务；（19）安排提前退休；（20）降低退休待遇；（21）其他组织调离类措施。上述方式，可单独使用，也可合并使用。

三、党纪重处分、重大职务调整的成为少数

适用情形：（1）有严重违纪行为，尚不涉法，需要给予纪律重处分、重大职务调整的；（2）有问责情形，需要给予纪律重处分，重大职务调整的；（3）经综合考量，有从重加重情节，需要由第二种形态转化为第三种形态处理的；（4）严重违纪涉嫌违法，经综合考量，有从轻减轻情节，需要由第四种形态转化为第三种形态处理的；（5）因犯罪情节轻微，人民检察院依法作出不起诉决定，或者人民法院依法作出有罪判决并免予刑事处罚，需要给予纪律重处分、重大职务调整的；（6）经司法机关判处轻刑或者单处附加刑，需要予以开除党籍、开除公职之外纪律重处分、重大职务调整的。

处理方式：（1）撤销党内职务；（2）留党察看；（3）开除党籍；（4）行政撤职；（5）行政开除（开除公职）；（6）降职；（7）取消退休待遇；（8）解聘；（9）解除劳动合同；（10）辞退；（11）组织除名（劝退）；（12）其他重大调整类措施。上述方式，可单独使用，也可合并使用。

四、严重违纪涉嫌违法立案审查的成为极少数

适用情形：（1）因严重违纪涉嫌违法，需要给予开除党籍、开除公职处分，并移交司法机关处理的；（2）因问责情形涉嫌违法，需要移送司法机关处理，并给予开除党籍、开除公职处分的；（3）经司法机关判处刑罚，需要给予开除党籍、开除公职处分的。

处理方式：（1）作出开除党籍、开除公职处分，移送司法机关处理；（2）司法机关判处刑罚，需要给予“双开”处理。

典型案例

案例一　实践“四种形态”，意味着抓小放大、反腐收兵？

【基本案情】

2015年2月，广东省某市纪委收到群众举报市监察局副局长李荣（化名）公款吃喝、收受礼品等顶风违纪问题。在市纪委函询核实问题时，李荣与相关人员均予以否认。该事件被网络曝光后，李荣与相关人员再次串供，应对组织审查。同年8月，广东省纪委查实李荣违规接受公务宴请、收受礼金礼品问题，并在组织函询期间未如实向组织报告，串供隐瞒事实真相，情节严重。最终，省纪委决定对李荣予以立案审查，对其采取撤销党内职务、行政撤职等处分。

【案例分析】

纪严于法、纪在法前、纪法分开，实践“四种形态”，绝不意味着反腐败就要减缓收兵。“四种形态”对应的是全面从严治党，就是要运用批评教育、诫勉谈话、组织调整、党纪处分等各种手段，使纪律严起来、管住大多数。要把握运用“四种形态”，严格分类处置问题线索，把纪律挺在前面，抓早抓小，使红脸出汗成为常态，组织处理、党纪处分要经常运用，坚决把存量减下来、把增量遏制住。

案例二　“四种形态”只是针对少数党员领导干部？

【基本案情】

“小安，你下班不忙的话，跟我在公园转一下，有点儿事聊一下，好不好？一会儿见……”这通听起来像邀约朋友般的电话，其实是湖北孝感市云梦县纪委副书记徐某某准备和单位机关干部安某进行谈话提醒。据反映，安某近期要为其子筹办10岁生日宴，邀请了不少同事参加。公园散心时，徐某某提醒安某，生日宴邀请对象要慎重，谨防违反中央八项规定精神，让安某及时打消了邀请同事参加生日宴的念头。孝感市纪委对存在苗头性、倾向性问题的党员领导干部进行了谈话提醒，防止苗头变恶果，防止小事铸大错。问卷调查显示，92%的人认为从中受到了警示，并对这样的提醒表示感谢。

【案例分析】

"四种形态"的提出，重申了一个重要问题，全面从严治党不只是惩处极少数腐败分子，而是要用严明的纪律、严格的监督管全党、治全党。换言之，纪委监督执纪的对象范围是9500多万名党员，而非仅仅局限于少数党员领导干部。任何一名党员只要有违反党章党规党纪的行为，不论是何种职务，都应受到纪委监督。

法规依据

《中国共产党章程》第40条

《中国共产党纪律处分条例》第5条

《中国共产党党内监督条例》第7条

请示报告制度

规范解读

根据《中国共产党重大事项请示报告条例》的相关规定，请示报告制度主要由以下要素构成：

一、请示报告工作的原则

请示报告工作的原则是指在开展请示报告工作时，所应遵循的一般规律和工作方法。请示报告工作的原则有：

1. 坚持政治导向

树牢“四个意识”，落实“四个服从”，把请示报告作为重要政治纪律和政治规矩，把讲政治要求贯彻到请示报告工作全过程和各方面。

该原则是请示报告工作的首要原则。坚持政治导向，要求开展重大事项请示报告工作时必须旗帜鲜明讲政治，要牢固树立政治意识、大局意识、核心意识、看齐意识，落实党员个人服从党的组织、少数服从多数、下级组织服从上级组织、全党各个组织和全体党员服从党的全国代表大会和中央委员会的要求。把请示报告工作的有关规则作为重要政治规矩，保证《中国共产党重大事项请示报告条例》的严肃性。讲政治是对所有党组织、党员、领导干部最基本的政治要求，任何时候都要遵循政治原则、遵守纪律，提高政治站位，在讲政治的前提下开展请示报告工作。

2. 坚持权责明晰

既牢记授权有限，该请示的必须请示，该报告的必须报告；又牢记守土有责，该负责的必须负责，该担当的必须担当。

权责明晰要求的是有权必有责，有责必担当。请示报告的义务主体负有主动向有关党组织请示报告，接受其领导和监督的义务。请示报告的内容是“重大事项”，意味着请示报告是重要的责任。要坚持在权限范围内开展报告工作，对于应当请示报告的事项一定要请示报告，既不能越权越位，又不能知事不报。在开展请示报告工作时，要把握好事项的性质、特点、轻重，确保权责明晰、落实明确。

3. 坚持客观真实

全面如实请示报告工作、反映情况、分析问题、提出建议，既报喜又报忧、既报功又报过、既报结果又报过程。

实事求是是中国共产党的优良传统和坚持的一贯原则。请示报告工作要做到实事求是，准确反映事实情况，为接受请示报告的党组织分析研判问题提供有用参考。因此，请示报告要反映真实问题，不能扩大或者缩小，不能多报喜而少报忧、多报功而少报过，搞“选择性报告”。虚报、瞒报、漏报都可能使工作和决策部署陷入被动局面，甚至造成损失。对于存在虚报、瞒报、漏报问题的，要根据党纪作出相应处理。同时，开展任何工作都不能只看重结果而忽视过程，请示报告也要既报结果又报过程，全面地反映工作开展情况或者问题。

4. 坚持规范有序

落实依规治党要求，严格按照党章党规规定的主体、范围、程序和方式开展重大事项请示报告工作。

正所谓“无规矩不成方圆”。重大事项请示报告工作能否落实依规治党的要求，工作是否有序，关键还是看是否严格执行党章和《中国共产党重大事项请示报告条例》等其他党内法规的规定。党组织、党员、领导干部要严格按照党内法规所规定的主体、范围、程序和方式开展重大事项请示报告工作。不能我行我素、无组织无纪律，越级越位汇报。

二、请示报告主体

请示报告主体，是指请示报告义务主体以及请示报告对象。请示报告义务主体，是指负有向有关党组织请示报告的义务的党组织、党员和领导干部；请示报告对象，是指接受请示报告义务主体的请示报告，并作出相应处理的党组织。

1. 一般主体

党员向所在的党组织请示报告，领导干部向所属的党组织请示报告。下级党组织请示报告应当以党组织的名义进行，向负有领导或者监督指导职责的上级党组织请示报告。特殊情况下，可以根据工作需要以党组织负责同志名义代表党组织请示报告。上级党组织接受请示报告时，可以由负责同志代表党组织接受请示报告。上级党组织主要负责同志可以就全面工作或者某些方面工作接受下级党组织请示报告。上级党组织有关负责同志可以就分管领域工作接受下级党组织请示报告，也可以受党组织或者党组织主要负责同志委托，就全面工作接受下级党组织请示报告。

请示报告应当逐级进行，一般不得越级请示报告。特殊情况下，可以按照有关规定直接向更高层级党组织请示报告。在现实中，有的党组织越过组织层级、绕开综合部门，直接向某位领导个人请示报告，要人要钱要项目要政策，这种行为违反了党的组织原则和请示报告的规则，扰乱了正常工作程序，必须予以禁止。

2. 特殊主体

（1）接受双重领导的单位党组织，应当根据事项性质和内容向负有主要领导职责的上级党组织请示报告，同时抄送另一个上级党组织。特殊情况下，可以不抄送另一个上级党组织。

（2）接受归口领导、管理的单位党组织，必须服从批准其设立的党组织的领导，向其请示报告工作，并按照有关规定向归口领导、管理单位党组织请示报告。

（3）接受归口指导、协调或者监督的单位党组织，向上级党组织请示报告一般应当抄送负有指导、协调或者监督职责的单位党组织。负有指导、协调或者监督职责的单位党组织应当统筹所负责区域、领域、行业、系统内各单位党组织的请示报告工作，归口统一向上级党组织请示报告总体情况、牵头事项完成情况等。

（4）党的决策议事协调机构和党的工作机关根据党内法规制度规定、在其职权范围内接受下级党组织的请示报告并作出处理。

3. 联合请示报告的主体

（1）涉及跨区域、跨领域、跨行业、跨系统的重大事项，应当由有关党组织向共同上级党组织联合请示报告，并明确牵头党组织。

（2）党政机关联合请示报告时，一般应当将上级党政机关同时列为请示报告对象。

三、下级党组织应当向上级党组织请示报告的重大事项

请示报告不是可有可无的小事，下级党组织在处理应当由党中央或上级党组织决定的重要问题，执行党中央的重大决策部署或者上级党组织的重要决定时，要依规先请示报告，不得未请示报告，就先斩后奏，或者边斩边奏，甚至斩而不奏。

1. 必须向党中央请示报告的重大事项

全面从严治党必须坚持党中央的集中统一领导，各级党组织在开展工作遇到只能由党中央领导和决策的事项时，必须向党中央请示或者报告，由党中央进行统一决策和部署。这些重大事项包括：（1）涉及党和国家工作全局的重大方针政策；（2）经济、政治、文化、社会、生态文明建设和党的建设中的重大原则和问题；（3）国家安全、港澳台侨、外交、国防、军队等党中央集中统一管理的事项；（4）其他只能由党中央领导和决策的重大事项。

例如，《中共中央　国务院关于加强耕地保护和改进占补平衡的意见》

规定，“禁止在25度以上陡坡开垦耕地”。某省认为其省内存在山区集中、耕地紧张的特殊困难，充分考虑省情调整政策，将25度改为30度。该省在未向党中央请示的情况下，将这一政策调整并写入省委文件。[①] 陡坡开垦属于生态文明建设中的重要问题，该省在执行过程中遇到特殊困难，必须先向党中央请示，而不能未经请示就对中央政策进行调整。

2. 应当向上级党组织请示的重大事项

下级党组织应当请求上级党组织指示或批准的重大事项包括：（1）贯彻落实党中央决策部署和上级党组织决定中的重要情况和问题，需要作出调整的政策措施，需要支持解决的特殊困难；（2）重大改革措施、重大立法事项、重大体制变动、重大项目推进、重大突发事件、重大机构调整、重要干部任免、重要表彰奖励、重大违纪违法和复杂敏感案件处理等；（3）明确规定需要请示的重要会议、重要活动、重要文件等；（4）重大活动、重要政策的宣传报道口径，新闻宣传和意识形态工作中的全局性问题和不易把握的问题；（5）出台重大创新举措，特别是遇到新情况新问题且无明文规定、需要先行先试，或者创新举措可能与现行规定相冲突、需经授权才能实施的情况；（6）属于自身职权范围内但事关重大或者特殊敏感的事项；（7）重大决策时存在较大意见分歧的情况；（8）跨区域、跨领域、跨行业、跨系统工作中需要上级党组织统筹推进的重大事项；（9）调整上级党组织文件、会议精神的传达知悉范围，使用上级党组织负责同志未公开的讲话、音像资料等；（10）其他应当请示的重大事项。

3. 应当向上级党组织报告的重大事项

下级党组织应当向上级党组织报告的重要事情和重要情况包括：（1）学习贯彻习近平新时代中国特色社会主义思想，统筹推进“五位一体”总体布局和协调推进“四个全面”战略布局的重要情况；（2）党中央以及上级党组织重要会议、重要文件、重大决策部署贯彻落实情况，习近平总书记重要指示批示贯彻落实情况，上级党组织负责同志交办事项的研究办理情

---

① 杨沈阳：《案释请示报告制度》，载《秘书工作》2019年第4期。

况；（3）加强党的建设，履行全面从严治党责任，包括集中学习教育活动、意识形态工作、党组织设置及隶属关系调整、民主生活会、党风廉政建设、落实中央八项规定精神、党员干部直接联系群众、巡视巡察整改、发现重大违纪违法问题等情况；（4）全面工作总结和计划；（5）重大专项工作开展情况；（6）重大敏感事件、突发事件和群体性事件应对处置情况；（7）经济社会发展中出现的重要情况和重大舆情；（8）本地区、本部门、本单位工作中具有在更大范围推广价值的经验做法和意见建议；（9）其他应当报告的重大事项。

4. 应当向上级党组织报备的重大事项

有的事项虽然不属于应当向上级党组织请示报告的重大事项，但是其重要程度高、影响广，下级党组织有职责向上级党组织报备，使上级党组织能够及时掌握下级党组织的有关动况。

这些重大事项包括：（1）党内法规和规范性文件；（2）领导班子成员分工；（3）有关干部任免；（4）党委委员、候补委员职务的辞去、免去或者自动终止；（5）其他应当报备的重大事项。

5. 不必向上级党组织请示报告的事项

在进行请示报告工作时，党组织要把握好请示报告职责与自身权限以及工作效率的关系。对于下级党组织有权自行作出决定进行处理的事项，应当依法依规积极迅速开展工作，不必向上级党组织请示报告。

不必向上级党组织请示的事项包括：（1）属于自身职权范围内的日常工作；（2）上级党组织就有关问题已经作出明确批复的；（3）事后报告即可的事项等。不必向上级党组织报告的事项包括：（1）具体事务性工作；（2）没有实质性内容的表态和情况反映等。

四、党员、领导干部应当向党组织请示报告的重大事项

党员、领导干部有义务按照《中国共产党重大事项请示报告条例》的规定，全面、准确、及时向党组织请示报告重大事项，不得瞒报或者拖延。由于领导干部掌握公权力，要受到更严格的约束监督，所以对其请示报告

义务的要求更高。党员领导干部同时具有党员和领导干部两个身份，所以其请示报告义务的范围更大。

1. 党员应当向党组织请示报告的重大事项

党员应当向党组织请示的重大事项包括：（1）从事党组织所分配的工作中的重要问题；（2）代表党组织发表主张或者作出决定；（3）按照规定需要请示的涉外工作交往活动；（4）转移党的组织关系；（5）其他应当向党组织请示的事项。

党员应当向党组织报告的重大事项包括：（1）贯彻执行党组织决议以及完成党组织交办工作任务情况；（2）对党的工作和领导干部的意见建议；（3）发现党员、领导干部违纪违法线索情况；（4）流动外出情况；（5）其他应当向党组织报告的事项。

2. 领导干部应当向党组织请示报告的重大事项

领导干部应当向党组织请示的重大事项包括：（1）超出自身职权范围，应当由所在党组织或者上级党组织作出决定的重大事项；（2）属于自身职权范围但事关重大的问题和情况；（3）代表党组织对外发表重要意见；（4）因故无法履职或者离开工作所在地；（5）其他应当向党组织请示的事项。

领导干部应当向党组织报告的重大事项包括：（1）学习贯彻习近平新时代中国特色社会主义思想，贯彻落实党中央决策部署和党组织决定中的重要情况和问题；（2）遵守政治纪律和政治规矩，坚决维护习近平同志党中央的核心、全党的核心地位，坚决维护党中央权威和集中统一领导情况；（3）坚持民主集中制，发扬党内民主，正确行使权力，参与集体领导情况；（4）参加领导班子民主生活会和所在党支部（党小组）组织生活会情况；（5）履行管党治党责任，加强党风廉政建设和反腐败工作以及遵守廉洁纪律情况；（6）重大决策失误或者应对突发事件处置失当，纪检监察、巡视巡察和审计中发现重要问题，以及违纪违法情况；（7）可能影响正常履职的重大疾病等情况；（8）其他应当向党组织报告的事项。

五、请示报告程序

请示报告程序，是指在开展请示报告工作时所应遵循的流程，分为请示程序与报告程序。两个以上党组织联合请示报告时，应当先协商一致再呈报，若未取得一致意见，应当对有关情况作出说明。

1. 请示程序

（1）提出请示。重大事项的请示，应当经党组织领导班子集体研究或者传批审定，由主要负责同志签发或者作出，必要时应当事先报上级党组织分管负责同志同意。提出请示应当阐明请求事项及相关理由，做到一文一事，不得在报告等非请示性公文中夹带请示事项。

请示重大事项必须做到事前请示，留给上级党组织充足研判和决策的时间。在情况紧急来不及请示必须临机处置时，下级党组织应当按照规定履职尽责，并及时进行后续请示报告。

（2）处理请示。上级党组织在收到请示后，由综合部门提出拟办意见，报党组织负责同志按照规定批办。对下级党组织请示的重大事项，受理的党组织如果需要以其名义再向上级党组织请示的，不能只将原文转请示上级党组织，应当在认真研究后负责任地提出处理建议。对于党政机关联合提出的请示，由上级党组织牵头办理。

（3）答复请示。上级党组织对受理的紧急请示事项应当尽快办理并作出答复，有明确办理时限要求的应当在规定期限内办理完毕，确有特殊情况无法在规定期限内办理完毕的，应当主动向下级党组织说明情况。请示的答复以向谁请示由谁答复为原则，特殊情况下受理请示的党组织可以授权党组织有关部门代为答复。

2. 报告程序

（1）作出报告。重大事项的报告，应当经党组织领导班子集体研究或者传批审定，由主要负责同志签发或者作出，必要时应当事先报上级党组织分管负责同志同意。下级党组织所作出的报告应当具有实质性内容和参考价值，为上级党组织了解情况、科学决策提供帮助，做到简明扼要、文风质朴，不能空洞无物、评功摆好、搞形式主义。呈报党中央的综合报告一般在5000字以内，专项报告一般在3000字以内，情况复杂、确有必要详细报告的有关内容可以通过附件反映。

对上级党组织交办的重大事项，下级党组织应当按照时限要求报告。定期报告则应当按照规定的时间进行。专题报告可以根据工作的进展情况适时进行，学习贯彻上级党组织重要会议和文件精神的专题报告应当注重反映落实见效情况，不能只求快而不求工作实效。发生突发性重大事件时，下级党组织应当及时报告，并根据事件发展处置情况做好续报工作。

（2）处理报告。上级党组织在收到报告后，由综合部门根据工作需要报送党组织负责同志阅示，可以将主题相同、内容相近的报告统一集中报送，或者摘要形成综合材料后报送。若党组织负责同志对报告作出批示指示，综合部门应当及时按照要求办理。

（3）综合分析和利用报告。上级党组织认为报告内容中具有推广价值的典型经验做法，可以进行宣传。对于共性问题，上级党组织要予以重视并研究解决。对于有价值的意见建议，上级党组织要认真研究吸收、推动改进工作。

六、请示报告方式

《中国共产党重大事项请示报告条例》规定请示报告方式包括口头方式与书面方式两种。党组织、党员、领导干部应按照规定，根据重大事项的类型和缓急程度确定采用口头方式抑或书面方式进行请示报告。在开展请示报告工作时，可以根据实际情况灵活综合运用电话、文件、传真、电报、网络等各种载体，提高请示报告的效率，但若请示报告事项包含涉密事项则应当按照有关保密规定选择载体。

1. 口头方式

口头方式是一种较为简单方便的请示报告方式。若重大事项请示报告适宜简便进行的，可以采用口头方式开展。若情况紧急或者重大事项处理尚处于初步酝酿阶段的，可以采用口头方式先行请示报告，但是后续应当再以书面方式补充请示报告。

口头请示报告可以采用通话、当面、会议等方式开展。内容较为简单或者情况十分紧急的，可以采用通话方式开展。内容较为复杂或者情况敏感特殊的，可以采用当面方式开展。内容较为正式或者涉及主体较多的，可以采用会议方式开展。无论采用何种方式开展，都应当做好记录和资料留存，保证有据可查。

2. 书面方式

书面方式是一种较为严谨正式的请示报告方式。对于非紧急情况、重大事项处理处于相对成熟阶段或者不适宜简便进行的请示报告，应当采用书面方式开展。

书面报告可以采用正式报告、信息、简报等方式开展。信息侧重于报告重大突发事件以及需要注意的问题、现象和情况等，应当做到及时高效、权威准确。简报则侧重于报告某方面工作简要情况。若上级党组织明确要求采用正式报告方式，不得以其他方式代替。在开展请示报告前，党组织应当统筹用好书面报告方式，一般不得就同一内容使用多种方式重复报告。

七、请示报告的违规责任

根据《中国共产党重大事项请示报告条例》第 44 条的规定，重大事项请示报告工作中存在违规违法情形时，应当追究有关党组织和党员、领导干部以及工作人员的责任。这些情形包括：(1) 违反政治纪律和政治规矩，擅自决定应当由党中央决定的重大事项，损害党中央权威和集中统一领导的；(2) 履行领导责任不到位，对重大事项请示报告不重视不部署，工作开展不力的；(3) 违反组织原则，该请示不请示，该报告不报告的；(4) 缺乏责任担当，推诿塞责、上交矛盾、消极作为的；(5) 搞形式主义、官僚主义，请示报告内容不实、信息不准，造成严重后果的；(6) 违反工作要求，不按规定程序和方式请示报告，造成严重后果的；（7）其他应当追究责任的情形。

请示报告的违规责任包括党纪处分和政务处分等，在涉嫌犯罪时，还需要追究刑事责任。《中国共产党纪律处分条例》第54条规定："不按照有关规定向组织请示、报告重大事项，情节较重的，给予警告或者严重警告处分；情节严重的，给予撤销党内职务或者留党察看处分。"《公职人员政务处分法》第29条第1款规定："不按照规定请示、报告重大事项，情节较重的，予以警告、记过或者记大过；情节严重的，予以降级或者撤职。"

适用难点

一、请示报告制度与领导干部报告个人有关事项制度

领导干部报告个人有关事项制度是指由领导干部报告与权力行为关联紧密的个人事项及近亲属事项相关的一系列规则构成的体系。领导干部报告个人有关事项制度是贯彻中央全面从严治党战略布局、加强领导干部管理监督的一个重大举措，对于进一步严明党的政治纪律和组织纪律，从严管理监督干部，具有十分重要的意义。请示报告制度与领导干部报告个人有关事项制度在外观上存在一定的相似度，认识两个制度的区别与联系，有利于请示报告工作和领导干部报告个人有关事项工作的有序开展。

1. 请示报告制度与领导干部报告个人有关事项制度的区分

请示报告制度包括请示制度和报告制度两个子制度，主要是将后者与领导干部报告个人有关事项制度作比较。两个制度的主要区别如下：

（1）制度依据不同。请示报告制度的依据来自党章和《中国共产党重大事项请示报告条例》，领导干部报告个人有关事项制度是以《领导干部报告个人有关事项规定》为主要和直接依据，这意味着两项制度执纪执规的依据不同。

（2）报告的主体不同。一般情况下，请示报告义务主体所指的领导干部的范围可以参照《党政领导干部选拔任用工作条例》划定的范围，级别并非确定“领导干部”范围的唯一标准，范围较广。而在领导干部报告个人有关事项制度中，划定报告义务主体范围时突出了级别标准，即党政机关县处级副职以上的干部，参公管理的事业单位和人民团体中，负有报告义务主体的范围同前者一致。这主要是体现分类管理的原则、精准科学的理念、重点监督的要求。一般而言，普通党员并非领导干部报告个人有关事项制度中负有报告义务的主体，但是所有党员、领导干部都是请示报告制度中的义务主体。

（3）报告的内容不同。总体而言，请示报告制度中所要求的报告内容侧重于“公”的一面，与工作、职权的关系更为密切。而从领导干部报告个人有关事项制度的名称就能较为清晰地看出，其要求报告的内容侧重于“私”的一面。所要求报告的事项包括领导干部本人婚姻和配偶、子女移居国（境）外、从业等事项以及本人、配偶、共同生活的子女的收入、房产、投资等事项，突出的是与领导干部权力行为关联紧密的家事、家产情况。

（4）报告的期限不同。请示报告制度要求党组织、党员、领导干部在开展工作过程中以及发现问题时及时报告，强调的是报告的及时性。《关于领导干部报告个人有关事项的规定》则要求领导干部于每年 1 月 31 日前集中报告一次上一年度的个人有关事项，以及辞去公职领导干部在提出辞职申请时，一并报告个人有关事项，也即报告的频率、期限相对是固定的。

（5）报告的方式不同。请示报告制度中，报告方式包括口头、书面两种。而由于领导干部应当报告的个人有关事项内容较多、较为详细，并需要存档和按照《领导干部个人有关事项报告查核结果处理办法》进行核查，所以需要采用书面方式。

2. 请示报告制度与领导干部报告个人有关事项制度的联系

（1）两个制度都是落实“对党忠诚”要求的制度。《中国共产党重大事项请示报告条例》第 34 条第 2 款规定：“党员、领导干部向党组织请示报告个人有关事项，按照有关规定执行。”两个制度分别规定了领导干部应当报告的不同事项，领导干部有义务如实准确地报告相应事项，做到对党忠诚老实。在现实中，有的领导干部认为某些工作事项只是小事，某些家庭事项属于个人隐私，而不按规定向党组织报告；有的领导干部想报告就报告、不想报告就不报告，遮遮掩掩、语焉不详；有的毫无组织观念、程序观念，我行我素、一意孤行，感到对自己不利的事项就千方百计掩瞒不报，把制度当成软约束，合则用、不合则弃。表面上看，以上行为都属于对两项制度认识不到位，自作主张的表现。但是从根本上来说，这些都是对党不忠诚、对党不老实的表现。

（2）制度设计中都突出了领导干部这一“关键少数”群体。请示报告制度中，明确区分领导干部应当向党组织报告的事项与党员应当向党组织报告的事项，对前者提出了更高的要求，规定了更严格的义务。而领导干部报告个人有关事项制度的建立，主要目的就在于加强对领导干部的管理监督，充分释放从严管党治吏的制度优势。

（3）个别请示报告事项较为相似。例如，《中国共产党重大事项请示报告条例》规定，领导干部离开工作所在地有请示的义务，《关于领导干部报告个人有关事项的规定》规定，领导干部有报告因私出国、来往港澳台的义务。因私出国、来往港澳台自然也属于离开工作所在地，在这一事项上，请示或者报告的内容较为相似。例如，科技日报社原副社长、机关党委书记汤某某被查明的严重违纪行为包括未经组织批准、未履行请假手续多次因私出国并隐瞒不报。其既违反了请示报告制度的规定，也违反了领导干部报告个人有关事项制度的规定。

（4）两项制度都以严明的纪律保证执行。《中国共产党重大事项请示报告条例》和《关于领导干部报告个人有关事项的规定》都为领导干部履行相应的报告义务提供了明确的遵循。两部党内法规都为不如实报告的行为划出了底线，亮出了红线，要求对违规者予以严肃的处理，促进两项制度更好地贯彻执行。

二、请示报告事项的兜底规定

请示报告制度是中国共产党一项重要政治纪律、组织纪律、工作纪律，是执行民主集中制的有效工作机制，确保各项规定不折不扣落实。党组织、党员、领导干部应当请示报告的事项都在《中国共产党重大事项请示报告条例》中有明确规定，同时为了避免遗漏，这些规定都采取了“列举+兜底”的形式。在实践操作中，如何运用兜底性规定是一个现实问题。

第一，需要理解请示与报告在目的上和时间上的区别。请示旨在请求党组织就重大事项作出指示或者批准，时间必须是事前，也即通常所说的“事前请示”，在取得指示或者批准后再做下一步工作。报告旨在向党组织呈报特定的重大事项，使上级党组织及时获知有关信息，既有“事前报告”，也有“事中报告”，还有“事后报告”。

第二，需要理解请示事项与报告事项的实质。从列举式规定来看，无论是下级党组织应当向上级党组织请示的事项抑或党员、领导干部应当向党组织请示的事项，大致都可以归纳为请示义务主体无权自行决定或者虽有权决定但是因为事关重大而不宜自行决定的情况。而从关于报告事项的列举式规定来看，大致都可以归纳为报告义务主体工作开展状况，发现、发生的问题以及意见建议。

第三，需要理解未经请示或者未作报告可能引起的不良后果。若未按规定向党组织请示有关事项，轻则可能出现工作失误，中则可能对统一部署造成被动，重则可能造成大范围的严重后果。若未按规定向党组织报告有关事项，虽然同样可能给有关工作造成被动，但是总体上前者所造成的危害更为严重。

第四，需要理解请示与处理方式的不同。接受请示的党组织，需要在一定期限内对请示事项作出答复。但是党组织在接受报告后，虽然也要对报告事项进行分析研究，但一般不需要在一定期限内作出答复。

综上，在请示报告制度的执行实践中，某一具体事项不能归入请示报告事项的列举式规定当中，可能要适用兜底性规定，但不能确定是适用请示事项的兜底规定抑或报告事项的兜底规定时，可以参考采用上述思路，并根据实际情况准确地判断。

典型案例

案例一 云南省昆明市五华区某社区居委会主任王某某违反请示报告制度外出旅游案[①]

【涉及知识点】党员应当向党组织报告的重大事项

【基本案情】

2014年年底，云南省昆明市五华区印发了《关于进一步严明组织纪律加强请示报告的通知》，规定全区各级党员干部离开本地区休假、学习的，要按照干部管理权限提前两天分级报告。2015年7月底，有群众向五华区大观街道办事处反映：该街道某社区居委会主任王某某在微信"朋友圈"大晒外地旅游照。经查，王某某于2015年7月23日至25日休年假期间，离开昆明到西安旅游，未按规定向街道办理相关手续。该街道纪工委对王某某予以诫勉谈话处理。

【争议焦点】王某某外出旅游是否属于应当报告的重大事项

【案例分析】

请示报告制度是中国共产党长期以来的重要政治纪律、组织纪律、工作纪律。党的十八大以来，党中央高度重视加强请示报告工作。习近平总书记反复强调严格执行请示报告制度的重要性，明确要求全党必须严格执行。

在现实中，不少党员对请示报告义务的事项存在理解偏差。例如在该案中，当区纪委向王某某了解情况时，王某某认为自己是一名小小的社区工作者，不是公务员，更不是领导干部，只是在国内旅游而没有出境，不必向党组织报告。王某某作为中华人民共和国公民，其享有休假的权利受到

---

① 李加德：《严明组织纪律就要"斤斤计较"》，载《中国纪检监察报》2015年11月25日，第3版。

法律的保护。尽管在2015年时，《中国共产党重大事项请示报告条例》尚未制定，但是王某某作为一名党员，又是社区居委会主任，应当按照当时各级党组织关于请示报告的规定，在旅游前向党组织报告自己的外出旅游情况，尤其是当时五华区已经印发了《关于进一步严明组织纪律加强请示报告的通知》。王某某却不以为然，没有把制度放在心上，违反了报告义务，应当承担相应责任。在本案中，王某某存在未报告外出旅游情况的违纪行为，被群众反映，不过尚未造成较大影响和较严重后果，属于轻微违纪行为，尚未达到需要进行纪律处分的程度，所以对其予以诫勉谈话处理。《中国共产党重大事项请示报告条例》制定后，领导干部离开工作所在地应当请示报告的义务被明确，属于一项重要的政治义务，领导只要是离开工作地外出时，除非另有规定，即使是短暂的外出，也应当向所在的党组织请示报告。

案例二　某自来水公司党总支书记、总经理L某违反请示报告制度被开除党籍、政务撤职并移送司法机关案①

【涉及知识点】应当向上级党组织请示报告的重大事项；违反请示报告制度的责任

【基本案情】

某市纪委监委信访部门收到了一封举报该市某区某自来水公司党总支书记、总经理L某等人收受红包礼金的来信。经调查发现，L某等人以集体决策为名，召开班子成员、中层以上骨干会议，商议将本应取消的某涉水收费项目并入另外一项目“打包收费”，违反请示报告制度，变相不执行上级惠民政策。该项违规收费总数额约263.8万元，给企业和居民带来较大负担，造成了恶劣的社会影响。该自来水公司还以集体决策为名，违规实施为班子成员公款配手机、公款充值加油卡等谋取私利的行为。最终，L某受到开除党籍、政务撤职处分，涉嫌犯罪问题被移送司法机关。该自来水公司29名相关人员被依纪依法追究责任。

① 《案说违反请示报告重大事项制度规定行为的处理》，载微信公众号“中国方正出版社”2021年5月14日，https：//mp. weixi，n. qq. com/s/UjyP7szhipKzwXCLXPMv4Q。

【争议焦点】 自来水公司“打包收费”属于应当请示的重大事项还是应当报告的重大事项

【案例分析】

由于应当请示的事项与应当报告的事项存在较为紧密的联系，部分事项具有一定的相似度，实践中比较容易发生混淆。根据《中国共产党重大事项请示报告条例》第 13 条的规定，贯彻落实上级党组织决定中的重要情况和问题以及需要作出调整的政策措施属于下级党组织应当请示的事项。自来水公司作出“打包收费”的调整显然与上级惠民政策的精神存在矛盾，在实施前应当事前向上级党组织请示。

根据《中国共产党重大事项请示报告条例》第 14 条的规定，上级党组织重要会议、重要文件、重大决策部署贯彻落实情况属于下级党组织应当报告的事项。上级在推行惠民政策后，自来水公司应当及时报告其执行惠民政策的情况。所以，“打包收费”属于自来水公司应当向上级党组织报告的重大事项。

所以，自来水公司关于“打包收费”的决策既要请示，也要报告。也就是说，在实践中，有的事项可能同时属于应当请示的事项和应当报告的事项。L 某作为党总支书记、总经理，明知公司有此义务而没有督促公司履行，以集体决策为名，故意违反请示报告制度的规定。自来水公司违规收费对企业和社会公众造成了额外的经济负担，也造成了恶劣的社会影响，L 某应当被追究责任。

法规依据

《中国共产党章程》第 10 条

《中国共产党重大事项请示报告条例》第 3—44 条

《关于新形势下党内政治生活的若干准则》三、

《中国共产党纪律处分条例》第 54 条

《公职人员政务处分法》第 29 条

党纪处分运用规则

知识点图解

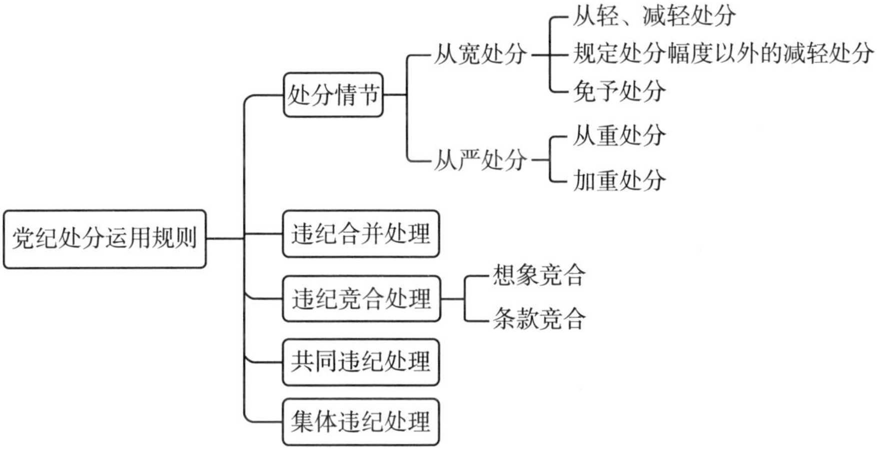

图 26　党纪处分运用规则

规范解读

一、党纪处分运用规则的概念、内容及意义

党纪处分运用又称党纪处分适用，是指有管理权限的党组织、纪检机

关，在认定违纪事实后，综合考量违纪党员、党组织所具有的相关情节，按照规定判断其是否应当承担纪律责任以及承担何种纪律处分的专门活动。

党纪处分运用规则，是指作出党纪处分决定时所应遵循的原则或准则。具体包括以下内容：从轻、减轻处分规则；从重、加重处分规则；规定处分幅度以外的减轻处分规则；免予处分规则；违纪合并处理规则；违纪竞合处理规则；共同违纪处理规则；集体违纪处理规则等。

《中国共产党纪律处分条例》以专门章节的形式规定了党纪处分运用规则，体现了中国共产党对党纪处分具体适用的高度重视，标志着党纪处分运用的制度化、规范化。准确理解和精准运用党纪处分规则是坚持党要管党、全面从严治党，惩前毖后、治病救人等党纪处分基本原则的必然要求，是党纪宽严相济、惩戒与教育相结合等政策的具体体现，更是精准适用监督执纪“四种形态”的前提条件。

二、从轻或减轻处分规则

1. 从轻或减轻处分的界定

从轻处分，是指在《中国共产党纪律处分条例》规定的违纪行为应当受到的处分幅度以内给予较轻的处分。减轻处分，是指在《中国共产党纪律处分条例》规定的违纪行为应当受到的处分幅度的下一个处分幅度内给予较轻的处分。

其中所谓“处分幅度”，是指根据违纪行为的严重程度所确定的档次，每个档次中可能包括几种党纪处分种类。例如，《中国共产党纪律处分条例》第 51 条规定：对党不忠诚不老实，表里不一，阳奉阴违，欺上瞒下，搞两面派，做两面人，情节较轻的，给予警告或者严重警告处分；情节较重的，给予撤销党内职务或者留党察看处分；情节严重的，给予开除党籍处分。该条款包括三个处分档次，即三个处分幅度：“情节较轻”、“情节较重”和“情节严重”。每一个处分幅度中又包含相应的一种或几种党纪处分种类，如“情节较轻”处分幅度中有警告、严重警告两种处分种类。

简单地说，从轻处分只能在一个处分幅度里选择较轻的处分种类，而减轻处分就是降低一个处分幅度后在该幅度里选择一种处分种类。例如，某党员实施了对党不忠诚不老实的违纪行为，应受留党察看处分，该条款规定的留党察看处分对应的处分幅度是“情节较重”，包含撤销党内职务和留党察看两个处分种类，那么如果该党员具有从轻处分情节，则应在该处分幅度内给予较轻的处分，即给予撤销党内职务处分；如果该党员具有减轻处分情节，则应当在受到的处分幅度的下一个处分幅度内给予较轻的处分，即从“情节较重”处分幅度下降到“情节较轻”处分幅度，而该处分幅度中有警告和严重警告两种处分种类，减轻处分后一般应当给予严重警告处分，如果综合考量如年龄、家庭、违纪原因、性质、后果等情节确有必要的，可以给予警告处分。

需要注意的是，从轻处分不是必须在处分幅度内选择最轻的处分种类，只要选择其中较轻处分种类即可，如一个处分幅度内有警告、严重警告、撤销党内职务三个处分种类的，则既可以给予警告处分，亦可以选择严重警告处分，但不可以选择撤销党内职务处分。另外，如果一个处分幅度内仅有一种处分种类，则不适用从轻处分规则。

2. 减轻处分规则的特殊情况

（1）减轻处分规则的禁止适用。

《中国共产党纪律处分条例》第 22 条第 3 款规定，只有开除党籍处分一个档次的违纪行为，不适用减轻处分的规定。换句话说，即如果一个违纪条款只有一个处分幅度，且该幅度中只有开除党籍一种处分种类的，则必须给予开除党籍处分，禁止适用减轻处分规则。例如，违反《中国共产党纪律处分条例》第 48 条规定，在党内组织秘密集团或者组织其他分裂党的活动的，给予开除党籍处分。这主要是基于一名党员如果实施了这种违纪行为，则已经完全丧失了作为共产党员的条件，不能再保留其党籍。

需要注意的是，如果该条款有多个处分幅度，其中一个处分幅度中仅有开除党籍一种处分种类的，如《中国共产党纪律处分条例》第 51 条规定，是可以适用减轻处分规则的。

（2）减轻处分规则降低一个处分幅度的突破。

根据《中国共产党纪律处分条例》第18条的规定，如果案件有特殊情况，经过特殊报批程序批准后，可以在降低一个处分幅度以外予以减轻处分，即可以降低两个级以上的处分幅度，这是对减轻处分规则降低一个处分幅度的突破，亦称为规定处分幅度以外的减轻处分规则。但适用该规则，必须同时具备以下两个条件：

第一，该案件必须具有“特殊情况”。关于何为“特殊情况”目前尚无具体规定，主要是考虑到在实际案件处理中会出现各种复杂的情况，办案人员需要在案件的特殊性和纪律的严肃性之间寻求平衡。给予办案人员更大的权衡空间，有利于其在保持纪律严肃性基础上兼顾案件的现实复杂性，以达到整治效果、纪法效果、社会效果的统一。

第二，必须经过“特殊程序”批准，即必须由中央纪委决定或者经省（部）级纪委决定并呈报中央纪委批准。这一特殊程序是纪律处分严肃性的保障，能够避免办案人员滥用额外减轻处分的权力，使在幅度外减轻处分的运用更加严格、规范。

3. 从轻或减轻处分的适用情节

《中国共产党纪律处分条例》第17条规定了6种可以从轻、减轻处分的一般从宽情节，具体包括：主动交代违纪问题、配合核实审查工作、检举他人违纪问题、积极弥补违纪后果、主动上交违纪所得以及其他立功表现。

（1）主动交代，是指涉嫌违纪的党员在组织初核前向有关组织交代自己的问题，或者在初核和立案审查其问题期间交代组织未掌握的问题。也就是说，在组织开展初步核实前，违纪党员交代的问题无论是否是组织已经掌握的，都应认定为主动交代；但在组织开展初步核实之后，违纪党员交代的问题只能是组织未掌握的问题，否则不能认定为主动交代。

（2）如实说明，是指在组织核实、立案审查过程中，能够配合核实审查工作，实事求是地讲清楚自己已被组织掌握的主要的违纪事实。需要强调两点：一是需要如实说明的问题必须是组织已掌握的事实；二是如果其仅犯一个违纪行为，则至少应将该违纪行为中的主要事实讲清楚，不能避重就轻、隐瞒主要情节、掩盖主要事实等，否则不能认定为如实说明；如果其犯数个违纪行为，只讲清楚其中的部分违纪行为，则仅认定该部分违纪行为为如实说明；如果是共同违纪，则要讲清楚其参与实施的行为。另外，其中的“组织核实”是指在立案前的所有核查工作，既包括初步核实工作，也包括巡视巡察、谈话函询中的抽查核实等工作。

（3）检举他人，是指检举同案人或者其他人应当受到党纪处分或者法律追究的问题，经查证属实的情况。其中，“同案人”主要是指与被审查人共同参与和实施违纪行为的人；“其他人”主要是指没有与被审查人共同参与、实施违纪行为的人；二者均既包括党员和党组织，也包括非党员和非党组织。由于非党员和非党组织不是党纪处分的对象，检举的内容只能针对其应当受到法律追究的问题。而对于党员和党组织的检举内容，既可以是应受到党纪处分的问题，也可以是应当受到法律追究的问题。

（4）积极弥补违纪后果，是指主动挽回损失、消除不良影响或者有效阻止危害结果发生的情况。其中，“主动挽回损失”主要是指主动采取有效措施，挽回违纪行为已经造成的损失的行为。“消除不良影响”主要是指主动采取弥补措施，消除违纪行为已经造成的不良影响的行为。“有效阻止危害结果发生”，主要是指违纪党员或党组织在已着手实施违纪行为，但尚未造成危害结果的情况下，主动放弃继续实施违纪行为，并主动积极采取措施防止了危害结果的发生。

（5）主动上交违纪所得，是指将违纪所得自觉上交组织的行为，而非将违纪所得原路退还。其中，“违纪所得”是指违纪行为获得的经济收益，即通过违纪行为所获得的利益，既包括投入成本（如经商办企业或投资入股等），也包括没有投入成本（如收受礼品礼金）获取的利益。

三、免予处分规则

1. 免予党纪处分的界定

免予党纪处分，是对于违犯党纪应当给予警告或者严重警告处分，但是具有从轻、减轻情节的党员或者《中国共产党纪律处分条例》分则规定可以免予处分的党员，党组织决定对其免去应给予的纪律处分。

需要注意的是，适用免予党纪处分的首要条件是该党员、党组织已经触犯了党的纪律，必须存在违纪事实。如果只是违反了有关内部规定或者是轻微苗头性等问题，并没有违犯党的纪律，则不适用于“免予党纪处分”，而只能给予相应的谈话、组织处理或者予以了结。其次，免予党纪处分的同时，可以对违纪党员作出批评教育、责令检查、诫勉或组织处理的决定。

2. 免予党纪处分的适用情形

（1）应当给予警告或者严重警告处分，但具有“可以从轻或者减轻处分”情节的情形。该情形的重点在于：必须经组织立案审查后认定构成违纪行为，且该违纪行为仅限给予警告、严重警告这两种处分种类。如未经组织立案审查认定构成违纪行为，或经立案审查认定该违纪行为应当给予撤销党内职务以上处分种类的，则不存在免予党纪处分的问题。

另外，该情形也是对从轻、减轻处分规则的补充，符合从轻、减轻处分规则的运用逻辑。警告、严重警告在分则条款中一般为第一个处分幅度，如果有减轻处分情节的，则无处分幅度可降；如果有从轻处分情节的，而该违纪行为又应当给予警告处分，则无其他较轻处分种类相适应，因此免予处分规则的引入正好弥补了这种情况的缺憾。

（2）《中国共产党纪律处分条例》分则中特别条款规定的情形。即《中国共产党纪律处分条例》第 57、59、60、61、63、64 条中规定的情形，这类党员不必符合“应当给予警告或者严重警告处分”的条件，其经批评教育后确有悔改表现的，可以免予党纪处分。

3. 免予党纪处分的程序

关于给予免予党纪处分的案件，必须经过立案审查、审理、报请批准或决定等程序，作出书面结论，同时可以注明给予被免予处分人批评教育、责令检查或者组织处理的相关决定。之后，应当要按照干部管理权限，将免予处分的结论、错误事实调查报告、上级批示、本人检讨及本人对处分决定或免予处分的结论的意见抄送组织部门。

需要注意的是，被免予党纪处分的党员依然享有申诉权，如果对该决定不服的依然可以逐级向相关党组织直至中央提起申诉。

4. 与不予党纪处分情形的区分

根据《中国共产党纪律处分条例》的规定以及实践情况来看，不予处分情形主要包括以下 4 种：一是不构成违纪行为。如果在立案前，经过核实认为不构成违纪的，则应予以了结。如果是在立案审查后认定不构成违纪行为的，则应当撤销案件，并向被审查人及其所在党组织、单位予以说明。二是构成轻微违纪的，可以依据《中国共产党党内监督条例》第 21 条规定给予诫勉谈话处理，不再给予党纪处分。三是虽已构成违纪，但在综合考量相关因素的情况下，精准适用监督执纪“四种形态”，认为属于第二种形态的轻处分，决定仅给予组织调整，不再予以党纪处分的情形。四是虽已构成违纪，但《中国共产党纪律处分条例》分则中明确规定可以不予处分的。

免予党纪处分与不予党纪处分的主要区别为：

（1）免予党纪处分不等同于不予党纪处分，不能“一免了之”，必须根据事实、情节给予批评教育、责令检查、诫勉谈话或组织处理的相应处理。免予党纪处分必须作出书面结论，而不予处分则不需要再作书面结论。

（2）免予党纪处分必须是经立案审查等程序后作出，而不予处分既可以适用于立案后，也可以适用于立案前的初核阶段、日常监督阶段。

四、从重加重处分规则

1. 从重加重处分的界定

从重处分是指在《中国共产党纪律处分条例》规定的违纪行为应当受到的处分幅度以内给予较重的处分。加重处分是指在《中国共产党纪律处分条例》规定的违纪行为应当受到的处分幅度的上一个处分幅度内给予较重的处分。从重加重处分规则与从轻减轻处分规则相对应，二者在具体运用上逻辑一致。

2. 从重加重处分的适用情形

根据《中国共产党纪律处分条例》第 20 条的规定，应当从重或加重处分适用情形主要有以下 5 种：强迫或唆使他人违纪的；拒不上交或者退赔违纪所得的；违纪受处分后又因故意违纪应当受到党纪处分的；违纪受到处分后，又被发现其受处分前的违纪行为应当受到党纪处分的；条例另有规定的。

特别注意，如果具有从重加重处分适用情形的是“应当”适用，无选择空间。而如果具有从轻减轻处分适用情形的是“可以”适用，即可以选择适用从轻减轻，亦可以不选择该适用情形直接作出处分决定。

（1）强迫或唆使他人违纪。“强迫他人违纪”，主要是指在被强迫的党员没有违纪主观故意情况下，违背其意志，采取胁迫等手段迫使其违纪的情形。“唆使他人违纪”，主要是指教唆、挑动、指使其他党员违纪的情形。[①] 二者的区别在于，强迫者和教唆者对直接实施违纪党员的主观心态如何产生影响。在办理违纪案件时，应当将本项规定中的“唆使他人违纪”与《中国共产党纪律处分条例》第 25 条第 3 款所规定的教唆他人违纪相结合，注意对教唆者处理的顺序。

（2）拒不上交或者退赔违纪所得，具体指被审查人在有能力有条件上交或退赔违纪所得的情况下，拒绝上交或退赔的情形。

---

① 中共中央纪律检查委员会中华人民共和国监察委员会法规室编写：《〈中国共产党纪律处分条例〉释义》，中国方正出版社 2018 年版，第 100 页。

需要注意的是，“拒不上交”与“主动上交”从轻减轻情形相对应，但“拒不退赔”无对应情形。也就是说，“退赔违纪所得”不属于可以从轻或者减轻处分的情形。这充分体现了对违纪人员宽严相济的政策。

（3）违纪受处分后又因故意违纪应当受到党纪处分。对此应着重把握前后违纪行为的主观心态：前一次违纪应当包括故意违纪和过失违纪，而后一次违纪则必须为故意违纪。所谓“故意违纪”，主要是指明知自己的行为会发生危害党、国家和人民利益的结果，而希望或放任这种结果发生，因而构成违纪的行为。[①] 其中“明知危害结果”是故意违纪的认识要素，“希望和放任”是故意违纪的意志要素。根据意志要素的不同，又可以分为直接故意即希望结果发生和间接故意即放任结果发生。

需要注意的是，前一次违纪是被给予处分的违纪，如果前一次违纪因为情节轻微并未受到处分或者免予处分，则不适用本项规定。

（4）违纪受到党纪处分后又被发现其受处分前的违纪行为应当受到党纪处分，是指如果违纪人员先前并未主动交代，而该违纪行为在另一违纪行为受到党纪处分后被发现，那么不主动交代的行为便成为本项所规定的应当从重或者加重处分的情节。

需要注意的是，如果后一次处分是开除党籍，那么对于先前遗漏的违纪行为一般不再追究其党纪责任，但是如果该遗漏的违纪行为涉嫌违法犯罪，应当及时移送有关国家机关处理；有违纪所得应当收缴或者责令退赔的，可以依照《中国共产党纪律处分条例》第 40 条规定，单独作出收缴或者责令退赔的处理决定。[②]

（5）本条例分则特别规定的从重加重情形，具体包括：第 75 条第 2 款规定的搞有组织的拉票贿选或者用公款拉票贿选的行为；第 79 条第 2 款规定的打击报复批评人、检举人、控告人、证人及其他人员的行为；第 91 条

---

① 中共中央纪律检查委员会中华人民共和国监察委员会法规室编写：《〈中国共产党纪律处分条例〉释义》，中国方正出版社 2018 年版，第 100 页。

② 中共中央纪律检查委员会中华人民共和国监察委员会法规室编写：《〈中国共产党纪律处分条例〉释义》，中国方正出版社 2018 年版，第 101 页。

规定的在操办婚丧喜庆事宜中借机敛财或者有其他侵犯国家、集体和人民利益的行为；第 112 条第 2 款规定的在扶贫领域损害群众利益的行为；第 121 条第 2 款规定的贯彻新发展理念不力，对职责范围内的问题失察失责的行为；第 125 条第 2 款规定的纵容、唆使、暗示、强迫下级说假话，报假情的行为；第 135 条第 2 款规定的利用职权、教养关系、从属关系或者其他相类似关系与他人发生性关系的行为。

五、违纪合并处理规则

违纪合并处理，是指一名违纪党员实施了两个及以上不同性质的，且均应受到党纪处分的违纪行为，党组织对其全部违纪行为分别确定应当受到的处分种类后，再依据规定进行合并，最终确定给予该名党员一种处分种类的处理规则。

具体来讲，该规则的运用必须同时具备四个要件：一是违纪主体，只能是同一违纪党员；二是违纪行为的数量，必须是两个以上不同性质的违纪行为，即违反了《中国共产党纪律处分条例》总则纪法衔接专用条款和分则条款中的两种及以上；三是违纪行为的性质，必须均应受到党纪处分；四是违纪行为被发现的时间，必须是在党组织作出处分决定前。

此外，合并处理须遵循两个原则：一是限制加重原则，指对数种违纪行为分别量纪，在此基础上以应当给予最重的党纪处分为准，加重一档给予处分；二是吸收原则，是指党员所犯数种违纪行为中若包含应当给予开除党籍处分的违纪行为，则开除党籍处分吸收其他较轻的处分。

六、违纪竞合处理

《中国共产党纪律处分条例》第 24 条规定了两种违纪竞合情形：想象竞合和条款竞合。

1. 违纪想象竞合

违纪想象竞合，是指一个违纪行为同时触犯该条例两个以上（含两个）

的条款，依照处分较重的条款定性处理。

构成违纪想象竞合必须同时具备两个条件：一是行为数量，仅实施了一个违纪行为；二是行为性质，同时可被认定为两个以上不同性质的行为，即同时触犯了两个以上（含两个）条款。此处需要说明的是，违纪主体可以是违纪党组织，也可以是违纪党员，这一点区别于合并处理的主体条件。

构成违纪想象竞合后的处理原则是“从一重处分”。具体来讲，触犯两个条款，依照处分较重的条款定性处理；触犯三个以上的条款，依照其中处分最重的条款定性处理；触犯的数个条款处分相当，按照最能体现行为本质的条款定性处理。①

2. 违纪的条款竞合

违纪条款竞合，是指一个条款规定的违纪构成要件全部包含在另一个条款规定的违纪构成要件中，特别规定与一般规定不一致的，适用特别规定。对于本款规定同样应当从适用条件和处理方法两方面掌握。

构成违纪条款竞合必须同时具备三个条件：一是行为数量，仅实施了一个违纪行为；二是行为性质，同时可被认定为两个以上不同性质的行为，即同时触犯了两个以上（含两个）条款；三是两个以上条款间的关系，其中一个条款（特别规定）规定的违纪构成要件全部包含在另一个条款（一般规定）规定的违纪构成要件中。

构成违纪条款后的处理原则是“特别规定优于一般规定”，即当特别规定与一般规定不一致时，适用特别规定。

需要注意的是，想象竞合与条款竞合的本质区别在于：想象竞合的情形是违纪行为本身导致的，不同性质的违纪行为之间不存在逻辑关系；而条款竞合的情形则是因条款之间本身存在“一般与特殊”的逻辑关系而天然形成的。

---

① 中共中央纪律检查委员会中华人民共和国监察委员会法规室编写：《〈中国共产党纪律处分条例〉释义》，中国方正出版社2018年版，第110页。

七、共同违纪

共同违纪，指二名以上党员基于共同故意，一起实施了同一违纪活动的行为。其中，“共同故意”是指每一个违纪党员明知共同违纪行为会造成一定的危害后果，但采取希望或放任该危害结果发生的心理态度。对共同违纪处理具体有三种情况：一般共同违纪的处理、经济方面共同违纪的处理和教唆他人违纪的处理。

1. 一般共同违纪的处理

针对为首者应当从重处分，但《中国共产党纪律处分条例》另有规定的除外。作为对共同违纪行为具有主要作用的违纪主体，除了实施具体的违纪行为外，还对共同违纪行为的产生和发展具有其他成员所不具有的作用，理应承担更大的责任、受到更严厉的处分。

针对其他成员，则应当按照其在共同违纪中所起的作用和应负的责任分别给予处分。

2. 经济方面共同违纪的处理

经济方面共同违纪的处理较一般共同违纪处理的特殊之处在于：除了考虑每一个违纪党员在共同违纪中所起的作用和应负的责任外，还要考虑个人违纪所得的数额。

具体来讲，对违纪集团首要分子按照集团违纪总数额处分；对其他共同违纪的为首者，在情节严重的情况下，按照共同违纪的总数额处分。其中“违纪集团”是指多人为了实施某种或者多种违纪而紧密结合起来的组织；“首要分子”是指组织、领导、策划、指挥违纪集团进行违纪活动的人员。[①]

集团违纪的恶劣程度远超一般类型的共同违纪，原因就在于：违纪集团是为了实施违纪行为而专门结合而成的组织化团体，具有更强的组织性、稳定性，危害性更大。因此，对于违纪集团首要分子不能按照个人所得数

---

① 中共中央纪律检查委员会中华人民共和国监察委员会法规室编写：《〈中国共产党纪律处分条例〉释义》，中国方正出版社 2018 年版，第 112 页。

额及其所起作用的一般标准给予处分。此外，尽管一般情况下对于共同违纪的为首者应当按照个人所得数额及其所起作用给予处分，但一旦达到“情节严重”的程度，也是可以突破一般标准而按照共同违纪总数额处分的。

3. 教唆他人违纪的处理

教唆他人违纪，是指以授意、怂恿、劝说、利诱或者其他方法故意唆使他人违纪的行为。应当注意的是，教唆人必须认识到自己的教唆会使被教唆人产生违纪故意并付诸实行，或者放任结果的发生。[①] 教唆的本质在于，教唆人通过非强迫的手段使他人产生违纪的故意。尽管从外观上看，教唆人并没有亲自实施违纪行为，但是并不妨碍对教唆人给予处分。

对于教唆他人违纪的处理，应当按照其在共同违纪中所起的作用追究党纪责任。“在共同违纪中所起到的作用”应当结合个案具体情况认定，而不能抽象地将之归为起主要作用或者起次要作用。同时，要适用《中国共产党纪律处分条例》第 20 条规定的情形，即强迫、唆使他人违纪的，应当从重或者加重处分。

八、集体违纪的处理

集体违纪，是指党组织领导机构集体作出违反党纪的决定或实施其他违反党纪的行为。集体违纪与共同违纪具有交叉重合的部分，但是二者并不能等同。二者的区别主要体现在违纪主体、主观心态和处理方法三个方面。

1. 违纪主体不同

共同违纪的主体是二人以上（含二人）；而集体违纪的主体是党组织的领导机构。党组织的领导机构对外表现为一个主体，但其决策或行为则是在机构内党员领导干部的推动下作出的。需要注意的是，认定集体违纪应当对党组织领导机构的成员加以详细区分，不能“一刀切”地认为只要是作出违纪行为的党组织领导机构的成员都属于集体违纪成员，而应当分为

① 中共中央纪律检查委员会中华人民共和国监察委员会法规室编写：《〈中国共产党纪律处分条例〉释义》，中国方正出版社 2018 年版，第 112 页。

两种情况：其一，如果是领导机构成员中的某个人违反民主集中制原则，从而实施违纪行为，那么只能给予该名违纪党员党纪处分，而不能按照集体违纪给予其他成员党纪处分；其二，如果成员在领导机构实施违纪行为时，没有参与或者表示反对，那么对于该名成员同样不能视为集体违纪人员。

2. 主观心态不同

共同违纪的主观心态是对共同违纪行为具有共同的故意；而集体违纪的主观心态还包括过失，故集体违纪包括集体故意违纪和集体过失违纪两种情况。

3. 处理方法不同

集体故意违纪的，领导机构中具有共同故意的成员，应按照共同违纪处理。对集体过失违纪的成员，按照各自在集体违纪中所起的作用和应负的责任分别处分。①

典型案例②

案例　实事求是运用四种形态

【涉及知识点】从轻或者减轻处分

【基本案情】

2020年7月，金罗镇纪委对镇各站（办、所）第二季度账目进行例行监督检查时，发现镇民政和社会保障站专职干事张某与下辖社区居民向某各自领取了镇敬老院500元生活费的问题，于是对此展开核实。

原来，2019年上半年，镇民政和社会保障站租用了向某的私家车为镇

① 中共中央纪律检查委员会中华人民共和国监察委员会法规室编写：《〈中国共产党纪律处分条例〉释义》，中国方正出版社2018年版，第113页。

② 万传文、夏飞：《精准把握正确运用政策策略》，载《中国纪检监察报》2021年1月6日，第6版。

敬老院运送了几次物资。此外，在对全镇1200多名退役军人开展信息采集工作时，也租用向某的私家车下村入户。该站负责人黄某得知镇财政工作经费紧张，为了解决这笔租车费用，直到2020年5月，才以张某和向某的名义从敬老院“领取”了1000元生活费用以支付租车费用。

金罗镇纪委经过调查后了解到，黄某是位老同志，平时工作积极，一直勤勤恳恳，镇民政和社会保障站各项工作多次得到上级表彰和肯定。镇纪委集体讨论认为，黄某此次犯下错误，是因为对政策的不了解、不熟悉，其本人未利用职权谋取私利，没有主观恶意。考虑到保护干部干事创业的积极性，镇纪委将此事报至镇党委会进行专题讨论。

【案例分析】

第一种意见认为，敬老院的生活费属于财政专项资金，必须专款专用，任何人不得挤占挪用。黄某挤占的是确保老人生活质量的款项，应该按照纪律处分条例的规定，给予其党内警告处分。

第二种意见认为，黄某所犯错误，是履行职责过程中出现的违纪行为。租用向某的私家车，是为尽快完成退役军人信息采集任务，并且租赁价格比市场价还要便宜。黄某的行为，是为公不是为私，建议按照“三个区分开来”要求，依规依纪从轻或减轻处理。

经过镇党委会反复讨论、斟酌，第二种意见得到与会人员一致认可，即采取“二转一”方式，对黄某进行谈话提醒。1000元违纪资金由向某上缴镇财政，镇民政和社会保障站按照程序报销后，再支付向某的租车费用。

法规依据

《中国共产党纪律处分条例》第17—26、51、57、59—61、63、64、75、79、91、112、121、125、135条

《中国共产党党内监督条例》第21条

对违法犯罪党员的纪律处分

规范解读

一、纪律审查中发现党员有犯罪行为的处置方式

（1）党的纪律处分并不以司法审判为前提。只要党组织在纪律审查中发现了党员存在涉嫌犯罪行为，就可以依规依纪对其进行相应的党纪处分，再移送司法机关依法追究法律责任。

（2）党员涉嫌犯罪的行为并不限于《中国共产党纪律处分条例》第27条列举的贪污贿赂、滥用职权、玩忽职守、权力寻租、利益输送、徇私舞弊、浪费国家资财，而是以《刑法》等刑事规则为标准，达到《刑法》规定的定罪量刑标准、涉嫌犯罪的所有行为。认定涉嫌犯罪，应当依据《刑法》及其修正案、有关决议、决定、法律解释，以及最高人民法院、最高人民检察院发布的司法解释等，同时还可以参考最高人民法院、最高人民检察院发布的指导性案例。

（3）在党纪后果上，《中国共产党纪律处分条例》第27条规定列举了撤销党内职务、留党察看、开除党籍处分三个处分档次。一般来讲，根据《中国共产党章程》规定，“严重触犯刑律的党员必须开除党籍”。其中，不一定开除党籍的主要有三种情形：①《中国共产党纪律处分条例》第31条

第 1 款规定的“党员犯罪情节轻微，人民检察院依法作出不起诉决定的，或者人民法院依法作出有罪判决并免予刑事处罚的，应当给予撤销党内职务、留党察看或者开除党籍处分”情形；②《中国共产党纪律处分条例》第 31 条第 2 款规定的“党员犯罪，被单处罚金的”情形；③《中国共产党纪律处分条例》第 32 条第 2 款规定的“因过失犯罪被判处三年以下（含三年）有期徒刑或者被判处管制、拘役的，一般应当开除党籍。对于个别可以不开除党籍的，应当对照处分党员批准权限的规定，报请再上一级党组织批准”情形。

（4）如果违纪党员在移送司法前，党组织给予了其开除党籍处分，而移送司法后人民检察院依法作出不起诉决定，或者人民法院依法作出免予刑事处罚判决。在这种情况下，如果受处分人认为处分决定不当，可以提出申诉，有关党组织应当依规依纪办理。

二、纪律审查中发现党员有违法行为的处置方式

1. 关于“党员有刑法规定的行为，虽不构成犯罪但须追究党纪责任”的处置

《刑法》第 13 条规定：“一切危害国家主权、领土完整和安全，分裂国家、颠覆人民民主专政的政权和推翻社会主义制度，破坏社会秩序和经济秩序，侵犯国有财产或者劳动群众集体所有的财产，侵犯公民私人所有的财产，侵犯公民的人身权利、民主权利和其他权利，以及其他危害社会的行为，依照法律应当受刑罚处罚的，都是犯罪，但是情节显著轻微危害不大的，不认为是犯罪。”也就是说，依照《刑法》，如果行为人行为情节显著轻微，没有达到严重危害社会的程度，依法不构成犯罪。例如，有《刑法》规定的行为，但没有达到情节严重或者情节恶劣程度的；有《刑法》规定的行为，但没有造成严重后果的；有《刑法》规定的行为，但没有达到数额较大的。而根据《中国共产党纪律处分条例》第 28 条的规定，党组织在纪律审查中发现党员有上述《刑法》规定的行为，虽然没有达到“情

节严重”、“情节恶劣”、“严重危险”或“数额较大”的程度，但损害了党、国家和人民利益，也应当视具体情节给予警告直至开除党籍处分。这体现了纪法分开、纪严于法，体现了党的纪律对党员的更高更严要求。

可以说，《刑法》规定的450多种违法行为，包括“不告不理”自诉案件（侮辱、诽谤、暴力干涉婚姻自由、虐待、侵占），如果党员触犯了已涉嫌犯罪的，按照《中国共产党纪律处分条例》第27条的规定，给予撤销党内职务、留党察看或者开除党籍处分；如果触犯了《刑法》尚不构成犯罪的，应当按照《中国共产党纪律处分条例》第28条的规定，视具体情节给予警告直至开除党籍处分。

2. 关于党员“有其他违法行为，损害党、国家和人民利益”的处置

根据“纪严于法、纪在法前，实现纪法分开”的要求，党员违法必先受到党纪的惩处。（1）该条款针对的是党员存在除刑事违法之外的其他违法行为，包括《公司法》《治安管理处罚法》《道路交通安全法》《人口与计划生育法》等国家法律法规。（2）该条款的重要构成要件是，违法行为损害了党、国家和人民利益。（3）在党纪上，党组织可以根据案件情节、影响恶劣程度、利益损害程度等多方面因素，从警告到开除党籍这五个处分类型中选择适当的档次对违法党员予以处分。

3. 关于党员发生嫖娼、赌博、吸毒等严重违反国家法律的行为的处置

上述行为与党员的理想信念宗旨完全背离，已丧失了作为党员的基本条件，并严重损害了党的形象。对上述行为，应当适用《中国共产党纪律处分条例》第28条之规定，给予开除党籍处分。

三、对依法受到刑事责任追究党员的处置方式

1. 对依法被追究刑事责任党员的党纪处分

党员依法受到刑事责任追究后，党组织必须给予相应的党纪处分。党组织应当根据司法机关的生效判决、裁定、决定及其认定的事实、性质和情节，依照《中国共产党纪律处分条例》规定给予党纪处分，是公职人员的

由监察机关给予相应政务处分。在具体程序上，分两种情况：（1）对依法受到刑事责任追究的党员。由于司法机关对依法受到刑事责任追究的党员作出生效判决、裁定和决定，已经对侦查过程中收集、调取的证据材料进行综合审查判断，并通过法律程序予以确认，具有法定的公信力和证明力。纪检监察机关一般不再履行立案程序，由相关的监督检查部门、审查调查部门依据司法机关的生效判决、裁定、决定及认定的事实、性质和情节，提出给予党纪处分、政务处分的意见，移送案件审理部门办理。（2）对涉嫌犯罪，检察机关决定不起诉、撤销案件或者人民法院判决宣告无罪、免予刑事处罚、裁定终止审理，但需追究党纪责任的，由纪检监察机关监督检查部门、审查调查部门提取有关材料，办理立案手续，按照有关规定调查核实。

2. 对犯罪情节轻微免予刑事处罚党员的党纪处分

《中国共产党纪律处分条例》第 31 条规定了国家司法机关对违法党员作出酌定不起诉、定罪免刑判决、单处罚金决定或处罚后，党组织对党员的处理方式。酌定不起诉是指，犯罪嫌疑人的行为已经构成犯罪，应当负刑事责任，但由于犯罪行为情节轻微，依照《刑法》规定不需要判处刑罚或者免除刑罚的。定罪免刑判决是指，人民法院作出的确认被告人的行为构成犯罪，同时又基于被告人具有法定免除处罚情节而宣布对被告人免除刑事处罚的判决。这两类情形中党员有一个共同特点，即虽然被依法免予刑事处罚，但是其行为已经被宣布构成犯罪。单处罚金是刑罚中附加刑的一种（罚金并非主刑，因此不适用《中国共产党纪律处分条例》第 32 条的规定），适用于犯罪情节较轻，适用单处罚金不致再危害社会的被告。对上述情形，党组织应当给予党员撤销党内职务、留党察看或者开除党籍处分。

3. 对依法被判处主刑的党员的党纪处分

根据《中国共产党纪律处分条例》第 32 条规定，原则上党员如果被判处了主刑之一，或被剥夺了政治权利，无论是过失犯罪还是故意犯罪，均应当给予开除党籍处分。但是为了体现宽严相济的处罚原则，第 32 条第 2

款为因过失犯罪被判处三年以下（含三年）有期徒刑或者被判处管制、拘役的党员设定了例外情况，经拥有处分批准权限的党组织和再上一级党组织批准，可以不开除党籍。

四、对依法受到政务处分、行政处罚党员的处置方式

1. 关于给予党纪处分

根据“纪严于法、纪在法前，实现纪法分开”的要求，党员依法受到政务处分、行政处罚，党组织必须给予其相应的党纪处分。

2. 关于党纪处分的立案程序

根据规定，党员受到行政处罚、政务处分或者被问责、组织处理后仍需追加党纪责任的，由纪检监察机关监督检查部门、审查调查部门提取有关材料，办理立案手续，按照有关规定调查核实，经核实后依照规定给予党纪处分或者组织处理。

3. 关于原生效判决、裁定、决定等发生改变后的处置

党组织作出党纪处分或者组织处理决定后，司法机关、行政机关等依法改变原生效判决、裁定、决定等，对原党纪处分或者组织处理决定产生影响的，党组织应当根据改变后的生效判决、裁定、决定等重新作出相应处理。

典型案例

【基本案情】

案例一：彭某，某县纪委书记。2016 年 4 月，彭某不顾政策规定，以纪委办案经费不足为由，强行将该县纪委收缴的清房罚没款 70 万元留作工作“备用金”。后彭某利用职权在该“备用金”中报销私人费用、医药费、妻儿外出的住宿交通及购物费用，共计 16 万元。该县纪委办公室副主任孙某也多次从该项“备用金”中报销旅游、聚餐等个人费用，共计 1.8 万元。

案例二：邓某，某村党支部书记。该村为修缮村内道路，通过各种途径筹集资金22万元，并全额入村级财务账。施工结束后，工程实际支出16万。但在办理结算时，该村召开村干部会议，邓某提议并商定利用该工程结算机会多报支出，套取资金解决村级历史遗留账务。此后，该村通过虚列支出共从村级财务套取资金5万余元，用于垫支村级公墓建设费用和村级日常事务支出。

【争议焦点】 如何认定彭某、孙某、邓某的违纪行为？

【案例分析】

主要有两种不同意见：

第一种意见认为：彭某、孙某、邓某3人均涉嫌贪污行为。

第二种意见认为：彭某、孙某涉嫌贪污行为；邓某违反了国家财经方面的法律法规，构成违纪。

笔者同意第二种意见。本案的焦点是如何认定私设“小金库”行为，以及如何追究行为人党纪责任？执纪实践中应当具体问题具体分析。

“小金库”，是指违反法律法规及其他有关规定，应列入而未列入符合规定的单位账簿的各项资金（含有价证券）及其形成的资产。案例一中的彭某、孙某和案例二中的邓某虽然都存在私设“小金库”行为，但两者的性质是不同的。

1. 案例一中的彭某和孙某涉嫌构成贪污行为

案例一中的彭某违反国家法律规定将纪委收缴的清房罚没款留作单位“备用金”，私设“小金库”。彭某利用职权从中报销个人费用16万元，孙某报销个人费用1.8万元。两人的行为已经涉嫌构成《刑法》第382条规定的贪污行为。其中，彭某涉案资金较大，已经达到贪污犯罪的定罪量刑标准。根据《中国共产党纪律处分条例》第27条的规定，党组织在纪律审查中发现党员有贪污贿赂、滥用职权等违反法律涉嫌犯罪行为的，应当给予撤销党内职务、留党察看或者开除党籍处分，彭某的犯罪情节严重，应当按照纪法衔接的要求，给予其开除党籍处分，并移送司法机关，追究法律责任。孙某涉案资金尚未达到贪污罪的定罪量刑标准，尚不涉及犯罪，按照《中国共产党纪律处分条例》第28条的规定，属于“虽不构成犯罪但须追究党纪责任的”行为，应当按照纪法衔接条款，追究党纪责任。

2. 案例二中邓某违反了国家财经方面法律法规规定

案例二中的邓某作为村党支部书记违反国家相关法律法规规定，通过虚列支出共从村级财务账套取资金5万余元，用于支付村级公墓建设费用和村级日常事务支出。本案中邓某虽未将“小金库”资金非法据为己有，但其作为主要负责人，违反财务管理的规定，私存私放财政资金，并挪作他用，违反了《会计法》《财政违法行为处罚处分条例》等国家法律法规规定，造成恶劣影响。按照《中国共产党纪律处分条例》第28条的规定，党组织在纪律审查中发现党员有其他违法行为，损害党、国家和人民利益的，应当视情节轻重给予警告直至开除党籍处分，应当按照纪法衔接条款，视情节轻重给予邓某相应党纪处分。

3. 执纪实践中，处理私设“小金库”问题，应当区分情况，准确适用《中国共产党纪律处分条例》

一是私设“小金库”涉嫌构成《刑法》规定的犯罪行为。如果党组织和党员私设“小金库”行为，已经涉嫌构成《刑法》规定的挪用公款罪、贪污罪、私分国有资产罪、滥用职权罪、职务侵占罪、挪用资金罪等犯罪，应当按照《中国共产党纪律处分条例》第27条纪法衔接条款的规定，将有关问题移送司法机关处理，追究法律责任。

二是私设“小金库”虽不涉及犯罪但须追究党纪责任的行为。如果党组织和党员私设“小金库”金额较小、行为情节比较轻微，没有达到《刑法》规定挪用公款罪、贪污罪、私分国有资产罪等犯罪行为的定罪量刑标准，虽不构成刑事犯罪但须追究党纪责任的，应当按照《中国共产党纪律处分条例》第28条纪法衔接条款的规定，视具体情节给予警告直至开除党籍处分。

三是私设“小金库”涉嫌违反其他国家法律法规规定的行为。我国相关法律法规就加强经济管理和财务管理，纠正财政违法行为制定了一系列法律法规。比如，《会计法》《财政违法行为处罚处分条例》《违反行政事业性收费和罚没收入收支两条线管理规定行政处分暂行规定》《行政执法机关移送涉嫌犯罪案件的规定》《国务院关于加强预算外资金管理的决定》《关于各级领导干部接受和赠送现金、有价证券和支付凭证的处分规定》等。如果执纪审查中发现党组织和党员有上述法律法规规定的财政违法行为，构成犯罪的，应当按照纪法衔接条款，移送司法机关追究法律责任。虽不构成犯罪，但影响党的形象，损害党、国家和人民利益的，应当按照《中国共产党纪律处分条例》第28条纪法衔接条款的规定，视情节轻重给予党纪处分。对有丧失党员条件，严重败坏党的形象行为的，应当给予开除党籍处分。

法规依据

《中国共产党纪律处分条例》第27、28、31—33条

六大纪律

知识点图解

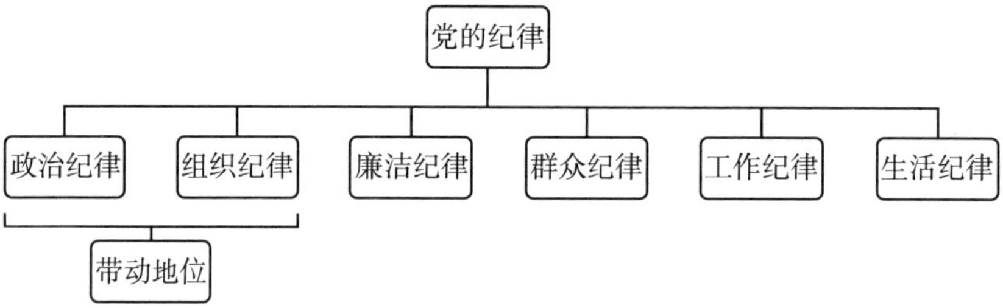

图 27　党的纪律类型

规范解读

根据《中国共产党章程》《中国共产党纪律处分条例》以及相关党内法规的规定，并参照《〈中国共产党纪律处分条例〉释义》《〈中国共产党纪律处分条例〉学习问答》对于《中国共产党纪律处分条例》的阐释，党的纪律主要是指政治纪律、组织纪律、廉洁纪律、群众纪律、工作纪律和生活纪律六个方面。

一、政治纪律

政治纪律是党的各级组织和全体党员在政治立场、政治方向、政治原则、政治道路上必须遵守的行为规则，是维护党的团结统一的根本保证，是加强党的政治建设的重要内容。[①] 党的政治纪律是最根本的党的纪律。习近平总书记曾明确指出："严明党的纪律，首要的就是严明政治纪律。党的纪律是多方面的，但政治纪律是最重要、最根本、最关键的纪律，遵守党的政治纪律是遵守党的全部纪律的重要基础。"[②] 截至 2021 年 6 月 5 日，中国共产党党员总数为 9514. 8 万名，现有基层党组织 486. 4 万个，其中基层党委 27. 3 万个，总支部 31. 4 万个，支部 427. 7 万个。严格遵守党的政治纪律是维护党的团结统一的根本保证，党中央有权威才能把全党 9500 多万名党员和 480 多万个基层党组织牢牢凝聚起来，确保党始终成为中国特色社会主义伟大事业的坚强领导核心。

中国共产党自诞生之日起就十分重视党的政治纪律，党的一大通过的《中国共产党纲领》第 12 条明确规定：地方执行委员会的财政、活动和政策，必须受中央执行委员会的监督。1927 年党的五大制定通过的《对于组织问题决议案》则首次明确提出了政治纪律的概念。此后，由于革命斗争的复杂情况，各根据地的地方党组织保留了较大的灵活性和自主性，党的纪律建设相对有些松弛。解放战争时期，基于革命形势发展的需要，加强党中央的权威和集中统一领导成为全党的共识，党的政治纪律得到了进一步的肯定和明确。1948 年 1 月，党中央制定通过了《关于建立请示报告制度》的指示，进一步强化了党的政治纪律约束。同年 3 月，党中央发出了《关于建立报告制度的补充指示》。新中国成立以后，政治纪律和政治规矩

---

① 中共中央纪律检查委员会中华人民共和国国家监察委员会法规室编写：《〈中国共产党纪律处分条例〉释义》，中国方正出版社 2018 年版，第 146 页。

② 中共中央文献研究室编：《十八大以来重要文献选编》（上），中央文献出版社 2014 年版，第 131-132 页。

一直都是党的建设中最为重要的纪律要求。1980 年 2 月 29 日中国共产党第十一届中央委员会第五次全体会议通过了《关于党内政治生活的若干准则》，第一次以准则的形式对党的政治生活进行了系统的阐述和说明。2016 年 10 月 27 日中国共产党第十八届中央委员会第六次全体会议通过了《关于新形势下党内政治生活的若干准则》，进一步结合新时代的实践发展对党内政治生活进行了新的论述，还指出全党特别是高级干部必须严格遵守党的政治纪律和政治规矩。

根据《中国共产党纪律处分条例》的规定和《〈中国共产党纪律处分条例〉释义》的阐释，违反党的政治纪律的行为主要包括：在重大原则问题上不同党中央保持一致行为，破坏党的团结统一行为，拒不执行党中央大政方针和落实党中央决策部署不坚决行为，搞两面派、做两面人行为，制造、散布、传播政治谣言行为，对应由中央决定的重大问题擅作主张行为，违反请示报告重大事项规定行为，对抗组织审查行为，发表危害党的言论等行为，组织、参加反党、反社会主义、敌视政府、分裂国家活动行为，组织、参加会道门、邪教组织行为，从事、参与挑拨民族关系制造事端或参加民族分裂活动行为，信仰宗教和参与利用宗教搞煽动活动行为，组织、参加迷信活动行为，组织、利用宗族势力对抗中央方针政策、破坏基层组织建设行为，外逃及在涉外活动中损害党和国家尊严利益行为，履行全面从严治党主体责任、监督责任失职行为，搞无原则一团和气行为，违反政治规矩行为等 37 种具体表现。

其中，2018 年新修订的《中国共产党纪律处分条例》新增了“在重大原则问题上不同党中央保持一致且有实际言论、行为或者造成不良后果”“对党不忠诚不老实，表里不一，阳奉阴违，欺上瞒下，搞两面派，做两面人”等重要条款。

二、组织纪律

组织纪律是规范和处理党的各级组织之间、党组织与党员之间以及党员与党员之间关系的行为规则。[①] 中国共产党是以马克思主义为指导思想，以民主集中制为根本组织制度的先进政党。民主集中制是中国共产党的根本组织制度。《中国共产党章程》规定：党是根据自己的纲领和章程，按照民主集中制组织起来的统一整体。严格的组织纪律性是中国共产党先进性的重要体现，也是中国共产党一步一步走向强大的政治优势。习近平同志指出："我们党是靠革命理想和铁的纪律组织起来的马克思主义政党，纪律严明是党的光荣传统和独特优势。党面临的形势越复杂、肩负的任务越艰巨，就越要加强纪律建设，越要维护党的团结统一，确保全党统一意志、统一行动、步调一致前进。"[②] 全体党员要坚定地相信组织、依靠组织、服从组织，自觉接受组织安排和纪律约束，自觉维护党的团结统一。

组织严密和纪律严明是中国共产党的鲜明特征和优良传统。从党的发展历史来看，中国共产党始终高度重视党的组织纪律建设。党的一大通过了《中国共产党纲领》初步奠定了党的组织纪律要求，明确了党应当成为一个有严格组织纪律的、有很强战斗力的无产阶级政党。党的二大讨论通过了《中国共产党章程》，特别突出了党的组织纪律建设，初步确立了民主集中制的党的组织原则。党的三大通过了《中国共产党中央执行委员会组织法》，首次以规范性文件的形式对党的中央组织进行了明确的规定。党的四大修改了《中国共产党章程》，突出了党的基层组织建设。1927年，中央政治局通过了《中国共产党第三次修正章程决议案》，首次在《中国共产党章程》中明确党的民主集中制。党的六届六中全会则首次明确提出"四个服从"的重要组织纪律，也即个人服从组织、少数服从多数、下级服从上级、全党服从中央。党的七大正式将"四个服从"写入《中国共产党章程》，并进行了更加完整、准确的阐述。党的八大通过的《中国共产党章程》首次以"在民主基础上的集中和集中指导下的民主"来表述党的民主集中制。

---

① 中共中央纪律检查委员会中华人民共和国国家监察委员会法规室编写：《〈中国共产党纪律处分条例〉释义》，中国方正出版社2018年版，第203页。

② 中共中央文献研究室编：《十八大以来重要文献选编》（上），中央文献出版社2014年版，第131页。

从改革开放到党的十七大，民主集中制得到进一步的加强和完善。

党的十八大以来，以习近平同志为核心的党中央高度重视党的组织纪律建设，相继制定以及修订了《关于新形势下党内政治生活的若干准则》《中国共产党纪律处分条例》《中国共产党农村基层组织工作条例》《中国共产党党组工作条例》《中国共产党党和国家机关基层组织工作条例》《中国共产党国有企业基层组织工作条例（试行）》《中国共产党基层组织选举工作条例》《中国共产党中央委员会工作条例》《中国共产党地方组织选举工作条例》《中国共产党普通高等学校基层组织工作条例》《中国共产党组织工作条例》等，为党的组织纪律建设提供了坚实的制度保障。

根据《中国共产党纪律处分条例》的规定和《〈中国共产党纪律处分条例〉释义》的阐释，违反党的组织纪律的行为主要包括：违反民主集中制原则的行为，下级党组织拒不执行或者擅自改变上级党组织决定的行为，拒不执行组织人事安排等决定的行为，不按规定报告个人有关事项等行为，搞拉票助选等非组织活动的行为，违规选任干部和用人失察失误的行为，侵犯党员权利的行为，违规发展党员等行为，违规取得外国国籍、国（境）外居留资格的行为，违规办理出国（境）证件行为和违规出入国（边）境行为，在国（境）外擅自脱离组织行为等24种具体表现。

三、廉洁纪律

廉洁纪律是党的各级组织和全体党员为确保清正廉洁在从事公务活动或者其他活动中应当遵守的廉洁用权的行为规则，是实现干部清正、政府清廉、政治清明的重要保障。① 清正廉洁是中国共产党党员先进性的必然要求和重要体现，也是中国共产党取信于民、赢得人民支持的基本品质。《中国共产党章程》也明确规定，中国共产党党员永远是劳动人民的普通一员。除了法律和政策规定范围内的个人利益和工作职权以外，所有共产党员都

---

① 中共中央纪律检查委员会中华人民共和国国家监察委员会法规室编写：《〈中国共产党纪律处分条例〉释义》，中国方正出版社2018年版，第237页。

不得谋求任何私利和特权。党员领导干部必须正确行使人民赋予的权力，坚持原则，依法办事，清正廉洁，反对任何滥用职权、谋取私利的不正之风，永葆共产党人清正廉洁的政治本色。

中国共产党一直非常重视党的廉洁纪律建设。建党早期，中国共产党对于廉洁纪律的要求主要体现在党费收缴与管理方面。而后随着党领导下的地方政权建设，党的廉洁纪律逐渐渗透进政府机关。1933 年，中国共产党领导下的中华苏维埃共和国临时中央政府颁布了《关于惩处贪污浪费行为的第二十六号训令》。新中国成立后，党中央发布《关于实行精兵简政、增产节约、反对贪污、反对浪费和反对官僚主义的决定》等相关规定。改革开放以后，中国共产党相继发布了《关于高级干部生活待遇的若干规定》《关于党内政治生活的若干准则》等有关廉洁纪律建设的规定。1997 年，中共中央印发实施《中国共产党党员领导干部廉洁从政若干准则（试行）》，第一次以准则的形式对党的廉洁纪律进行了系统性的规定。旋即，中纪委制定了配套性的《〈中国共产党党员领导干部廉洁从政若干准则（试行）〉实施办法》，进一步对该准则予以具体化，增强了该准则的可操作性和可适用性。次年，中纪委又印发了《关于对〈中国共产党党员领导干部廉洁从政若干准则（试行）〉第五条第二款的补充规定》。2010 年，中共中央修订了 1997 年的《中国共产党党员领导干部廉洁从政若干准则（试行）》，印发了《中国共产党党员领导干部廉洁从政若干准则》。次年，中纪委就印发了该准则的配套规定，即《〈中国共产党党员领导干部廉洁从政若干准则〉实施办法》。

党的十八大以来，以习近平同志为核心的党中央高度重视干部队伍的廉政工作，大力推进反腐败工作并取得了重大成效。2013 年，党中央发布了《党政机关厉行节约反对浪费条例》。党的十八届四中全会正式提出“形成不敢腐、不能腐、不想腐的有效机制”。《关于新形势下党内政治生活的若干准则》也明确指出要“着力构建不敢腐、不能腐、不想腐的体制机制”。2015 年，中共中央印发了新的《中国共产党廉洁自律准则》，以简短、清晰的语句将党的廉洁纪律进行了浓缩和提炼，并区分了党员的廉洁自律规范和党员领导干部的廉洁自律规范。

根据《中国共产党纪律处分条例》的规定和《〈中国共产党纪律处分条例〉释义》的阐述，违反党的廉洁纪律的行为主要包括：权权交易行为，违规接受礼品、礼金和服务等行为，违规从事营利活动行为，违反工作生活待遇规定等行为，违规占有、使用公款公物等行为，违反厉行节约反对浪费规定行为，权色交易行为等 39 种，其中第 111 条属于兜底性条款，将其他可能违反廉洁纪律规定的行为均纳入其中。

四、群众纪律

党的群众纪律，是指处理党组织和党员与群众关系的行为准则，是党的群众路线在党的纪律领域的集中体现。中国共产党的宗旨是全心全意为人民服务，执政理念是立党为公、执政为民。中国共产党的最大政治优势是密切联系群众，最大的危险则是脱离群众。党的群众纪律要求任何党组织和党员都必须坚决贯彻党的群众纪律，时时刻刻将群众的切身利益放在第一位，同人民群众保持最密切的联系，而不得以任何借口和方式来侵害群众的利益。故此，任何党员都必须坚持权为民所用、情为民所系、利为民所谋，不允许利用手中权力做出有损于人民利益的事情。

中国共产党自新民主主义革命时期起，就十分重视群众纪律。“三大纪律八项注意”是中国共产党结合领导新民主主义革命的实际情况，用简洁、明快、易懂的语言将党的群众纪律进行了高度的浓缩和提炼形成的，在实践中取得了良好的群众效果，并最终引领中国共产党取得了新民主主义革命的胜利。中华人民共和国成立后，群众纪律在党内继续得到较好的贯彻与执行。1956 年，党的八大将党的群众路线写入《中国共产党章程》。改革开放以后，党的群众纪律继续在党内得到一以贯之的贯彻与执行。党的十二大修订的《中国共产党章程》明确规定，“党除了工人阶级和最广大人民群众的利益，没有自己特殊的利益”。“始终同群众同甘共苦，保持最密切的联系，不允许任何党员脱离群众，凌驾于群众之上。”进入新时代以来，党的群众路线和群众纪律继续得到很好的坚持。2015 年修订的《中国共产党纪律处分条例》首次将党的群众纪律单设一类，突出了党的群众纪律的优良传统，强化了党同人民群众的血肉联系。

根据《中国共产党纪律处分条例》的规定和《〈中国共产党纪律处分条例〉释义》的阐述，违反党的群众纪律的行为主要包括：侵害群众利益行为，干涉生产经营自主权行为，民生保障显失公平行为，利用宗族、黑恶势力等欺压群众或者纵容涉黑涉恶活动、为黑恶势力充当“保护伞”行为，不作为、乱作为等漠视、损害群众利益行为，盲目建设、搞“形象工程”“政绩工程”行为，国家财产和群众生命财产遇到危险能救不救行为，侵犯群众知情权行为等。

五、工作纪律

党的工作纪律是党的各级组织和全体党员在党的各项具体工作中必须遵守的行为规则，是党的各项工作正常开展的重要保证。① 党的工作内容十分丰富，包括宣传工作、教育工作、组织工作、纪律检查工作、群众工作、统一战线工作以及机构编制、对外联络、巡视、机关工作等。② 党的工作纪律是保证党的各项工作顺利开展的重要纪律约束，也是实现党的领导的重要纪律保障。中国共产党是以严明的纪律进行约束的先进政党，严格遵守党的工作纪律，坚决完成党交代的工作任务是中国共产党的优良传统。

中国共产党是中国特色社会主义事业的坚强领导核心，严明党的工作纪律是中国共产党领导社会主义事业的必然要求，也是党的各项领导工作能够顺利开展的重要制度保障。中国共产党自诞生起就十分重视党的工作纪律，比如，党的群众工作的纪律要求、党内请示报告制度的建立。大革命

---

① 中共中央纪律检查委员会中华人民共和国国家监察委员会法规室编写：《〈中国共产党纪律处分条例〉释义》，中国方正出版社 2018 年版，第 313 页。

② 王勇主编：《党规党纪》，中共中央党校出版社 2016 年版，第 175 页。

失败以后，党的活动不得已转入地下，保密纪律就自然成为党的工作纪律的重要组成部分。但是长期以来，党的工作纪律一般都是散见于党的各项具体工作制度之中，并未形成系统性的工作纪律制度安排。2015 年修订的《中国共产党纪律处分条例》对违反党的工作纪律的行为单设一章，突出了党的工作纪律在党的纪律中的重要性。值得注意的是，2015 年修订的《中国共产党纪律处分条例》增加了党组织不履行全面从严治党主体责任、违规干预和插手市场经济活动、违规干预和插手司法活动和执纪执法活动等违反党的工作纪律的规定。

根据《中国共产党纪律处分条例》的规定和《〈中国共产党纪律处分条例〉释义》的阐述，违反党的工作纪律的行为主要包括：党组织失职行为，形式主义、官僚主义行为，滥用职权和玩忽职守行为，失泄密行为，违反外事工作纪律行为等。其中，2015 年修订的《中国共产党纪律处分条例》重点针对形式主义和官僚主义积习甚深的问题，增加了贯彻党中央决策部署只表态不落实，热衷于搞舆论造势、浮在表面，以及单纯以会议贯彻会议、以文件落实文件，在实际工作中不见诸行动等行为的处分规定。

六、生活纪律

生活纪律是党员在日常生活和社会交往中应当遵守的行为规则，涉及党员个人品德、家庭美德、社会公德等各个方面，关系着党的形象。中国共产党是中国工人阶级的先锋队，同时也是中国人民和中华民族的先锋队，是中国特色社会主义事业的坚强领导核心。严格遵守党的生活纪律是每一名共产党员的应尽义务，是体现共产党员先进性的重要体现。基于党的先锋队性质，中国共产党对于党员生活作风的要求要比普通群众更加严格，广大党员要以更高的标准严格要求自己，承担比普通公民更多的义务。本质上来说，党的生活纪律是一种道德的硬性要求，涉及个人品格、生活标准、男女关系以及家庭关系等方面。古人云：修身齐家治国平天下。修身与齐家是治国平天下的前提和基础。一名合格的共产党员必须首先注重个人身心修养，而后才能以饱满的热情投入到中国特色社会主义现代化建设的伟大事业中去。

生活纪律在党的纪律中占据重要的地位，在新中国成立以前，党的生活纪律就已经出现。但由于当时特殊的斗争形势，相比于生活纪律，政治纪律和组织纪律的作用更加凸显。中华人民共和国成立以后，中国共产党由革命党转变为执政党，党内开始滋生出一些腐化堕落的不良风气，于是生活纪律开始受到更大程度上的重视。邓小平同志曾指出，“无论城市农村，贪污腐化现象都很严重。还有一个干部婚姻上的问题……有的闹得影响很坏，工作也受损失。有的甚至使出流氓威胁欺骗的手段。这种现象如不纠正，不但影响工作，损害党的声誉，而且要垮掉一些同志。”① 随后，中国共产党发布了一系列关于生活纪律的文件，如《中共中央关于开展反浪费反保守运动的指示》《关于不准请客送礼和停止新建招待所的通知》《关于高级干部生活待遇的若干规定》《党政机关厉行节约反对浪费条例》等。党的十八大以来，党中央对于党的生活纪律建设高度重视。中央“八项规定”的出台有效地整肃了党内的生活作风，而后党的生活纪律体现出越来越规范化的发展趋势。

根据《中国共产党纪律处分条例》的规定和《〈中国共产党纪律处分条例〉释义》的阐述，违反党的生活纪律的行为主要包括：生活奢靡、贪图享乐、追求低级趣味，违背家庭伦理和社会公德，不重视家风建设，对配偶、子女及其配偶失管失教等行为。

适用难点

一、如何理解政治纪律是最重要、最根本、最关键的党的纪律？

党的政治纪律是最重要、最根本、最关键的党的纪律。习近平同志曾指

---

① 《邓小平文选》（第1卷），人民出版社1994年版，第158-160页。

出，“严明党的纪律，首要的就是严明政治纪律。党的纪律是多方面的，但政治纪律是最重要、最根本、最关键的纪律，遵守党的政治纪律是遵守党的全部纪律的重要基础。政治纪律是各级党组织和全体党员在政治方向、政治立场、政治言论、政治行为方面必须遵守的规矩，是维护党的团结统一的根本保证。”[①] 遵守党的政治纪律，最核心的就是坚持党的领导，坚持党的基本理论、基本路线、基本纲领、基本经验、基本要求，同党中央保持高度一致，自觉维护中央权威。在指导思想和路线方针政策以及关系全局的重大原则问题上，全党必须在思想上政治上行动上同党中央保持高度一致。[②]

遵守党的政治纪律和政治规矩，重点要做到以下五个方面。一是必须维护党中央权威，决不允许背离党中央要求另搞一套，全党同志特别是各级领导干部在任何时候任何情况下都必须在思想上政治上行动上同党中央保持高度一致，听从党中央指挥，不得阳奉阴违、自行其是，不得对党中央的大政方针说三道四，不得公开发表同中央精神相违背的言论。二是必须维护党的团结，决不允许在党内培植私人势力，要坚持五湖四海，团结一切忠实于党的同志，团结大多数，不得以人划线，不得搞任何形式的派别活动。三是必须遵循组织程序，决不允许擅作主张、我行我素，重大问题该请示的请示，该汇报的汇报，不允许超越权限办事，不能先斩后奏。四是必须服从组织决定，决不允许搞非组织活动，不得跟组织讨价还价，不得违背组织决定，遇到问题要找组织、依靠组织，不得欺骗组织、对抗组织。五是必须管好亲属和身边工作人员，决不允许他们擅权干政、谋取私利，不得纵容他们影响政策制定和人事安排、干预正常工作运行，不得默许他们利用特殊身份谋取非法利益。[③]

---

① 中共中央文献研究室编：《十八大以来重要文献选编》（上），中央文献出版社 2014 年版，第 131-132 页。

② 中共中央纪律检查委员会、中共中央文献研究室编：《习近平关于严明党的纪律和规矩论述摘编》，中央文献出版社、中国方正出版社 2016 年版，第 15 页。

③ 习近平：《习近平谈治国理政》（第 2 卷），外文出版社 2017 年版，第 154-155 页。

二、如何理解政治纪律和组织纪律在党的纪律中的带动地位?

在六大纪律中，政治纪律和组织纪律是最大的规矩。党的十九大报告强调："重点强化政治纪律和组织纪律，带动廉洁纪律、群众纪律、工作纪律、生活纪律严起来。"《关于加强和改进中央和国家机关党的建设的意见》也指出要重点强化政治纪律和组织纪律，带动廉洁纪律、群众纪律、工作纪律、生活纪律严起来，使铁的纪律成为广大党员、干部日常习惯和自觉遵循。《党委（党组）落实全面从严治党主体责任规定》第6条第7项也指出，加强党的纪律建设，重点强化政治纪律和组织纪律，带动廉洁纪律、群众纪律、工作纪律、生活纪律严起来。新的阐述首次将党的组织纪律与政治纪律并列提及，将传统的"一纪带五纪"转变为"二纪带四纪"，将政治纪律和组织纪律同时作为六大纪律的重中之重，突出了组织纪律在党的纪律中的重要价值和意义。

但是，政治纪律和组织纪律在六大纪律中的地位仍然是有所区别的。政治纪律仍是六大纪律中最重要、最根本、最关键的纪律，遵守党的政治纪律和政治规矩仍是遵守党的全部纪律的基础，违反党的政治纪律是对党的纪律的根本性的违背。党的十九大报告也依旧把党的政治建设摆在首位，强调全党要坚定执行党的政治路线，严格遵守政治纪律和政治规矩，在政治立场、政治方向、政治原则、政治道路上同党中央保持高度一致。与此同时，组织纪律在党的纪律中的地位较以往有所凸显，成为重要性仅次于政治纪律的党的纪律。组织纪律是处理党组织之间、党员之间以及党组织与党员之间关系的行为约束。党的力量来自组织，严明的组织纪律是保证党的战斗力的关键所在。故此，政治纪律和组织纪律在党的六大纪律中的地位和关系可以总结归纳为"一根本两带动"，政治纪律处于根本性地位，政治纪律和组织纪律同为带动性的纪律约束。

三、如何理解廉洁自律与廉洁纪律的关系?

党内法规中既有对于共产党员廉洁自律的规定，也有关于廉洁纪律的规定，两者之间是一种什么样的关系？概括来说，两者应当是一种自律与他律的关系。自律是一种自我的内心约束、道德约束，廉洁自律是共产党员在道德层面上的行动准则，是一种自我的高标准要求。《中国共产党廉洁自律准则》对于普通党员和党员领导干部的自律要求进行了详细的规定。廉洁纪律是廉洁自律的外在纪律表现形式，是一种强制性的要求，是全党必须一体遵守的行为准则。与廉洁自律相比，廉洁纪律的最显著表现就是具有强制性和惩罚性。廉洁自律与廉洁纪律本质上是一体的，是相辅相成的。两者的不同仅仅体现在自律与他律方面，体现在有无强制性和惩罚性方面。中国共产党是工人阶级的先锋队，是中国人民和中华民族的先锋队，廉洁自律是中国共产党党员先进性的重要体现，也是一名合格的共产党员的自我道德约束。然而，自律的作用和效果终归是有限的。为永葆共产党员的廉洁品质，必要的纪律约束也是必不可少的。廉洁纪律的目的不是强制或惩治，而是要致力于培育和保持共产党员的廉洁自律的良好品质，使共产党员自觉自愿地廉洁自律。所以，廉洁自律与廉洁纪律本质上是一体的，共同致力于共产党员廉洁品质的养成。

四、如何理解党的工作纪律与职业道德、职业操守的关系？

党的工作纪律是各级党组织和广大党员开展工作时必须遵守的工作规则，是保证党的各项工作正常开展的重要制度保障。党的工作纪律与职业道德、职业操守之间有着密切的关系，既有区别又有联系。党的工作纪律与职业道德、职业操守在本质上其实同属职业伦理，不同在于党的工作纪律是党的工作领域的职业伦理，具体可以分为党的宣传工作、组织工作、统战工作等，而职业道德和职业操守则是一种泛化的职业伦理。换句话说，党的工作纪律其实就是职业道德、职业操守在党的工作领域的具体表现。但是，相比于其他的职业道德和职业操守，党的工作纪律具有更强的约束力和强制力。普通的职业道德和职业操守需要依靠职业共同体内部的自治性规范约束，在约束力上相对较弱。而党的工作纪律则不同，虽然在本质上党的工作纪律也属于一种自治性的规范，是党进行自我约束的重要制度依托，但是在约束力上要明显强于普通的职业道德和职业操守。这种约束力的强弱之分在很大程度上还是取决于党的领导和执政地位。因此，党的工作纪律实质上是一种强约束，而不是普通职业道德和职业操守的那种弱约束。

典型案例

案例一　某国有企业办公室主任崔某某公车管理违纪案①

【涉及知识点】廉洁纪律、工作纪律

【基本案情】

崔某某，中共党员，某国有企业办公室主任，负责本单位公务用车管理工作。2016 年 11 月至 2017 年 8 月，其多次使用单位公车探望父母。另外，崔某某对单位公务加油卡管理不严，导致办公室副主任吴某某（另案处理）在 2014 年 4 月至 2017 年 8 月使用单位公务加油卡，为其个人私车累计加油 61 次，共计消费人民币 1.4 万余元。崔某某对此并不知情。

【争议焦点】崔某某是否违反了党的工作纪律

【案例分析】

对于如何认定崔某某的违纪行为，有的观点认为崔某某公车私用，违反中央八项规定精神和廉洁纪律；同时，他在公务用车及加油卡管理上失察失管，给单位造成经济损失，其行为违反工作纪律，因此应当认定崔某某构成两项违纪行为。但也有观点认为《中国共产党纪律处分条例》第 100 条不仅规定了违反公务用车管理规定的直接责任，也规定了相应的领导责

---

① 燕海涛、陈征：《正确认定公车管理“领导责任”》，载《中国纪检监察报》2018 年 7 月 4 日，第 8 版。

任，崔某某对其本人公车私用的行为承担直接责任；对吴某某擅自使用公务加油卡的行为承担领导责任。所以，崔某某的违纪行为仅适用《中国共产党纪律处分条例》第100条即可，崔某某构成违反中央八项规定精神和廉洁纪律行为。

崔某某个人使用公车办理私事，其作为直接责任人，违反了《中国共产党纪律处分条例》中关于廉洁纪律的规定。但崔某某对吴某某擅自使用单位公务加油卡为私车加油的行为并不知情，对该违纪行为不存在主观故意，故不应当依据《中国共产党纪律处分条例》第100条追究其违反公车管理的领导责任。其在公车管理过程中，不正确履行职责，导致公共财物损失1.4万余元的失职行为，应当认定违反工作纪律。因此，崔某某存在违反廉洁纪律、工作玩忽职守两项违纪行为，应当依据《党纪处分条例》第100、125条，分别确定违纪行为各自处分档次后，再依据《中国共产党纪律处分条例》第23条的规定，对两项违纪行为合并处理，按数种违纪行为中应当受到的最高处分加重一档给予处分。

案例二　某县级市政府办公室主任赵某不重视家风违纪行为案件①

【涉及知识点】廉洁纪律、生活纪律

【基本案情】

赵某，中共党员，某县级市政府办公室主任。赵某对其子赵某华一贯溺爱，且因赵某工作较忙，对赵某华疏于管教、放任纵容，赵某华逐渐染上一些恶习。2018年10月至2019年6月，赵某华利用赵某之子的身份多次向该市多名私营企业主索要钱款共计25万余元，在当地造成恶劣影响。赵某对上述情况不知情，且未为所涉企业谋取利益。

【争议焦点】赵某的行为是违反了党的廉洁纪律还是生活纪律

【案例分析】

对于该案例中赵某的行为应如何定性，存在不同的主张。有的观点认

---

① 许展：《不重视家风建设违纪行为辨析》，载《中国纪检监察报》2019年7月17日，第8版。

为，赵某对赵某华向私营企业主索要财物的行为不知情，不应当追究其纪律责任，但可以给予批评教育。有的观点认为，赵某华是以赵某之子的身份向所涉企业索取钱款，赵某属于《中国共产党纪律处分条例》第 85 条第 2 款规定的利用职权上的影响来为他人谋取利益，应当认定为违反党的廉洁纪律。还有的观点认为，赵某身为党员领导干部，对赵某华一贯溺爱、疏于管教，应依据《中国共产党纪律处分条例》第 136 条之规定，认定赵某不重视家风建设，违反了党的生活纪律。

不重视家风建设与党员干部利用职权或者职务上的影响为他人谋取利益极其容易混淆。但是两者还是存在明显的区别的。首先，亲属收受财物行为要求领导干部利用职权或职务影响为他人谋利，而不重视家风建设行为一般不存在领导干部本人为他人谋利的行为。其次，亲属收受财物行为表现形式比较单一，不重视家风建设行为不限于亲属收受财物，还包括亲属品行不端、捞取非经济利益等，表现形式更为多样。最后，亲属收受财物行为要求情节较重的才能构成违纪，要综合考量收受财物数额、持续时间、谋利情节、性质等因素；不重视家风建设构成违纪的，一般要求造成不良影响或严重后果，更多侧重于不良社会影响和群众的否定性评价。

法规依据

《中国共产党章程》第 3、40 条

《中国共产党纪律处分条例》第 2 编

《中国共产党问责条例》第 7 条第 6 项

《中国共产党巡视工作条例》第 15 条

《党委（党组）落实全面从严治党主体责任规定》第 6 条第 7 项

《纪检监察机关处理检举控告工作规则》第 4 条第 1 项

有关责任人员的区分

知识点图解

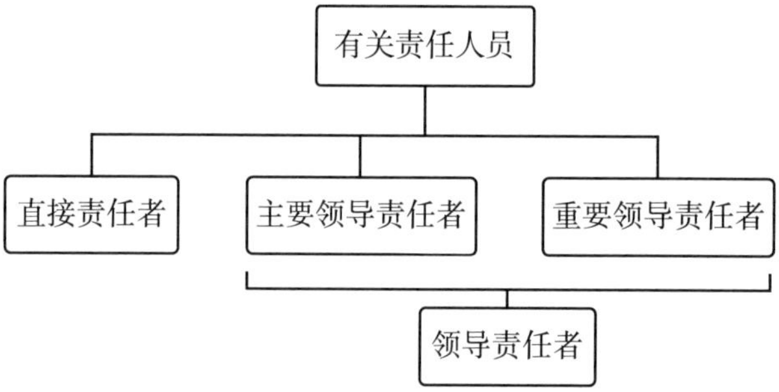

图 28　有关责任人员类型

规范解读

根据《中国共产党纪律处分条例》《中国共产党问责条例》的有关规定，并参照《〈中国共产党纪律处分条例〉释义》及《〈中国共产党纪律处分条例〉学习问答》的有关阐释，可以确定违纪行为有关责任人员可以具体划分为直接责任者和领导责任者，领导责任者又可以进一步细分为主要领导责任者和重要领导责任者。

一、直接责任者

根据《中国共产党纪律处分条例》的规定，直接责任者，是指在其职责范围内，不履行或者不正确履行自己的职责，对造成的损失或者后果起决定性作用的党员或者党员领导干部。按照《〈中国共产党纪律处分条例〉释义》的阐释，这里的“职责范围内”主要是指依照其法定职务或者组织交办的应当承担的具体工作责任和应履行的义务。“不履行职责”，一般表现为应当作为而不作为，如拒绝履行职责、拖延履行职责或者擅离职守等；“不正确履行职责”，包括超越职权，或者违反规定处理公务，也包括不认真履行职责的情况。

直接责任者应当具备两个基本特征：一是不履行或者不正确履行其自身的职责，即在由其直接负责具体执行的某项工作中存在不履行或者不正确履行职责的行为；二是对损失后果起决定性作用，即其不履行职责或者不正确履行职责的行为，是造成损失后果的决定性原因。

二、主要领导责任者

根据《中国共产党纪律处分条例》的规定，主要领导责任者，是指在其职责范围内，对主管的工作不履行或者不正确履行职责，对造成的损失或者后果负直接领导责任的党员领导干部。按照《〈中国共产党纪律处分条例〉释义》的阐释，这里的“主管的工作”，主要是指有明确分工或党组织交办由其负责、管辖的工作。

主要领导责任者应当具备两个基本特征：一是对直接主管的工作不履行或者不正确履行职责，这里的直接主管是指由党组织按照党的领导干部的职责分工交办由其直接领导和管理，但并不由其直接负责具体执行的工作。二是在领导和管理的过程中存在失职行为，且失职行为与损失后果之间存在合理的联系。

按照《中国共产党问责条例》的相关规定，主要领导责任者，是指在职责范围内承担主要领导责任的领导班子主要负责人和直接主管的班子成员。

三、重要领导责任者

根据《中国共产党纪律处分条例》的规定，重要领导责任者，是指在其职责范围内，对应管的工作或者参与决定的工作不履行或不正确履行职责，对造成的损失或者后果负次要领导责任的党员领导干部。按照《〈中国共产党纪律处分条例〉释义》的阐释，这里的“应管的工作”，主要是指虽然没有明确分工由其主管，但按照法定职责范围应当由其负责、管辖的工作。这里的“参与决定的工作”，主要是指那些应该由两人以上讨论决定的工作，或者由集体讨论决定的工作。对由党员领导干部直接决定某一具体问题或具体事项的，或者由党员领导干部授意、指令承办人员违规办理（或者应当办理而不办理）有关事项的，或者具体实施人员在实施中提出过纠正意见，未被党员领导干部采纳而造成经济损失或不良影响的，对党员领导干部可认定为直接责任。

按照《中国共产党问责条例》的相关规定，重要领导责任者，是指在职责范围内，承担重要领导责任参与决策和工作的班子成员。

适用难点

一、直接责任者和领导责任者

直接责任者与领导责任者的区分通常是很明显的。具体来说，直接责任者与领导责任者的区别主要体现在以下几个方面：第一，直接责任者既可以是普通党员，也可以是党员领导干部，而领导责任者只能是党员领导干部。第二，直接责任者是在其职责范围内负责具体执行工作的党员或党员领导干部，领导责任者是在其职责范围内负有领导和管理责任但不负责具体执行工作的党员领导干部。第三，直接责任者的职务通常低于领导责任者，但在纪律处分上往往要重于领导责任者。第四，直接责任者可以独立存在，而领导责任者不可以独立存在。也就是说，领导责任者必须以直接责任者的存在为前提。

但是，直接责任者与领导责任者的界分并不是绝对的。按照《〈中国共产党纪律处分条例〉释义》的阐释，对由党员领导干部直接决定某一具体问题或具体事项的，或者由党员领导干部授意、指令承办人员违规办理（或者应当办理而不办理）有关事项的，或者具体实施人员在实施中提出过纠正意见，未被党员领导干部采纳而造成经济损失或不良影响的，对党员领导干部可认定为直接责任。换言之，负有领导和管理职责的党员领导干部如果在满足特定条件的情况下可以被认定为直接责任者。

二、主要领导责任者和重要领导责任者

领导责任者可以分为主要领导责任者和重要领导责任者。按照《中国共产党问责条例》的相关规定，主要领导责任者，是指在职责范围内承担主要领导责任的领导班子主要负责人和直接主管的班子成员；重要领导责任者，是指在职责范围内，承担重要领导责任参与决策和工作的班子成员。

主要领导责任者和重要领导责任者的共同点体现在以下两个方面：第一，主要领导责任者和重要领导责任者同为党员领导干部，而非普通党员。第二，主要领导责任者和重要领导责任者都以直接责任者的存在为前提。换言之，如果不存在直接责任者，主要领导责任者和重要领导责任者也不复存在。

主要领导责任者和重要领导责任者的区别是：第一，主要领导责任者和重要领导责任者的职务存在明显的差异。主要领导责任者的职务为领导班子主要负责人和直接主管的班子成员，而重要领导责任者的职务为承担重要领导责任参与决策和工作的班子成员。第二，主要领导责任者和重要领导责任者的纪律处分程度不同。主要领导责任者的纪律处分要重于重要领

导责任者。

三、有关责任人员不构成共同违纪①

根据《中国共产党纪律处分条例》第25条的规定，共同违纪是指2人以上（含2人）共同故意违纪，对为首者，从重处分，另有规定的除外；对其他成员，按照其在共同违纪中所起的作用和应负的责任，分别给予处分。因此，共同违纪必须在主观上满足存在共同故意的要求，客观上必须满足存在共同违纪的行为。对于同一违纪事实，党员领导干部可以与直接负责人员成立共同违纪，此时二者应当同时被认定为直接责任者，而不能简单地凭借二者职务的不同就错误地以直接责任者和领导责任者进行区分。

《〈中国共产党纪律处分条例〉释义》也指出，对于领导干部直接决定某一具体问题或具体事项的，或者由领导干部授意、指令承办人员违规办理，或者应当办理而不办理有关事项的，或者具体实施人员在实施中提出过纠正意见，未被领导干部同意采纳而造成重大损失或严重后果或者较重情节的，均不应认定为领导责任，而应当认定为直接责任者。在这种情况下，领导干部由于直接插手某一具体事项，事实上承担了工作的具体执行工作，因此不能以领导责任者的身份对其予以责任追究。此时，党员领导干部与具体实施人员可以成立共同违纪，但不能以直接责任者和主要领导责任者进行区分。

《〈中国共产党纪律处分条例〉释义》还指出，在处理集体违纪案件时，不能以“集体领导”“集体负责”“集体研究”等借口不追究集体作出违纪决定或者集体实施违纪行为的领导成员责任。但是，在追究领导成员责任时必须区分集体故意违纪和集体过失违纪两种情况。对于集体故意违纪，应当对领导机构中具有共同故意的成员按照共同违纪处理，而不进行有关责任人员的区分。对于集体过失违纪，应当按照领导机构中的相关成员在

---

① 周杰、薛长勋、岳永波：《如何区分党纪案件中的领导责任》，载《中国纪检监察》2013年第10期。

违纪行为中所起的作用区分有关责任人员，对主要领导责任者和重要领导责任者分别进行处理。通常来说，对主要领导责任者的纪律处分要严于重要领导责任者。

四、有关责任人员适用纪律处分的范围

根据《中国共产党章程》《中国共产党纪律处分条例》以及相关党内法规的规定，党的纪律主要是指政治纪律、组织纪律、廉洁纪律、群众纪律、工作纪律和生活纪律六个方面。有关责任人员对于直接责任者、主要领导责任者和重要领导责任者的划分只存在于党员和党员领导干部有违反政治纪律、组织纪律、廉洁纪律、群众纪律、工作纪律等行为的情况时。违反党的生活纪律的党员和党员领导干部不进行有关责任人员的区分，不存在划分直接责任者、主要领导责任者和重要领导责任者的情形。

典型案例

案例一　某乡党委书记、新市场筹建领导小组组长楼某失职案[①]

【涉及知识点】直接责任者、主要领导责任者

【基本案情】

2004年6月，某乡政府经县政府批准，与某工商所签署协议，筹建新综合农贸市场（以下简称新市场，原市场将在新市场建成后停止使用），并成立新市场筹建领导小组，由该乡党委书记楼某任组长，下设筹建办公室（由其他同志担任办公室主任），负责新市场的规划设计、土地审批征用、工程发包、基建施工、质量监督等事项，工商部门负责市场管理，市场基

① 中纪审：《如何认定失职行为中的直接责任和主要领导责任》，载《中国监察》2012年第6期。

建资金由第三方个人投入，通过营业用房转让形式收回。

2006 年 1 月，在未办妥有关审批手续的情况下，新市场开工建设。同年 12 月 31 日，在工程基本完工、未经质监验收、未申领工商执照的情况下，经乡党委、政府决定提前举行新市场开业典礼，正式对外营业。

由于仓促营业，新市场工程质量不过关，有关道路改造等相关设施不配套，加之开业后恰逢元旦假日，新市场没有足够的管理人员，市场秩序混乱等原因，新市场开业仅三四天，原已迁到新市场的经营户又“回潮”迁回原市场，新市场长期闲置。由此导致新、老市场经营户对乡政府工作不满意，多次集体上访、越级上访，甚至出现冲击乡政府等严重问题。县委、县政府为解决这一问题，不得不多次组织工作组，花费大量人力物力进行疏导，并在财政紧张的情况下，对新市场以 420 万元的价格进行政府收购，并出资近 30 万元进行基础配套设施建设。

【争议焦点】楼某是否属于直接责任者

【案例分析】

本案中，关于楼某属于直接责任者还是主要领导责任者，存在不同的观点：第一种观点认为，楼某作为新市场筹建领导小组组长，对其直接主管的新市场建设中出现的各种问题应当承担直接责任。此外，新市场的仓促开业也系乡党委、政府集体决定的，楼某作为乡党委书记还应负主要领导责任。第二种观点认为，楼某只担任筹建领导小组组长，未任直接负责具体工作的筹建办公室主任，且仓促开业也系乡党委、政府集体决定的，而非楼某个人决定的，故楼某对新市场的筹建问题负主要领导责任而非直接责任。

新市场筹建办公室属于新市场筹建领导小组的下设具体办事机构，筹建领导小组负责领导和管理的工作，具体的执行工作则交由筹建办公室负责。楼某系新市场筹建领导小组组长，新市场筹建办公室主任的职位则由其他人担任。同时，新市场的筹建、在不具备条件的情况下仓促开业等决定也是由该乡党委、政府集体决策，而非楼某个人决定。故楼某作为乡党委书记兼新市场筹建领导小组组长，对于其领导和主管的新市场筹建、运营工作中出现一系列严重问题负有主要领导责任。

案例二 某国有企业办公室主任崔某某公车管理违纪案①

【涉及知识点】直接责任者、主要领导责任者、共同违纪

【基本案情】

崔某某，中共党员，某国有企业办公室主任，负责本单位公务用车管理工作。2016 年 11 月至 2017 年 8 月，其多次使用单位公车探望父母。另外，崔某某对单位公务加油卡管理不严，导致办公室副主任吴某某（另案处理）在 2014 年 4 月至 2017 年 8 月，使用单位公务加油卡为其个人私车累计加油 61 次，共计消费人民币 1.4 万余元。崔某某对此并不知情。

【争议焦点】崔某某是否属于主要领导责任者

【案例分析】

本案中，崔某某在公务用车及加油卡管理上失察失管，给单位造成经济损失。有的观点认为，崔某某对其本人公车私用的行为承担直接责任；对吴某某擅自使用公务加油卡的行为承担领导责任。但有的观点认为，崔某某对本人公车私用的行为以及吴某某擅自使用公务加油卡的行为均应承担直接责任。

崔某某对吴某某擅自使用公务加油卡的行为是否要承担领导责任应当从主客观两方面予以分析。从主观上来说，崔某某对吴某某的行为并不知情，不存在主观故意，因而不构成和吴某某的共同违纪。从客观上来说，崔某某对单位公务加油卡具有管理职责，因本人的失职行为导致吴某某私自使用单位公务加油卡为个人私车加油，造成单位经济损失。从主客观相统一的角度分析，崔某某没有主观上的故意，不构成和吴某某的共同违纪，不能成为违规使用单位公务加油卡的直接责任者。但因崔某某存在管理上的

① 燕海涛、陈征：《正确认定公车管理“领导责任”》，载《中国纪检监察报》2018 年 7 月 4 日，第 8 版。

失职，故构成违规使用单位公务加油卡的主要领导责任者。

案例三　某县人民医院副院长李某失职案①

【涉及知识点】有关责任人员、失职行为

【基本案情】

李某，中共党员，系某县人民医院副院长，分管医技、教学科研（包含B超室）；副院长王某协助分管后勤、计划生育（包含妇产科）。王某于2003年年初离职，此后医院一直未重新调整领导分工。

2003年年底，上级下发文件指出："禁止选择性别的人工终止妊娠，各有关部门在实施终止中期以上妊娠手术时，必须查验计划生育行政部出具的相关证明。"因分管计划生育的副院长离职，院长作出了"请李副院长阅处"的批示。李某阅此文件后又批示"请B超室阅并按要求建立登记制度"。B超室负责人签阅。

因没有组织医院妇产科全体人员学习该文件，2004年年初，某县人民医院妇产科未经计划生育部门批准，违规为已怀孕6个月的已婚育龄妇女实施了非医学需要终止中期妊娠手术。

【争议焦点】李某是否属于有关责任者

【案例分析】

本案中，某县人民医院妇产科违规为已婚育龄妇女实施非医学需要终止中期妊娠手术与上级下发的文件指示相悖。李某对此情况是否要承担失职责任？主要存在两种不同的观点。有的观点认为，李某存在失职行为，属于有关责任人员，应将其认定为主要领导责任者，并追究其相应的责任，予以适当的纪律处分。还有的观点认为，李某不存在失职行为，在医院领导班子成员的职责分工中，李某分管医技、教学科研（包含B超室），并不包含妇产科，且李某已经指示B超室按照要求建立登记制度，工作上不存在失职。

---

① 钟华强：《李某的行为如何认定》，载《中国纪检监察报》2012年11月16日，第7版。

失职行为中的有关责任者必须满足两个基本条件：第一，不履行或者不正确履行职责。第二，造成严重后果。某县人民医院妇产科违规为已婚育龄妇女实施非医学需要终止中期妊娠手术造成了严重后果，但是李某在此过程中却并无不履行或者不正确履行职责的情形。在某县人民医院领导班子成员中，李某分管的科室并不包含妇产科，对妇产科并不具有领导和管理职责，故不对妇产科的不当活动所造成的严重后果承担领导责任。李某收到文件后，已经按照规定指示B超室按照要求建立登记制度，无失职行为。所以，李某不应承担具有失职行为的有关责任。

法规依据

《中国共产党纪律处分条例》第37条

《中国共产党问责条例》第6条

党内问责

规范解读

根据《中国共产党问责条例》的相关规定，党内问责主要由以下要素构成：

一、党内问责工作的原则

党内问责工作的原则，是指在开展具体的党内问责工作时，所应遵循的一般规律和方法指引。这些原则包括：

1. 依规依纪、实事求是

依规依纪、实事求是是党的问责工作应遵循的第一原则。实事求是，是马克思主义的根本观点，是中国共产党认识世界、改造世界的根本要求，是中国共产党的基本思想方法、工作方法、领导方法。依规依纪，就是实事求是在问责工作中的具体化。该项原则要求把问责权力关进制度的笼子，问责权限、问责对象、问责情形、问责程序都要严格以《中国共产党章程》《中国共产党问责条例》等党内法规为依据来确定。党内问责是对党组织、党的领导干部的负面评价，行使问责权必须要以事实为依据，以党内法规和国家法律为准绳。若经过调查核实后发现有关党组织、党的领导干部不存在失职失责情形的，应依规不进行问责。

2. 失责必问、问责必严

该原则要求党的纪律必须执行到位，有问责权限的党组织要严格执行

《中国共产党问责条例》，敢于问责。凡是失职失责的党组织、党的领导干部都应当受到问责。从调查的启动到问责决定的执行全过程要保持严肃性。问责工作要真抓真管、狠抓落实，切实防止问责不力、不到位的问题。

3. 权责一致、错责相当

该原则要求问责必须坚持有权必有责，即过错与责任相适应。对于所有党组织、党的领导干部而言，其行使的权力与应承担的责任具有一体性，用权须谨慎，失责受追究。权责一致要求明确责任划分，问责要准确，区分好主体责任、监督责任、领导责任。问责对象只在职责范围内承担相应责任，不能超出其职责范围对其进行问责，应当合理平衡不同责任人的问责档次。错责相当，要求问责做到主客观相统一，既不能错轻责重，也不能错重责轻。在客观上，需要考察失职失责具体情况的历史原因、工作过程、后果、影响等因素；在主观上，要考虑相关责任人员的动机、目的、态度等因素。从而正确地区分不同情况，有区别地作出问责决定，力求避免机械地“一刀切”。

4. 严管和厚爱结合、激励和约束并重

该原则要求问责工作不能单纯为了问责而问责，要在问责过程中，教育、督促党组织和党的领导干部强化规则意识与责任意识。一方面要坚持好原则，严格按照党内法规的规定进行问责，保证责任落实。另一方面又要区别情况、把握政策、分类处理，避免过度打击领导干部工作的积极性。对被问责的领导干部不能“一问了之”便不理不顾，更不能“一棍子打死”，要正确对待被问责的领导干部。

5. 惩前毖后、治病救人

该原则是中国共产党一贯坚持的方针。其要求进行问责工作时，一定要不讲情面地揭发存在的失职失责错误，并以科学的态度来分析批判错误，使犯了错误的领导干部以后少犯或不犯错误。问责既揭发错误，又要做到边批判、边教育挽救，通过思想教育，帮助犯错误的领导干部认识到犯错的原因和危害，并为其指出改正的方向。就像医生治病是为了救人一样，不是为了把人弄死。对于被问责的领导干部，只要认识到错误，愿意改正，就要为其提供充分的关怀和帮助。

6. 集体决定、分清责任

该原则要求问责决定必须通过集体讨论的方式作出，任何个人都无权作出问责决定。不能违反民主集中制，仅凭领导个人的要求就草率问责。对于同一案件中不同的问责对象，要明确互相之间的责任划分，有区别地进行问责。主要是区分清领导班子成员之间的主要领导责任和重要领导责任，区分清党组织的责任与领导干部个人的责任。

二、党内问责职权主体

党内问责职权主体是指按照《中国共产党问责条例》及其他党内法规的规定，对失职失责的党组织和党的领导干部开展问责工作的党组织。党内问责职权主体有：党委（党组）、纪委、纪委派驻（派出）机构、党的工作机关。

党委（党组）负有领导本地区、本部门、本单位问责工作的责任，有权追究在党的建设、党的事业中失职失责的党组织和党的领导干部的主体责任、监督责任、领导责任。纪委负有监督专责，有职责协助同级党委开展问责工作。纪委派驻（派出）机构有职责按照权限开展问责工作。党的工作机关依据职能履行监督职责，实施本机关本系统本领域的问责工作。党内问责职权主体应当依规行使问责权力，不得滥用问责。

三、党内问责对象

党内问责对象是指因违反《中国共产党章程》和其他党内法规，存在失职失责问题，而受到相应处理、被追究党内责任的党组织和党的领导干部。对党的领导干部可以单独问责，对党组织问责时，应当同时对该党组织中负有责任的领导班子成员进行问责。其中，问责的重点对象包括党委（党组）、党的工作机关及其领导成员，纪委、纪委派驻（派出）机构及其领导成员。

在问责案件中，被问责的党的领导干部往往不止一人。所以，在确定问责对象时，应当分清每一个问责对象的责任，做到“权责对等”。党组织领导班子在职责范围内负有全面领导责任。“全面领导责任”是指领导班子对本辖区本部门所有工作负责，不管哪个方面出现了问题，都要承担责任。领导班子主要负责人和直接主管的班子成员在职责范围内承担主要领导责任，要突出领导班子主要负责人在管党治党中的主体责任。参与决策和工作的班子成员在职责范围内承担重要领导责任。

四、党内问责的情形

党内问责的情形，是指党组织、党的领导干部失职失责开展工作致使其需要承担相应党内责任的事实情况。根据《中国共产党问责条例》第 7 条的规定，在坚持和加强党的领导、推进党的政治建设、推进党的思想建设、推进党的组织建设、推进党的作风建设、推进党的纪律建设、推进党风廉政建设和反腐败斗争、落实从严治党主体责任和监督责任、履行管理监督职责、处理涉及人民群众最关心最直接最现实的利益问题上存在违法违规履职或不履职等失职失责问题的党组织和党的领导干部，应当受到问责。这 11 种情形具体为：

（1）党的领导弱化，“四个意识”不强，“两个维护”不力，党的基本理论、基本路线、基本方略没有得到有效贯彻执行，在贯彻新发展理念，推进经济建设、政治建设、文化建设、社会建设、生态文明建设中，出现重大偏差和失误，给党的事业和人民利益造成严重损失，产生恶劣影响的；

（2）党的政治建设抓得不实，在重大原则问题上未能同党中央保持一致，贯彻落实党的路线方针政策和执行党中央重大决策部署不力，不遵守重大事项请示报告制度，有令不行、有禁不止，阳奉阴违、欺上瞒下，团团伙伙、拉帮结派问题突出，党内政治生活不严肃不健康，党的政治建设工作责任制落实不到位，造成严重后果或者恶劣影响的；

（3）党的思想建设缺失，党性教育特别是理想信念宗旨教育流于形式，意识形态工作责任制落实不到位，造成严重后果或者恶劣影响的；

（4）党的组织建设薄弱，党建工作责任制不落实，严重违反民主集中制原则，不执行领导班子议事决策规则，民主生活会、“三会一课”等党的组织生活制度不执行，领导干部报告个人有关事项制度执行不力，党组织软弱涣散，违规选拔任用干部等问题突出，造成恶劣影响的；

（5）党的作风建设松懈，落实中央八项规定及其实施细则精神不力，“四风”问题得不到有效整治，形式主义、官僚主义问题突出，执行党中央决策部署表态多调门高、行动少落实差，脱离实际、脱离群众，拖沓敷衍、推诿扯皮，造成严重后果的；

（6）党的纪律建设抓得不严，维护党的政治纪律、组织纪律、廉洁纪律、群众纪律、工作纪律、生活纪律不力，导致违规违纪行为多发，造成恶劣影响的；

（7）推进党风廉政建设和反腐败斗争不坚决、不扎实，削减存量、遏制增量不力，特别是对不收敛、不收手，问题线索反映集中、群众反映强烈，政治问题和经济问题交织的腐败案件放任不管，造成恶劣影响的；

（8）全面从严治党主体责任、监督责任落实不到位，对公权力的监督制约不力，好人主义盛行，不负责不担当，党内监督乏力，该发现的问题没有发现，发现问题不报告不处置，领导巡视巡察工作不力，落实巡视巡察整改要求走过场、不到位，该问责不问责，造成严重后果的；

（9）履行管理、监督职责不力，职责范围内发生重特大生产安全事故、群体性事件、公共安全事件，或者发生其他严重事故、事件，造成重大损失或者恶劣影响的；

（10）在教育医疗、生态环境保护、食品药品安全、扶贫脱贫、社会保障等涉及人民群众最关心最直接最现实的利益问题上不作为、乱作为、慢作为、假作为，损害和侵占群众利益问题得不到整治，以言代法、以权压法、徇私枉法问题突出，群众身边腐败和作风问题严重，造成恶劣影响的；

（11）其他应当问责的失职失责情形。

《中国共产党问责条例》关于党内问责情形的规定采用了“列举+兜底”的形式。基于党的事业发展和全面从严治党面临的新问题和新形势，其规定了10种较为具体的问责情形，为问责工作的开展提供了较为清晰的指引，提高了问责情形适用的准确性，又通过兜底规定的方式防止上述列举式情形存在疏漏。问责情形中的兜底规定要谨慎适用，不能将问责情形作简单扩大，若失职失责事实的确无法纳入列举式情形，只有该事实与列举式情形的严重性存在等质性时，方可援引兜底规定。

五、党内问责方式

党内问责方式指的是党内问责的具体手段。《中国共产党问责条例》对失职失责的党组织和党的领导干部区分规定了问责方式。进行党内问责时，可以单独采用某一种问责方式，也可以依据规定合并使用两种或多种问责方式。

1. 对党组织的问责方式

对党组织的问责方式有三种，从轻到重分别为：一是检查，即责令问责对象作出书面检查并切实整改，主要针对履职不力、情节较轻的情形；二是通报，即责令问责对象整改，并在一定范围内进行通报，主要针对履职不力、情节较重的情形；三是改组，即对失职失责，严重违反党的纪律、本身又不能纠正的问责对象予以改组，主要针对履职严重不力、情节严重的情形。

2. 对党的领导干部的问责方式

对党的领导干部的问责方式有四种，从轻到重分别为：一是通报，即对问责对象进行严肃批评，责令其作出书面检查、切实整改，并在一定范围内通报，在实践中，“通报”有时被错误表述为“通报批评”，需要注意用词的准确性；二是诫勉，即以谈话或者书面方式对问责对象进行诫勉；三是组织调整或者组织处理，即对失职失责、危害较重，不适宜担任现职的问责对象，根据情况采取停职检查、调整职务、责令辞职、免职、降职等措施；四是纪律处分，即对失职失责、危害严重，应当给予纪律处分的问责对象，依照《中国共产党纪律处分条例》追究其纪律责任，应注意的是，此处的纪律处分为党纪处分，并不包括政务处分或者其他的处分方式。

六、党内问责情节

党内问责情节是指，在量定问责结果时，影响问责结果轻重或者导致不予或免予问责的事实情况。问责情节，必须要以党内法规的明文规定为依据。若失职失责事实与问责情节的规定相符，应按照相应情节的规定开展问责工作。《中国共产党问责条例》规定了三种问责情节，分别是不予问责或免予问责的情形、从轻问责或减轻问责的情形、从重问责或加重问责的情形。

1. 不予或免予问责的情形

为了调动领导干部干事创业的积极性，需要给予特定情况下的失误以必要的容错空间。不予问责，即党组织或党的领导干部实施的行为不构成应予问责的失职失责情形，而不对其进行党内问责。免予问责，即党组织或党的领导干部实施的行为虽然构成应予问责的失职失责情形，但因为特定原因而免除对其的党内问责。

不予或免予问责的情形包括：（1）在推进改革中因缺乏经验、先行先试出现的失误，尚无明确限制的探索性试验中的失误，为推动发展的无意过失；（2）在集体决策中对错误决策提出明确反对意见或者保留意见的；（3）在决策实施中已经履职尽责，但因不可抗力、难以预见等因素造成损失的。

若党组织或党的领导干部在对上级的错误决定已经提出过改正或者撤销意见，而未被上级采纳，其行为构成了应予党内问责的情形时，依照不予或免予问责的规定处理。但是，上级错误决定明显违法违规时，即便党组织或党的领导干部已经提出过改正或者撤销意见，仍然应当承担相应的责任。

2. 从轻或减轻问责的情形

从轻问责，即党组织或党的领导干部实施的行为构成应予问责的失职失责情形，但因特定原因而在党内法规规定的问责方式限度内对问责对象适用较轻的问责方式。减轻问责，即党组织或党的领导干部实施的行为构成应予问责的失职失责情形，但因特定原因而在党内法规规定的问责方式之下对问责对象适用问责方式。

从轻或减轻问责的情形包括：(1) 及时采取补救措施，有效挽回损失或者消除不良影响的；(2) 积极配合问责调查工作，主动承担责任的；(3) 党内法规规定的其他从轻、减轻情形。

3. 从重或加重问责的情形

从重问责，即党组织或党的领导干部实施的行为构成应予问责的失职失责情形，但因特定原因而在党内法规规定的问责方式限度内对问责对象适用较重的问责方式。加重问责，即党组织或党的领导干部实施的行为构成应予问责的失职失责情形，但因特定原因而在党内法规规定的问责方式之上对问责对象适用问责方式。

从重或加重问责的情形包括：(1) 对党中央、上级党组织三令五申的指示要求，不执行或者执行不力的；(2) 在接受问责调查和处理中，不如实报告情况，敷衍塞责、推卸责任，或者唆使、默许有关部门和人员弄虚作假，阻扰问责工作的；(3) 党内法规规定的其他从重、加重情形。

七、党内问责程序

党内问责程序指的是开展党内问责工作所应遵循的流程。党内问责的程序主要有调查、作出问责决定、执行问责决定三个阶段。

1. 调查核实

问责程序中的调查程序由有管理权限的党委（党组）、纪委、党的工作机关经主要负责人审批后启动。纪委、党的工作机关对同级党委直接领导的党组织及其主要负责人启动调查程序，应当报同级党委主要负责人批准。

调查程序启动后，由专门成立的调查组，依照党内法规和国家法律开展调查活动。调查组调查党组织、党的领导干部失职失责问题时，要综合考虑主客观因素，正确区分贯彻执行党中央或者上级决策部署过程中出现的执行不当、执行不力、不执行等情况。调查组在撰写查明的调查对象失职失责问题的事实材料时，应当与调查对象见面，听取调查对象的陈述和申辩，并记录在案。由调查对象在事实材料上签署意见，调查对象签署不同意见或者拒不签署意见时，调查组应当作出说明或者在记录上注明情况。对于调查对象提出的合理意见，调查组应当采纳。调查组有精准提出处理意见的职责，要做到事实清楚、证据确凿、依据充分、责任分明、程序合规、处理恰当。对被立案审查的党组织、党的领导干部问责的，不再另行启动调查程序。

2. 作出问责决定

有问责权限的党组织，应及时根据失职失责事实和党内法规的规定，对有关党组织和党的领导干部作出问责决定。对同级党委直接领导的党组织，纪委和党的工作机关报经同级党委或者其主要负责人批准，可以采取检查、通报方式进行问责；若需以改组方式进行问责，则应当按照《中国共产党章程》和有关党内法规规定的权限、程序执行。对同级党委管理的领导干部，纪委和党的工作机关报经同级党委或者其主要负责人批准，可以采取通报、诫勉方式进行问责；可以提出组织调整或者组织处理的建议；若需以纪律处分方式进行问责，则应当按照《中国共产党章程》和有关党内法规规定的权限、程序执行。

党内问责实行终身问责制，问责对象身份的变化不是问责的阻却性事由。对于失职失责性质恶劣、后果严重的情况，无论责任人是否调离转岗、提拔或者退休等，都应当严肃问责。

3. 执行问责决定

党组织在作出问责决定后，应当迅速向有关党组织、党的领导干部宣布问责决定并督促其执行问责决定，不能拖延。具体包括几个步骤：

（1）通报和备案。在作出问责决定后，问责情况应当向纪委和组织部门通报，由纪委将问责决定材料归入被问责领导干部的廉政档案，由组织部门将问责决定材料归入被问责领导干部的人事档案，并报上一级组织部门备案。若需要对问责对象作出政务处分或者其他处理，作出问责决定的党组织应当通报相关单位，由相关单位在及时处理后，将处理结果通报或者报告给作出问责决定的党组织。通过组织调整或者组织处理、纪律处分方式的问责，可以用适当的方式在一定范围内公开或者向社会公开。

（2）限期办妥手续。若需要对被问责的领导干部作出组织调整或者组织处理，有关党组织及单位应当在1个月内办理完毕组织调整或者组织处理的手续。

（3）书面检讨与整改。被问责的党组织、党的领导干部及其所在党组织应当深刻吸取教训，明确整改措施，认真及时整改。被问责的领导干部应当向作出问责决定的党组织作出书面检讨，并在民主生活会、组织生活会或者党的其他会议上作出深刻检查。作出问责决定的党组织要加强检查，督促整改。

（4）申诉与纠正。申诉与纠正并非执行问责决定的必要步骤。申诉权是问责对象享有的正当程序权利，问责对象不服问责决定的，可以自收到问责决定之日起1个月内，向作出问责决定的党组织提出书面申诉。党组织在接到书面申诉后，应当在1个月内作出申诉处理决定，并以书面形式告知提出申诉的党组织、领导干部及其所在党组织。申诉期间，问责决定不停止执行。

作出问责决定的党组织在发现问责决定存在错误时应主动及时纠正。问责决定存在错误的情况包括：问责事实认定不清楚、证据不确凿、依据不充分、责任不清晰、程序不合规、处理不恰当，或者存在其他不应当问责、不精准问责情况。必要时，上级党组织可以直接纠正或者责令作出问责决定的党组织纠正。

（5）正确对待被问责干部。对影响期满、表现好，且符合条件的被问责干部，应当按照干部选拔任用有关规定正常使用，不能因为其曾经受过问责而歧视对待。

适用难点

一、诫勉与诫勉谈话

1. 诫勉与诫勉谈话的定义

“诫勉”与“诫勉谈话”在字面上较为相似，因此在实践中有不少党员和领导干部将两者混淆，所以需要准确区分。诫勉是《中国共产党问责条例》规定的一种针对党的领导干部的问责方式，即以谈话或者书面方式对问责对象进行诫勉。而诫勉谈话是《中国共产党党内监督条例》《关于对党员领导干部进行诫勉谈话和函询的暂行办法》等党内法规规定的一种针对党员领导干部的谈话方式，主要是对有轻微违纪问题而又尚未达到需要进行党内问责、纪律处分的程度的党员领导干部进行谈话、提醒、教育。

2. 诫勉与诫勉谈话的区别

一是职权主体不同。诫勉的职权主体包括党委（党组）、纪委、纪委派驻（派出）机构、党的工作机关。而诫勉谈话的职权主体是纪检机关和组织（人事）部门，其根据党委（党组）的要求，按照干部管理权限，对党员领导干部进行诫勉谈话。对下一级领导班子成员的诫勉谈话，可以委托其所在党委（党组）的主要负责人进行。

二是适用情形不同。诫勉适用于对存在失职失责问题但情节较轻、影响较小的情况进行问责。根据《中国共产党纪律检查机关监督执纪工作规则》第30条第2项的规定，对于不需要追究纪律责任的轻微问题，可以采取诫勉谈话等方式处理。

三是程序上存在差异。诫勉谈话在严格意义上不属于一种否定性的处理措施，而诫勉是一种问责方式，属于一种否定性的处理措施。因此，诫勉所应遵循的程序要求更为严格，要求保障调查对象的申诉权利，问责结果力求做到客观、公正，使问责对象心服口服。

3. 诫勉谈话与诫勉的联系

诫勉谈话与诫勉的适用对象都是党的领导干部。两者都是对党的领导干部的教育、管理、监督措施。在程度上，两者是轻与严的关系。诫勉谈话是落实监督执纪“四种形态”、把纪律挺在前面的措施之一，能发挥咬耳扯袖、红脸出汗作用。诫勉是督促党的领导干部及时改正错误的措施，同样能够体现严管就是厚爱、抓早抓小的精神。

党的十八大以来，党中央强调全面从严治党，对从严监督管理干部提出了更高要求。综合运用诫勉、诫勉谈话等措施，能够更好地做到对发现的问题，该提醒的提醒，该教育的教育，该处理的处理，更好地教育、管理、监督党员，更好地严肃党的纪律，从而维护党的形象。

二、党内问责与监察问责

党内问责和监察问责都属于问责制度的重要组成部分，两者都体现了“有权必有责、有责有担当、失责必追究”的要求，对公权力依法依规运行起到重要保障作用。

1. 监察问责的定义

监察问责是指由国家监察机关，对在行使公权力过程中存在履职不力、失职失责问题的领导人员，依法处置、追究责任的活动的总称。监察问责以《监察法》为基本依据。《监察法》第 6、11、45 条对监察问责的任务、职权主体、对象、情形等作出了简要规定。

2. 党内问责与监察问责的区别

一是职权主体不同。如前所述，党内问责的职权主体为特定的党组织。而监察问责的职权主体是监察委员会，即监察机关。

二是问责对象存在交叉。党内问责对象是失职失责的党组织和党的领导干部，而监察问责对象是对不履行或者不正确履行职责负有责任的领导人员。因此，两者在领导干部这一对象上存在交叉关系，领导干部的范围可以根据《党政领导干部选拔任用工作条例》来得到一个相对明确的划定。但是，监察问责对象所指的“领导人员”的范围稍广，除了前述的领导干部之外，还包括单位、组织中其他担任领导职务的人员以及承担领导工作的人员，要综合根据《公务员法》等法律法规及案件的具体情况确定“领导人员”的范围。另外，监察问责的对象并不包括党组织，也不包括其他组织、单位。所以，两者在问责对象上既有重叠的部分，又各有侧重、相互补充。

三是在问责方式上存在一定差别。党内问责方式由《中国共产党问责条例》明文规定，对党组织的问责方式有 3 种，对党的领导干部的问责方式有 4 种，而监察问责方式并未在《监察法》中明确。在实践中，监察机关往往参照《中国共产党问责条例》的规定开展监察问责工作，但监察问责方式也包括政务处分等方式，并不必然限于《中国共产党问责条例》所规定的问责方式。

四是党内问责的规则更为丰富。相比较而言，党内问责制度的建立时间早，执行时间长，实践经验多，已经发展了较为丰富的规则，制度较为完备。而监察问责制度建立于监察体制改革之时，迄今的实践时间较短，尚未达到党内问责制度的完备程度。

3. 党内问责与监察问责的紧密联系

一是都突出了针对领导干部这一个“关键少数”群体开展问责的制度安排。监察问责是落实监察全覆盖的一项制度，其同样具有督促领导干部积极地履行职责、纠正错误的功能。在纪检监察机关合署办公的体制下，对党的领导干部失职失责问题，纪委履行监督专责，协助同级党委开展党内问责。同时，也可由监察机关根据实际情况直接进行监察问责，使执纪与执法相贯通，形成有机统一的整体，构筑完善的国家监督体系。

二是在我国的公务员队伍中，党员占到绝大多数，而领导干部中党员的比例更高，因此党内问责与监察问责对于党员领导干部而言在相当程度上具有一致性。但是，党内法规与监察法规分属不同的规范体系，即使领导干部已经受过党内问责，并非必然意味着不会受到监察问责，党内问责与监察问责不是排斥的关系，可以同时进行。

三、党内问责和追究直接责任①

在新闻报道中，“问责”与“追责”往往以并列的形式出现，有时会出现把追究干部直接责任作为问责报道的情况，这在一定程度上造成了社会公众问责泛化、简单化的印象。从广义上来说，追究责任可以简称为“追责”，“问责”也包括在广义的“追责”的范畴中。但是在执纪的特定语境下，“追责”有其特殊含义，从狭义上来说，追究直接责任也会被简称为“追责”。所以，在执纪的特定语境下，要区分好“问责”的“责”与“追究直接责任”的“责”的区别，避免混淆。

《中国共产党纪律处分条例》第 37 条第 1 款第 1 项对“直接责任者”作了清晰界定：“直接责任者，是指在其职责范围内，不履行或者不正确履行自己的职责，对造成的损失或者后果起决定性作用的党员或者党员领导干部。”同一条文中还明确了“主要领导责任者”与“重要领导责任者”的定义。在量纪上，直接责任、主要领导责任、重要领导责任呈自重向轻的递减趋势。而根据《中国共产党问责条例》第 4 条的规定，“问责”所指向的“责”，则是“在党的建设、党的事业中失职失责党组织和党的领导干部的主体责任、监督责任、领导责任”，这三个责任都属于间接责任，而不属于直接责任。例如，党员干部因为在上班时间打麻将，被查处后受到党纪处分，是对自己的行为承担的直接责任，这种情况不属于问责。

就问责对象而言，党委（党组）、党的工作机关的领导成员，纪委、纪委派驻（派出）机构的领导成员，都是党的领导干部，不是直接责任者。因此，党内问责和追究直接责任的区别关键在于主体责任、监督责任、领

---

① 参见韩亚栋：《纪法小课 · 问责条例⑤ 追究直接责任和问责，别搞混了》，载中央纪委国家监网站 2019 年 9 月 20 日，https：//www. ccdi. gov. cn/toutiao/201909/t20190917_200659. html。

导责任三个责任与直接责任的区别。对于直接责任者，应适用《中国共产党纪律处分条例》及有关党内法规追究其责任，而不适用《中国共产党问责条例》追究其责任。在实践中，要认真查明案件事实，分清主要领导与分管领导所起的作用，查清其是否属于共同直接责任人，不能用领导责任替代直接责任。

四、党内问责与党纪处分

党纪处分是指违反《中国共产党章程》和其他党内法规，违反国家法律法规，违反党和国家政策，违反社会主义道德，危害党、国家和人民利益的党员所承担的党内纪律后果，往往也被称为“纪律处分”。党纪处分以《中国共产党纪律处分条例》为基本依据。党内问责与纪律处分存在一定的交叉关系。

1. 党内问责与党纪处分的区别

一是职权主体不同。党内问责的职权主体有党委（党组）、纪委、纪委派驻（派出）机构、党的工作机关。通常而言，党纪处分的职权主体有党委、纪委等，党的工作部门没有纪律处分的权限。

二是对象存在交叉。党内问责的对象有党组织和党的领导干部，而党纪处分的对象只能是党员，不包括党组织。但党的领导干部既包括党员领导干部，也包括非党员身份的领导干部。对于非党员身份的领导干部，不适用党纪处分。

三是党内问责方式更多。党内问责方式包括但不限于警告、严重警告、撤销党内职务、留党察看、开除党籍这五个党纪处分。并非所有问责都需要运用党纪处分，只在失职失责、危害严重时才需要运用，对于尚未达到这种情况的失职失责问题，运用其他方式问责。

四是事由不同。《中国共产党问责条例》规定的问责情形是“10+1”种，《中国共产党纪律处分条例》规定的处分情形包括违反政治纪律行为、违反组织纪律行为、违反廉洁纪律行为、违反群众纪律行为、违反工作纪律行为、违反生活纪律行为六大类，具体情形远甚于前者。

五是责任划分不同。党内问责实行“捆绑式”问责，领导班子的主要负责人和直接主管的班子成员共同承担领导责任。而在党纪处分中，主要领导责任者一般指的是直接主管的班子成员，而不包括领导班子的主要负责人。

2. 党内问责与党纪处分的联系

党内问责与党纪处分都是落实《中国共产党党内监督条例》的重要监督方式。两者都是对失职失责或者违纪的党员或者党组织作出的负面评价和相应处理。两者不能相互替代，党内问责为防止领导干部“权力脱缰”加上了一把锁，党纪处分则为全体党员遵纪守法扎紧了纪律“篱笆”，以维护党纪的统一性与严肃性。两者有效互补、相得益彰，共同起到筑牢纪法底线的作用。

典型案例

案例一　北京市顺义区高丽营镇党委、镇党委书记王某某等人因被新冠肺炎疫情防控不力被问责案[①]

【涉及知识点】党内问责对象、党内问责方式

【基本案情】

2020 年 12 月北京市顺义区局部发生聚集性疫情，共涉及 18 例新冠肺炎感染者。经调查发现，高丽营镇党委、高丽营镇金马工业园管委会等单位及高丽营镇党委书记王某某等相关责任人员分别存在监督管理不到位、疫情防范工作不到位、重视程度不够等失职失责情况。相关处理情况如下：

① 参见王斌：《北京通报问责高丽营镇党委、诫勉问责镇党委书记》，载中共中央政法委网 2021 年 1 月 1 日，http：//www. chinapeace. gov. cn/chinapeace/c100007/2021-01/01/content_12433056. shtml。

高丽营镇党委被通报问责；高丽营镇党委书记王某某被诫勉问责；高丽营镇副镇长张某某，因在高丽营镇疫情调度会后，未对疫情调度会中提出的严防人员聚集扎堆、防止聚集性聚餐的要求进行部署，被政务警告处分；其他有关责任人员也受到相应处理。

【争议焦点】副镇长张某某被政务警告处分是否属于问责方式

【案例分析】

党内问责对象包括党组织和党的领导干部。疫情防控直接关系到人民群众的生命安全，尤其是在疫情尚未完全控制的情况下，各级党委应当随时保持高度注意力，严防疫情反弹。在本案中，高丽营镇党委存在履行监督、管理职责不到位等问题，是造成感染人数较多的因素之一。这种情况属于党组织失职失责问题，所以高丽营镇党委应当受到党内问责，问责方式为通报。

在对党组织进行党内问责时，应当同时对该党组织中负有责任的领导班子成员进行党内问责。镇党委书记王某某作为镇领导班子的主要负责人，在职责范围内承担主要领导责任，应当同时对其进行党内问责，党内问责方式为诫勉，此处并不存在争议。同时，高丽营镇副镇长张某某也是镇领导班子成员，未及时具体部署防疫工作，存在失职失责问题，同样也应当受到党内问责。

在本案中，张某某受到了政务警告处分。应当注意的是，政务警告处分也即警告处分，是《公职人员政务处分法》所规定的一种政务处分方式，不是一种党内问责方式，因此对副镇长张某某的处分不属于党内问责。其原因在于，张某某既存在《中国共产党问责条例》所规定的失职失责问题，也存在《公职人员政务处分法》第 39 条规定的“不履行或者不正确履行职责”问题。也就是说，其既要承担违反党内法规的责任，又要承担违反国家法律的责任。理论上，一般要同时追究两种责任。但是在本案中，政务处分足以与其违纪违法事实相匹配，做到过责相当，可以涵括其违纪责任，并无不妥。

案例二　青海省海东市委常委、乐都区区委书记左某某，原区委常委、区纪委书记莫某某等人因履行全面从严治党责任不力、管辖范围内发生严重违纪违法问题被问责案[①]

【涉及知识点】党内问责情形、党内问责方式

【基本案情】

乐都区交通局近年发生多起腐败案件，12名党员干部和公职人员受到党纪政务处分，其中4名被开除党籍、开除公职，并被依法追究刑事责任。案件发生后，乐都区政府及多个部门共27名党员干部因失职失责被问责。此外，原区（县）委常委、宣传部部长罗某某等15名党员领导干部在十八大后仍不收敛、不收手，违规收受礼金，造成不良影响。左某某自2011年担任区（县）委书记以来，抓党风廉政建设不实，工作仅停留在签订目标责任书、开会提要求等方面，干部日常教育管理监督没有落到实处，对重点领域和关键岗位的廉政风险分析研判不够，对“关键少数”失管失察。2019年12月，左某某因履行主体责任不力，受到党内警告处分，莫某某因履行监督责任不力、对违纪违法问题未及时发现纠正，受到党内严重警告处分，其他有关责任人员也受到相应处理。

【争议焦点】左某某与莫某某的责任划分

【案例分析】

区委书记对辖区范围内的廉政建设工作负有主体责任，是第一责任人，应当履行好第一责任人职责，要在日常工作中通过可行的方式将廉政教育管理监督工作落到实处，使辖区范围内的领导干部形成不敢腐、不能腐、不想腐的认识，而不能仅仅将工作停留在签订目标责任书、开会提要求的外在形式上。区纪委书记有职责抓好辖区范围内领导干部的党性、党风、党纪教育并进行监督，及时发现违纪违法线索并进行查处，对廉政建设工

① 参见《中央纪委国家监委公开通报六起问责典型案例》，载中央纪委国家监委网站2020年12月13日，https：//www.ccdi.gov.cn/toutiao/202012/t20201223_232388.html。

作负有监督责任。所以在本案中，划分左某某与莫某某的责任关键是要区分好廉政建设工作的主体责任与监督责任。

由于左某某和莫某某二人的失职失责造成了重点单位的重点岗位发生严重的腐败现象，属于党内问责情形中“全面从严治党主体责任、监督责任落实不到位，对公权力的监督制约不力，好人主义盛行，不负责不担当，党内监督乏力，该发现的问题没有发现”的情形。辖区范围内的腐败现象造成了严重的后果和严重的不良社会影响，二人应当受到问责。由于失职失责行为严重，因此问责方式采取了四种问责方式中最为严厉的纪律处分。

法规依据

《中国共产党章程》第 44 条

《关于新形势下党内政治生活的若干准则》第 4 章

《中国共产党问责条例》第 3—24 条

党的领导干部　党员领导干部

规范解读

十九大修改的《中国共产党章程》总纲“加强各级领导班子建设，培养选拔党和人民需要的好干部，培养和造就千百万社会主义事业接班人，从组织上保证党的基本理论、基本路线、基本方略的贯彻落实”中的党和人民的干部是坚持党的基本路线层面的组织保证。总纲“强化管党治党主体责任和监督责任，加强对党的领导机关和党员领导干部特别是主要领导干部的监督，不断完善党内监督体系”中单独列出的党员领导干部是从从严管党治党层面说明的。这就是说，党的干部不仅仅包括党员领导干部，还包括人民的干部。《中国共产党章程》第6章规定了“党的干部”。第35条是对党的干部定性、选拔的总体性规定。第37条第2款将党组织推荐党外干部担任领导工作规定在第6章之下，说明党外干部是党的干部的组成部分。《党政领导干部选拔任用工作条例》第5条规定党组织推荐、提名人选的产生。[①] 这里人选的内容非常广泛，包括党的机关、国家机关、政协及他们的内设机构的领导干部，还包括参公管理的群团机关和县级以上党委、政府直属事业单位及他们内设机构的领导成员。此外，这些机关、单位选拔任用非中共

① 《党政领导干部选拔任用工作条例》第5条规定：“本条例第四条所列范围中选举和依法任免的党政领导职务，党组织推荐、提名人选的产生，适用本条例的规定，其选举和依法任免按照有关法律、章程和规定进行。”

党员领导干部，参照《党政领导干部选拔任用工作条例》执行。即上述机关、单位选拔非中共党员领导干部需要党组织推荐、提名人选的产生。这些党外干部均属于党的干部的范畴。《公务员法》第 4 条规定了坚持党的领导原则和党管干部原则，在法律层面确定了党管干部原则。因此，党管干部原则不仅仅是党的主张，也是具有法律效力的规定。党管干部原则适用于非中共党员领导干部，规定于党内法规和国家法律之中，确保了其适用具有法律正当性。

《中国共产党章程》第 8 条规定党员领导干部应当参加党委、党组的民主生活会。党员领导干部应当参加党委、党组的民主生活会的前提是他们享有参加民主生活会的资格。这种资格源于成员权，即党员领导干部是党委、党组的成员，而成为党委、党组成员的条件之一是党员。由此，党员领导干部的政治面貌为党员。《中国共产党章程》第 37 条第 1 款也可以印证这一结论："党员干部要善于同党外干部合作共事，尊重他们，虚心学习他们的长处。"这说明，党员干部与党外干部是互不交叉的概念，党员干部中没有党外干部，党外干部中也没有党员干部。二者的区别在于，党员干部是党员，党外干部不具有党员身份。《县以上党和国家机关党员领导干部民主生活会若干规定》第 2 条第 1 款则对县以上党和国家党员领导干部作出了界定。其中，"县以上"仅表明层级，不影响党和国家党员领导干部的实质内涵。按此规定，党和国家机关党员领导干部，是指党的各级委员会、纪律检查委员会的常务委员会委员，工作委员会委员，党组（党委）成员，以及县以上党和国家机关各部门（含人民团体）的党员领导干部。党和国家党员领导干部是一个集合概念，包括两个部分：一是党组织的领导干部，二是在国家机关各部门（含人民团体）担任领导职务的党员。"党和国家"这一限定词表明，党员领导干部具有更广阔的外延，还可以包括在党组织和国家机关以外的单位中担任领导职务的党员，即党员领导干部并不仅限于党组织的领导干部。2015 年，中共中央印发《中国共产党廉洁自律准则》和《中国共产党纪律处分条例》，这两部党内法规中多次提到"党员领导干部”。中纪委网站发布的关于两部党内法规权威答疑解释了党员领导干部的范围主要包括以下三部分：一是党政机关中的“党员领导干部”，包括党的机关、人大机关、行政机关、政协机关、审判机关、检察机关、各民主党派和工商联机关以及参照《公务员法》管理的单位中担任各级领导职务和副调研员以上非领导职务的中共党员。二是国有企业中的“党员领导干部”，包括大型、特大型国有和国有控股企业（含国有和国有控股金融企业）中层以上领导人员，中型以下国有和国有控股企业（含国有和国有控股金融企业）领导班子，以及上述企业中其他相当于县处级以上层次的中共党员。三是事业单位中的“党员领导干部”，包括事业单位（未列入参照公务员法管理范围）领导班子和其他六级以上管理岗位的中共党员。此外，已退出上述领导职务、但尚未办理退休手续的中共党员干部也属于党员领导干部的范围。①

综上，党的领导干部和党员领导干部具有不同的内涵。党的领导干部包括党员领导干部和党外干部。党员领导干部包括党的各级组织的领导干部和其他机关、国有企业、事业单位中担任领导干部的党员。

适用难点

党的领导干部和党员领导干部既然是不同的概念，具有不同的内涵，那么对他们进行追责也应当适用不同的规范。

对于党的领导干部，应当适用《关于实行党政领导干部问责的暂行规定》《监察法》《刑法》等规范。《关于实行党政领导干部问责的暂行规定》由中共中央办公厅和国务院办公厅共同印发，不仅对党员领导干部具有拘束力，对于党外领导干部也具有拘束力。党外领导干部有《关于实行党政

① 参见《“党员领导干部”的范围是什么？什么职级算领导干部?》，载中央纪委国家监委网站2015年11月26日，https：//www.ccdi.gov.cn/special/ljzl/lxfg_ljzl/201511/t20151119_66023.html。

领导干部问责的暂行规定》第4条规定的问责情形的，应当按照该规定问责。《监察法》是全国人民代表大会制定的基本法律，对所有行使公权力的公职人员进行监督，实现国家监察全面覆盖。《监察法》第15条规定了6类监察对象，其共同点是都行使公权力，都是公职人员。党的领导干部的行为如构成犯罪，还应当适用《刑法》的规定，追究刑事责任。

党员领导干部是党的领导干部的一部分，当然适用上述党的领导干部应当适用的国家法律。除此之外，对于党员领导干部，还应当适用《中国共产党问责条例》《中国共产党纪律处分条例》等党内法规追究党内责任。《中国共产党问责条例》第4条规定了确定问责对象的依据是追究在党的建设、党的事业中失职失责党组织和党的领导干部。根据这一原则，虽然《中国共产党问责条例》使用了党的领导干部的说法，但是党外干部在党的建设和党的事业中不负有相应职责，也不可能在党的建设、党的事业中失职失责，因此《中国共产党问责条例》中规定的问责对象“党的领导干部”只能指党员领导干部。党员领导干部如具有《中国共产党问责条例》第7条规定的问责情形的，应当按照《中国共产党问责条例》第8条规定的方式进行问责、追究责任。《中国共产党纪律处分条例》适用于违反党纪应当受到党纪责任追究的党组织和党员。如前文所述，党员领导干部都具有党员身份。因此，如果党员领导干部实施违反党纪的行为，应当适用《中国共产党纪律处分条例》追究党纪责任。

典型案例

案例　贵州省住建厅原副厅长陈某受贿案①

【涉及知识点】党外干部属于党的领导干部

---

①　参见《党外非法外　触法终自毁——贵州省住建厅原副厅长陈某某受贿案剖析》，载中央纪委国家监委网站2015年2月4日，https：//www. ccdi. gov. cn/jdbg/chyjs/201502/t20150203_ 156042. html。

【基本案情】

2014年7月7日，贵州省高级人民法院对贵州省住房与城乡建设厅原副厅长陈某某受贿案进行二审宣判，裁定驳回上诉，维持原判。经遵义市中级人民法院一审查明，被告人陈某某在担任贵阳市经济适用住房建设发展中心副经理、贵阳市政建设综合开发有限公司副经理、贵阳市新世纪经济适用住房建设有限公司总经理、贵阳市建设投资控股有限公司总经理、贵阳市城市建设投资有限公司董事长及贵州省住房和城乡建设厅副厅长期间，利用职务之便，为他人谋取利益，非法收受他人贿赂共计人民币884万余元、美元10万元；利用职务之便，索取他人贿赂共计港币800万元、人民币70万元。遵义市中级人民法院一审以受贿罪判处被告人陈某某死刑，缓期二年执行。陈某某出生在贵州省普定县农村，从一个农家子弟一步步成长为厅级领导干部。作为党外人士，他凭借过人的能力，28岁即任贵阳市房改办技术负责人，38岁任贵阳市建设投资控股有限公司总经理，46岁任民革贵州省委专职副主委。组织给了他干事的平台，陈某某却不思回报，反而公权私用，大搞权钱交易，肆意践踏国家法律，最后落得身败名裂，不禁令人唏嘘。

【争议焦点】对陈某某进行追责应当适用什么规范

【案例分析】

陈某某作为党外人士，任职贵州省住房与城乡建设厅原副厅长，属于《党政领导干部选拔任用工作条例》第4条规定的县级以上地方政府工作部门领导成员。依据《党政领导干部选拔任用工作条例》第5条，陈某某的任职需由党组织推荐、提名。依据《中国共产党章程》第37条第2款，陈某某属于党外干部，也属于党的领导干部。陈某某不具有党员身份，不能适用《中国共产党纪律处分条例》等党内法规对其进行追责，但其作为党外干部，也作为中华人民共和国公民，应当遵守法律，受到法律的约束。首先，陈某某的受贿行为没有触犯《关于实行党政领导干部问责的暂行规定》第4条规定的问责情形，不适用该规定。其不适用该规定并非因为其身份，而是因为其行为不属于该规定调整的行为。其次，陈某某属于《监察法》第 15 条第 1 项规定的人民政府的公务员，属于监察对象，可以适用监察法追究责任。此外，陈某某作为国家工作人员，利用职务上的便利，索取他人财物并非法收受财物，为他人谋取利益，根据《刑法》第 385 条的规定，构成受贿罪。因此，对于陈某某可以按照《监察法》和《刑法》追究法律责任。党外干部不受党内法规的约束，并不意味着没有约束，不意味着不受国家法律的约束。党外干部的行为触犯国家法律的，依照相关法律法规对其追究法律责任。

法规依据

《中国共产党章程》总纲，第 8、35、37 条

《县以上党和国家机关党员领导干部民主生活会若干规定》第 2 条第 1 款

《公务员法》第 4 条

约　　谈

知识点图解

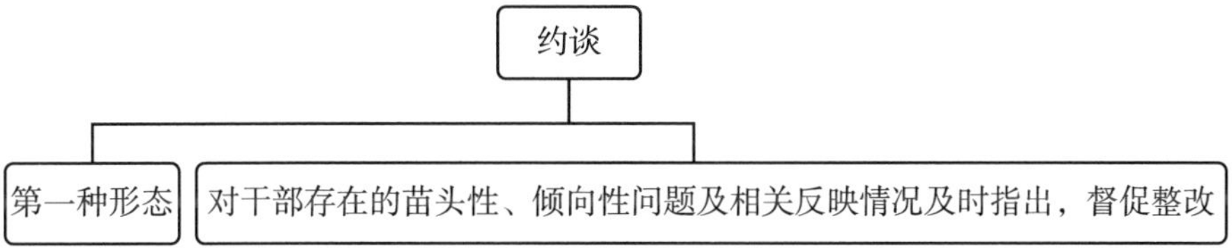

图 29　约谈知识点提醒

规范解读

约谈，主要是通过信访举报等渠道，对干部存在的苗头性、倾向性问题及相关反映情况，及时指出，帮助认清问题的性质和危害，督促整改。

谈话是一种法定行为，具有很强的仪式感和严肃性。谈话之前和之后都要履行严格的审批手续，谈话过程和结果要实事求是，谈话结束后在规定时间内，由承办部门写出情况报告和处置意见后报批，根据不同情况作出相应处置。反映不实，或者没有证据证明可能发生职务违法行为的，或者如实说明且反映问题并不严重的，予以了结澄清，体现对干部的信任；有证据证明可能发生职务违法行为但情节较轻的，按照管理权限，由监察机关直接或者委托有关机关、人员进行批评教育、责令检查，或者予以诫勉；

反映问题比较具体，但被反映人予以否认，或者其说明存在明显问题的，应当再次谈话或者进行初步核实；对与组织掌握的情况不一致的，要进一步核实，对不如实说明、欺骗组织的要严肃处理。

典型案例

【涉及知识点】约谈适用的情形

【基本案情】

A县纪委监委通过计算机软件系统分析、群众反映和领导指定等方式，定期筛查重点对象，开展“四个必谈”：信访反映集中的必谈、发现苗头性倾向性问题的必谈、轻微违规违纪的必谈、工作通报批评的必谈。谈话主要通过勤政廉政教育提醒，预先防范，促进领导干部依法履职。对存在的苗头性、倾向性问题及相关反映情况及时指出，帮助认清问题的性质和危害，督促整改。

比如，县纪委监委受理D乡群众信访举报最多，对该乡党委书记进行谈话，指出上一届乡党委、政府对村级管理不够规范，信访件主要集中反映上届村委会和村干部的问题，对此要引起高度重视，采取有效措施，进一步加强村级干部管理。

【争议焦点】约谈具体在何种条件下适用

【案例分析】

权力不是生活在真空当中，而是无时无刻不面临着围猎和诱惑，常念“紧箍咒”，多一些“婆婆嘴”，才能未雨绸缪、防患于未然，在党和人民的权力被滥用之前，及时踩刹车，才能防止干部滑向违法犯罪深渊，确保公权力依规依纪依法规范运行。谈话作为一项最基本的调查措施，在监察机关案件初核过程中被大量运用，对于获取证据、突破案件、教育挽救党员干部起到了关键作用。谈话既是监察机关的法定权限，也是落实监督执纪“四种形态”中第一种形态的重要抓手，体现了把纪律挺在前面、纪法贯通、法法衔接的精神。谈话的第一目的不是惩处，而是本着对同志高度负责的态度，本着信任不能代替监督、严管就是厚爱的原则，让有反映的党员领导干部把问题如实讲清楚，放下包袱轻装上阵，继续投入到干事创业当中。A 县纪委监委定期筛查重点对象，进行谈话要求说明情况，就是《监察法》第 19 条谈话权限的成功运用。

本案例中给予批评教育，需要整改落实的，比如对信访反映集中的乡，要对该乡党委书记进行谈话，提醒其进一步加强村级干部管理；发现某村欠账白条较多，村财务不公开，对该村村委会主任 C 某进行谈话，要求规范村级财务管理和公共资源交易。其中，也不排除有的反映问题笼统，甚至是道听途说或主观臆测，难以查证核实，对于这些问题不能偏听偏信，也不能轻易放过，需要通过谈话向干部了解情况，给干部向组织倾诉、说清问题、予以澄清的机会。

信任不能代替监督，给予公职人员一定的岗位和权力，本身就是信任，监委履行监督职责，对公职人员进行谈话，是必要的程序，是一种信任，还是更大程度上的关心和爱护。本案例中，谈话人员有备而来，不打无准备之仗，根据事先掌握的情况和谈话对象汇报的内容进行质询和点评，加强思想沟通交流，要求谈话对象就涉及单位或个人的有关问题和不足逐项答复，作出实事求是的说明，在肯定成绩的同时，本着有则改之、无则加勉的原则，提醒其注意存在的问题，起到了及时咬耳扯袖、防患于未然的作用。

法规依据

《中国共产党党内监督条例》第 7、31 条

谈 话 函 询

知识点图解

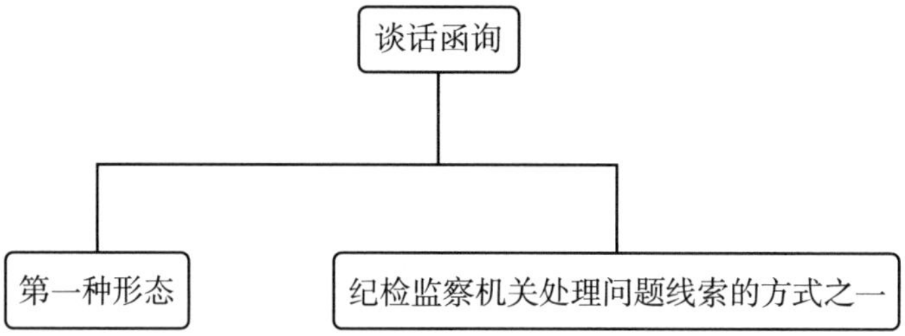

图 30　谈话函询知识点提醒

规范解读

谈话函询是一种反映问题线索处置方式，纪检机关接到对干部一般性违纪问题的反映，应当及时找本人核实、谈话函询，让干部把问题讲清楚。谈话函询体现严管就是厚爱，对于落实把纪律挺在前面，让“红红脸、出出汗”成为常态具有重要意义。

适用难点

一、误区一：谈话函询，类似于普通的谈心谈话、组织谈话？

谈话函询可不是普通的谈心谈话、组织谈话，它是用来处置领导干部问题线索的一种方式。对线索中反映的带有苗头性、倾向性、一般性的问题，及时通过谈话函询方式进行处置。谈话函询是严肃的思想政治工作，要真正起到红脸出汗的效果，绝不能走过场。

谈话函询的严肃性，也体现在它的“规矩”上。党内监督条例和监督执纪工作规则都对谈话函询的程序作了详细规定，比如：要拟订谈话函询方案和相关工作预案，按程序报批；约谈被反映人，应当由纪检机关相关负责人或者承办部门主要负责人进行；被反映人对函询问题的说明，应当由其所在党组织主要负责人签字后报上级纪委；谈话记录和函询回复应当认真核实，存档备查……

谈完了、函询完了，领导干部还要在民主生活会上把约谈函询的问题说清楚、谈透彻。谈话函询材料应当存入个人廉政档案。可见，谈话函询可不是普通的谈心谈话。

二、误区二：谈话函询意味着组织要审查我？

谈话函询与执纪审查中的谈话不一样。后者往往已经掌握了被谈话对象的大量违纪证据，只需攻破被谈话对象的心理防线；而前者掌握的往往只是一般性的问题线索，谈话函询过后，组织会根据不同情形作出相应处理：如果证明你的确是冤枉的，就了结澄清；如果问题轻微，不需要追究党纪责任的，就采取谈话提醒、批评教育、责令检查、诫勉谈话等方式处理；如果明明有问题，你却否认，或不如实说明，还要再谈话函询或者进行初步核实。

谈话函询是党组织的日常管理监督方式，并不意味着组织是要审查这个干部，而是要通过思想政治教育，及时对犯错误的干部提个醒、敲个警钟。干部也要摆正心态、正确认识：谈话函询是组织的关心爱护，而不是苛求。

三、误区三：组织找我谈话，如果对自己的问题守口如瓶，没准能侥幸瞒过去？

谈话函询虽然不是审查，但不代表可以随便蒙混过关。《中国共产党纪律检查机关监督执纪工作规则》规定："反映问题比较具体，但被反映人予以否认且否认理由不充分具体的，或者说明存在明显问题的，一般应当再次谈话或者函询；发现被反映人涉嫌违纪或者职务违法、职务犯罪问题需要追究纪律和法律责任的，应当提出初步核实的建议。"明明问题都摆在那里了，你还否认或者不如实说明情况，那组织就要继续查查清楚。

其实，组织找你谈话和函询，既是了解情况，也是在给机会，能主动交代问题、知错就改，就能够放下包袱、轻装前进。如果欺瞒组织、对抗组织，一而再，再而三错失组织给的机会，就是错上加错。自己不主动交代，等组织通过深入了解把问题核实清楚，那样性质完全不同，就会是不一样的处理方式。

四、误区四：现在扩大谈话函询覆盖面，意味着所有问题都可以用谈话函询来解决？

领导干部的问题线索，哪些可以用谈话函询来解决？哪些需要初步核实或者立案审查？《中国共产党纪律检查机关监督执纪工作规则》都有明确规定。

实践"四种形态"，多在谈话函询上下功夫，并不意味着大事化小、小事化了，天大的问题都用谈话函询来解决。对于党组织来说，要把握好"树木"和"森林"的关系，日常把纪律挺在前面，发现问题就咬耳扯袖；对问题严重的，该组织处理的组织处理，该纪律处分的纪律处分；对那些经不断提醒挽救不奏效，最终走向违纪违法道路的党员干部，坚决"零容忍"。

谈话函询是从严治党的常态，是严肃的思想政治工作。以工作规则为尺子，用好谈话函询，让红脸出汗成为常态，实现党内政治生活正常化，使党员干部远离底线，全面从严治党才能落到实处。

典型案例

【涉及知识点】 函询的性质

【基本案情】

西南林业大学原党委副书记、校长，省农村信用社联合社原党委书记蒋某某，提供虚假情况掩盖事实、敷衍应付函询，对抗审查调查。2014 年 10 月至 2015 年 9 月，省纪委先后两次就举报反映蒋某某“搞团团伙伙、违规选人用人、违规配备使用公车”等问题对其函询或责成说明情况，蒋某某两次在函询说明中都是长篇大论其工作实绩，否认存在问题。天网恢恢、疏而不漏。经查，蒋某某大搞“团团伙伙”、任人唯亲，将多名过去的下属调入省农信社，并先后在重要岗位任职和提拔使用，授意昆明市农信社购买 1 辆价格为 127.21 万元的丰田酷路泽越野车供其个人使用，同时，蒋某某还存在其他违纪违法问题。2018 年 8 月蒋某某受到开除党籍、开除公职处分，涉嫌犯罪问题移送检察机关审查起诉，违纪违法所得予以收缴。

【争议焦点】 谈话函询到底是纪律处分还是组织处理?

【案例分析】

在本案中，蒋某某在接受省纪委的函询过程中，选择了敷衍应付。对于函询属于纪律处分还是组织处理这一问题，应该说都不属于，但是对于函询中不如实向组织说明问题的，则违反了《中国共产党纪律处分条例》的规定，应当给予相应的纪律处分。

法规依据

《中国共产党纪律检查机关监督执纪工作规则》第26—31条

《关于对党员领导干部进行诫勉谈话和函询的暂行办法》第2、6—13条

《中国共产党纪律处分条例》第73条

提醒谈话（谈话提醒）

知识点图解

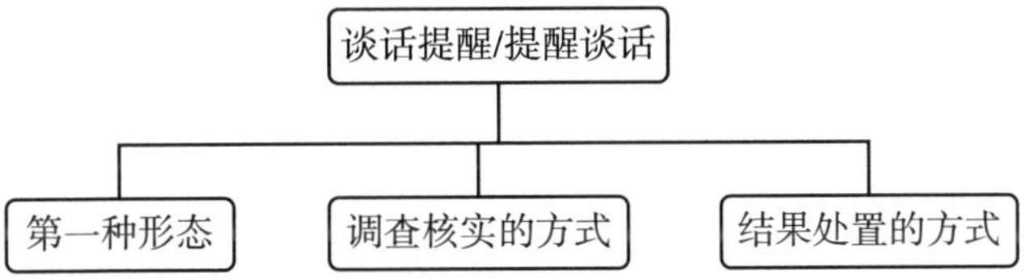

图 31　谈话提醒/提醒谈话知识点提醒

规范解读

一、提醒谈话

根据《中国共产党党内监督条例》第 21 条、《党委（党组）落实全面从严治党主体责任规定》第 16 条的规定，提醒谈话主要是指党组织领导班子成员在日常管理监督中，发现领导干部在思想、作风、纪律等方面苗头性、倾向性问题的，及时对其开展党内谈话。提醒谈话是党委（党组）落实全面从严治党主体责任的有力措施。

二、谈话提醒

明确提出“谈话提醒”的法律法规比较多，其中法律有《公务员法》第57条、《监察法》第45条和《公职人员政务处分法》第12条；党内法规主要有《中国共产党党内监督条例》《中国共产党纪律检查机关监督执纪工作规则》《中国共产党党和国家机关基层组织工作条例》等。

从各类法律法规看，谈话提醒的适用主体并不唯一，党组织、主管部门、纪检监察机关等均可使用，但明确规定纪检监察机关使用的占多数，特别是《监察法》出台后，以国家法律形式规定了“谈话提醒”，目前实践中也多以纪检监察机关使用为主。因此，下文主要探讨纪检监察机关使用的情形。

从各类规定看，纪检监察机关运用谈话提醒的方式有两种：一种是作为调查核实的方式，如《中国共产党党内监督条例》第31条规定，“接到对干部一般性违纪问题的反映，应当及时找本人核实，谈话提醒、约谈函询，让干部把问题讲清楚”。《中国共产党纪律检查机关监督执纪工作规则》第26条也属此类。另一种是作为结果处置的方式，如根据《中国共产党纪律检查机关监督执纪工作规则》第30、35条，纪检监察机关在谈话函询、初步核实后可采取谈话提醒方式处置，《监察法》第45条亦属此类。

适用难点

一、提醒谈话和谈话提醒的区别

一是谈话主体和对象不同。提醒谈话主体是党委（党组）领导班子成员，包括任班子成员的纪委书记或派驻纪检监察组组长，一些地方在实践中可委托组织人事部门或纪检监察机关开展谈话；谈话对象是主管或分管范围内的党员领导干部，有的还将谈话对象延伸到一般的党员干部等。而谈话提醒主体是纪检监察机关的工作人员，一些地方也探索委托被谈话人所在党组织一把手开展谈话；谈话对象是管辖范围内的党员干部和监察对象。

二是适用情形和条件不同。提醒谈话主要适用于在思想、作风、纪律等方面出现苗头性、倾向性问题的党员干部，一般尚未构成违纪违法的情形。而谈话提醒适用于一般性违纪问题，或者虽有违法行为但情节较轻，属于事实清楚、问题轻微，不需要追究纪律或法律责任的情形。

三是监督性质和目的不同。提醒谈话是党内谈话的一种，在党内监督体系中属于党委（党组）的监督，其主要目的是党组织履行主体责任，从严管党治党，对小问题早发现、早提醒、早纠正，体现组织的关心和爱护。而谈话提醒属于纪委监委的专责监督，是“四种形态”中第一种形态的具体措施，其目的是及时督促纠正和处理监督对象的轻微违纪违法问题，防止小错酿大错，体现了严管就是厚爱。

四是结果运用不同。提醒谈话作为践行党内谈话制度的预防性谈话措施，目前没有规定必须记入个人档案资料中，实践中一般只要求对提醒谈话内容做好记录、建档立卷，对被谈话人的影响主要是预防提醒教育作用。而谈话提醒涉及的轻微违纪违法问题将会记录在档，根据《中国共产党纪律检查机关监督执纪工作规则》第 17、30 条的规定，谈话提醒有关材料应当存入党员领导干部的廉政档案。

二、实操中需注意的问题

一是适用主体交叉问题。提醒谈话和谈话提醒的适用主体在特定情况下存在相互交叉，如纪委书记、派驻纪检监察组组长作为领导班子成员和纪检监察干部，同时为两类谈话的适用主体，实践中主要根据谈话对象和适用情形区分运用。比如：对纪检监察干部或受党组织委托对其他党员领导干部的苗头性、倾向性问题开展的为提醒谈话；对党员干部或监察对象的轻微违纪违法问题开展的为谈话提醒。

二是适用主体转换问题。提醒谈话和谈话提醒的适用主体并不是一成不变的，根据《监察法》第45条和《中国共产党纪律检查机关监督执纪工作规则》第28条的规定，纪委监委可以委托被谈话人所在党组织主要负责人或有关机关、人员开展谈话提醒。实践中一些地区也进行了探索，如佛山市纪委监委对涉及下级区委常委的问题线索，视情况委托区委书记对其进行谈话提醒，督促谈话对象如实反映情况、说明问题。采取委托一把手谈话方式处置领导班子成员的问题线索，在实践中亦取得了较好效果。

典型案例

【涉及知识点】提醒谈话（谈话提醒）的适用范围

【基本案情】

2018年1月，四川省广安市监委成立不久，就收到反映市政府某驻外办事处非党员工作人员胡某的有关问题。因反映问题多为其工作作风和秉公用权方面苗头性、倾向性问题，且较为笼统，经市纪委监委相关领导研究，决定对胡某进行谈话提醒。

接受谈话后，胡某感慨地说："感谢组织对我的关心，本以为我不是公务员，也不是党员，组织上不会来监督我。这次谈话确实使我得到警醒，我在工作作风等方面做得还不够好，今后一定吸取教训。"

"监委成立后，在对非党员公职人员进行监督时，要以帮助教育、及时挽救为出发点。"广安市纪委监委相关负责人表示，"对于苗头性、倾向性问题，我们要早提醒，防止'小病'变'重疾'。"

【争议焦点】非党员公职人员能不能进行谈话提醒？

【案例分析】

在《监察法》出台之前，无论是提醒谈话还是谈话提醒更多是针对党内人员适用，随着《监察法》的出台，谈话提醒的应用被推广到所有的公职人员而不限于党员，这反映了监察的全覆盖，也体现了纪法的贯通性。

法规依据

《中国共产党党内监督条例》第21、31条

《中国共产党党和国家机关基层组织工作条例》第11条

《中国共产党纪律检查机关监督执纪工作规则》第26、30、35条

《推进领导干部能上能下若干规定（试行）》第8条

《党委（党组）落实全面从严治党主体责任规定》第16条

《公务员法》第57条

《公职人员政务处分法》第12条

《监察法》第45条

诫勉（诫勉谈话）

知识点图解

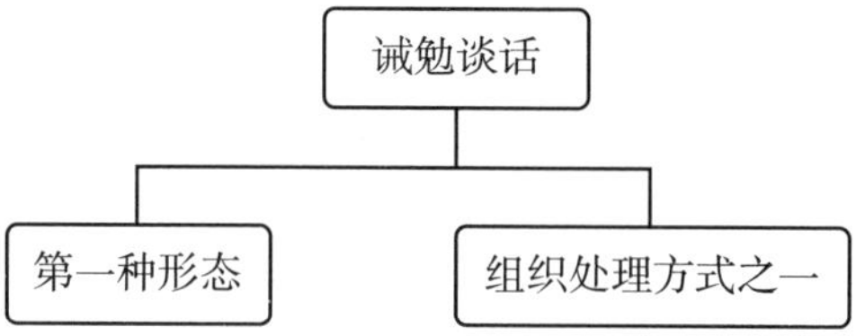

图32　诫勉谈话知识点提醒

规范解读

诫勉谈话作为组织处理方式之一，是落实监督执纪“四种形态”、把纪律挺在前面的具体措施，发挥着咬耳扯袖、红脸出汗作用，体现严管就是厚爱、抓早抓小的精神。

适用难点

诫勉谈话是否适用于一般党员干部？中央纪委法规室认为诫勉谈话不仅适用于党员领导干部，也适用于一般党员干部。根据《中国共产党党内监督条例》等法规的规定，党组织发现党员领导干部有轻微违纪问题的，应当对其进行诫勉谈话，并由本人做出说明或检讨。各级党组织要按照管理权限，加强对所属党员干部的教育、管理和监督，按要求做好诫勉谈话相关工作。

典型案例

【涉及知识点】诫勉谈话的适用情形。

【基本案情】

江苏省无锡市惠山区委常委、惠山经济开发区党工委副书记、管委会主任杨某某，开发区纪工委书记胡某某等人因开发区经济发展局班子成员严重违纪违法问题被问责。2017年6月，惠山经济开发区原经济发展局副局长、环保分局局长浦某某因严重违反中央八项规定精神，工作期间擅自离岗、参与赌博活动，利用职务上的便利为他人谋取利益并收受财物等问题，受到开除党籍处分并被移送司法机关依法处理。本案还涉及开发区经济发展局和环保分局其他多名工作人员。分管经济发展、环保等工作的开发区管委会副主任沈某某在听到浦某某经常不在岗、沉迷打麻将及介绍企业做环保业务等情况的反映后，没有深入了解和纠正。经济发展局局长辛某某对浦某某及其他多名工作人员缺乏有效管理和监督，致使违纪违法问题多发。胡某某在多次听到浦某某与管理和服务对象有不正当往来问题的反映后，仅对其提醒谈话，未采取进一步措施调查核实。2017年8月和9月，因落实主体责任和监督责任不力，主持开发区日常工作的杨某某被诫勉谈话，沈某某、辛某某、胡某某分别受到党内警告处分。

【争议焦点】江苏省无锡市惠山区委常委、惠山经济开发区党工委副书记、管委会主任杨某某未直接涉及案情，为什么会受到诫勉谈话？

【案例分析】

《关于对党员领导干部进行诫勉谈话和函询的暂行办法》第3条明确了

党员领导干部有下列情况之一的，应当对其进行诫勉谈话：（1）不能严格遵守党的政治纪律，贯彻落实党的路线方针政策和上级党组织决议、决定以及工作部署不力；（2）不认真执行民主集中制，作风专断，或者在领导班子中闹无原则纠纷；（3）不认真履行职责，给工作造成一定损失；（4）搞华而不实和脱离实际的“形象工程”“政绩工程”，铺张浪费，造成不良影响；（5）不严格执行《党政领导干部选拔任用工作条例》，用人失察失误；（6）不严格执行廉洁自律规定，造成不良影响；（7）其他需要进行诫勉谈话的情况。江苏省无锡市惠山区委常委、惠山经济开发区党工委副书记、管委会主任杨某某虽然没有直接与本案的当事人有牵连，但是其作为该部门的负责人，履行主体责任不力，因此需要承担领导责任，最终受到了诫勉谈话。

法规依据

《中国共产党工作机关条例（试行）》第 26 条

《中国共产党党内监督条例》第 21 条

《中国共产党问责条例》第 8、12 条

《中国共产党地方委员会工作条例》第 29 条

《中国共产党党组工作条例》第 41 条

《党政机关厉行节约反对浪费条例》第 60 条

《中国共产党党员权利保障条例》第 47 条

《中国共产党纪律检查机关监督执纪工作规则》第 30 条

《县以上党和国家机关党员领导干部民主生活会若干规定》第 6 条

《推进领导干部能上能下若干规定（试行）》第 8 条

《事业单位领导人员管理暂行规定》第 32 条

《农村基层干部廉洁履行职责若干规定（试行）》第 20 条

《关于实行党风廉政建设责任制的规定》第 21 条

《关于党员领导干部述职述廉的暂行规定》第 8 条

《关于对党员领导干部进行诫勉谈话和函询的暂行办法》第 2—5、8—13 条

《监察法》第 45 条

初 步 核 实

规范解读

一、初步核实的内涵

初步核实，是指党委（党组）、纪委监委（纪检监察组）按照有关规定对具有可查性的涉嫌违纪或者职务违法、职务犯罪问题线索，进行初步核查、证实的活动。

初步核实具有线索处置方式和启动审查调查双重属性。一方面，初步核实是四类问题线索处置方式的一种；另一方面，初步核实是立案审查调查的前置程序。虽然初步核实并不是立案的必经程序，但实践中往往是经过初步核实程序后才立案，初步核实能够为立案提供扎实的依据。具体到实践中，初步核实分为两种情况：

一是监督模式下的初步核实。一般适用于线索不多、性质轻微、可查性不强，或涉嫌一般违纪问题的情况。比如，巡视巡察移交的线索、专项工作中发现的线索、谈话函询后的抽查核实等要作初步核实处置。

二是审查调查模式下的初步核实。一般适用于线索多、问题严重，或涉嫌严重违纪或者职务违法、职务犯罪问题的情况。

监督模式下的初步核实，所有线索都要核实了解，重在作出结论，提出监督意见。审查调查模式下的初步核实，重在将适合做立案依据的线索查实查准，为立案作准备。本章主要讲的是审查调查模式下的初步核实。

一般来讲，审查调查模式下的初步核实应当具备以下条件：(1) 掌握反映相关党员、干部及监察对象涉嫌违纪或者职务违法、职务犯罪的问题线索。(2) 所掌握的问题线索属于本级纪检监察机关管辖。(3) 问题线索具有存在的可能性，并具有可查性。(4) 党员、干部及监察对象可能构成违纪或者职务违法、职务犯罪，需追究纪律或法律责任。(5) 初步核实机关已履行必要的审批程序。

二、初步核实与审查调查的关系

初步核实是立案审查调查的前置程序。《监察法》第 39 条第 1 款规定："经过初步核实，对监察对象涉嫌职务违法犯罪，需要追究法律责任的，监察机关应当按照规定的权限和程序办理立案手续。"《中国共产党纪律检查机关监督执纪工作规则》第 37 条规定："纪检监察机关经过初步核实，对党员、干部以及监察对象涉嫌违纪或者职务违法、职务犯罪，需要追究纪律或者法律责任的，应当立案审查调查。"以上规定，均强调了初步核实的地位和作用。实践中，要尽量避免不经初步核实而直接立案审查调查情况的发生，强化对审查调查活动的监督制约，保证审查调查的精准化。

要强调的是，初步核实是立案的前置程序，但并非必经程序。虽然实践中绝大多数案件在立案之前都会经过初步核实，但也有些案件可以不经过初步核实直接立案审查调查。比如，网络曝光的党员干部违纪违法事件，曝光的内容足以证实当事人的违纪违法事实，达到了立案条件，纪检监察机关应当当机立断进行立案调查，回应社会关注，而不能贻误时机、陷入舆论被动。

三、初步核实的意义

1. 初步核实是立案审查调查的启动程序

初步核实的重要任务是了解、核实所反映的主要问题是否存在，以及是否需要追究审查调查对象的纪律责任、法律责任。立案的重要前提是已经掌握部分违纪违法事实和确凿证据，具备进行审查调查的条件。因此，初步核实质量高低对于能否成案、定案意义重大。初步核实做得扎实，立案就有保障；初步核实做得潦草，立案就缺失基础。纪检监察机关面对纷繁复杂的情况和线索，要求初步核实工作必须兵贵神速，抓住所反映的主要问题线索迅速调查取证，为立案提供坚实依据。

2. 初步核实影响立案审查调查的走向

初步核实作为立案的前置程序，扎实有效的初步核实工作能够前移调查重心，对相关证据及时加以收集、固定、保全，尽可能在外围获取足够多的证据，有利于把握办案的主动权，为审查调查工作打下良好基础。特别是《监察法》要求留置的时间严格控制在6个月以内，把初步核实工作做扎实就显得尤为重要。此外，初步核实的过程实际上也是对案件审查调查工作的预演的过程，是对不同方案筛选与优化的过程，是审查调查的重要“预演”。在这个过程中，如何找准切入点和突破口，关系着立案审查调查的方向和成败。

3. 初步核实对时机、节奏要求很高

初步核实对时间、时机、工作节奏以及纪检监察干部工作的能力素质要求很高。初步核实工作必须把握时机，迅速及时，以快取胜，不给涉案人串通、逃匿的机会。初步核实工作一旦确定，就要集中力量、集中时间，抓住所反映的主要问题线索迅速调查取证，在尽可能短的时间内查清所反映的主要问题。这也要求纪检监察干部必须具有清醒的头脑、冷静的决断、敏锐的洞察力、缜密的分析能力和逻辑思维能力。

四、初步核实对象的选择

《中国共产党纪律处分条例》第7条第2款规定：“重点查处党的十八大以来不收敛、不收手，问题线索反映集中、群众反映强烈，政治问题和经济问题交织的腐败案件，违反中央八项规定精神的问题。”根据党内法规、国家法律以及党中央的政策要求，当前初步核实对象的选择着重从以下方面考虑：

1. 有力削减存量、遏制增量

习近平总书记在十九届中央纪委五次全会上指出：“腐败这个党执政的最大风险仍然存在，存量还未清底，增量仍有发生。”腐蚀和反腐蚀斗争长期存在，稍有松懈就可能前功尽弃，反腐败没有选择，必须知难而进。要坚持靶向治疗、精确惩治，突出审查调查重点，对党的十八大以来不收敛不收手，严重阻碍党的路线方针政策贯彻执行、严重损害党的执政根基，成为全面从严治党障碍的腐败问题从严查处，重点查处政治问题和经济问题交织的腐败案件，坚决斩断“围猎”和甘于被“围猎”的利益链，坚决破除权钱交易的关系网。

2. 违反政治纪律问题优先查

党员干部违反政治纪律和政治规矩严重破坏一个地方单位的政治生态，对党和国家事业影响恶劣。习近平总书记强调，“干部在政治上出问题，对党的危害不亚于腐败问题，有的甚至比腐败问题更严重”。对党员干部违反政治纪律的行为，必须优先查处。

3. 重点领域、重点工作优先查

初步核实工作应该重点关注一段时间党中央确定的重点领域、重点工作，紧盯重大工程、重大项目，为党中央重大举措部署保驾护航。比如，十九届中央纪委五次全会强调，“重点查处政治问题和经济问题交织的腐败案件，聚焦政策支持力度大、投资密集、资源集中的领域和环节，坚决查处基础设施建设、项目审批、国企改革、公共资源交易、科研管理等方面的腐败问题。深化金融领域反腐败工作，持续惩治国有企业腐败问题，加大对政法系统腐败惩治力度，深入推进反腐败国际合作和国际追逃追赃”。

4. 严重破坏政治生态的优先查

一个地方要实现政通人和、安定有序，必须有良好政治生态。政治生态好，人心就顺、正气就足；政治生态不好，就会人心涣散、弊病丛生。有的地方，存在一些买官卖官、官商同盟现象，盘根错节，甚至形成利益集团或人身依附，成为一个地方政治生态的污染源，必须坚决查处。

典型案例

【基本案情】

W 市纪委监委前期按程序报批后，对辖区内党员领导干部 A 某涉嫌严重违纪违法的问题线索进行了初步核实，由审查调查部门成立的核查组具体承担初步核实工作。

核查组按照党内法规和国家法律规定的初步核实权限和手段，严格依规依纪依法开展初步核实工作。初步查明 A 某存在以下问题：涉嫌违反政治纪律和政治规矩，政治信仰缺失，大搞封建迷信；违反中央八项规定精神，接受可能影响公正执行公务的宴请和旅游安排；违反组织纪律，利用职务便利违规为他人在干部选拔任用方面提供帮助，组织函询时不如实说明问题，不按规定报告个人有关事项；违反廉洁纪律，以赌博方式敛取巨额钱财，通过“大赌”“假赌”大搞权钱交易，违规经商办企业；利用职务上的便利和职权、地位形成的便利条件为他人谋取利益并收受巨额财物，涉嫌受贿犯罪；等等。经过一段时期初步核实工作，审查调查部门已对目前能在外围开展的取证工作进行了充分取证，但出于办案安全和保密工作需要，尚未对 A 某及其直接关系人进行谈话取证，尚未形成完整的证据链条，后经 W 市纪委监委领导班子集体研究决定，认为现有证据已足以证明 A 某涉嫌严重违纪特别是涉嫌职务违法犯罪，需要追究其纪律法律责任，决定按程序办理立案手续，并对 A 某等人采取留置措施，继续开展相应审查调查。

【案例分析】

纪检监察机关开展初步核实的任务是了解问题线索是否存在，为立案与否提供依据。本案中，W 市纪委监委严格履行初步核实审批手续，成立核查组开展初步核实工作。由于在初步核实阶段主要是外围调查，没有主要对象的口供、亦未开展涉案财物扣押，尚未形成完整的证据链条，但是现有证据已足以证明 A 某涉嫌严重违纪特别是涉嫌职务违法犯罪，W 市纪委监委决定按程序办理立案手续，符合党内法规和国家法律规定要求。

初步核实是纪检监察机关开展审查调查的重要环节，初步核实查清的事实和收集的证据材料，是能够立案审查调查的重要依据。初步核实阶段的主要任务是为了查清部分问题事实，并不要求查清全部问题事实。况且，在实际工作中，由于初步核实阶段要确保安全保密，有些措施不能使用。比如，一般不直接找利益关系人谈话，很难调取能够直接证明犯罪问题的书证物证等。此时，获取的违纪违法事实绝大部分只能是相对清晰的事实，不可能是证据确实充分、可以达到认定条件的事实，也不一定能够形成完整的证据链。但是只要已经掌握部分违纪或者职务违法、职务犯罪事实和证据，问题线索具有存在的可能性，并具有可查性，需要追究被审查调查对象的纪律或法律责任的，具备了立案的条件，就应当立案。因此，纪检监察机关在初步核实过程中，要尽最大可能获取证据，综合判断、作出决策。同时要敢于担当，对于具备立案条件的，应当果断提出立案建议，不能贻误时机。

法规依据

《中国共产党纪律检查机关监督执纪工作规则》第 32—35、37 条

立案审查

规范解读

审查调查工作最能体现纪检监察机关的权威和特色，是纪检监察工作中违纪与维纪、违法与执法之间的矛盾和斗争表现得最尖锐、最直接、最激烈、最残酷、最复杂的领域。开展审查调查工作是巩固反腐败斗争压倒性胜利的必然要求。

一、审查调查的内涵

纪律审查是纪律检查机关的重要职责。纪律审查，是指纪律检查机关依规依纪对党组织和党员违反党章和其他党内法规的行为进行立案审查的活动。

监察调查是国家监察机关的重要职责。监察调查，是指监察机关对涉嫌贪污贿赂、滥用职权、玩忽职守、权力寻租、利益输送、徇私舞弊以及浪费国家资财等职务违法和职务犯罪进行调查的活动。

纪律检查机关的纪律审查职责和国家监察机关的监察调查职责统称为审查调查。具体来讲，审查调查，是指纪检监察机关对党员、干部以及监察对象涉嫌违纪或者职务违法、职务犯罪，需要追究纪律或者法律责任的问题，进行立案审查调查的活动。

二、审查调查职责的特征

1. 审查调查的主体

审查调查的主体是纪检监察机关，审查调查工作只能由纪检监察机关进行。纪检监察机关是党和国家监督的专责机关，审查调查是纪检监察机关的专责。在党和国家监督体系中，纪检监察机关的监督职责与司法监督、审计监督、政协监督、舆论监督等其他类型的监督职责有着本质的区别。纪检监察机关是党和国家专门设立的专门监督机关，共享有的是一种具有独立存在价值的纪检监察权，它代表党和国家对党组织和党员、干部以及监察对象涉嫌违纪或者职务违法、职务犯罪问题进行审查调查。其他一些国家机关尽管也负有监督的职责，但都不是专门的监督机关。既然审查调查是纪检监察机关的专责，那么这种专责是不能拆分的，是其他组织或个人所无法替代的。比如，处理重大安全责任事故，政府部门是领导机关，负责安全责任事故的调查，但是如何追究党员、干部及监察对象的违纪违法责任，给予何种处置，必须由纪检监察机关严格依纪依法进行。有的地方直接将“处置结果”报给纪检监察机关，这是错误的，必须由纪检监察机关依纪依法审查调查。

从具体权限来看，纪律检查机关拥有纪律审查权，监察机关拥有监察调查权。此外，根据国家法律规定，派驻或派出的监察机构，其监察权限必须根据授权而定。《监察法》第 13 条规定：“派驻或者派出的监察机构、监察专员根据授权，按照管理权限依法对公职人员进行监督，提出监察建议，依法对公职人员进行调查、处置。”比如，有的地方派驻或派出监察机构，仅具有调查公职人员职务违法的权力，但没有调查职务犯罪的权力。

2. 审查调查的范围

根据党内法规和国家法律规定，纪检监察机关审查调查的范围是党组织和党员、干部以及监察对象涉嫌违纪或者职务违法、职务犯罪，需要追究纪律或者法律责任的行为。纪检监察机关对于经过初步核实、达到立案标准的案件应当立案审查调查，按照程序办理立案手续、依规依纪依法调查取证，直至获取证据、查清事实、作出处理。国家监察体制改革后，纪检监察机关对涉嫌违纪、职务违法和职务犯罪问题一体进行审查调查和审理处理，体现党的集中统一领导，这就要求纪检监察机关必须把执纪和执法贯通起来，实现适用纪律和适用法律、执纪和执法的有机融合。

3. 审查调查的依据

纪检监察机关立案审查的依据主要有以下三类：一是党章党规党纪。《中国共产党章程》以及《中国共产党廉洁自律准则》《中国共产党党内监督条例》《中国共产党纪律处分条例》《中国共产党纪律检查机关监督执纪工作规则》等党内法规，都是纪律检查机关执纪审查的依据。二是国家监察法律法规。《监察法》《公职人员政务处分法》以及有关监察规章制度等，是监察机关调查的依据。三是党和国家的其他政策、法律法规。《刑法》《刑事诉讼法》等实体法和程序法，以及党和国家的相关政策等也是纪检监察机关开展审查调查的重要依据。

4. 审查调查的手段

纪检监察机关审查调查手段具有一定的强制性、专有性和限制性。(1) 强制性。审查调查手段具有权威性、震慑性，《中国共产党纪律检查机关监督执纪工作规则》第40条第1款规定："审查调查组可以依照党章党规和监察法，经审批进行谈话、讯问、询问、留置、查询、冻结、搜查、调取、查封、扣押（暂扣、封存）、勘验检查、鉴定，提请有关机关采取技术调查、通缉、限制出境等措施。"(2) 专有性。监察机关的调查手段具有自身职能特色，区别于检察机关、公安机关的监督权限。比如，《监察法》第22条规定的留置措施，区别于检察机关的监视居住、取保候审等强制措施。(3) 限制性。纪检监察机关的调查手段是有限的，纪检监察机关不能采用拘传、取保候审、监视居住、拘留、逮捕等司法机关采用的强制性侦查措施。比如，纪检监察机关不得直接使用技术调查措施。需要采取技术调查措施，必须按照规定交公安机关或者国家有关执法机关等执行。

三、审查调查的意义

1. 审查调查工作是从严管党治党的必然要求

人民群众最痛恨腐败现象，腐败是我们党面临的最大威胁。坚定不移惩治腐败、开展审查调查工作是中国共产党强化自我革命，实现自我净化、自我完善、自我革新、自我提高的必然要求。习近平总书记深刻指出："不反腐败确实要亡党，真反腐败不仅不会亡党，而且能增强党自我净化、自我完善、自我革新、自我提高能力，保持党同人民群众的血肉联系，使我们党更加坚强、更有力量。"坚决反对腐败，是保持党同人民群众血肉联系的必然要求，是巩固党的执政基础和执政地位的必然要求，是党必须始终抓好的重大政治任务。

2. 审查调查工作是巩固反腐败斗争压倒性胜利的重要抓手

党的十八大以来，党中央坚持反腐败无禁区、全覆盖、零容忍，坚定不移"打虎""拍蝇""猎狐"，虽然反腐败斗争取得压倒性胜利，但我们对形势的严峻性和复杂性一点也不能低估。从反腐败的长期性来看，压倒性胜利只是反腐败斗争这场持久战取得的一个重要阶段性成果，距离彻底胜利还有很长的一段路要走。从腐败的发生机理来看，权力是天然的腐蚀剂，我们党全面领导、长期执政，党员、干部时刻面临被"围猎"、被腐蚀的风险。对此必须时刻保持清醒头脑，坚持有贪肃贪、有腐反腐，按照"坚持无禁区、全覆盖、零容忍，坚持重遏制、强高压、长震慑"的要求，持续保持惩治腐败高压态势，以永远在路上的坚韧和执着把反腐败斗争推向纵深。[①]

3. 审查调查工作能够深刻把握一个地区政治生态的真实面貌

政治生态不是朦胧含混、虚无缥缈的，相反，政治生态恰恰是具体现实的，如同自然生态一样是可透视、可检查、可量化的。[②] 纪检监察工作反对

---

① 《党的十九大文件汇编》，党建读物出版社 2017 年版，第 45 页。

② 徐令义：《政治生态的"七看""七着力"》，载《学习时报》2018 年 4 月 4 日，第 1 版。

“唯案论”，但是没有把案子剖析开来看，就永远看不清一个地区一个单位管党治党中存在的深层次矛盾和问题，难以把握政治生态真实面目。通过审查调查工作，能够对一个地区和单位的政治生态“解剖麻雀”、剖析开来加以分析研究，寻找个中的深层次原因，分析案发地的政治生态是怎么样的，问题出在哪里，从中吸取教训、寻找规律，针对性地堵塞漏洞，健全防范机制，推动实现标本兼治。

4. 审查调查工作最能体现纪检监察机关的权威和特色

在纪检监察工作中，虽然对党员、干部以及监察对象涉嫌违纪或者职务违法、职务犯罪立案审查调查的只是极少数，但却是纪检监察工作极为重要的组成部分。审查调查工作是纪检监察权力运用、措施手段使用最集中，纪律审查和监察调查安全、履职风险最突出的领域。特别是当前腐败手段智能化、腐败形式隐秘化、腐败收益期权化的特征日趋明显，一些政治问题与经济问题相互交织，严重危害党的领导和团结统一。牢记忠诚使命、依纪依法开展审查调查，体现了纪检监察机关的责任和担当。

四、审查调查的立案条件

《监察法》第 39 条第 1 款规定：“经过初步核实，对监察对象涉嫌职务违法犯罪，需要追究法律责任的，监察机关应当按照规定的权限和程序办理立案手续。”《中国共产党纪律检查机关监督执纪工作规则》第 37 条规定：“纪检监察机关经过初步核实，对党员、干部以及监察对象涉嫌违纪或者职务违法、职务犯罪，需要追究纪律或者法律责任的，应当立案审查调查。凡报请批准立案的，应当已经掌握部分违纪或者职务违法、职务犯罪事实和证据，具备进行审查调查的条件。”上述规定均强调，凡需要立案的，应当已经掌握部分违纪或者职务违法、职务犯罪事实和证据，具备了进一步调查的条件。

因此，立案应当符合以下条件：（1）被审查调查对象存在违纪或者职务违法、职务犯罪事实；（2）需要追究被审查调查对象的纪律或法律责任；

(3) 按照规定的权限和程序办理立案手续。需要说明的是，立案所需的职务违法或者职务犯罪的事实，仅指初步确认的部分职务违法或者职务犯罪的事实，而不是全部职务违法或者职务犯罪的事实，全部事实要到调查阶段结束之后才能得以查清，而且还要经过审理之后才能认定。此外，对经过初核，发现问题线索反映失实的，或者虽有违纪违法事实但情节轻微，不需要追究纪律或者法律责任的，不再办理立案手续。比如，根据《中国共产党纪律处分条例》第 17 条和第 19 条的规定，对于一些有从轻、减轻情节的违纪党员，可以给予批评教育或者组织处理的，就不再立案审查。

典型案例

【基本案情】

K 市纪委对反映市招商局党组书记、局长孙某的问题线索进行初步核实后认为，孙某对中央八项规定精神置若罔闻，长期违规频繁接受宴请，大吃大喝；与不法私营企业主沆瀣一气，大搞权钱交易，利用职权或者职务上的影响为他人谋取利益收受对方财物等，属严重违纪且涉嫌犯罪，拟对其立案审查。

按照党内法规和国家法律规定要求，K 市纪委将对孙某立案审查的决定向市委请示汇报并向省纪委做了报告。形成明确意见后，7 月 12 日，市纪委第六审查调查室起草了立案审查调查呈批报告，经市纪委书记审批并报市委书记批准同意予以立案审查。随后，第六审查调查室主任带领室内同志研究提出了审查谈话方案、外查方案，报市纪委副书记批准后，由第六审查调查室副主任担任组长的审查调查组同时成立，下设谈话、外查、综合、后勤保障等若干小组。7 月 17 日，市纪委书记主持召开专题会议，纪检监察机关相关负责人参加，研究确定了审查调查方案，提出了需要采取的审查措施。7 月 21 日下午，审查组的 2 名同志敲开了孙某办公室的门，将其带到了市纪委专门的审查调查地点。“我是被冤枉的，我一直清廉自律，严格要求自己!”直到市纪委副书记向其宣布立案决定的那一刻，孙某仍以为自己已经侥幸过关。当天晚上8点，审查组同志拨通了孙某家属的电话，通知孙某正在接受组织审查。晚上9点，市纪委网站上挂出了“市招商局党组书记、局长孙某涉嫌严重违纪，目前正接受K市纪委监委纪律审查和监察调查”的消息。

经过审查调查组细致入微的思想政治工作，孙某从刚开始的拒不配合、消极应对到逐步正视自己的问题。8月11日是孙某的入党时间，谈话组的同志决定给他过一次政治生日。他们调取了孙某的入党志愿书，和他一起重温入党誓词、重读入党志愿书。面对着墙上的党旗和自己当初手写的入党志愿书，想起当年握拳许下的誓言，孙某再也抑制不住自己的情绪，失声痛哭起来……随后几天，孙某逐步交代自己的问题。谈话组均如实记录在讯问笔录中，由孙某阅看后签字。与此同时，外查工作也在紧锣密鼓地进行……

经过连续3个多月的奋战，审查调查组查明了孙某的违纪违法事实，撰写了事实材料并与孙某见面，听取了本人意见。孙某对此表示认同，签署了同意的意见。

在集体讨论的基础上，审查调查组形成了审查调查报告，包括孙某的基本情况、问题线索来源及审查调查依据、审查调查过程、主要违纪和职务违法职务犯罪事实、被审查人的态度和认识、处理建议等，审查调查组组长及有关人员均在报告上签名。

此外，对审查调查中发现的市招商局有关招商流程不规范、一把手权力过大、日常监督不力等问题，审查调查组还另行起草了专题报告，有针对性地提出了意见建议，呈报市纪委领导。

案结卷成，事毕归档。此时，审查调查报告、忏悔反思材料、违纪和职务违法职务犯罪事实材料、涉案财物报告，以及全部证据和程序材料，变成厚厚的一沓案卷，所有材料装订成册。在报市纪委书记批准后，这些案卷材料依照规定移送审理，审查调查工作告一段落。

【案例分析】

审查调查，是指纪检监察机关对党员、干部以及监察对象涉嫌违纪或者职务违法、职务犯罪，需要追究纪律或者法律责任的问题，进行立案审查调查的活动。审查调查工作必须牢固树立纪法思维和程序意识，严格按照立案条件、审查调查程序、审批权限和请示报告制度开展工作。

本案中，K市纪委监委和具体承办部门严格依照程序履行重大事项请示报告制度，将对孙某立案审查的决定向市委请示汇报并向省纪委作了报告；履行立案审批程序，呈批报告经市纪委书记审批并报市委书记批准同意；起草审查谈话方案、外查方案，召集由纪委书记主持的专题会议，研究批准审查调查方案；采取留置措施后，24小时内通知其所在单位和家属，并及时向社会公开公布，等等。这一系列工作都是审查调查工作重要的程序要求。程序是“看得见的正义”，纪检监察权的权威源于程序的公平公正。审查调查的各项工作必须严格按照法定权限、规则、程序来开展，绝不能因为目的正当而忽略程序、规避程序。

审查调查工作是严肃的思想政治教育工作。《中国共产党纪律检查机关监督执纪工作规则》强调，审查调查期间，对被审查调查人以同志相称，安排学习党章党规党纪以及相关法律法规，开展理想信念宗旨教育，通过深入细致的思想政治工作，促使其深刻反省、认识错误、交代问题，写出忏悔反思材料。本案中，审查调查组对孙某以同志相称、安排学习党章党规党纪、重温入党誓词、重读入党志愿书、撰写忏悔和反思材料……旨在唤醒犯错误党员对“激情燃烧岁月”的记忆。这些措施，不仅是对人性和灵魂的救赎，更体现了我们党惩前毖后、治病救人的一贯方针。

查明涉嫌违纪或者职务违法、职务犯罪问题后，审查调查组应当撰写事实材料，与被审查调查人见面，听取意见。审查调查工作结束后，应当形成审查调查报告。审查调查报告是审查调查组对被审查调查人的违纪违法问题进行审查核实后，如实形成的关于违纪违法事实和处理建议等情况的书面综合材料，是审查调查组全体人员集体辛劳和智慧的结晶。审查调查组应当集体讨论，形成审查调查报告，并由审查调查组组长以及有关人员签名。这体现了审查调查工作的严肃性和规范性，坚持集体讨论和签名留痕也可为倒查追责、终身追溯留下依据，确保审查调查客观公正。

法规依据

《中国共产党纪律检查机关监督执纪工作规则》第36—52条

审　　理

规范解读

案件审理工作发挥对审查调查的审核把关和监督制约作用，是纪检监察机关办理案件的必经程序和重要环节。案件审理工作的高质量是实现整个审查调查工作高质量的重要保证。

一、审理的内涵

审理，是指纪检监察机关对涉嫌违纪或者职务违法、职务犯罪案件严格依规依纪依法审核把关，提出纪律处理或者纪律处分、政务处分意见的活动。

案件审理工作是在审查调查结束后对违纪违法案件所进行的审核工作。党内法规和国家法律明确规定，纪检监察机关实行“查审分离”原则，即审查调查与审理相分离，审查调查人员不得参与审理，坚决杜绝“先定后审”、“未审即定”和“查审不分”等问题，这是建立纪检监察机关相互协调、相互制约的工作机制的重要举措。审理工作既是审查调查工作的继续，也是对审查调查工作审核把关的重要环节，对维护被审查调查人合法权利、保证整个案件质量等具有重要意义。

根据《中国共产党纪律检查机关监督执纪工作规则》规定，审理工作的基本原则是，事实清楚、证据确凿、定性准确、处理恰当、手续完备、程序合规。

二、负责审理的部门

案件审理部门是纪检监察机关专门负责审理的部门。《中国共产党纪律检查机关监督执纪工作规则》第54条规定，纪检监察机关案件审理部门对涉嫌违纪或者职务违法、职务犯罪问题，依照规定应当给予纪律处理或者纪律处分、政务处分的案件和复议复查案件进行审核处理。

此外，《党组讨论和决定党员处分事项工作程序规定（试行）》第4条规定："中央纪委国家监委派驻纪检监察组（以下简称派驻纪检监察组）按照干部管理权限，对驻在部门（含综合监督单位，下同）党组管理的司局级党员干部涉嫌违纪问题进行立案审查和内部审理，经派驻纪检监察组集体研究，提出党纪处分初步建议，与驻在部门党组沟通并取得一致意见后，将案件移送中央和国家机关纪检监察工委（以下简称纪检监察工委）进行审理。"

三、审理工作的任务和职责

《党的纪律检查机关案件审理工作条例》第9条规定："案件审理工作的任务是：审查处理党员、党组织违犯党的纪律的案件和复查的案件。"案件审理部门实事求是地核查违纪、职务违法和职务犯罪案件的事实材料，审查鉴别证据，分析认定问题的性质，根据党章党规、国家法律和党对犯错误党员的一贯政策以及规定的程序，正确地处分处置违纪违法的党组织、党员干部及监察对象。

具体来讲，根据党内法规和国家法律规定，以下案件必须经过审理程序：（1）拟给予纪律处理的案件。纪律处理不同于纪律处分。纪律处理主要是指《中国共产党纪律处分条例》第9条规定的，对于严重违犯党的纪律、本身又不能纠正的党组织，上一级党的委员会在查明核实后，根据情节严重的程度，可以予以改组或解散。（2）拟给予纪律处分的案件。只要给予党纪处分就必须经过审理。要强调的是，根据《中国共产党纪律处分条例》第19条的规定，对党员违犯党纪免予党纪处分的，也必须经过审理。（3）拟给予政务处分的案件。依据《公职人员政务处分法》的规定，只要给予政务处分就必须经过审理。（4）拟移送起诉的涉嫌职务犯罪案件。案件审理部门对纪委监委审查调查的涉嫌职务犯罪案件的事实证据、定性、程序手续、涉案财物等进行全面审理。（5）移送起诉的适用缺席审判程序的案件。根据《刑事诉讼法》第291条的规定，监委对可以适用缺席审判程序的案件，审查调查终结后，依法应当追究刑事责任的，承办的审查调查部门应当按规定将案件移送审理。（6）拟移送起诉的申请没收违法所得的案件。根据《刑事诉讼法》第298条的规定，监委对可以适用申请没收违法所得的案件，审查调查终结后，认为依照刑法规定应当追缴其违法所得及其他涉案财产的，承办的审查调查部门应当按规定将案件移送审理。（7）申诉复查案件。根据《中国共产党纪律检查机关监督执纪工作规则》第54条规定、《监察法》第49条、《公职人员政务处分法》第55条规定，对纪检监察机关作出党纪政务处分或者其他处理不服的，提出申诉复查的案件。

四、审理案件的类型

根据案件来源范围不同，审理案件可分为以下类型[①]：

（1）自办案件。本级纪检监察机关直接审查调查，并需由本级党委、纪检监察机关直接决定处理的案件。

（2）报批案件。报批案件是指下级党委、纪委监委呈报的，需由本级党委、纪委监委批准的案件。主要包括以下情况：

第一种情况：给予党委委员、候补委员党纪处分的案件。根据《中国共产党章程》第42条第2款的规定，对党的中央委员会委员、候补委员，给以警告、严重警告处分，由中央纪律检查委员会常务委员会审议后，报党中央批准。对地方各级党的委员会委员、候补委员，给予警告、严重警

① 参见《纪律审查与监察调查程序图解》，中国方正出版社2019年版，第150-152页。

告处分，应由上一级纪律检查委员会批准，并报它的同级党的委员会备案。根据《中国共产党章程》第 42 条第 3 款的规定，对地方各级委员会委员和候补委员撤销党内职务、留党察看或开除党籍的处分，必须经过上级纪律检查委员会常务委员会审议，由这一级纪律检查委员会报同级党的委员会批准。

第二种情况：党组织违纪的案件。根据《中国共产党章程》第 44 条第 2 款的规定，对于严重违犯党的纪律、本身又不能纠正的党组织，上一级党的委员会在查明核实后，应根据情节严重的程度，作出进行改组或予以解散的决定，并报再上一级党的委员会审查批准，正式宣布执行。

第三种情况：党员过失犯罪免予开除党籍的案件。根据《中国共产党纪律处分条例》第 32 条第 2 款的规定，党员因过失犯罪被判处 3 年以下（含 3 年）有期徒刑或者被判处管制、拘役的，一般应当开除党籍。对于个别可以不开除党籍的，应当对照处分党员批准权限的规定，报请再上一级党组织批准。

第四种情况：给予违纪党员规定处分幅度以外减轻处分的案件。根据《中国共产党纪律处分条例》第 18 条的规定，根据案件的特殊情况，由中央纪委决定或者经省（部）级纪委（不含副省级市纪委）决定并呈报中央纪委批准，对违纪党员也可以在《中国共产党纪律处分条例》规定的处分幅度以外减轻处分。

第五种情况：给予纪委书记、副书记、常委、委员党纪处分的案件。根据中央纪委颁布的《关于处分违犯党纪的党员批准权限的具体规定》（1983 年）和中共中央纪委《关于修改〈关于处分违犯党纪的党员批准权限的具体规定〉的通知》（1987 年）等规定，对各省、自治区、直辖市纪律检查委员会书记、副书记，给予撤销党内职务、留党察看、开除党籍处分，报中央批准；给予纪律检查委员会常委上述处分，由中央纪律检查委员会批准，报中央备案；给予纪律检查委员会的其他委员上述处分，由省、自治区、直辖市党的委员会批准，报中央纪律检查委员会备案。对各省、自治区、直辖市纪律检查委员会书记、副书记、常委，给予警告、严重警告处分，报中央纪律检查委员会批准，报中央备案；给予纪律检查委员会的其他委员上述处分，由省、自治区、直辖市党的纪律检查委员会批准，报中央纪律检查委员会备案。此外，给予地、市以下纪律检查委员会的书记、副书记、常委撤销党内职务、留党察看、开除党籍处分，报上一级纪律检查委员会审核，由这一级纪律检查委员会报同级党委批准。

（3）备案案件。备案案件，是指处分决定生效后，由批准机关或作出处分决定的机关按规定向同级党委、上级纪检监察机关报告处理情况以备查考的案件。比如，给予党的地方各级纪律检查委员会委员警告、严重警告处分，由各级纪律检查委员会批准，报同级党的委员会和上一级纪律检查委员会备案。

（4）受到刑事责任追究需给予处分的案件。该类案件是指党员和公职人员受到刑事处罚后，需由本级纪检监察机关案件审理部门直接提取有关材料，提出相应的党纪政务处分意见的案件。

（5）征求意见案件。征求意见案件，是指下级党委、纪委监委、派驻纪检监察机构或本级纪检监察机关其他部门向案件审理部门征求意见的案件。

（6）地方纪委和基层纪委对同级党委处理案件的决定有不同意见请求上一级纪委予以复查或复议的案件。

（7）复议复查案件。对党纪政务处分或者其他处理不服的申诉，由先批准或者作出决定的党委、纪委监委进行复议、复查或复审。

典型案例

【基本案情】

2020年1月，W市纪委监委对市管干部张某涉嫌严重违纪违法问题按程序报批后立案审查调查，由第三审查调查室负责具体审查调查工作。第三审查调查室经过认真细致的调查取证工作，查清了张某的违纪违法事实。经W市纪委书记批准后，案件移送审理。6月3日，市纪委案件审理室收到关于张某违纪违法问题的审查报告后，对案卷材料进行了初步审核，认为该案符合审理条件，予以受理。随即，审理室成立了由1名副主任和2名审理干部组成的审理组，对案卷材料进行全面审理。对每一项违纪违法行为的构成要件逐一审核，对事实证据、定性处理、程序手续、涉案财物等严格把关，从书证言证等看违纪违法事实客观性，并结合张某的认错态度，从任职经历、职权特点、性格特征、违纪违法方式等方面，仔细甄别错与非错，发现影响案件质量的瑕疵。与此同时，审理组同志与张某进行谈话，核对违纪事实，听取辩解意见，了解有关情况。

审理过程中，审理人员对张某收受房屋问题提出不同意见。张某以儿子上学需要为名，长期占用某老板孙某的一套住房，未办理过户手续，且案发前搬离。但证据中仅有张某和孙某的口供，证据链不完整。慎重起见，审理组提出应当从进一步讯问张某和孙某明确双方具体的约定、询问其他知情人、查明张某收受房屋的时间等方面，补充完善证据。经市纪委副书记批准，退回第三审查调查室补证。

6月28日，在集体审议、民主讨论的基础上，审理组形成了一致意见，起草了审理报告，列明了张某的基本情况、线索来源、违纪违法事实、涉案财物、审查部门意见和审理意见，并形成《起诉意见书》，作为审理报告的附件。审理报告在审理室室务会议集体讨论通过后，经市纪委书记审批后，提请纪委常委会会议审议，并按照规定报送市委审批。报送市委的请示、审理报告还附上了被调查人的简历、违法事实材料、《起诉意见书》等。①

【案例分析】

审理，是指纪检监察机关对涉嫌违纪或者职务违法、职务犯罪案件严格依规依纪依法审核把关，提出纪律处理或者纪律处分、政务处分意见的活

① 沈叶：《怎样在审理工作中体现党内审查特色》，载《中国纪检监察》2017年第10期。

动，发挥着对审查调查的审核把关和监督制约的重要作用。案件审理工作必须严格依规依纪依法进行。案件审理部门收到审查调查报告后，经审核符合移送条件的予以受理。案件审理部门受理案件后，应当成立由两人以上组成的审理组。审理组对移送审理的所有案件材料进行全面审核，综合判断案件事实是否清楚，证据是否确凿，定性是否准确，处理是否恰当，手续是否完备，程序是否合法，是否应补充调查等。

本案中，审理室对第三审查调查室移交的案卷材料进行了初步审核，认为符合审理条件，予以受理，并组成了审理组，对案卷材料进行全面审核。案件审理人员还要充分发挥审核把关作用，对以非法方式收集的证据，应当依纪依法予以排除；对于瑕疵证据，需要补正、解释的，应当予以补正、解释。本案中，审理人员对张某收受房屋问题提出补证意见，发挥了很好的审查把关作用。

此外，审理工作必须履行集体审议程序。审理组提出违纪违法事实、性质的认定意见和处理意见后，案件审理部门实行集体审议制度，根据承办人的汇报，集体讨论案件的事实、证据、定性和处理，提出审理意见，形成审理报告。审理报告报经纪检监察机关主要负责人批准后，由案件审理部门提请纪委常委会会议审议，并按照规定呈报审批。通过层层审核把关，发挥集体力量和智慧，实现案件审理的客观公正。

法规依据

《中国共产党纪律检查机关监督执纪工作规则》第53—59条

回 避 制 度

知识点图解

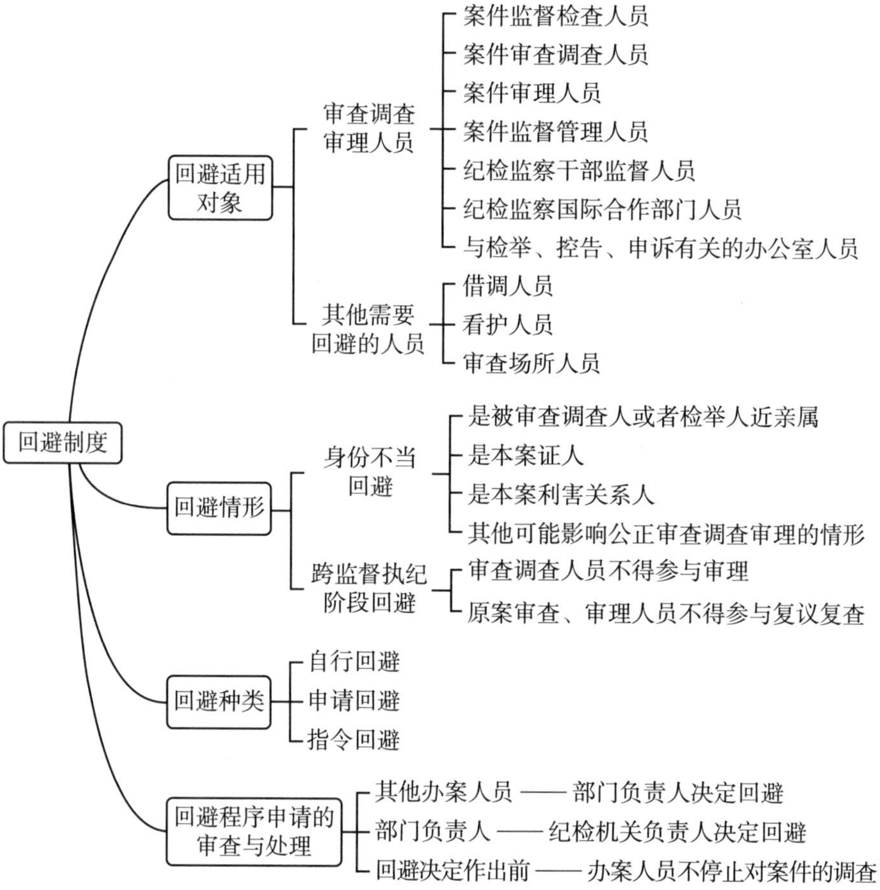

图 33　回避制度知识点总结

规范解读

一、回避制度概述及其制度意义

回避制度是现代世界各国刑事诉讼中普遍确立的一项程序性制度，其在司法程序中，预判利益对冲，保持参与刑事诉讼活动的各国家机关及其工作人员的中立、客观，以实现裁判结果的相对正义。今天，回避制度已经超越刑事诉讼领域，成为正当程序的重要规则，并被党内法规制度所确认。

党规党纪中所指的回避，是指进行监督执纪的纪检人员在行使职权的过程中，因与纪律检查事项或受到纪律检查的对象及其他有关人员存在某种利害关系或其他特殊关系，可能影响案件的公正处理，而不得参加对该案件的监督检查、审查调查、审理、检举、控告、申诉及复议复查等监督执纪活动的一项纪检制度。① 自1993年5月发布的《中国共产党纪律检查机关控告申诉工作条例》首次在纪检法规中确立回避制度以来，相关党内法规不断就回避对象、理由、种类、程序的规定进行完善。

纪检监察干部履行监督执纪问责和监督调查处置两项职责，既要监督别人，确保其他党员、干部和其他监察对象秉公用权、公正用权，同时，纪检监察干部要做到“打铁必须自身硬”，也要接受别人监督。回避制度就是保证纪检监察干部秉公用权、公正用权的重要程序性制度。首先，回避制度彰显了纪检法规对程序公正的价值追求，为党内纪律处分的实体公正提供了前提与保障，有效地防止了纪检监察干部因人情、利益等因素影响监督执纪工作。其次，回避制度体现了纪检监察干部“看得见的中立”，提高了纪检监察工作的正当性、权威性和公信力，有助于纪检监督机关树立依规依纪依法的良好形象。再次，回避制度有利于纪检工作效益最大化。回

① 马怀德主编：《监察法学》，人民出版社2019年版，第373页。

避制度强化了程序正义，推动了实体公正，能够有效减少纪检监察对象及有关人员对纪律检查工作提出的申诉，减少纪律检查机关对案件的复议复查，从而节约纪检成本。

二、回避适用对象

回避适用对象，也称回避适用范围，即哪些人或因素可能需要回避。在法治现代化的过程中，刑事诉讼法中的回避对象不再仅限于传统意义的案件审理者，而是扩充到刑事诉讼每一阶段上可能影响结果公正的全部人员。在纪检工作中，相关党内法规全面吸收了现代回避制度对回避适用对象的规定。根据《中国共产党纪律检查机关监督执纪工作规则》第 65 条的规定，涉及的回避对象主要包括两大类别：

1. 审查调查审理人员

《中国共产党纪律检查机关监督执纪工作规则》于 2019 年 1 月实施后，中央纪委国家监委按照其要求，对内设机构进行调整，以增强办案的独立性和强化内部控制。[①] 以此内设机构设置为基础，纪律检查工作中的“审查调查审理人员”主要包括：（1）案件监督检查人员。案件监督检查部门与相关地区或部门形成固定联系，专司日常监督。该部门人员主要负责监督检查联系单位（地区）领导班子及中管干部遵守和执行党的章程和其他党内法规；监督检查联系单位（地区）党委（党组）落实管党治党主体责任的情况，指导、检查、督促纪委监委（派驻、派出机构）落实纪检、监察责任，实施问责。（2）案件审查调查人员。审查调查部门固定联系某一地区或部门，实行一案一指定一授权，专案专办。该部门人员主要负责对涉嫌违纪违法、犯罪问题进行线索的初步核实和立案审查调查。（3）案件审

---

① 2019 年 1 月末，中央纪委国家监委在官网公布其组织机构设置的最新情况。在内设职能部门中，12 个纪检监察室已调整为 11 个监督检查室加 5 个审查调查室，监督检查与审查调查职能相分离。此外，案件监督部门、纪检监察干部监督部门、国际合作部门、案件审理部门分别承担了不同的监督执纪职能。

理人员。案件审理人员负责审理纪委监委直接审查调查违反党纪和职务违法、职务犯罪案件，承办党员对纪委作出的党纪处分或者其他处理不服的申诉案件。(4) 案件监督管理人员。该部门人员负责对监督检查、审查调查工作全过程进行监督管理。履行对线索、查案报告、调查措施使用的监督管理。(5) 纪检监察干部监督人员。为保证纪检监察工作的权威性、公正性，纪检监察机关通过设立纪检监察干部监督部门进行内部监督。该部门工作人员主要负责监督检查纪检监察系统干部遵守和执行党内法规、国家法律以及党的路线方针政策和决议，受理对有关纪检监察领导干部涉嫌违反党纪、职务违法和职务犯罪等问题的举报。(6) 纪检监察国际合作部门人员。该部门工作人员负责纪检监察国际交流与合作事宜，承担反腐败国际追逃追赃和防逃工作的组织协调，在办案过程中，也会直接近距离接触被调查人员。(7) 与检举、控告、申诉有关的办案人员。纪律检查委员会的信访部门工作人员通过接受群众来访、来信以及电话网络举报的方式受理对党的组织、党员违反党纪行为和对行使公权力的公职人员职务违法、职务犯罪行为等的检举、控告，受理党员对纪律检查委员会作出的党纪处分或者其他处理不服的申诉。以上部门都在不同领域承担监督执纪职能，均应属于“审查调查审理人员”的范围。

2. 其他需要回避的人员

根据《中国共产党纪律检查机关监督执纪工作规则》第 65 条的规定，选用借调人员、看护人员、审查场所，也应当严格执行回避制度。具体包括：(1) 选用借调人员。审查调查小组面对疑难、复杂案件，往往需要从审查调查人才库中借调工作人员协助办案，因而借调人员在某一具体案件中也承担了执行审查调查方案、实施调查措施的重要职能，应属于回避对象。(2) 看护人员。对于被采取调查措施的被调查人，安排专职看护人员，有利于及时发现和处理被调查人突发疾病，尤其是防止被调查人在办案期间采取自杀、自残等过激行为。看护人员负有关注被调查人的心理状况与生命健康的职责，同时也与被调查人有近距离接触，存在泄密风险和妨碍公正的可能性，应属于回避对象。[①]（3）审查场所人员。在纪律检查工作中，必须全面考虑被审查调查人的工作经历、社会关系等因素，对于审查场所中存在回避情形的人员，也必须严格执行回避制度。

三、回避的情形

回避的情形，即党内法规明确规定的实施回避所必备的事实依据。[②]《中国共产党纪律检查机关监督执纪工作规则》主要规定了两类需要回避的情形：一类是基于特定身份而引发的回避；另一类是基于跨监督执纪阶段而实施回避。

1. 基于特定身份的回避

《中国共产党纪律检查机关监督执纪工作规则》规定，“审查调查审理人员是被审查调查人或者检举人近亲属、本案证人、利害关系人，或者存在其他可能影响公正审查调查审理情形的，不得参与相关审查调查审理工作，应当主动申请回避”。主要包括以下情形：

（1）审查调查人员是被审查调查人或者检举人近亲属的情形。

如果被审查调查人或者检举人是审查调查审理人员的近亲属，其很难在办案中保持客观公正，有可能发生偏袒被审查调查人或检举人的情况，甚至可能为自身及近亲属谋取不正当利益。同时，因为办案人员与当事人或当事人近亲属之间的身份关系，容易造成他人对监督执纪工作信任的减损，纪律检查机关的公信力也将由此降低。出于以上考虑，此类监督执纪者应当回避。根据《中国共产党纪律检查机关案件检查工作条例实施细则》第

---

① 参见中共中央纪律检查委员会中华人民共和国国家监察委员会法规室编写：《〈中国共产党纪律检查机关监督执纪工作规则〉释义》，中国方正出版社2019年版。

② 在理论上，回避有两种情形，即“有因回避”与“无因回避”。前者指的是申请回避时必须提出被申请人的身份或者行为符合法律法规明确规定的回避原因，该回避请求才有可能得到支持，因而又被称为“附理由的回避”。后者指的是申请回避时不需要提出任何具体理由，被申请人即有可能被决定回避的制度，因而也被称作“不附理由的回避”或“强制回避”。在我国，无论是国家诉讼制度、监察程序抑或是监督执纪程序，均不适用无因回避理论。无论是刑事诉讼程序中的相关人员、监察程序中的监察人员，还是纪律审查中的监督执纪者申请回避，均需提出明确的法定原因与理由。

49 条的规定，“近亲属”包括：配偶、父母、子女及其配偶、同胞兄弟姊妹。

（2）案件调查人员是本案的证人的情形。

证人是了解或部分了解案件相关事实，经过法律法规许可作证的人。监督执纪者如果对案件事先了解，应当积极作证，履行党员和公民义务。但是，考虑到案件证人对案件事实已形成较为固定的认识和是非判断，如果在同一案件中，办案人员同时作为证人和审查调查审理人员，容易先入为主、主观臆断，因而应当回避。需要注意的是，《中国共产党纪律检查机关案件检查工作条例》第 46 条①关于证人的回避规定为“本案的检举人、主要证人”。而 2019 年修订的《中国共产党纪律检查机关监督执纪工作规则》则没有“主要”二字。根据《中国共产党纪律检查机关监督执纪工作规则》第 77 条的规定：“本规则自 2019 年 1 月 1 日起施行。……此前发布的其他有关纪检监察机关监督执纪工作的规定，凡与本规则不一致的，按照本规则执行。”这意味着所有的审查调查审理人员都不得成为本案的证人。

（3）审查调查人员是本案利害关系人的情形。

审查调查审理人员或其配偶、父母、子女及其配偶、同胞兄弟姊妹，虽然不是本案的相关人员，但本案的处理涉及他们的重大利益，就可能会导致监督执纪者从一己私利或个人情感出发，影响案件公正处理。因此，如果审查调查审理人员与本案有利害关系，应纳入回避之列。

（4）存在其他可能影响公正审查调查审理的情形。

“其他可能影响公正审查调查审理情形”，主要是指有其他利益、感情等特殊关系的存在，有可能影响审查调查审理工作客观公正进行的情况。比如，办案人员为当事人的邻居、同事、朋友、同学关系等。

---

① 《中国共产党纪律检查机关案件检查工作条例》第 46 条规定：“办案人员有下列情形之一的，应当自行回避，被调查人、检举人及其他与案件有关的人员也有权要求回避：（一）是本案被调查人的近亲属；（二）是本案的检举人、主要证人；（三）本人或近亲属与本案有利害关系的；（四）与本案有其他关系，可能影响公正查处案件的。办案人员的回避，由纪检机关有关负责人决定。对办案人员的回避作出决定前，办案人员不停止对案件的调查。”

2. 基于跨监督执纪阶段的回避

党的十八大以来，纪检监察机关对党内法规和国家法律赋予的各项职责职权进行系统梳理与科学分类、分解。将职能相似或相近的部门进行整合，将权力过于集中，易造成权力滥用的部门进行分解。最后形成了监督检查、审查调查、案件监督管理、案件审理相互协调、相互制约的纪检监察业务职权。[①] 实现收、监、查、管、审相分离。业务职权作为纪检监察职权的核心内容，其各个部门发挥职能的过程中更需要保持客观、中立。因此，办案人员不能够跨越监督执纪阶段进行纪律检查。

（1）审查调查人员不得参与审理。

《中国共产党纪律检查机关监督执纪工作规则》第 54 条规定，“坚持审查调查与审理相分离的原则，审查调查人员不得参与审理”。通过审查调查权与审理权的分离，切割了一个主体或个人对案件具有完全决定权的可能性。案件审理部门对案件事实、证据、定性、处理以及办案程序进行审核把关，避免审查调查者在前期办案过程中由于直接接触被调查者及带有冲击性的证据，从而对事实认定产生偏差。此条也可扩大解释至监督检查权与审查调查权，此两种职权也由两个部门进行行使，形成两种权力的制衡。[②]

（2）原案审查、审理人员不得参与复议复查。

《中国共产党纪律检查机关监督执纪工作规则》第 59 条第 3 款规定，“坚持复议复查与审查审理分离，原案审查、审理人员不得参与复议复查”。复议复查的目的在于对案件的案件事实、证据、定性、处理以及办案程序进行重新核查。案件经过一轮完整的监督执纪过程后，办理过此案的审查调查人员以及审理人员对该案的事实认定及价值判断已基本定型，故不能让其参与到核查当中。被调查者进行申诉，往往是对案件的定性、纪律处分的轻重提出异议，如若此间确存有瑕疵或错误，审查调查人员、审理人

① 王希鹏：《纪检监察学基础》，中国方正出版社 2021 年版，第 300-301 页。

② 张思峰：《完善内控机制 加强权力制约》，载《中国纪检监察》2019 年第 8 期。

员也无法轻易推翻自己的论断。因此，在复议复查中选用未参与此案办理的工作人员，能够最大限度实现对每个被调查个体的公平与公正。

四、回避的种类

根据相关党内法规的规定，回避主要有三种，即自行回避、申请回避、指令回避。根据《中国共产党纪律检查机关案件检查工作条例》第 46 条的规定，办案人员有下列情形之一的，“应当自行回避，被调查人、检举人及其他与案件有关的人员也有权要求回避”。《监督纪检监察机关处理检举控告工作规则》第 48 条规定，“处理检举控告工作人员有以下情形之一，应当主动提出回避，当事人有权要求其回避”。

1. 自行回避

该类回避又称积极回避，即监督执纪者知道自己具有应当回避的情形，主动向所在机关提出回避申请。自行回避制度的确立，旨在通过监督执纪人员的职业自律与自我约束，消弭导致案件不公正处理的可能性。

2. 申请回避

该类回避又被称为消极回避，即案件当事人及有关人员认为监督执纪者具有法定回避的事由，而向有权机关提出回避申请。此项回避制度的确立，旨在通过赋予并保障案件当事人、检举人、控告人及案件有关人员纪律检查的程序性权利。其他的党内法规，如《中国共产党纪律检查机关控告申诉工作条例》第 40 条第 4 项规定，检举、控告、申诉人在检举、控告、申诉活动中“有权要求与检举、控告、申诉案情有关或有牵连的承办人员回避”。《纪检监察机关处理检举控告工作规则》第 35 条第 2 项也明确了检举控告人享有“申请与检举控告事项相关的工作人员回避”的权利。《中共中央纪律检查委员会关于审理党员违纪案件工作程序的规定》第 5 条规定“审理案件的人员是本案的当事人，或者是当事人的近亲属，或者与本案有利害关系的，应当回避，犯错误的党员也有权要求他们回避”。当然，由于《中共中央纪律检查委员会关于审理党员违纪案件工作程序的规定》是在

1991年制定的，在审理阶段就把审察对象称为“犯错误的党员”，这违背了无罪推定的原则，应该予以修正。

3. 指令回避

指令回避是自行回避与申请回避的补充，是指监督执纪人员存在需要回避的法定事由，但没有自行回避，案件当事人、检举人、控告人及其有关人员也没有向纪律检查机关提出回避申请，纪律检查机关可以依职权要求监督执纪回避。指令回避以纪律检查机关的职权为最后屏障，从最高职权层面保障案件的公正有序进行。对此，《中国共产党纪律检查机关案件检查工作条例实施细则》第50条规定，“根据《条例》第四十六条的规定，办案人员未提出回避，被调查人、检举人及其他与案件有关的人员也未要求回避，但纪检机关认为办案人员应当回避的，可以直接作出回避决定”。

五、回避申请的审查与处理

回避申请提出后，需要纪律检查机关进行审查，并作出是否准予回避的最终决定。依据前文所列的回避制度党内法规依据可知，回避申请的审查与处理主要包括以下三个方面：（1）其他办案人员，由部门负责人决定回避；（2）部门负责人，由纪检机关负责人决定回避；（3）回避决定作出前，办案人员不停止对案件的调查。

《中国共产党纪律检查机关案件检查工作条例实施细则》第50条进一步明确了“纪检室负责人的回避，由纪检机关负责人决定；其他办案人员的回避，由纪检室负责人决定”。《中共中央纪律检查委员会关于审理党员违纪案件工作程序的规定》第5条也规定“案件审理部门负责人的回避，由本级纪委分管案件审理工作的常委决定；其他案件审理人员的回避，由审理部门负责人决定”。这些规定明确了不同回避适用对象的决定主体。同时，由于并不是所有的回避申请都会得到批准，为保证执纪监督工作的连续性、及时性，《中国共产党纪律检查机关案件检查工作条例》第46条第3

款规定，“对办案人员的回避作出决定前，办案人员不停止对案件的调查”。因此，相关执纪监督人员不能因为有回避的请求就怠于履行自己的职责。

适用难点

一、是本案利害关系人的判断

《〈中国共产党纪律检查机关监督执纪工作规则〉释义》对利害关系人需要回避的理由解释为“如果审查调查审理人员与本案有利害关系的，就可能从自身利益出发或者因情感等因素影响案件公正处理”。该释义虽未对利害关系人的内涵进行明确说明，但也指明了“利害关系”的两个面向，即存在情感关系、利益关系。就情感关系来说，主要是指前述“近亲属”以外的一些重要的亲缘关系。比如，不在“同胞兄弟姊妹”范围内的因继子女、养子女而发生的兄弟姊妹关系；又如，表兄弟（妹）、堂兄弟（妹）关系；再如，配偶的父母、子女的配偶、兄弟姐妹的配偶、配偶的兄弟姐妹、“前夫”或“前妻”等曾经的配偶关系。这些亲缘关系都可能因情感因素影响公正处理。利益关系主要是关涉需要回避对象的经济利益，但也包括教育、就业等方面的其他利益，包括合伙人、股东或将来对其经济利益有影响的人。①

二、其他可能影响公正审查调查审理的情形

一般来说，“近亲属”“证人”是一个确定的范畴，而“存在其他可能影响公正审查调查审理情形的”则是一个难以确定范围和边界的表达。但作为回避制度的兜底条款，也确实不可能用一一列举的方式以穷尽。这就

---

① 中央纪委法规室：《〈中国共产党党员领导干部廉洁从政若干准则〉解读》，载中央纪委国家监委网站 2013 年 9 月 1 日，https：//www. ccdi. gov. cn/djfg/fgsy/201307/t20130711_ 114221. html。

在适用过程中带来一定困难，比如“其他”主要包括哪些情形？以及如何判断“可能影响”公正审查调查审理？我们认为，“其他”主要是指前述近亲属、证人、利害关系人以外的，可能影响公正处理的其他社会关系，如校友、同学、同乡、邻居、朋友等社会关系。当发现存在这些社会关系的时候，审查调查审理人员可以提出自行回避，被审查调查人、检举人以及其他有关人员也可以基于合理怀疑而提出回避申请。但是，校友、同学、邻居、朋友、同乡等都是一个比较宽泛的范围，如果只要涉及就必须回避，势必导致回避的滥用。因此，必须结合是否“可能影响”公正处理来判断，要结合其与当事人之间关系的亲疏远近来判断。以邻居关系、同学关系为例，同一楼层的邻居以及在一段教育经历中保持长期同窗关系的同班同学，办案人员在情感上易对当事人进行偏袒，此时应为“应当回避”的情形。而不同单元楼的邻居、仅为点头之交的同栋楼邻居、一般的校友、同学则不必然需要回避。

三、回避申请决定作出后的党内法规效力

回避申请被准予通过后，执纪监督人员在回避决定作出前所进行的执纪活动，尤其是审查调查中收集的证据是否仍然有效，值得讨论。目前，党内法规并未对此予以明确规定，但可以参考国家法律体系中公安机关、最高人民检察院的相关规定及司法解释来判断。《公安机关办理刑事案件程序规定》第 39 条规定：被决定回避的公安机关负责人、侦查人员在回避决定作出以前所进行的诉讼活动是否有效，由作出决定的机关根据案件情况决定。《检察人员任职回避和公务回避暂行办法》第 14 条规定，因符合本办法第 9 条或者第 10 条规定的情形之一而决定回避的检察人员，在回避决定作出以前所取得的证据和进行诉讼的行为是否有效，由检察长或者检察委员会根据案件的具体情况决定。我们认为，党内法规亦可参照上述规定，上述活动与证据可交由作出回避决定的部门负责人或者纪检机关负责人根据案情来决定其是否有效。

典型案例

案例　某乡镇干部、村干部虚报冒领补助款案

【涉及知识点】应当申请回避的具体情形；回避的理由；近亲属、利害关系人、其他影响案件公正办理的关系辨析

【基本案情】

某县纪委监委认真履职，深入基层，严肃查处损害群众利益的违纪违法和职务犯罪行为。近期对巡察发现的多起乡镇干部和村干部虚报冒领补助款的问题线索进行了调查。在调查过程中，县纪委监委审查调查部门工作人员A某发现有一起案件的举报人是其姐夫B某。A某得知后，当即向领导进行了汇报，申请回避。县纪委监委领导研究后认为A某确实应当回避，遂决定改派A某参加其他审查调查工作。A某在参加其他审查调查工作中又发现，有一起冒领补助款的案件，涉及父母原来老家村里的几名村干部，这几名村干部此前还与他父母在村里做过邻居。几名村干部得知A某参与案件处理后，多次到县里找A某的父母说情，希望A某能够对他们网开一面，企图逃避调查。对此情况，A某向领导如实报告后，纪委并未要求A某回避，A某继续对涉及违纪违法的几名村干部进行了充分调查和处理，并将追回的几十万元补贴款如数退给了其他村民。①

【争议焦点】A某的姐夫B某是否属于A某的近亲属；A某在第二个案件中没有回避是否妥当

【案例分析】

《中国共产党纪律检查机关案件检查工作条例实施细则》第49条规定：

① 中华人民共和国监察法篇编写组：《纪检监察案例指导（中华人民共和国监察法篇）》，中国方正出版社2021年版，第438-439页。

"《条例》第四十六条所称'近亲属'包括：配偶、父母、子女及其配偶、同胞兄弟姊妹。" B 某属于办案人员同胞兄弟姊妹的配偶，不属于以上党内法规规定的近亲属回避的情形。但本案中，A 某选择了自行回避，纪检监察部门负责人也进行了批准。此中原因在于，回避的理由不仅有办案人员是检举人的近亲属一条。还包括办案人员本人或其近亲属与本案有利害关系，办案人员是本案检举人、控告人、证人，办案人员与当事人有其他关系可能影响案件公正的情形。A 某与 B 某之间存在利害关系，两人的亲戚关系可能影响案件的公正处理，故此 A 某的回避申请得到批准。

自行回避即凡属于应当回避的情形都应该回避，"应当"强调的是党员义务。如果应当回避而不回避的，有关领导要对其进行提醒教育，情节严重的，还要依照纪法条规进行处理，这是纪检监察干部在工作中必须接受监督的底线标准。在监督检查、审查调查、案件审理等工作过程中，如果发现有应当回避的情形，都应当及时向上级报告申请回避。因此，在 A 某办理的第二个案件中，A 某发现案件中被调查者与自己的父母存在邻居关系，且被调查者认识到 A 某参与本案的处理后，向 A 某进行了一系列请托行为，试图通过说情逃避相关责任。A 某认为其与被调查者之间的关系属于其他可能影响案件公正办理的关系，故主动上报，体现了纪检干部极高的政治觉悟。纪律检查机关的负责人并没有批准 A 某的回避申请，说明纪律检查机关在分析、研判该案的案情后，认为 A 某与被调查者之间的关系并不足以影响案件的公正处理，因此选择让 A 某继续办理此案，A 某在等待是否准予回避的过程中，并不停止审查调查工作。同时，结合《党的纪律检查机关案件审理工作条例》第 8 条之规定，审查处理违犯党的纪律的案件的人员，需要回避的，经批准后实行回避。纪律检查机关享有回避申请的批准权，但不意味着纪律检查机关对办案人员提出的申请会一律通过，仍要根据案情具体分析。

法规依据

《中国共产党纪律检查机关监督执纪工作规则》第 65 条

《中国共产党纪律检查机关控告申诉工作条例》第 40 条

《纪检监察机关处理检举控告工作规则》第 35 条

《中国共产党纪律检查机关案件检查工作条例实施细则》第 50 条

《中共中央纪律检查委员会关于审理党员违纪案件工作程序的规定》第 5 条

《监察法》第 58 条

《监察法实施条例》第 151、263、264 条

《公职人员政务处分法》第 47 条

申诉、复议复查和审查

规范解读

由于在实践中，被处理的党组织很少提出申诉，被处理的党员申诉的情况居多，受理申诉机关虽然有党委、纪检机关等党组织，但纪检机关实际受理并办理申诉案件的情况居多，为避免读者出现混乱的感觉，本文根据实践情况和相关规定，仅针对党员行使申诉权、纪检机关受理申诉的情况进行解读。

一、党内申诉的概述

1. 党内申诉权

党内申诉权是党员所享有的基本权利之一。保障申诉权利的正常行使，是中国共产党强化自我监督、发扬党内民主、净化党的政治生态的重要途径，是党员保障自身合法权利的重要法宝。

为保障申诉权的顺利行使，中国共产党不仅以《中国共产党章程》这一党内根本法规的形式对申诉权予以确认，并在其他党内法规中对申诉权的行使作了具体规定，具体如下：被处理的党员可以向批准或决定处理决定的党委、纪检机关提出申诉，也可以向上级党委、纪检机关直至党中央、中央纪检机关提出申诉；对于党员的申诉，有关党组织应当按照规定进行复议、复查，不得扣压；申诉人对复查复议结论仍不服的，原批准处分的机关应将本人申诉和复查复议材料一并报上一级党委或纪委审查决定。

同时，为了防止申诉权被滥用，被处理党员无正当理由反复提出申诉，浪费纪检机关的人力、物力等办案资源，相关党内法规明确规定对申诉权使用的限制，具体如下：对于无正当理由反复申诉的，有关党组织应当正式通知本人不再受理并在适当范围内宣布；一经上级党委、纪委审查决定后，申诉人仍然不服，继续申诉的，一般不再受理。

2. 申诉、复议复查和审查的概念

申诉是指被处理的党员对所受到的相关处理决定或申诉结果不服的，向有权管辖的纪检机关提出申请，要求该纪检机关对申诉案件进行重新审核的活动。其中“相关处理决定”具体包括党员领导干部受到的党内问责处理决定，党员受到的党纪处分决定、组织处理决定等。“申诉结果”具体包括受理申诉的纪检机关对申诉案件作出的复议或复查决定和审查决定，具体包括维持、变更或撤销原处理决定的决定。“重新审核的活动”即为有管辖权的纪检机关受理申诉案件后开展的复议复查活动、审查活动。

复议和复查是纪检机关根据实际情况所采用的两种不同审核模式，无前后顺序之分，根本区别在于前者仅需书面审核，后者需要重新调查取证。具体来讲，复议是指受理申诉案件的纪检机关，对申诉人提交的相关材料、原案卷宗材料等进行书面审查，不需要重新调查取证的活动。复查是指受理申诉案件的纪检机关，对原案存在的问题重新调查取证核实的活动。

审查是指申诉人对复议复查决定仍然不服继续申诉的，上一级纪检机关受理该案后，对申诉人提交的相关材料、原案卷宗材料、复议复查决定进行再次核实的并作出审查决定的活动。

3. 申诉、复议复查和审查所遵循的基本原则

（1）首诉必理原则，是指被处理的党员不服处理决定，向纪检机关第一次提出的申诉，纪检机关应当予以受理并依规开展复议、复查工作。该原则杜绝了相关党组织对申诉置之不理的可能，保障了被处理党员、党组织表达合法诉求的途径，有利于维护党公正、民主的形象。

（2）申诉不加重处分原则，是指被处理的党员或党组织不因提起申诉而被加重处分。该原则体现了“上诉不加刑”的法治理念，有利于消除申诉人的后顾之忧，保障申诉人的合法权利。

（3）逐级申诉原则，是指被处理的党员对于原处理决定、申诉结果不服的，有权按照规定程序逐级向本人所在党组织、上级党组织直至中央提出申诉。

（4）分级办理原则，是与逐级申诉原则相对应的，是指有管辖权的相关党组织在办理申诉案件时，要按照干部管理权限和组织处理、党纪处分的批准权限分级审核办理。具体来讲，即一般先由作出相关处理决定的原纪检机关开展审核工作，对该申诉结果仍不服的，由上一级纪检机关开展审核工作，直至党中央、中央纪检机关。但这并不意味着申诉人可以无休止地申诉下去，经上一级纪检机关对复议复查决定进行审查并作出审查决定的，相关纪检机关一般不再受理该申诉案件，除非申诉人有正当理由。

（5）复议复查与审查审理分离原则，是指原案中纪检机关的审查、审理人员不得参与复议复查工作。其中“审查人员”是指在纪检机关的监督检查部门、审查调查部门等内设部门，参与该案的初步核实、立案审查等工作的人员；“审理人员”是指在纪检监察机关案件审理部门，参与该案审理工作的人员。

二、复议复查和审查程序

1. 受理申诉的条件

（1）申诉主体一般应当为被处理党员本人。但如果有被处理的党员丧失行动能力或死亡等特殊情况的，可由其夫、妻、父、母、子、女代为提出，此为申诉主体的例外。

（2）申诉人非反复申诉者。即上一级纪检机关已经针对复议复查结论作出审查决定的，申诉人无新的证据等正当理由再次申诉的。

（3）应当具有正式的申诉书。申诉书中应当写明申诉人的个人基本情况（包括姓名、性别、民族、出生年月、入党时间、工作简历、职务职级、联系方式、通信地址等）、申诉的事项和理由、具体诉求等内容。其中申诉理由主要有以下五个方面：一是认为认定的事实不清的；二是认为认定事实的证据不确凿的；三是认为定性不准的；四是认为处理不当的；五是认为手续不完备、程序违规的。在实践中，党员申诉的常见情况为认为认定的事实不清、处理过重。

（4）应当具有原相关处理决定、复议复查决定等材料的复印件。如为其亲属代为提出申诉的，还应当有该亲属与申诉人关系的证明材料。

2. 受理机关

受理机关一般为作出相关处理决定的原纪检机关，但上级纪检机关认为需要时可以直接复议复查，也可以责成有关纪检机关进行复议复查，如果涉及下级单位管理的党员，则按照分级负责原则，交由下级纪检机关及时办理。

3. 复议、复查的适用情形

实践中，纪检机关一般采用复议的模式对申诉案件进行重新审核，主要原因是复议模式不需重新开展调查取证活动，节省纪检机关人力、物力的同时，也保障了办案效率。但由于该种模式只进行书面审核，存在一定的局限性，能否得出公正的复议结果，使申诉人心服口服还需进一步验证。

复议的适用情形主要有：一是事实清楚，证据确凿，申诉人只对定性和处理档次提出不同意见；二是申诉人虽然对认定事实提出不同意见，但根据现有的案卷材料齐全，复议部门能够得出结论性意见，能够解决申诉人提出的不同意见等。

复查的适用情形主要是针对认定的事实不清、证据不足的案件。纪检机关一般是在复议过程中发现有证据材料不足，无法弄清事实真相的情况下，才开展重新调查取证的复查工作。当然，纪检机关也可以直接开展复查工作，但由于该种模式费时费力，实践中直接采用复查模式的较少。

4. 具体承办部门及工作重点

关于申诉案件具体由纪检机关的哪个内设部门承办，目前还没有相关党内法规进行明文规定，实践中各级纪检机关的做法也不一致，但较为普遍的做法是由案件审理部门承办申诉案件，开展复议复查工作。

具体承办部门无论采用复议还是复查的方式开展工作，首先应当成立复议复查组，不仅要重点审核申诉人提出的理由和诉求，更要对原案的全案证据材料进行全面审查，重点查明事实是否清楚；证据是否确凿；适用党纪党规和定性是否准确；处理档次、轻重是否恰当；程序是否符合规定；手续是否完备等事项。

5. 复议复查期限

从受理复议复查之日起算，复议复查期限一般应当为 3 个月。

综观党纪党规，关于申诉的工作时限问题在《中国共产党纪律检查机关控告申诉工作条例》《中国共产党纪律检查机关监督执纪工作规则》《中国共产党问责条例》中有所规定。但前两项党规规定的期限为 3 个月，而后一项规定的期限为 1 个月，存在不一致的情况。考虑到《中国共产党问责条例》仅是针对党员领导干部不履行或不正确履行职责的情形所作的相关规范，目的是“抓关键少数”，不具有普遍性，因此应该将 1 个月的复议复查期限的规定视为特殊规定。

6. 复议复查决定的作出与效力

（1）维持原处理决定。

复议复查机关认为原处理决定事实清楚、证据确凿、定性准确、处理恰当、手续完备、程序合法，则维持原处理决定，原处理决定继续有效。

（2）变更原处理决定。

适用情形：对事实情节认定确有错误的；适用的党内法规和定性不准确的；处理明显不当的。

变更产生的效力：变更只是改变了原处理决定的部分错误内容，原处理决定并未消失，无须重新作处理决定。

（3）撤销原处理决定。

适用情形：认定的事实不存在；认定的事实不清或证据不足的；违反法

定程序，影响案件公正处理的；超越职权或滥用职权作出处理决定的。

撤销产生的效力：原相关处理决定自被撤销之日起即无效，应由复议复查机关重新作出新的处理决定，并且应当恢复申请人的相关党员权力，同时在原处理决定公布范围内为其恢复名誉。

7. 审查程序

申诉人如果对复议复查结论仍然不服，由批准复议复查决定的纪检机关，将申诉人的意见、复议复查决定及有关材料，一并报上一级党的委员会或纪律检查委员会审查决定。

申诉人对审查决定仍不服，继续提出申诉的，如果有新的事实证据和正当理由，应当受理，否则一般不再受理，并正式通知本人、在适当范围内宣布。

在工作中或检查中，中央纪委对各级纪检机关、上级纪检机关对下级纪检机关的复议复查决定或审查决定，发现确有错误的，有权直接或责令其复查或重新审查。

适用难点

一、如何保证复议复查和审查结论的公正性

为避免复议复查与原参与案件办理的审查审理人员为同一批人，造成复议复审程序流于形式，党内法规确立了复议复查与审查审理分离原则。在实践中，由于受人员编制等因素的限制，纪检监察机关一般没有专门承办申诉案件的内设机构，多为案件审理部门承办并指定未参与该案审理工作的其他审理人员进行复议复审。这种模式虽然也坚持了复议复审与审查审理分离原则，但在纪检监察机关本身缺乏外部监督的情况下，又丧失了内部内设机构的相互制约，仅依靠案件审理室承办申诉案件的审理人员的高度自觉性来与原案件审理人员进行分离，能否得出公平公正的复议复审结

论值得商榷。

鉴于此，实践工作中，各地纪检监察机关也就如何践行“审复分离”原则展开探索，例如，贵州省监察委员会将复议复审职能从案件审理部门划转到法规部门，以强化对监督执法权的内部制衡。除了探索纪检监察机关内部制约机制、上下级监察机关监督制约机制外，还应积极探索外部监督制约机制，以确保复议复查、审查结论的公正性。

二、申诉理由没有限制

目前，党内相关法规均仅规定了党员在不服相关处理决定时即可申诉且首诉必理，未对不服理由作出限制性规定。这种规定是对党员申诉权的充分保障，但也增加了申诉权被滥用的风险，一定程度上增加了申诉案件的数量，也增加了纪检机关的负担，造成了纪检机关在人力、物力等办案资源上的浪费。鉴于此，应当根据实践经验，积极总结探索，在适当的时候对申诉理由进行党内立法的限制，以保障申诉权的严肃性。

三、申诉期限是否应当被限制

关于申诉期限的规定，仅有《中国共产党问责条例》提及“问责对象对问责决定不服的，可以自收到问责决定之日起 1 个月内，向作出问责决定的党组织提出书面申诉”。该规定在实践中造成了一定的困惑：《中国共产党问责条例》虽然针对的仅是党员领导干部不履行或不正确履行职责的行为，无论是在对象范围还是行为范围上均是特定的，但《中国共产党问责条例》的处置方式包括了组织处理、党纪处分的方式，那么就产生了采用党纪处分方式问责的，被党纪处分的党员是依据《中国共产党问责条例》必须在 1 个月内提起申诉，还是依据其他党内法规可以在任何时候提起申诉的争议。

从保障党员申诉权的角度来看，上述情况中的申诉期限依然应当是无限期的；但从“特别法优于一般法”的理念来看，《中国共产党问责条例》显然是特别党内法规，应当予以优先适用。无论如何，该问题亟待党内立法者以规范性文件的形式予以明确。

典型案例①

“这份复议决定书近十页，负责案子的同志没少下功夫。把我的违纪事实说得很透，分析得入情入理，我愿意接受组织的这一结论。”一位之前因违纪受到处理向郑州市纪委监委提起申诉的同志，在送达的复议决定书上签署了同意。

近年来，河南省郑州市纪委监委持续深化以案释纪、以案释法工作，加强和规范复议复查案件的文书说理工作，要求复议复查文书要做到“四理”，即阐明事理、释明纪理、讲明情理、讲究文理，从而提高复议复查决定等文书的可接受度。

“在申诉复议工作中，发现有的申诉案是由于申诉人对原案处理不理解造成的。我们就开始着手研究如何化解申诉人不满情绪，多做工作，力求合理引导和有效化解申诉人的不满情绪。”市纪委监委申诉复议复查室负责人说。

阐明事理，就是把复议所认定的案件事实及其根据和理由讲清楚、说明白。释明纪理，就是所依据的政策、党内法规、国家法律、规范性文件及其适用理由要解释清楚，做到申诉人能听懂、能理解。讲明情理，就是注重说理方式，在社会主义核心价值观范畴之内，体现纪理情理的统一。讲究文理，就是文书既要纪言纪语、语言规范、表达准确，也要合理运用说理技巧。

“复议复查报告、复议复查决定书等文书是复议复查工作的重要载体，

---

① 张祎鑫：《河南郑州：以案释法　做好复议复查文书工作》，载中央纪委国家监委网站 2020 年 6 月 16 日，https：//www. ccdi. gov. cn/gzdt/jcfc/202005/t20200520_217622. html。

检验着我们的工作是否达到高质量和专业化。在一定意义上也检验着我们的工作是否维护好了申诉人权利，是否维护好了我们纪检监察机关权威和公信力。”郑州市纪委监委相关负责人说。

据悉，近年来，郑州市纪检监察机关不断加强和规范复议复查文书释纪说理工作，共办理党纪政务申诉案件 19 起，对每一份重要的复议复查文书都讲质量、严把关、重效果，维护了党员干部基本权利，实现了政治效果、纪法效果和社会效果相统一。

法规依据

《中国共产党章程》第 43 条

《中国共产党纪律检查机关监督执纪工作规则》第 59 条

《中国共产党党员权利保障条例》第 18、35、37 条

《中国共产党党内监督条例》第 44 条

《中国共产党纪律处分条例》第 42 条

《中国共产党问责条例》第 20 条

《中共中央纪律检查委员会关于审理党员违纪案件工作程序的规定》第 23、27 条

《中国共产党纪律检查机关控告申诉工作条例》第 1—6、14—42 条

巡视巡察

知识点图解

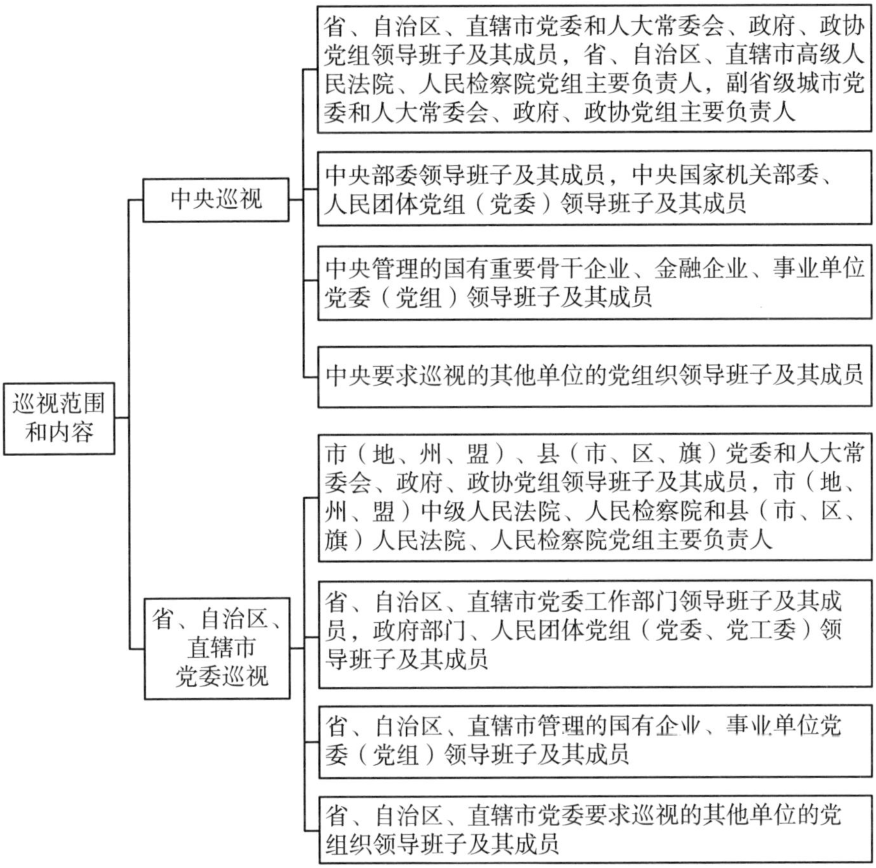

图 34　巡视范围和内容

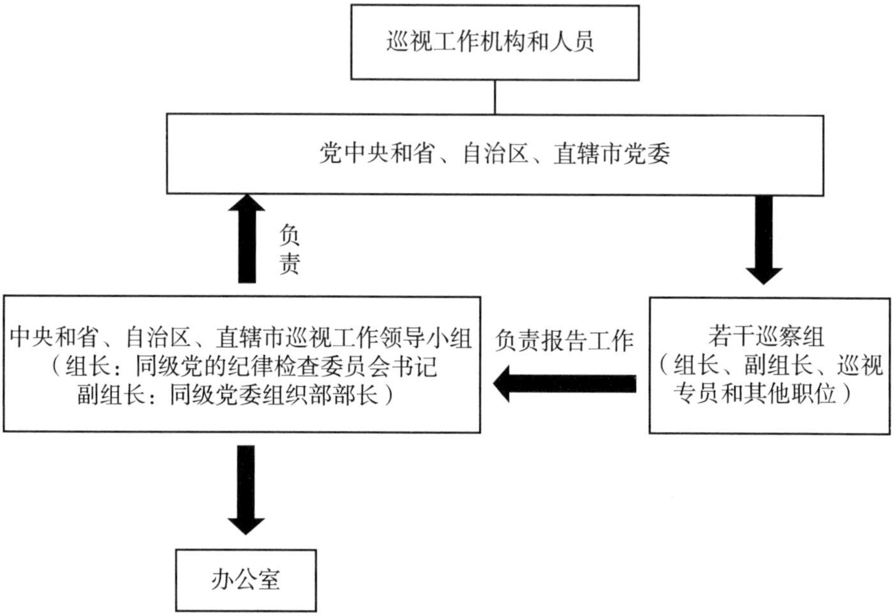

图 35　巡视机构和人员

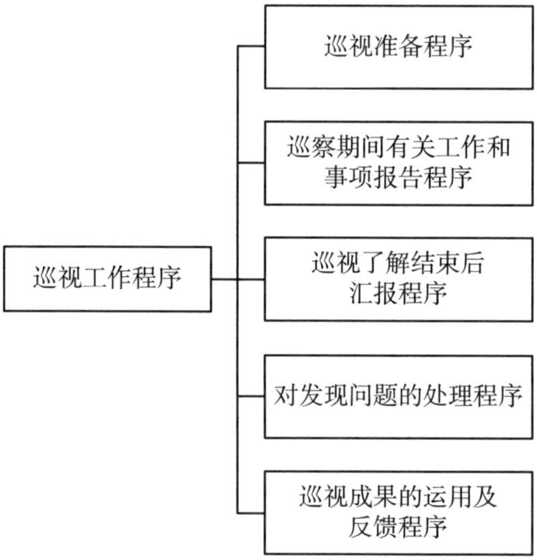

图 36　巡视工作程序

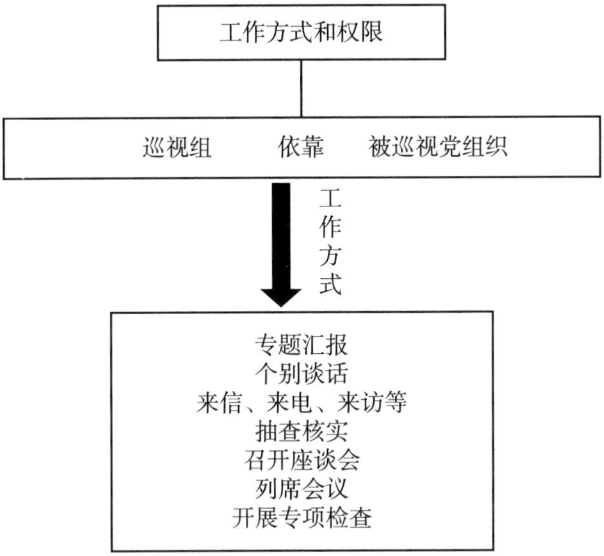

图 37　巡视工作方式和权限

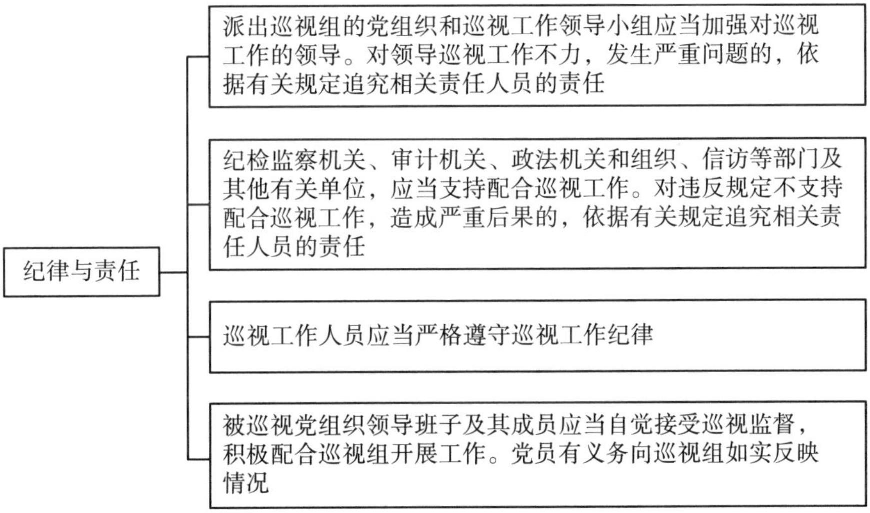

图 38　巡视纪律与责任

规范解读

一、巡视范围体现全覆盖要求

实现巡视全覆盖，是新一届党中央对巡视工作作出的重大战略部署，是硬任务、硬指标，必须不折不扣地予以落实。

按照全覆盖要求，中央管理的党组织领导班子及其成员都应纳入中央巡视监督范围。《中国共产党巡视工作条例》体现了这一要求，在 2015 年《中国共产党巡视工作条例》规定的对省、自治区、直辖市党委和人大常委会、政府、政协党组领导班子及其成员开展巡视的基础上，将中央部委领导班子及其成员和中央国家机关部委、人民团体党组（党委）领导班子及其成员，中央管理的国有重要骨干企业、金融企业、事业单位党委（党组）领导班子及其成员纳入中央巡视对象的范围。同时，增加了“省、自治区、直辖市高级人民法院、人民检察院党组主要负责人，副省级城市党委和人大常委会、政府、政协党组主要负责人”。这样规定，符合党的十八届三中全会要求，真正做到了巡视监督没有死角、不留空白。根据中央巡视工作领导小组办公室对中央管理单位数量、结构的统计分析，中央巡视组需要对 280 多个地方、部门和企事业单位开展巡视。

除上述巡视对象和范围外，2017 年修改的《中国共产党巡视工作条例》保留了 2015 年《中国共产党巡视工作条例》关于“中央要求巡视的其他单位的党组织领导班子及其成员”的规定，为巡视工作进一步发展预留了制度空间，体现了立法前瞻性与阶段性相结合的原则。

二、巡视监督对象主要是党组织领导班子及其成员

《中国共产党巡视工作条例》规定，巡视监督对象主要是被巡视党组织领导班子及其成员，是由领导班子及其成员在党的建设全局中的地位和作

用决定的，体现执政党的建设规律。

首先，各地、各部门党组织领导班子是所在党组织的领导核心，既是本地区、本部门事务的最高决策机构，也是中央决策部署的执行机构，不仅对本地区、本部门党的建设和各项工作具有决定性作用，而且对党和国家事业发展全局有重大影响。党组织领导班子承担党风廉政建设的主体责任，是本地区、本部门落实全面从严治党要求的“火车头”。从现实情况看，一些地方和部门之所以发生重大违纪违法案件和严重的腐败问题，从根本上讲还是党的领导弱化、主体责任淡化、监督责任虚化，领导班子没有发挥好应有的作用。加强党内监督必须首先加强对领导班子的监督。

其次，领导班子成员是本地区、本部门经济社会发展的领导者和组织者，是制定重大决策的参与者，掌握着重要的权力，如果发生违纪违法问题会严重损害党和国家的事业。从近年来的巡视情况看，被巡视地区（单位）党组织领导班子及其成员中，一些人存在的问题不容忽视，突出表现为：有的管党治党责任缺失，只讲待遇、忘记责任、不讲担当，当“老好人”，做“甩手掌柜”；有的理想信念丧失，严重违反政治纪律和政治规矩，搞团团伙伙，“拉山头”、搞“小圈子”，危害党的集中统一；有的违反廉洁纪律，大搞权权交易、权钱交易、权色交易，以权谋私、利益输送；有的买官卖官、任人唯亲，甚至个人私欲膨胀，相互钩心斗角，搞无原则纠纷；有的群众观念淡薄，高高在上、脱离群众、漠视群众，甚至欺压百姓、侵害群众利益；有的落实中央八项规定精神不坚决，打折扣、搞变通，甚至顶风违纪；有的生活奢靡、腐化堕落、道德败坏；等等。作为党员干部队伍的“领头羊”和治国理政的骨干力量，领导班子成员的一言一行、一举一动直接影响党员干部队伍的理想信念和价值取向，影响人民群众对党和社会主义事业的信心，是全面从严治党的“关键少数”。可以说，党的形象往往体现在党员领导干部的身上。抓住了这个关键少数，把领导班子成员这个重要群体建设好、监督好，党的事业健康发展就有了根本保证，就能发挥以上率下、示范引导作用，形成“一级做给一级看、一级带着一级干”

的良好局面，营造出风清气正、清正廉洁的良好环境。

巡视作为党内监督的重要形式和有效手段，必须始终把监督重点聚焦在党组织领导班子及其成员上，用纪律的尺子衡量被巡视党组织和领导干部的行为，发现问题、形成震慑，惩前毖后、治病救人，督促其切实履行全面从严治党主体责任，把纪律和规矩立起来、严起来、执行到位，唤醒党员干部的党章党规党纪意识。

三、突出重点监督对象

中央对于党风廉政建设和反腐败斗争旗帜鲜明、立场坚定、意志品质顽强，有腐必反、有贪必肃，坚决遏制腐败蔓延势头。惩治的重点是党的十八大以后不收敛、不收手，问题线索反映集中、群众反映强烈，现在重要岗位且可能还要提拔使用的领导干部等三类人。反腐败的重点向这三类人聚焦，是中央提出的“减少腐败存量、遏制腐败增量”的重要举措和政策，是马克思主义哲学思想在党风廉政建设和反腐败工作中的具体运用。巡视工作要牢牢把握这一重要原则和政策，在强化对被巡视党组织领导班子及其成员普遍监督的基础上，切实把这三类人作为重点突出出来。

在巡视监督过程中，还要注意突出被巡视党组织领导班子主要负责人。在党组织领导班子中，主要负责人是主持本地区、本单位全面工作并承担主要责任的领导，是党的队伍的中坚，在班子中处于核心地位，一旦失去监督、出现问题，造成的影响和损失会更大。监督好领导班子主要负责人，对于全面从严治党，对于治理好领导班子和领导干部，对于顺利推进一个地方、一个单位的工作，有着十分重要的意义。当前，对主要负责人的监督仍然是一个薄弱环节，在查处的腐败分子中，方方面面的“一把手”比例不低。因此，在对党组织领导班子成员的巡视监督中，必须突出党组织主要负责人这个重点。

适用难点

时间紧、任务重、人手少的现实情况，如何实现全覆盖？

《中国共产党巡视工作条例》从时间和空间维度准确界定了巡视全覆盖的含义，彰显了党内监督不留死角、全面从严治党没有例外的坚定决心。在规定一届任期内巡视全覆盖的同时，《中国共产党巡视工作条例》对深化政治巡视等提出明确要求，体现了有形覆盖和有效覆盖相结合。

全面从严治党，要靠全党、管全党、治全党，必然要求监督全覆盖。2017 年《中国共产党巡视工作条例》将总则第 2 条第 1 款修改为“党的中央和省、自治区、直辖市委员会实行巡视制度，建立专职巡视机构，在一届任期内对所管理的地方、部门、企事业单位党组织全面巡视”。这一规定从时间和空间维度准确清晰界定了巡视全覆盖的含义，彰显了党内监督不留死角、全面从严治党没有例外的坚定决心，压实了党委承担巡视工作的主体责任和目标任务。

巡视全覆盖，是以习近平同志为核心的党中央向全党全社会作出的政治承诺。十八届三中全会《关于全面深化改革若干重大问题的决定》提出“改进中央和省区市巡视制度，做到对地方、部门、企事业单位全覆盖”的要求，十八届六中全会审议通过的《中国共产党党内监督条例》首次在党内法规层面对一届任期内实现巡视全覆盖作出规定。《中国共产党巡视工作条例》及时升级关于全覆盖的规定，使中央“硬要求”、党内法规“硬指标”进一步细化，既体现了“自上而下”的一致性，又体现了党内法规制度的内在衔接和协调。

全覆盖本身就是有力震慑，只有全覆盖才能零容忍。从巡视情况看，各地区各部门只有问题多与少的区别，没有没问题的。特别是那些从未被列入巡视范围的机关或单位，长期缺乏有效监督，廉政风险不小，管党治党问题不少。“扫帚到，灰尘跑。”不折不扣落实一届任期内巡视全覆盖的要求，就是不让观望的人心存侥幸，不让腐败分子有立足之地，同时，坚决把管党治党的压力传导到各层级党组织，把全面从严治党的要求落实到各方面，构建不敢腐、不能腐、不想腐的有效机制，促进形成良好的政治生态。

曾有人担心，巡视对象那么多、范围那么大，怎么可能在一届任期内完成全覆盖？事实证明，创新组织制度和方式方法，完全可行。纵观十八届中央的12轮巡视，巡视组的数量从第一轮的10个增加到第三轮的13个，再到第八轮的15个，每个巡视组巡视的党组织数量从原来的“一对一”增加到第六轮的“一托二”乃至第八轮的“一托三”，节奏和效率不断提高；从具体战术看，通过“板块轮动”逐步推进，先后完成对省、自治区、直辖市和新疆生产建设兵团、中管国有重要骨干企业、中央金融单位、中央和国家机关及事业单位、中管高校的巡视，不仅加快了巡视步伐，而且有利于全面梳理、系统研究解决各方面存在的共性问题，更好发挥巡视治本作用；从工作方式看，常规巡视和专项巡视相结合，“巡查式”“点穴式”“回访式”“机动式”巡视齐上阵，巡视的实效性和针对性不断增强。十八大以来的巡视实践充分说明，只要抱定决心，把落实一届任期内全覆盖要求摆上重要日程，定好规划，排好工期，抓好进度，升级打法，就一定能完成一届任期内巡视全覆盖任务，真正做到党内监督无死角、无盲区、无禁区。

巡视全覆盖本质是监督全覆盖，没有监督的高质量，全覆盖就没有任何意义。《中国共产党巡视工作条例》在规定一届任期内巡视全覆盖的同时，对深化政治巡视提出明确要求，体现了有形覆盖和有效覆盖相结合。从实践看，十八届中央巡视不仅在形式上覆盖到面，而且在内容上覆盖到“五位一体”、“四个全面”、新发展理念的贯彻，以“四个意识”为标杆，以习近平总书记系列重要讲话精神和治国理政新理念新思想新战略为指引，以党章党规党纪为尺子，盯住关键少数，查找政治偏差，充分发挥了政治

“显微镜”和政治“探照灯”作用。落实《中国共产党巡视工作条例》关于全覆盖的要求，坚持进度服从质量、形式服从效果，避免蜻蜓点水、走马观花，才能切实发现问题、形成震慑，推动改革、促进发展。

完成一届任期内巡视全覆盖不是终点，而是新征程的起点，全面从严治党永远在路上。《中国共产党巡视工作条例》将一届任期内巡视全覆盖的要求加以明确，同时对中央和国家机关巡视工作、市县巡察工作作出规定，勾勒了一幅清晰、具体的“横向全覆盖、纵向全链接、全国一盘棋”路线图，必将大大加快巡视巡察监督立体网络格局建设，推进全面从严治党向纵深发展。

典型案例

案例一　有备而去，进驻1月揪出贪腐教育局局长

2017年3月3日，湄潭县委巡察组进驻县教育局。

进驻前，湄潭县委巡察办已和信访、纪检监察室进行了详细沟通，了解到有一封匿名举报信，反映该县教育局局长刘某受贿行贿等问题。

进驻前，针对举报信反映的线索，巡察组做足了功课，确定了工作方向。进驻后便兵分两路：一路对县教育局职工逐一谈话，了解情况；一路对教育局财务账目进行审查，查找违纪违法的事实证据。

随后，巡察组和纪委精诚协作，落实“边巡察边移交边处置”机制。很快，刘某2011年8月任县教育局党组书记、局长以来，利用工作之便为他人谋取利益，收受他人财物44.8万元；多次收受教育局工程项目实施方赠送的名贵烟、酒；违规帮助关系人顺利中标等违纪违法事实暴露了出来。

短短3个月此案查结，刘某被开除党籍、开除公职，被判处有期徒刑3年，并处罚金20万元。

巡视巡察是政治体检，不是业务督查。把“探照灯”对准党内政治生

活。管党治党所有问题，究其根源在于党内政治生活不严肃、不健康，管党治党责任落实不到位。巡视这盏“探照灯”，重要任务之一就是照一照被巡视党组织的政治生活状况。为此，巡视巡察组始终提高政治站位，围绕坚持党的领导、聚焦全面从严治党，将“严肃党内政治生活情况”“基层党组织建设情况”“落实全面从严治党‘两个责任’情况”等内容作为巡视工作的主要任务，从政治上对党组织进行“扫描体检”。

案例二　多年没有召开过党代会

“集团党委自 1991 年以来，多年没有召开过党代会，长期没有换届”。2017 年 9 月 11 日，省委巡视组一进驻水矿控股集团有限责任公司，就有干部职工向巡视组反映上述情况。

总资产几百亿元，在岗职工 2 万余人的国有独资企业，党委竟然多年没召开党代会，这引起了巡视组成员的注意。

翻看会议记录、查阅相关档案、挨个找干部谈话，得到的答案都证实了干部职工的反映。

“集团党委如此，企业二级党委怎么样？”带着问题，巡视组对企业中层以上领导干部及班子成员开展谈话，并查阅相关的账目资料。

答案如出一辙。“企业党委不作为，导致奢靡之风、享乐主义代替了老三线企业艰苦朴素、敢于奋斗的精神”，“集团领导住起了小别墅，喝起了高档酒，而普通职工的工资、养老保险等都得不到保障”，企业职工纷纷反映。

巡视组查阅企业明细账目发现，公款购买高档酒、挪用专项资金等问题比比皆是。

对此，巡视组有关负责人一针见血地指出，各种问题衍生，根源就在于企业党组织的领导作用弱化、虚化、边缘化，党委书记忘了自己是党的领导干部，把自己当成了老板。

巡视巡察组把发现问题、形成震慑作为生命线，既着力发现违反政治纪律和政治规矩、领导干部腐败、群众身边不正之风、违反中央八项规定精神、干部不担当不作为、违规选人用人等突出问题，也剑指党的观念淡漠、组织涣散、纪律松弛、管党治党宽松软。每轮巡视，都以“显微镜”的眼力去查找问题，聚焦重点问题、重点人、重点事，深入了解，重点突破。

案例三　巡视组负责人错开吃饭时间秘密在房间听取问题线索反映

贵州高速公路集团有限公司党委委员、副总经理马某某违纪违法案件从巡视发现问题到立案审查仅用了一个多月时间。

2017 年 9 月，省委巡视组对贵州高速公路集团有限公司开展巡视。开展谈话前，巡视组针对马某某分管的企业“三产”领域容易滋生腐败问题情况，根据巡视经验针对性拟定谈话提纲，对企业干部进行普谈，从中了解到一些针对马某某违纪问题线索的反映。

在和马某某谈话时，巡视组首先从政治纪律谈起，马某某却连“四个意识”是什么都回答不上来！在针对企业存在滥发津补贴情况询问他时，他竟然回答：“国有企业干部职工平时很辛苦，吃点、喝点、发点不算什么，违反了中央八项规定精神也没有什么关系。”

作为国企领导干部，马某某纪律意识、廉洁意识竟如此淡漠，令巡视组愕然，也隐隐感觉到马某某个人的问题可能并不简单。

正在此时，巡视组负责人发现，在巡视组工作地点门口出现了“专人”负责“服务”，出入人员均会被盘问一番。

为了听到真实的情况反映，巡视组负责人有意错开吃饭时间，在大家到食堂吃饭时，秘密在房间听取问题线索反映，更准确地锁定了马某某的违纪违规线索。

在随后开展的下沉一级企业走访中，巡视组通过调取多家企业的合同等相关资料，很快发现了马某某涉嫌违纪违法的严重问题。

巡视组随即向上级领导汇报，并立即将问题线索移交给省纪委进行初核。随后，马某某被立案审查。

值得一提的是，贵州高速公路集团有限公司原党委书记、董事长耿某某也在之后因涉嫌严重违纪违法，被立案审查。

在巡视中，巡视组不放过任何蛛丝马迹，总是把问题想得深一些、透一些，既看普遍性问题，又盯个性问题，透过现象看本质。并通过个别谈话、调阅原始资料、下沉一级了解等方式深挖细查，锁定范围，不断让问题指向越来越明确、“围逼”问题浮出水面。

案例四　顺藤摸瓜　助听器里的猫腻

在省委巡视组进驻省民政厅几天后，省肢体康复中心退休职工到民政厅上访。经了解，上访原因是省肢体康复中心给在职人员涨了工资，却没给退休人员涨。

这引起了巡视组的注意，随后派人到省肢体康复中心调阅 2013 年和 2014 年的财务账目凭证。没想到却有意外的发现：同一品牌、同一型号、从同一家公司购进的助听器，2014 年和 2013 年的价格相比居然涨了一倍多。

“一年涨了一倍多，里面或许有‘猫腻’！”巡视组初步判断。

“顺藤摸瓜”，外围取证。深入调查后发现，这些助听器是贵州省“福音工程”的主要物资，每年根据资金量发放一定数量的助听器到毕节市特殊学校。巡视组决定兵分两路，从助听器的落点查起。一路驱车 200 多公里赶到毕节市特殊学校核查助听器发放情况，一路到民政厅查看省肢体康复中心报销凭证。

一天后，两路人马都带回了令人震惊的消息。“福音工程”合作协议、民政厅报销凭证、省肢体康复中心相关凭证和职工福利发放清单、谈话笔录、民政厅厅长办公会议记录，一个个证据把省肢体康复中心利用“福音工程”虚开税务发票套取省民政厅 200 万元补助资金，全部用于发放中层管理人员绩效奖金和其他支出的事实完整还原。

2016 年 1 月，省民政厅下属省肢体康复中心原主任穆某、刘某，现主持工作副主任熊某、副主任郭某（试用期）4 人分别受到留党察看一年、工资待遇降两级、免去试用期职务等处分。

紧盯“四风”问题推动立巡立查立改。

全面从严治党，首先从落实中央八项规定精神破题。巡视中，紧盯违反中央八项规定精神和“四风”问题不放，拓宽线索来源，及时移交处理，推动立巡立改、快查快处，形成有力震慑。

案例五　玩小聪明设“小金库”巡察“探照灯”照出原形

2017 年 3 月，安顺市委巡察组进驻市水务局，对水务局党组进行“政治体检”，并延伸实现下属单位党组织全覆盖。

巡察中，水务局下属单位——市水利水电勘测设计院的一个“内部承包管理办法”引起了巡察组的注意。经查阅该院大量财务账本、广泛开展走访调查，发现该院正是在这个“办法”的掩饰下，套取经费私设“小金库”。其方法是，将承接到的项目承包给本单位职工，然后安排院财务部门将承包费、后勤协作费、校审费拨付给承包人。承包人收到这些费用后，再将所谓的后勤协作费、校审费返还单位，存入单位“小金库”，用于私分给单位干部职工及向相关部门人员拜节慰问等支出。

随后，巡察组将有关问题线索移交市纪委处理。经查，2012 年 1 月至 2015 年 3 月，该院通过上述方式累计套取后勤协作费、校审费等费用共计 1027.3 万元。原院长谢某某，经与副院长伍某某、院总工程师韦某某等班子成员商议后，以各类津补贴名义，违规发放给单位干部职工共计 605.45 万元。

2017 年 7 月，谢某某、伍某某、韦某某受到开除党籍、开除公职处分，并追缴其违纪所得。涉嫌违法犯罪问题及线索移送司法机关依法处理。

紧紧围绕打赢打好脱贫攻坚战，找准定位、服务大局，实施精准监督。重点纠正贯彻党中央、省委脱贫攻坚决策部署不坚决不到位、弄虚作假问题，主体责任、监督责任和职能部门监管职责不落实问题，严肃处理形式主义、官僚主义等问题，严肃查处贪污挪用、截留私分、虚报冒领、强占掠夺等行为。

法规依据

《中国共产党巡视工作条例》第5—38条

一体推进“三项改革”

知识点图解

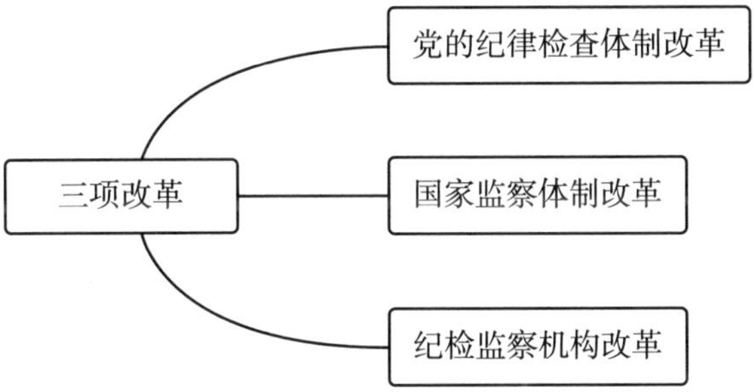

图 39　三项改革的内容

规范解读

根据十九届三中全会、四中全会通过的《中共中央关于深化党和国家机构改革的决定》《中共中央关于坚持和完善中国特色社会主义制度　推进国家治理体系和治理能力现代化若干重大问题的决定》和中央纪律检查委员会十九届第四次全体会议的工作报告，一体推进“三项改革”是指党的纪律检查体制改革、国家监察体制改革和纪检监察机构改革，三项改革协调推进，推动中国特色社会主义制度不断完善，推进国家治理体系和治理能力现代化。

一、纪检监察三项改革的提出与发展

当今世界正经历百年未有之大变局，我国正处于实现中华民族伟大复兴关键时期。顺应时代潮流，适应我国社会主要矛盾变化，统揽伟大斗争、伟大工程、伟大事业、伟大梦想，不断满足人民对美好生活新期待，战胜前进道路上的各种风险挑战，必须在坚持和完善中国特色社会主义制度、推进国家治理体系和治理能力现代化上下更大功夫。① 党和国家监督体系是坚持和完善中国特色社会主义制度、推进国家治理体系和治理能力现代化的重要内容，是党在长期执政条件下实现自我净化、自我完善、自我革新、自我提高的重要制度保障。

党的十八大以来，作为一项重大政治体制改革，党和国家监察体制改革始终在以习近平同志为核心的党中央集中统一领导下谋划、部署和推动。2013 年 11 月，党的十八届三中全会对加强反腐败体制机制创新和制度保障进行全面部署，要求改革党的纪律检查体制，健全反腐败领导体制和工作机制，改革和完善反腐败协调小组职能。2016 年 11 月，党中央作出深化国家监察体制改革的重大决策部署，决定整合行政监察部门、预防腐败机构和检察机关反腐败相关职责，建立党统一领导下的国家反腐败工作机构，并在北京市、山西省、浙江省开展试点。2017 年 10 月，党的十九大作出健全党和国家监督体系的战略部署，提出“构建党统一指挥、全面覆盖、权威高效的监督体系”，决定在全国推开深化国家监察体制改革试点工作。2018 年 2 月，党的十九届三中全会通过的《中共中央关于深化党和国家机构改革的决定》，进一步将“推进党的纪律检查体制和国家监察体制改革”进行了协同规划，提出：“深化党的纪律检查体制改革，推进纪检工作双重

---

① 《中共中央关于坚持和完善中国特色社会主义制度　推进国家治理体系和治理能力现代化若干重大问题的决定》，载《中国共产党第十九届中央委员会第四次全体会议文件汇编》，人民出版社 2019 年版，第 29 页。

领导体制具体化、程序化、制度化，强化上级纪委对下级纪委的领导。健全党和国家监督体系，完善权力运行制约和监督机制，组建国家、省、市、县监察委员会，同党的纪律检查机关合署办公，实现党内监督和国家机关监督、党的纪律检查和国家监察有机统一，实现对所有行使公权力的公职人员监察全覆盖。完善巡视巡察工作，增强以党内监督为主、其他监督相贯通的监察合力。”同年3月，十三届全国人大审议通过了《宪法修正案》和《监察法》，将国家监察体制改革的成果法律化。2019年10月，党的十九届四中全会通过《中共中央关于坚持和完善中国特色社会主义制度　推进国家治理体系和治理能力现代化若干重大问题的决定》，就进一步“健全党和国家监督制度”，“深化纪检监察体制改革，加强上级纪委监委对下级纪委监委的领导，推进纪检监察工作规范化、法治化”，“完善派驻监督体制机制”等进行部署。

第十九届中央纪律检查委员会第四次全体会议上的工作报告中正式明确提出了“一体推进‘三项改革’。坚持党对纪检监察工作全覆盖、全方位、全过程领导，持续推进党的纪律检查体制改革、国家监察体制改革、纪检监察机构改革”。总之，一体推进党的纪律检查体制改革、国家监察体制改革和纪检监察机构改革，是新时代健全党和国家监督体系的重大战略举措，是加强党的统一领导，强化对权力运行的制约与监督的重大改革和制度创新。

二、党的纪律检查体制改革

党的纪律检查体制主要包括纪检机关的领导体制、职能职责、监督范围、权限程序、自我监督等方面的体制。

十八大以来，党的纪律检查体制改革主要体现在以下几个方面：(1) 加强了上级纪委的垂直领导。在领导体制的问题上，党的各级纪委经历了由同级党委领导到同级党委和上级纪委双重领导的变化，双重领导也经历了以同级党委领导为主到不断加强上级纪委领导的变化。党的十九大党章指出“党的地方各级纪律检查委员会和基层纪律检查委员会在同级党的委员会和上级纪律检查委员会双重领导下进行工作。上级党的纪律检查委员会加强对下级纪律检查委员会的领导”。十九届三中全会《中共中央关于深化党和国家机关改革的决定》明确要求，要推进党的纪律检查工作双重领导体制具体化、程序化、制度化，强化上级纪委对下级纪委的领导。(2) 改进巡视工作的组织机制。巡视是党内监督、国家监察的重要方式，中央对巡视工作进行了加强和改进。把发现问题、形成震慑作为巡视主要任务，强调“对重大问题应该发现而没有发现就是失职，发现问题没有客观汇报就是渎职”。强化对党组织领导班子及其成员的监督，着力发现贪污腐败、违反中央八项规定精神、违反政治纪律、违反组织人事工作纪律等四个重点问题。工作中严格落实回避制度，实行巡视组组长、被巡视对象、巡视组与巡视对象关系“三个不固定”，建立巡视组组长库，一次一授权。加强对巡视成果的运用，将问题线索移交有关部门处理，对重点线索逐一核实，做到件件有着落。(3) 确立了“两为主一报告”制度。所谓“两为主”，指的是“查办腐败案件以上级纪委领导为主”和“各级纪委书记、副书记的提名和考察以上级纪委会同组织部门为主”。“一报告”，指的是“线索处置和案件查办在向同级党委报告的同时必须向上级纪委报告”。(4) 确立了派驻机构“三为主一报告”制度。即“派驻机构负责人的人员提名和考察，以派驻机构监察组会同党委组织部门为主；线索处置和案件查办工作，以派驻机构监察组为主；派驻机构考核，以派驻机构监察组为主。查办腐败案件以派出机关领导为主，定期向派出机关报告问题线索处置和案件查办情况，遇有重要问题应当及时请示报告”。派驻机构应按照“三为主一报告”的要求，定期向派出机关报告问题线索处置和案件查办情况，遇有重要问题应当及时请示报告。对驻在单位领导班子成员加强党的领导和党的建设、履行全面从严治党主体责任的情况应当定期专题报告。对于需要经审批才能开展的工作、采取的措施，应当按规定报派出机关审批，而不是报驻在单位党组（党委）审批。派驻机构经批准对驻在单位管理的干部涉嫌违纪违法问题进行审查调查，立案前根据授权可以通知驻在单位党组（党委）主要负责人，也可以立案后再通报。在各级党和国家机关中，派驻纪检监察组在其派出机关——上级纪委监委的直接领导下开展工作，履行监督执纪问责和监督调查处置职责。派驻纪检监察组与驻在部门党组（党委）之间是监督与被监督的关系，而非领导与被领导的关系；与驻在部门机关纪委之间是督促与被指导的关系。

习近平总书记指出：“增强权力制约和监督效果，必须保证各级纪委监督权的相对独立性和权威性。”实践证明，如果不加强上级纪委对下级纪委的领导，党的纪检机关很难保持独立性和权威性，其权力制约和监督的效果也会大打折扣。这些改革措施，在腐败案件查办、下级纪律检查机关主要领导的提名考察、线索处置、派驻机构管理等方面，全面加强了上级纪委的领导，使下级纪委的工作开展及下级纪委领导班子的履职尽责始终置于上级纪委的监督考核之下，确保纪检系统内部的整体运转能够协调一致、行之有效；使上级纪委及时掌握问题线索和查办腐败案件的情况，并领导和监督整个执纪工作全过程；增强了党的纪律检查机关的独立性、权威性，是对同级党委的权力制约，破解“一把手”难题的重要改革措施。

三、国家监察体制改革

根据党中央决定和全国人大常委会授权，深化国家监察体制改革主要分为三个阶段：第一阶段是三省市试点探索。2016 年 11 月，中共中央办公厅印发《关于在北京市、山西省、浙江省开展国家监察体制改革试点方案》的通知，党中央成立深化国家监察体制改革试点工作领导小组，开始进行改革试点。第二阶段是试点工作在全国推开。2017 年 11 月，十二届全国人大常委会通过《关于在全国各地推开国家监察体制改革试点工作的决定》，将国家监察体制改革正式在全国推开。第三阶段，2018 年 3 月，全国人大表决通过《宪法修正案》和《监察法》，组建国家监察委员会，形成了“一府一委两院”的新的国家机关格局，标志着中国特色国家监察体制正式形成。

国家监察体制改革，构建了集中统一、权威高效、全面覆盖、监督制约的国家监察体系。国家监察体制改革加强了党的集中统一领导。国家监察机关首先是政治机关，必须加强党对监察工作的领导，监察机关必须增强“四个意识”、坚定“四个自信”、做到“两个维护”。2021 年 8 月，全国人大常委会通过《监察官法》，明确了监察官的管理和监督坚持党的领导，把党管干部原则作为重要遵循，将党的领导融入监察官的条件、选用、任免、管理、监督等各方面，从而牢固树立政治意识，建设一支党领导下忠诚干净担当的监察官队伍。“集中统一、权威高效、全面覆盖”的中国特色社会主义监察体制还体现在整合了行政监察、检察机关反贪渎职职务犯罪预防等反腐败资源力量，强化了国家监委领导地方各级监委工作、上级监委领导下级监委工作，提升了监察机关的能力和手段。同时，国家监察体制改革亦十分重视对监察机关自身的监督制约，监察机关要加强自我监督，接受人大监督、社会监督和群众监督。就人大监督来说，监察委员会由人大产生，对人大及其常委会负责，各级人大常委会可通过听取和审议专项工作报告，组织执法检查以及提出询问和质询的方式开展监督。

总之，监察机关依法行使的监察权，不是行政监察、反贪反渎、预防腐败职能的简单叠加，而是在高效整合、充分赋能的基础上，极大地提高了监察机关依法履行监督、调查、处置的职能，既盯住“关键少数”又管住“绝大多数”，实现了对所有行使公权力的公职人员监察全覆盖。

四、纪检监察机构改革

纪检监察机构改革作为“三项改革”的重要组成，是中央纪委国家监委落实党和国家纪检监察体制改革，加强反腐败体制机制创新和制度保障的重大部署。2018 年 3 月 28 日，中央全面深化改革委员会第一次会议审议通过《关于深化纪检监察体制改革和中央纪委国家监委机构改革情况的报告》。随后，中央办公厅印发《中央纪律检查委员会、中华人民共和国国家监察委员会机关职能配置、内设机构和人员编制规定》《关于深化中央纪委国家监委派驻机构改革的意见》《中国共产党纪律检查机关监督执纪工作规则》，不断推进纪检监察机构改革的进程。

具体来说，纪检监察机构改革主要分为内设机构改革和派驻机构改革两个方面。

1. 纪检监察内设机构改革

整合优化内设机构，对于中央纪委国家监委更好地整合内部资源、聚焦主业主责、强化监督执纪，深入推进党风廉政建设和反腐败斗争具有十分重要的意义。2014 年，中央纪委和原监察部机关落实“转职能、转方式、转作风”的要求，进行了内设机构改革，整合了 6 个内设机构，新设了 3 个内设机构，重新组建了 2 个内设机构。包括撤销党风廉政建设室、纠正部门和行业不正之风室，新设立党风政风监督室；撤销执法监察室、绩效管理监察室，新设立执法和效能监督室；增设第九纪检监察室、第十纪检监察室和纪检监察干部监督室等。通过这些改革措施，调整优化了内设机构设置、职能权限配置和人员编制配备，使各监察室分工明确、各司其职，减少了机构重叠和职能交叉，同时，又通过“前后台”分设，实现了权力分解和内部制约，既可防止执纪监督部门权力过于集中，又实现了力量向监督倾斜，形成了各室同向发力，队伍内部“聚精会神干主业，攥紧拳头打出去”的工作氛围。

2. 纪检监察派驻机构改革

派驻监督是我党开展党内监督的重要形式和载体。习近平总书记深刻指出，派驻监督本质上是政治监督，是上级纪委对下级党组织和领导干部的监督，不是同级监督。派驻机构代表派出机关履行监督职责，是上级纪委监委对下级党组织和领导干部的监督，首要任务是监督驻在单位领导班子及其成员和驻在单位党组（党委）管理的干部，及时准确发现问题，有效发挥探头作用。

根据《关于深化中央纪委国家监委派驻机构改革的意见》和中纪委相

关文件精神，派驻机构改革包括以下几个方面：(1) 全面加强对派驻机构的领导。建立中央纪委常委会统一领导、中央纪委国家监委统一管理，中央纪委副书记（常委）、国家监委副主任（委员）分管，相关职能部门分工负责、协调配合的派驻工作领导体制，加强对派驻机构的指导、管理、服务和保障。中央纪委国家监委组织部会同有关方面负责提名、考察派驻机构领导班子，组织和指导派驻机构干部教育培训等。中央纪委国家监委分管领导定期主持召开派驻机构负责人会议，约谈派驻机构主要负责人，完善派驻机构向中央纪委国家监委报告工作制度和派驻机构主要负责人向中央纪委国家监委述职制度等。(2) 健全相关制度和机制。建立定期会商、重要情况通报、线索联合排查、联合监督执纪等机制，督促驻在部门党组织担负起全面从严治党政治责任，形成同向发力、协作互动的工作格局；赋予派驻机构监察权，使其有效担负监督这个第一职责，确保党中央政令畅通；健全派驻机构审查调查工作机制，加强问题线索集中统一管理，完善审查调查协调、案件审理协调、重大案件督办机制；分类施策推进中管企业、中管金融企业、党委书记和校长列入中央管理的高校纪检监察体制改革。(3) 强化派驻机构组织保障和协调。中央纪委国家监委要及时研究解决改革中的重大问题，加强派驻机构制度建设和服务保障。中央和国家机关各部门要积极配合，自觉支持派驻机构工作，确保改革各项任务落到实处。中央纪委国家监委有关监督检查室协助分管副书记（常委）、副主任（委员）协调派驻机构日常工作，加强联系、管理和服务，指导、检查和督促派驻机构落实纪检监察责任。建立中央纪委国家监委监督检查室与派驻机构信息共享、共同研判驻在部门政治生态、办案协作等机制。

五、合署办公："三项改革"一体推进的顶层设计

"三项改革"发挥协同效应的关键，在于如何保证其"一体"得到推进，而不是各自为战，先后推进。正是在纪检监察合署办公体制下，纪检监察机关统筹安排、精准施策，切实把制度优势转化为治理效能，保障了

“三项改革”的一体推进。

纪委监委合署办公，实行一套工作机构、两个机关名称，既执纪又执法，承担党内监督、国家监察的专责。合署办公有利于党和国家纪检监察机关依托纪检、拓展监察、衔接司法，有效实现了党纪政纪国法的一体化、全链条监督。合署办公有利于纪法贯通、法法衔接，一体推进纪检监察党规党纪和法规制度建设，研究制定纪检监察机关案件管辖规定和公职人员政务处分规定，完善监督执纪问责制度体系和监督调查处置制度体系，使纪委监督执纪问责和监委监督调查处置相互衔接、互为补充、内在一致，有利于用好“两把尺子”，使坚持以党章党规党纪为尺子和严格遵循宪法法律法规相统一。合署办公有利于推动纪检监察机关机构、职能和人员全面融合，始终坚持从政治和大局上考虑问题、谋划工作，在履职实践中把心拢到一起、力聚到一起，促进理念认同、思想认同、作风认同、文化认同。

适用难点

“三项改革”一体推进，必须坚持问题导向，坚持发现问题、解决问题的基本路径，针对当前存在的明显问题，抓住改革内容和核心与重点，补足短板与制度空白。当前，抓住“三项改革”的重点与难点，需要高度重视以下两个方面。

一、通过“三项改革”加强纪检监察机关的自我监督

“权力是最大的腐蚀剂”，随着“三项改革”的深入推进，集中统一、权威高效的党和国家监察体系已经形成。但是，“三项改革”不是为了给纪检监察机关揽权，而是确保其更好地用权。如果不能切实强化纪检监察队伍自我监督，一旦纪检监察权力被滥用，出现执纪违纪、执法违法问题，必将动摇人民群众对全面从严治党和反腐败的信心，必将损害党的肌体、侵蚀党的公信力。因此，纪检监察机关必须加强自我监督工作，“三项改

革”要高度重视坚持正视问题、刀刃向内，严肃查处以案谋私、滥用职权等问题，坚决防止“灯下黑”。[①]

纪检监察干部监督机构作为自我监督的重要力量，要牢记使命担当，充分履行职责，将“把队伍建强、让干部过硬”作为中心任务，通过有力有效的内部监督，保障纪律的约束力和制度的执行力，在维护制度权威、保障制度执行上作表率，建设忠诚干净担当、敢于善于斗争的纪检监察铁军。中办印发《中国共产党纪律检查机关监督执纪工作规则》，高度重视构建纪委自我监督体系，规范监督执纪权力。在通过“三项改革”强化自我监督的过程中，纪检监察机关应做到：(1) 以强化政治监督为重点，增强“两个维护”的政治自觉。各级纪检监察干部监督机构要坚持以习近平新时代中国特色社会主义思想为指导，强化政治监督，严明政治纪律和政治规矩，聚焦坚持中国特色社会主义制度不动摇、党中央重大决策部署落实见效、督促落实全面从严治党责任、保证纪检监察权力在正确轨道上运行四个着力点。(2) 以内控机制建设为抓手，防范化解纪检监察系统重大风险。不担当不作为、乱作为是纪检监察系统面临的两大风险。各级纪检监察干部监督机构要不断适应纪检监察体制改革新形势新要求，不断健全完善内控机制，强化自我监督、自我约束，用铁的纪律打造新时代纪检监察干部队伍。针对重大事项、重点岗位、重要环节，织密织牢制度笼子，严格审批权限，严控工作程序，从检举控告处理、线索处置、监督检查、审查调查、审理处分、移送起诉等方面规范优化工作全流程，把各项制度要求抓得更严更实、更深更细，实现有权必有约束、用权必受监督。(3) 以精准有效问责为保障，推动纪检监察干部履职尽责。通过“三项改革”，强化对纪检监察干部依规依纪依法正确履职情况的监督，对贯彻执行监督执纪工作规则和监督执法工作规定不到位的行为坚决纠正，对履行监督保障执行、促

---

① 赵乐际：《忠实履行党章和宪法赋予的职责努力实现新时代纪检监察工作高质量发展——在中国共产党第十九届中央纪律检查委员会第三次全体会议上的工作报告》，载《人民日报》2019 年 2 月 21 日，第 4 版。

进完善发展职责使命不力的责任人员坚决问责，对严重阻碍党的理论和路线方针政策贯彻执行、严重损害党的执政根基，有令不行、有禁不止、阳奉阴违的纪检监察干部坚决查处。各级纪检监察干部监督机构要认真贯彻落实《中国共产党问责条例》，通过敢问责、真问责、严问责，坚持失责必问，加大问责力度。

二、通过“三项改革”破解“一把手”监督的难题

“一把手”是“关键少数”中的关键，被赋予重要权力，担负着管党治党治国的重要政治责任，其违纪违法最易产生催化、连锁反应，甚至造成区域性、系统性、塌方式腐败，是党内监督、国家监察的重中之重。习近平总书记在十九届中央纪委四次全会上指出：“要加强对各级‘一把手’的监督检查。”2021 年，党中央发布《中共中央关于加强对“一把手”和领导班子监督的意见》（以下简称《监督意见》），这是我们党针对“一把手”和领导班子监督制定的首个专门文件。《监督意见》指出，包括纪检机关在内，都要“突出对‘一把手’的监督，将‘一把手’作为开展日常监督、专项督查等的重点，让‘一把手’时刻感受到用权受监督。”并明确了要“发挥纪委监委专责机关作用，增强监督实效”，“督促各级‘一把手’和领导班子履行好管党治党责任、落实好党中央重大决策部署”。《监督意见》为破解“一把手”监督难题，对纪检监察机关提出了更为明确的要求和责任，也为纪检监察机关“三项改革”指明了重点任务和方向。

目前，“三项改革”的很多内容都是围绕加强“一把手”监督而展开的，比如上级纪检监察机关对下级纪检监察机关的“两为主一报告”制度，派驻机关的“三为主一报告”制度，都是实现对下级“一把手”监督的重要举措，也取得了相当的成效。未来，纪检监察机关继续推进“三项改革”，应围绕全面准确“做实”《监督意见》要求而展开。具体包括：中央纪委如何以切实有效的制度安排去落实对省级党委、中央单位“一把手”的监督之责，去落实省级党委加强对下级“一把手”管理的督促之责；各

级纪委如何把"一把手"监督中的日常监督、驻点调研、专项督查、督促检查、整改建议等实现制度化、规范化，推动第一责任人切实履行职责；纪检监察工作中如何准确界定《监督意见》中的"苗头性、倾向性问题""重要问题"，以保证"提出意见""进行提醒""向上级全面准确反映情况"在适用中的统一性；纪检监察机关如何综合运用检查抽查、受理信访举报、督促问题整改等方式，加强对下级领导班子及其成员特别是"一把手"的监督；等等。

典型案例

案例　贵州省纪检监察体制改革

【涉及知识点】纪检监察派驻机构改革

【基本案情】2019 年 8 月 9 日上午，茅台集团办公大楼门前，随着两段红绸缓缓落下，"贵州省监察委员会驻茅台集团监察专员办公室"映入眼帘，茅台集团监察专员办公室正式挂牌成立。就在一天前，贵州省纪委监委组织召开会议，为全省 46 家省管国有企业、省属高等院校监察专员办公室和 3 家派驻省管金融企业纪检监察组授牌，拉开了贵州省省管企业、高校纪检监察体制改革和派驻改革的帷幕。

一段时间以来，贵州茅台集团党委原副书记、董事长袁某某，贵州广播电视大学党委原副书记、校长汤某某等国企、高校"一把手"纷纷落马。贵州省深入开展领导干部利用茅台酒谋取私利问题专项整治，出台有关禁止性规定和纪律处分规定，严肃查处利用茅台酒谋取私利问题 397 起，处理 379 人，督促取消通过违规违纪违法手段获得的茅台酒经营权。针对省管企业、高校全面从严治党存在的薄弱环节，省纪委监委严格对标中央精神，制定出台"1+3"省级纪检监察体制改革实施意见，明确在开展省纪委监委派驻机构改革的同时，推动省管国有企业、高等院校纪检监察体制改革和省管金融企业派驻改革，实现省级层面纪律检查体制改革、国家监察体制改革和纪检监察机构改革三项改革全覆盖。贵州省坚持把改革创新要求贯穿纪检监察工作全过程，推动完善党和国家监督体系，为全面从严治党与全面依法治国提供坚实制度保障。推进“三项改革”以来，贵州省制定《中共贵州省纪委贵州省监委机关监督执纪执法工作规范》，对监督、信访、问题线索、谈话函询、初步核实、审查调查、措施使用、审理、移送审查起诉、复议复查（复审复核）、监督管理等业务工作全流程进行细化。全面推进省、市（州）两级纪检监察机关“监审分设”改革。坚持内部监督与外部监督相结合，着力破解自我监督难题，稳步推进内部督查，强化内部监督；聘请20名省监委特约监察员，建立特约监察员制度，自觉接受外部监督。同时，贵州省聚焦监督首要职责，强化政治监督，深化日常监督。加强对党中央和省委重大决策部署、习近平总书记对贵州工作重要指示精神贯彻落实情况的监督检查，坚决整治不敬畏、不在乎、空泛表态、应景造势等问题。

【案例分析】

纪检监察派驻机构作为机构改革的重要组成部分，落实和贯通“三项改革”要求，也是完善党和国家监督体系的重要内容。党的十八大以来，深化派驻机构改革成为党中央在纪检监察领域的重大决策部署，要求各级纪检监察机关坚持实事求是、稳中求进，坚持问题导向、目标导向，坚持资源协调与整合，实现各级纪检监察机构互相连通、有效配合。中共中央办公厅印发的《关于深化中央纪委国家监委派驻机构改革的意见》指出，中央纪委国家监委派驻机构是中央纪委国家监委的重要组成部分，由中央纪委国家监委直接领导、统一管理。要建立中央纪委常委会统一领导、中央纪委国家监委统一管理，中央纪委副书记（常委）、国家监委副主任（委员）分管，相关职能部门分工负责、协调配合的派驻工作领导体制，加强对派驻机构的指导、管理、服务和保障。

本案中，贵州省纪委监委在党的领导下，严格对标中央精神，明确在开展省纪委监委派驻机构改革的同时，推动省管国有企业、高等院校纪检监察体制改革和省管金融企业派驻改革，实现省级层面纪律检查体制改革、国家监察体制改革和纪检监察机构改革三项改革一体推进。贵州省通过改革进一步强化了省纪委监委对省管国有企业、省管金融企业、省属高等院校纪检监察工作的领导，增强了独立性和权威性。一方面，省监委派驻省管国有企业、省属高等院校监察专员办公室与纪委合署办公，根据省监委授权履行部分监察职能，强化了上级纪委监委的领导；另一方面，由省纪委监委直接向省管金融企业派驻纪检监察组，进一步明确了监督与被监督的关系，强化了“派”的意识、“派”的权威。

法规依据

《坚持和完善党和国家监督体系　为全面建成小康社会提供坚强保障——在中国共产党第十九届中央纪律检查委员会第四次全体会议上的工作报告》